OS NOVOS MECANISMOS DE CONTROLE DA DISCRICIONARIEDADE JUDICIAL DA LEI DE INTRODUÇÃO ÀS NORMAS DO DIREITO BRASILEIRO

GENILSON RODRIGUES CARREIRO

Prefácio
Silvio Luís Ferreira da Rocha

OS NOVOS MECANISMOS DE CONTROLE DA DISCRICIONARIEDADE JUDICIAL DA LEI DE INTRODUÇÃO ÀS NORMAS DO DIREITO BRASILEIRO

Belo Horizonte

2021

© 2021 Editora Fórum Ltda.

É proibida a reprodução total ou parcial desta obra, por qualquer meio eletrônico, inclusive por processos xerográficos, sem autorização expressa do Editor.

Conselho Editorial

Adilson Abreu Dallari
Alécia Paolucci Nogueira Bicalho
Alexandre Coutinho Pagliarini
André Ramos Tavares
Carlos Ayres Britto
Carlos Mário da Silva Velloso
Cármen Lúcia Antunes Rocha
Cesar Augusto Guimarães Pereira
Clovis Beznos
Cristiana Fortini
Dinorá Adelaide Musetti Grotti
Diogo de Figueiredo Moreira Neto (in memoriam)
Egon Bockmann Moreira
Emerson Gabardo
Fabrício Motta
Fernando Rossi
Flávio Henrique Unes Pereira

Floriano de Azevedo Marques Neto
Gustavo Justino de Oliveira
Inês Virgínia Prado Soares
Jorge Ulisses Jacoby Fernandes
Juarez Freitas
Luciano Ferraz
Lúcio Delfino
Marcia Carla Pereira Ribeiro
Márcio Cammarosano
Marcos Ehrhardt Jr.
Maria Sylvia Zanella Di Pietro
Ney José de Freitas
Oswaldo Othon de Pontes Saraiva Filho
Paulo Modesto
Romeu Felipe Bacellar Filho
Sérgio Guerra
Walber de Moura Agra

Luís Cláudio Rodrigues Ferreira
Presidente e Editor

Coordenação editorial: Leonardo Eustáquio Siqueira Araújo
Aline Sobreira de Oliveira

Av. Afonso Pena, 2770 – 15º andar – Savassi – CEP 30130-012
Belo Horizonte – Minas Gerais – Tel.: (31) 2121.4900 / 2121.4949
www.editoraforum.com.br – editoraforum@editoraforum.com.br

Técnica. Empenho. Zelo. Esses foram alguns dos cuidados aplicados na edição desta obra. No entanto, podem ocorrer erros de impressão, digitação ou mesmo restar alguma dúvida conceitual. Caso se constate algo assim, solicitamos a gentileza de nos comunicar através do *e-mail* editorial@editoraforum.com.br para que possamos esclarecer, no que couber. A sua contribuição é muito importante para mantermos a excelência editorial. A Editora Fórum agradece a sua contribuição.

Dados Internacionais de Catalogação na Publicação (CIP) de acordo com a AACR2

C314n   Carreiro, Genilson Rodrigues
           Os novos mecanismos de controle da discricionariedade judicial da Lei de Introdução às Normas do Direito Brasileiro/ Genilson Rodrigues Carreiro.– Belo Horizonte : Fórum, 2021.

           318p.; 14,5x21,5cm.
           ISBN: 978-65-5518-309-2

           1. Direito Administrativo. 2. Direito Constitucional. I. Título.

                                                                         CDD: 341.3
                                                                         CDU: 342.9

Elaborado por Daniela Lopes Duarte - CRB-6/3500

Informação bibliográfica deste livro, conforme a NBR 6023:2018 da Associação Brasileira de Normas Técnicas (ABNT):

CARREIRO, Genilson Rodrigues. *Os novos mecanismos de controle da discricionariedade judicial da Lei de Introdução às Normas do Direito Brasileiro*. Belo Horizonte: Fórum, 2021. ISBN 978-65-5518-309-2.

A Lalá e Guga

AGRADECIMENTOS

Do ponto de vista formal e, diria, ficcional, o trabalho ora publicado é uma obra individual. Trata-se, com pequenos reparos, da dissertação que apresentei ao Programa de Pós-Graduação em Direito Administrativo da Faculdade de Direito da Pontifícia Universidade Católica de São Paulo – PUC-SP. A verdade, porém, é que não se trabalha só. Ao redor do mestrando há uma constelação de incentivadores, pessoas que das mais diversas formas contribuem para os seus estudos. Não é possível nominar todas elas, mas seria uma imperdoável injustiça deixar de mencionar os bibliotecários. A todos eles, sempre discretos, pacientes e prestativos, testemunhas dos momentos mais solitários, registro todo o meu apreço. Também não podem deixar de ser mencionadas, agora nominalmente, a Anna Lívia Lemos Bertuolo e a Bárbara Fassina, competentes e dedicadas assistentes judiciários, às quais manifesto publicamente meu reconhecimento. Injustiça maior, no entanto, seria não mencionar a estrela mais brilhante: Michelle, esposa, mãe, incentivadora-mor, obrigado por tudo! Sem o seu permanente apoio esse exitoso ciclo não teria sido possível.

Ao estimado orientador, professor Dr. Silvio Luís Ferreira da Rocha, minha sincera gratidão. Acolheu-me e abriu-me as portas do mestrado. Orientou de modo sereno e seguro pela força do exemplo.

À Professora Dra. Dinorá Adelaide Musetti Grotti e ao Dr. Professor Marcos Augusto Perez, que me deram a distinção de participar da banca de defesa e ofereceram valiosas contribuições para o aprimoramento da versão original do texto que ora apresento, externo meu profundo respeito e sincero agradecimento. Senti-me prestigiado e desafiado com a arguição. As quase três horas de debates, as argutas perguntas e as críticas perspicazes, quase mordazes, deram a certeza de que o tema explorado é atual, inquietante e ainda permeado por profundos desacordos, que estão longe de serem superados.

Roberto Tadao Magami Junior e Péricles Ferreira de Almeida, amigos de mestrado, obrigado pelo convívio e pela relação fraterna que construímos nesses poucos mais de três anos.

À Editora Fórum, que me honrou com a seleção desta obra, dou o testemunho de que "sua vocação como local de diversidade de ideias e discussão construtiva do conhecimento jurídico" é uma realidade.

O lançamento de edital para publicação de novos títulos, oportunidade pública para que qualquer autor possa apresentar e submeter seu trabalho à avaliação da Editora, cumpre papel essencial para democratizar o mercado editorial, abrindo as portas para autores iniciantes e para a divulgação plural de pensamentos e opiniões. Ficam os votos de que essa vocação seja preservada.

Dizem que a criança contém em germe o adulto que ela se tornará. Voltar aos bancos acadêmicos muitos anos depois da graduação me devolveu um pouco da vitalidade da infância. Lembrei-me do menino e do aluno que fui e de quem queria ser quando crescesse. Não sei se consegui, mas continuo tentando e agradeço aos meus pais, Maria do Carmo e Geraldo Carreiro, por desbravarem o caminho e indicarem a direção a ser seguida.

Para encerrar, uma pequena história: corria o mês de março de 2019. Lalá e Guga, meus filhos gêmeos, tinham oito meses e começavam a engatinhar. Como de se esperar, eram desengonçados. Faziam esforços hercúleos para executar movimentos que para um adulto seriam bastante simples. Vi-me observando aquelas cenas com compaixão, ternura e admiração. Eles nunca desistiam. Percebi que eu estava em situação similar, imerso na pesquisa bibliográfica e com uma montanha de textos para desbravar, precisando ordenar, dar coerência e direção às muitas ideias, dúvidas e poucas certezas. Qual não foi a minha surpresa: tal como Lalá e Guga eu também estava desengonçado. Pai e filhos, em certa medida, na mesma situação. Inspirei-me neles. Redobrei o esforço. Hoje ambos andam e correm com desenvoltura. Tiveram uma enorme evolução e nem lembram as crianças daquele "longínquo" mês de março. Quanto a mim, receio que ainda esteja engatinhando.

SUMÁRIO

PREFÁCIO
Silvio Luís Ferreira da Rocha 13

INTRODUÇÃO 15

CAPÍTULO 1
A FUNÇÃO JUDICIAL E SUA EXPANSÃO: PROGRESSIVA COMPLEXIDADE DA SOCIEDADE, EROSÃO DA CERTEZA E O DILEMA ENTRE A PLURALIDADE DE RESPOSTAS E A RESPOSTA CORRETA 21
1.1 O Estado contemporâneo e as funções estatais 21
1.2 A função judicial na perspectiva da Revolução Francesa 29
1.3 O sistema romano-germânico (*civil law*) e o sistema de *common law* ... 32
1.4 O papel do juiz no sistema romano-germânico (*civil law*) 40
1.5 O nascimento do "terceiro gigante" 46
1.5.1 Kelsen e a Escola Normativista de Viena 59
1.5.2 Hart e a textura aberta do direito 62
1.5.3 Dworkin e a busca pela única resposta 65

CAPÍTULO 2
FONTES DA DISCRICIONARIEDADE 73
2.1 Indeterminação, lacuna e margem de decisão 73
2.2 Indeterminação de conteúdo 74
2.3 Indeterminação linguística 77
2.4 Indeterminação intencional 81
2.5 Lacunas 83

CAPÍTULO 3
FUNÇÃO JUDICIAL E DISCRICIONARIEDADE: A MARGEM DE LIBERDADE RESIDUAL ENTRE A INCOMPLETUDE DO ORDENAMENTO JURÍDICO E A VEDAÇÃO DO *NON LIQUET*... 95
3.1 Discricionariedade e seu *habitat* natural: a função administrativa 95
3.2 Discricionariedade judicial *versus* arbitrariedade: os limites na criação legítima do Direito 103
3.2.1 Autonomia da vontade e autocontenção: princípio da inércia da jurisdição e regra da congruência (arts. 2º, 141, 490 e 492 do CPC) 117
3.2.2 Dever de motivação: a prestação de contas por excelência (arts. 93, IX, da CF e 11, 489, §1º, I a VI, e §2º, do CPC) 123
3.2.3 Dever de observância dos precedentes: isonomia, segurança jurídica e racionalidade (art. 5º, *caput*, I, da CF e 926 do CPC) 132
3.2.4 Recorribilidade: revisão e depuração 138
3.3 Discricionariedade judicial na perspectiva da doutrina brasileira 144
3.4 A discricionariedade judicial e seus contornos 157

CAPÍTULO 4
OS NOVOS MECANISMOS DE REDUÇÃO E CONTROLE DA DISCRICIONARIEDADE JUDICIAL 173
4.1 Imunidade e controle: um embate sem fim 173
4.2 Uma questão delicada: o âmbito de incidência da Lei nº 13.655/2018 e o pacto federativo 190
4.3 A vedação de decisão baseada em valores jurídicos abstratos e o dever de indicação expressa das consequências práticas, jurídicas e administrativas da decisão das esferas administrativa, controladora e judicial (arts. 20 e 21 da LINDB) 204
4.3.1 Consequencialismo e sua inadequação para combater o decisionismo e reforçar a previsibilidade 218
4.3.2 A invalidação judicial de ato, contrato, ajuste, processo ou norma administrativa e a obrigatoriedade de consideração de possíveis alternativas e de indicação de consequências jurídicas 240
4.3.3 A regularização proporcional e equânime de contrato, ajuste, processo ou norma administrativa e a vedação de imposição de ônus ou perdas anormais ou excessivas (art. 21, parágrafo único, da LINDB) 248
4.4 A interpretação de normas sobre gestão pública e os obstáculos e as dificuldades reais do gestor e as exigências das políticas públicas a seu cargo (art. 22 da LINDB) 258

4.4.1 A decisão sobre regularidade de conduta ou validade de ato, contrato, ajuste, processo ou norma administrativa e as circunstâncias práticas que houverem imposto, limitado ou condicionado a ação do agente (art. 22, §1º, da LINDB): o fim das regras de Direito Público? 268

4.5 A mudança de interpretação ou orientação sobre norma de conteúdo indeterminado e o dever de fixação de regime de transição (art. 23 da LINDB) 271

4.6 A intangibilidade das situações plenamente constituídas (art. 24 da LINDB) 280

4.7 A ADI nº 6.146-DF e a impugnação pela ANAMATRA dos arts. 20 a 23 da LINDB 287

CONCLUSÃO 291

REFERÊNCIAS 297

PREFÁCIO

Uma das questões contemporâneas propostas aos estudiosos do Direito, enquanto fenômeno social e jurídico, consiste em determinar, com razoável precisão, a maior ou menor vinculação dos poderes públicos constituídos ao ordenamento jurídico. A investigação debruça-se em determinar em que medida os poderes públicos, em especial a Administração Pública e o Poder Judiciário, estão subordinados à juridicidade e em que termos a função legislativa prevalece na configuração e definição de parâmetros decisórios.

De uma maneira geral, assistimos ao que denominados de *erosão do princípio da legalidade* na medida em que o Poder Legislativo, por diversos fatores, perdeu a capacidade de produzir normas jurídicas de clara compreensão e fácil aplicação. Há muito tempo o Judiciário deixou de ser a mera *boca da lei* para transformar-se numa espécie de *oráculo do Direito* na medida em que lhe cabe decifrar os signos jurídicos produzidos pelo legislador, que, a depender do intérprete, pode indicar múltiplas direções.

A indeterminação legislativa resulta de várias causas, que atuam, às vezes, sucessivamente, às vezes, simultaneamente. A complexidade fática e social; a multiplicidade de interesses, às vezes contraditórios; a imprecisão terminológica; a gramática dos Direitos fundamentais; a introdução de princípios como espécies normativas, na maioria das vezes, produzem legislação vaga, imprecisa que indicará ao intérprete e aplicador apenas um quadro de possíveis soluções, cabendo a ele a escolha. A interpretação seria, portanto, um ato de conhecimento e um ato de vontade. A isso alguns denominam de discricionariedade.

Ocorre que a escolha que resulta do exercício dessa competência discricionária precisa ser racionalmente demonstrada. Não pode ser arbitrária. Por isso, recentemente, alteração legislativa, a Lei nº 13.655/2018, regulamentada pelo Decreto nº 9.830/2019, acrescentou dez artigos ao Decreto-lei nº 4.657/1942, Lei de Introdução às Normas do Direito Brasileiro – LINDB, todas, com maior ou menor intensidade, voltadas para estabelecer critérios decisórios ao intérprete e ao aplicador da lei.

Assim, revela-se oportuna a presente obra de Genilson Rodrigues Carreiro, magistrado paulista, intitulada *Os Novos Mecanismos de Controle da Discricionariedade Judicial da Lei de Introdução às Normas de Direito Brasileiro*, resultado de sua dissertação de mestrado, aprovada, por unanimidade, com a nota máxima por banca examinadora composta, além de mim, na qualidade de orientador, pelos eminentes juristas Dinorá Adelaide Musetti Grotti e Marcos Augusto Peres.

A obra, muito bem escrita, é o resultado de uma meticulosa pesquisa, aliada à experiência do autor como magistrado. Nela o autor demonstra os contornos da discricionariedade na função judicial e como ela foi impactada pelas inovações da Lei nº 13.655/2018.

Estruturada em 4 (quatro) capítulos, o autor apresenta uma visão crítica acerca da correção da nova legislação, que pode ser dimensionada já na introdução quando a acusa de valer-se, também, "de múltiplos conceitos jurídicos indeterminados" que acrescentam "ao sistema normas polissêmicas, de conteúdo indeterminado, que ampliam as possibilidades combinatórias e aumentam a imprevisibilidade, tornando mais árduo o trabalho do intérprete".

Na primeira parte da obra são examinadas a origem e a evolução da função judicial a partir da formação do Estado Contemporâneo. De acordo com o autor, "de nulo, o Judiciário transforma-se em um gigante. Tão importante quanto a vontade geral passa a ser a vontade dos Tribunais. A centralidade da lei cede espaço à supremacia da Constituição, cujo catálogo de direitos fundamentais, um rol de promessas não cumpridas, leva à ampla judicialização do cotidiano. A erosão da certeza, fenômeno próprio de uma sociedade complexa e plural, exige da Teoria do Direito a formulação de respostas que resgatem a previsibilidade perdida. Tem início a saga da resposta certa. A seguir, segundo o autor, a obra revela como fatores inerentes ao processo de produção legislativa e as intransponíveis limitações do ordenamento jurídico constituem fontes de indeterminação. O resultado, como será visto no capítulo subsequente, é a inevitável discricionariedade judicial. Subsidiária e complementar da atividade legislativa, ela se situa entre a incompletude do ordenamento jurídico e a vedação do *non liquet*. Por fim, o autor discorre sobre os novos mecanismos de redução e controle da discricionariedade judicial e opina se as normas da Lei nº 13.655/2018 incidentes sobre a função judicial efetivamente, tal como almejado pelo legislador, fomentam a segurança jurídica e a eficiência na aplicação do Direito Público.

Cuida-se de um trabalho científico que, pela competência do autor, a seriedade da pesquisa, a pertinência dos temas debatidos e pelo próprio caráter controverso deles, merece ser lido. Recomendo a leitura.

Silvio Luís Ferreira da Rocha
Mestre e Doutor em Direito Civil pela PUC-SP.
Doutor e Livre-Docente em Direito Administrativo
pela PUC-SP.

INTRODUÇÃO

O Direito vive uma crise de certeza; crise essa considerada uma disfunção que precisa ser combatida. Embora se declare que "quanto mais se avança na produção da legislação" administrativa que regula o funcionamento e a atuação dos mais diversos órgãos do Estado, "mais se retrocede em termos de segurança jurídica", a solução encontrada foi paradoxalmente editar mais uma lei,[1] com o propósito específico de "elevar os níveis de segurança jurídica e de eficiência na criação e aplicação do Direito Público".[2] Trata-se da Lei nº 13.655/2018, regulamentada pelo Decreto nº 9.830/2019, que acrescentou dez artigos ao Decreto-lei nº 4.657/1942, Lei de Introdução às Normas do Direito Brasileiro – LINDB.

Incidindo sobre as esferas administrativa, controladora e judicial da Administração Pública federal, estadual e municipal, a comentada lei, inspirada por forte consequencialismo de viés econômico,[3] assenta-se sobre três pilares: (i) o incremento do dever de motivação; (ii) a contextualização e consideração dos obstáculos e das dificuldades reais do gestor e das circunstâncias práticas que houverem imposto, limitado ou condicionado a sua ação, e; (iii) a consideração das consequências práticas, jurídicas e administrativas da decisão. Busca-se, assim, sensibilizar o órgão revisor acerca das circunstâncias impeditivas do cumprimento dos deveres atribuídos ao agente público cujo ato ou conduta são escrutinados, fomentando, como potencial efeito sistêmico indesejado, o risco do surgimento de uma cultura de justificação da ineficiência.

Cabe indagar, no entanto, se o ordenamento em vigor não já dispunha de mecanismos suficientes para garantir adequados níveis de segurança jurídica e de eficiência na criação e aplicação do Direito

---

[1] No "I Congresso luso-brasileiro de legística – em homenagem ao professor Carlos Blanco de Morais", realizado na cidade de São Paulo nos dias 21 e 22 de março de 2019, foram divulgados números alarmantes sobre a produção normativa no Brasil. Somente a partir de 1988 foram editadas mais de 5,5 milhões de normas. No Município de São Paulo há 17.000 Leis e 58.000 Decretos em vigor.
[2] Trecho da justificativa do Projeto de Lei apresentado no Senado (PLS nº 349/2015).
[3] Do parecer da Comissão de Constituição, Justiça e Cidadania, que opinou pela constitucionalidade do projeto convertido na Lei nº 13.655/2018, consta que um dos seus méritos é institucionalizar "a necessidade de uma avaliação econômica (*lato sensu*) da decisão de invalidar, inclusive levando em conta seus possíveis impactos".

Público. Será que as normas pertinentes ao dever de fundamentação previstas na Lei nº 9.784/1999, que regula o processo administrativo no âmbito da Administração Pública federal direta e indireta, e no CPC/2015 são menos minuciosas e rígidas do que as introduzidas pelo novo diploma legal?

Embora o discurso seja de combate à superficialidade e à imprevisibilidade das decisões judiciais, inclusive com repúdio a um propalado ativismo, os novos mecanismos que deveriam reforçar o controle da discricionariedade judicial são de efetividade duvidosa. Em verdade, em sentido contrário ao perseguido, ao adotar como referencial o consequencialismo e reforçar a ponderação, o resultado é o empoderamento do intérprete, com interferência direta na cognoscibilidade e na mensurabilidade dos possíveis efeitos decorrentes da invalidação do ato, contrato, ajuste, processo ou norma administrativa.

Será essa contradição, fruto do comportamento errático do legislador, o ponto central desta dissertação. Com efeito, ignorando que o CPC adota como linhas mestras (i) o respeito pela autonomia da vontade e a autocontenção da atividade jurisdicional (arts. 2º, 3º, §3º, 141, 190, 490 e 492); (ii) a racionalidade da atividade decisória (arts. 8º e 489), e; (iii) a harmonização e a integridade da jurisprudência e a vinculação aos precedentes (arts. 926 e 927), a Lei nº 13.655/2018, apesar de objetivar exatamente o oposto, potencializa os poderes do juiz ao determinar-lhe a busca de possíveis alternativas e a indicação das consequências práticas e jurídicas, sem deixar claro quais limites devem ser observados, o que dá margem para a discussão acerca da possibilidade de violação das causas de pedir e de resistir e, portanto, ampliação do risco de casuísmos e de ofensa à integridade e à coerência das decisões.

Ao afastar-se da melhor técnica legislativa e alterar substancialmente a Lei de Introdução às Normas do Direito Brasileiro, que possui a nota da generalidade quanto ao âmbito de incidência e não se presta a disciplinar ramo específico algum, valendo-se de múltiplos conceitos jurídicos indeterminados, dos quais são exemplos "valores jurídicos abstratos", "possíveis alternativas", "regularização proporcional e equânime", "obstáculos e dificuldades reais do gestor" e "prejuízos anormais ou injustos", o legislador acrescenta ao sistema normas polissêmicas, de conteúdo indeterminado, que ampliam as possibilidades combinatórias e aumentam a imprevisibilidade, tornando mais árduo o trabalho do intérprete, ignorando que boas decisões são inalcançáveis sem boas leis, sua mais preciosa matéria-prima.

Essa incongruência insere-se em um movimento de aproximação dos sistemas de *civil law* e *common law*, cujos traços distintivos estão sendo progressivamente atenuados, o que coloca uma dificuldade adicional que é a harmonização do entrelaçamento entre ambos.

Merece ser destacado que o legítimo propósito de elevação dos níveis de segurança jurídica e de eficiência na criação e aplicação do Direito Público volta-se, em grande medida, para a necessária e muito bem-vinda racionalização da atividade de controle, cuja alardeada exorbitância inibiria a atividade estatal como um todo e constrangeria os agentes públicos, permanentemente ameaçados pela imposição de sanções arbitrárias. Esse quadro, entretanto, não possui efetiva demonstração empírica ou estatística. No Cadastro Nacional de Condenações Cíveis por Ato de Improbidade Administrativa e Inelegibilidade do Conselho Nacional de Justiça,[4] por exemplo, constam 90.676 registros. Por sua vez, no Portal da Transparência do Ministério da Transparência e Controladoria-Geral da União, do qual constam dados (i) do Cadastro de Empresas Inidôneas e Suspensas (CEIS), (ii) do Cadastro Nacional de Empresas Punidas (CNEP), (iii) do Cadastro de Entidades Privadas sem Fins Lucrativos Impedidas (CEPIM), (iv) do Cadastro de Expulsões da Administração Federal (CEAF) e (v) dos Acordos de Leniência[5] há, ao todo, 25.603 sanções vigentes aplicadas a 20.055 pessoas físicas e jurídicas. Tais números isoladamente nada dizem. Somente o cruzamento e a análise de amplo volume de informações relativas (i) ao total de atos, contratos e ajustes praticados; (ii) à fração dos que foram submetidos à fiscalização, e; (iii) à quantidade de invalidações determinadas e de penalidades aplicadas é que permitiria dimensionar a existência do nefasto quadro de rotineiros excessos e abusos.

Que fique claro, o controle não pode redundar na absorção ou na descaracterização da função administrativa e muito menos constituir salvo conduto para desmandos e abusos de quem tem o dever de dar a palavra final sobre os atos estatais. Igualmente, no outro extremo, a resistência que a Administração Pública opõe à exigência de um controle pleno dos seus atos não se coaduna com o dever republicano de prestação de contas a que está sujeito todo agente público e com a concepção contemporânea de Estado Democrático de Direito.

Fixadas essas premissas, pretende-se demonstrar os contornos da discricionariedade na função judicial e como ela foi impactada pelas inovações da Lei nº 13.655/2018, o que restringe a pesquisa aos artigos

---

[4] Disponível em: https://www.cnj.jus.br/improbidade_adm/consultar_requerido.php?validar=form. Acesso em: 21 jan. 2020.
[5] Disponível em: http://www.portaltransparencia.gov.br/sancoes. Acesso em: 21 nov. 2020.

que diretamente incidem sobre essa matéria, excluindo-se, portanto, as normas que regem a dosimetria das sanções (§§2º e 3º, do art. 22), as de cunho exclusivamente administrativo (arts. 26, 29 e 30), a que prevê a possibilidade de compensação por benefícios indevidos ou prejuízos anormais ou injustos resultantes do processo ou da conduta dos envolvidos (art. 27, §§1º e 2º) e a que trata da responsabilidade do agente público (art. 28).

O desenvolvimento do trabalho ocorre em quatro etapas. Na primeira, são examinadas a origem e a evolução da função judicial a partir da formação do Estado Contemporâneo. De nulo, o Judiciário transforma-se em um gigante. Tão importante quanto a vontade geral passa a ser a vontade dos Tribunais. A centralidade da lei cede espaço à supremacia da Constituição, cujo catálogo de direitos fundamentais, um rol de promessas não cumpridas, leva à ampla judicialização do cotidiano. A erosão da certeza, fenômeno próprio de uma sociedade complexa e plural, exige da Teoria do Direito a formulação de respostas que resgatem a previsibilidade perdida. Tem início a saga da resposta certa. A seguir, demonstra-se como fatores inerentes ao processo de produção legislativa e as intransponíveis limitações do ordenamento jurídico constituem fontes de indeterminação. O resultado, como será visto no capítulo subsequente, é a inevitável discricionariedade judicial. Subsidiária e complementar da atividade legislativa, ela se situa entre a incompletude do ordenamento jurídico e a vedação do *non liquet*. Bem emoldurada pelo (i) respeito da autonomia da vontade e pela autocontenção, (ii) pelo dever de motivação; (iii) pelo dever de observância dos precedentes e (iv) pela revisibilidade, se apresenta como ferramenta que garante o dinamismo da ordem jurídica, permitindo que todo litígio tenha uma solução, ainda que não necessariamente fundada diretamente na letra fria de um ato normativo emanado do Legislativo. Avança-se, por fim, sobre os novos mecanismos de redução e controle da discricionariedade judicial, buscando descobrir se as normas da Lei nº 13.655/2018 incidentes sobre a função judicial efetivamente, tal como almejado pelo legislador, fomentam a segurança jurídica e a eficiência na aplicação do Direito Público.

Antes de terminar, não é demais assinalar que as pontuais divergências teóricas não ultrapassam o plano das ideias. O respeito e a admiração, neste momento renovados por todos os autores citados ao longo da obra, independem da convergência de opiniões.

Por último, um esclarecimento e uma pitada de consequencialismo: as notas de rodapé se propõem a complementar as explicações dos pontos mais relevantes e a indicar caminhos para aprofundamento, que espero sejam úteis especialmente para os iniciantes. Aos iniciados e aos mais experientes elas podem ser cansativas ou mesmo parecer óbvias. Entretanto, como não é possível antever nas mãos de quem este livro vai parar e admitindo-se que o grupo dos iniciantes é maioria (regras da experiência comum), projetando as *consequências práticas* da supressão, preferi mantê-las, pois o potencial de utilidade, ao meu juízo, prepondera sobre o potencial inconveniente da manutenção.

CAPÍTULO 1

A FUNÇÃO JUDICIAL E SUA EXPANSÃO: PROGRESSIVA COMPLEXIDADE DA SOCIEDADE, EROSÃO DA CERTEZA E O DILEMA ENTRE A PLURALIDADE DE RESPOSTAS E A RESPOSTA CORRETA

1.1 O Estado contemporâneo e as funções estatais

A construção ideológica e filosófica do Estado Contemporâneo,[6] inspirada pelos ideais iluministas, assenta-se sobre duas premissas fundamentais: (i) o homem[7] nasce dotado de certos direitos (liberdade, igualdade, propriedade, segurança e resistência à opressão) naturais e intangíveis, e; (ii) o Estado teria por finalidade conservar e defender esses direitos individuais.[8] Essas premissas, expressamente albergadas pela Declaração de Direitos do Homem e do Cidadão de 1789 (preâmbulo e artigos 1º e 2º), ao tempo em que reconhecem um caráter

---

[6] O processo de formação do Estado é extremamente lento. Iniciado há 7.500 anos, somente no século XX pode-se dizer que surge o Estado Contemporâneo, "com economias nacionais desenvolvidas e coerentes, como comunidades políticas baseadas no direito, na ordem e no poder centralizados e com nações definidas, isto é, grupo de pessoas que são cidadãos e outorgam legitimidade ao Estado, ao tempo em que definem uma comunidade cultural e emocional. Somente depois da segunda guerra mundial o Estado soberano se converte na forma universal de organização política que substitui o império, forma dominante de organização na maior parte dos últimos séculos da história humana" (SØRENSEN, 2010, p. 28).

[7] Para Aristóteles (2009, p. 16-17), o homem é "naturalmente um animal político, destinado a viver em sociedade [...] aquele que não pode viver em sociedade, ou que de nada precisa por bastar-se a si próprio, não faz parte do estado; é um bruto ou um deus".

[8] Considerados como "trunfos" não só capazes de influenciar as decisões políticas, mas também de obrigar os governos a respeitá-los (DWORKIN, 2014, p. 268).

instrumental ao Estado (que não é um fim em si mesmo), declara (e não constitui)[9] a existência de direitos naturais (e sagrados). Temos, portanto, duas relevantes consequências: (i) a existência de direitos dotados de universalidade e anteriores à formação do próprio Estado e (ii) a fixação de limites para a atividade estatal, notadamente a legiferante, mesmo diante da soberania[10] da nação.[11]

Nesse contexto, sob a influência das ideias de Montesquieu (2004, p. 191-195), a concepção contemporânea de Estado baseia-se em um pilar fundamental: a realização das atribuições do Estado[12] exige a tripartição das suas funções (e não do poder que é uno e indivisível) em legislativa (Estado legislador), executiva (Estado administrador) e judicial (Estado juiz). Enquanto a função legislativa liga-se ao fenômeno da constituição do ordenamento jurídico (estabelecimento e modificação de normas jurídicas gerais, abstratas, impessoais e imperativas), as outras duas prendem-se à fase de sua realização.[13] Nesse sentido, é

---

[9] Para Riccardo Guastini (2010, p. 96-98) a discussão acerca da natureza declaratória ou constitutiva dos direitos proclamados na Constituição é um problema de Filosofia do Direito.

[10] A soberania, como corolário da regra de que todo o poder emana do povo, pertence à própria comunidade política e pode ser compreendida como "o poder supremo de dizer o direito, de determinar normativamente a forma de vida da sociedade e a estruturação do estado" (MAIOLINO, 2018, p. 6). Nessa perspectiva, a dicotomia Estado/sociedade, como duas esferas supostamente estanques, mostra-se, no mínimo, exagerada e a limitação imposta seria muito mais da vontade popular da maioria transitória do que do próprio Estado.

[11] O sistema jurídico instituído pela Revolução Francesa, completamente novo e destinado a regular as relações entre o Estado e o cidadão, sustenta-se sobre dois pilares: o conceito de direito subjetivo e a técnica da legalidade como (i) causa e limite para o exercício do poder político e (ii) garantia da liberdade e dos direitos a ela inerentes (ENTERRÍA, 2009, p. 52-53).

[12] Embora intimamente relacionados, os conceitos de *função* e *atribuição* não se confundem: enquanto atribuição compreende o conteúdo da atividade do Estado, isto é, o que o Estado deve fazer; a função se refere à forma e aos meios da atividade do Estado. As funções, nas palavras de Gabino Fraga (1958, p. 25), "constituem a forma de exercício das atribuições".

[13] A Declaração Francesa de Direitos do Homem e do Cidadão de 1789, em seu art. 16, consagrou a fórmula de que a sociedade em que não esteja assegurada a garantia dos direitos nem estabelecida a separação dos poderes, não tem Constituição. Nessa concepção, a Constituição não é mais do que uma repartição de competência entre distintas autoridades. O texto não diz que os poderes devem estar separados, mas que, quando existe separação, condição essencial para a liberdade, então está constituída a sociedade (TROPER, 2000, p. 556). Em um sentido ontológico, defende Karl Loewenstein (2018, p. 151), "se deve considerar como o *telos* de toda Constituição a criação de instituições para limitar e controlar o poder político. Neste sentido, cada Constituição apresenta uma dupla significação ideológica: liberar os destinatários do poder do controle social absoluto dos seus dominadores e assegurar-lhes uma legítima participação no processo do poder". Nuno Piçarra (1989, p. 231-245) distingue a separação de poderes como doutrina e como princípio constitucional: "Se nada obsta a que, enquanto doutrina, a

clássica a lição de Seabra Fagundes (2005, p. 3-19): *"Legislar* (editar o direito positivo), *administrar* (aplicar a lei de ofício[14]) e *julgar* (aplicar a lei contenciosamente) são três fases da atividade estatal, que se completam e que a esgotam em extensão".

Se a conceituação da função legislativa não requer maior dificuldade, a distinção das funções administrativa e jurisdicional é um "delicado problema doutrinário", pois ambas determinam ou definem situações jurídicas individuais. Nada obstante, a função judicial apresenta três elementos específicos: (i) quanto ao momento do seu exercício: age por provocação após o surgimento de um litígio; (ii) como modo de alcançar a sua finalidade: interpreta com força de definitividade (coisa julgada) o direito em disputa, e; (iii) como finalidade do seu exercício: pacificação social pela eliminação do conflito.

---

separação dos poderes se dedique à análise e à prescrição dos equilíbrios e limitações entre os grupos sociais, assumindo-se também como uma teoria do pluralismo ou como uma 'teoria integral da separação dos poderes', já enquanto princípio constitucional, a separação dos poderes apenas diz respeito à estrutura do poder político-estadual, sem a referir direta e imediatamente às 'potencias' sociais enquanto tais. É apenas uma separação 'normativa' dos poderes". Com o fim das estruturas monárquico-aristocráticos e o triunfo da democracia parlamentar, todo o poder estatal é disputado e exercido pelo partido majoritário e o partido minoritário, que estabelecem uma "distinção funcional entre governo e oposição", o que leva a conclusão de que "no Estado de Direito contemporâneo o princípio da separação dos poderes apenas por der entendido numa acepção orgânico-funcional ou normativa. Apenas pode referir-se a funções estaduais e não, diretamente, a forças ou potencias político-sociais, como em Montesquieu".

[14] Almiro Couto e Silva (1990, p. 53) critica essa concepção reducionista da função administrativa: "No que diz respeito ao Poder Executivo, quanto à vinculação à lei, é ele, por certo, menos livre do que o Poder Legislativo, mas, se comparado com o Judiciário, goza de uma margem de liberdade incomparavelmente maior. O Judiciário age, ordinariamente, por provocação das partes. Ele atua, por assim dizer, sobre o passado, solvendo litígios entre os sujeitos de direito. Em razão disso, e como decorrência do princípio da segurança jurídica, cuidam as leis de definir com a máxima precisão possível as normas de direito formal que hão de ser observadas pelo Poder Judiciário. A função criadora do juiz, fora das hipóteses excepcionais, algumas delas aqui já referidas, pode-se dizer que se exaure na atividade interpretativa, não sendo dado ao julgador, em princípio, pelo menos nos sistemas chamados de Direito Romano, diante do caso concreto, escolher qual a solução que, a seu juízo, seria a mais conveniente, adequada e oportuna. Tudo se passa diferentemente com o Poder Executivo, a quem incumbe, primordialmente, o exercício da função administrativa. A Administração Pública é voltada para o futuro. No Estado contemporâneo, extremamente complexo, seria impensável que a lei sempre determinasse, até os últimos pormenores, qual deveria ser o comportamento e a atuação dos diferentes agentes administrativos. A noção de que a Administração Pública é meramente aplicadora das leis é tão anacrônica e ultrapassada quanto a de que o direito seria apenas um limite para o administrador. Por certo, não prescinde a Administração Pública de uma base ou de uma autorização legal para agir, mas, no exercício da competência legalmente definida, têm os agentes públicos, se visualizado o Estado globalmente, um dilatado campo de liberdade para desempenhar a função formadora, que é hoje universalmente reconhecida ao Poder Público".

Fritz Fleiner (1933, p. 5-7) explica que até o Estado de Polícia os atos típicos da função administrativa eram aqueles não determinados por normas jurídicas, mas pelo "livre arbítrio" da autoridade. O "livre arbítrio", espaço fértil para caprichos e arbitrariedades, fonte inesgotável de ofensas à segurança jurídica, constituía o elemento essencial da Administração Pública.[15] Essa realidade, no entanto, é superada com o surgimento da legalidade e da compreensão de que no Estado de Direito somente é concebível uma "Administração conforme a lei". Por essa perspectiva, administrar e julgar são atividades que se encontram na mesma posição quanto à submissão à lei, inclusive com relação à margem de liberdade conferida a ambas para fazer escolhas "dentro de um marco determinado". Assim, o funcionário administrativo que executa a lei não exerceria uma atividade essencialmente distinta do juiz. A diferença estaria no fato de que na função judicial seu próprio fim, a busca do justo segundo a lei vigente, seria aplicação do Direito, enquanto para a função administrativa a aplicação do Direito não seria mais do que o meio para atingir um fim. Seu elemento vital seria a atividade destinada à obtenção de resultados materiais ao bem comum. A Administração só seria capaz de desenvolver suas atividades dentro de uma ordem jurídica, que a impulsionaria e ao mesmo tempo a limitaria. Entretanto, a Administração não empregaria o Direito com o exclusivo objetivo de servir-lhe e proporcionar eficácia às suas normas, mas para alcançar, sob sua proteção, um determinado resultado material que está fora do âmbito de realização do Direito. Desse modo, apesar de também ser um "súdito da lei", em razão dos seus fins, "o funcionário administrativo não é um colega do juiz".

Essa distinção, segundo Merkl (1935, p. 36-62 e 123-125), é arbitrária e desprovida de fundamento, pois não existiria oposição entre a realização da ordem jurídica e a dos interesses públicos, não se podendo cindi-las: "A *Justiça*, ao realizar a ordem jurídica, serve aos interesses públicos, e a realização dos interesses públicos por parte da *administração*, não exclui que isso se leve a cabo por meio da ordem jurídica". Ambas as funções, cada uma a sua maneira, estão destinadas a realizar

---

[15] Alexis de Tocqueville (2016, p. 112) descreve quadro bastante emblemático da insegurança que reinava no Antigo Regime: "Privilégios concedidos perpetuamente são perpetuamente retirados. Se pudéssemos compadecer-nos com dissabores que uma tola vaidade causa, lamentaríamos a sorte desses infelizes enobrecidos que, durante todo o correr dos séculos XVII e XVIII são obrigados a recompraras honrarias vãs ou os privilégios injustos pelos quais já pagaram várias vezes. Foi assim que Luís XIV anulou todos os títulos de nobreza adquiridos nos últimos noventa e dois anos, títulos quase todos concedidos por ele mesmo, só se podia conservá-los mediante um novo pagamento [...]".

uma fração da ordem jurídica. Os critérios *meio* e *fim* não seriam apropriados para marcar as diferenças entre as funções estatais. Do ponto de vista da lei, o fim da Justiça e da Administração seria a aplicação do Direito; do ponto de vista dos interessados que recorrem à Justiça e à Administração, ambos não seriam mais do que meios para os seus fins.

Para Merkl[16] não é possível determinar uma separação completamente satisfatória entre Administração e outros campos funcionais. A relação de dependência e hierarquia dos órgãos da Administração pressuporia a existência de órgãos de cúpula independentes, o que levaria a "campos fronteiriços", nos quais estariam localizados órgãos dotados da mesma independência da atribuída aos órgãos da Justiça.

Segue então o seguinte questionamento: haveria justificação teórica suficiente para distinguir Administração e Justiça ou ambas poderiam se converter em objeto de uma teoria indiferenciada do Executivo? Partindo do conceito complementar (ou residual) de Direito Administrativo como a totalidade de funções estatais que podem ser determinadas por preceitos jurídicos sob a forma de instrução, inclusive as funções dos

---

[16] Os critérios de distinção entre as funções administrativa e judicial analisadas pelo autor são as seguintes: (i) o grau da intensidade da vinculação ao Direito: por esse critério, a justiça é a função estatal que tem por objeto a execução ou a aplicação da ordem jurídica, enquanto que a administração consiste em uma atividade livre dentro dos limites impostos pela ordem jurídica. Depois de comparar as características da sentença com as do ato administrativo, o austríaco conclui que, em verdade, afora a distinção "puramente terminológica", inexiste diferença objetiva entre a atividade "apoiada na lei" e a executada "dentro dos limites da lei"; (ii) o que identifica a essência da função judicial com a jurisdição, entendida esta como a subsunção de uma situação de fato concreta a uma norma jurídica abstrata e a determinação para o caso particular do que é o direito segundo o sentido de uma norma geral: por sua vez, atos de jurisdição seriam aqueles atos executivos por meio dos quais se declarar o direito em um caso individual entre partes de uma contenda. Tal critério também é insuficiente porque a administração em processos administrativos variados, como o pedido de ressarcimento por danos causados por agente público, exerce atividade similar; (iii) tal como a teoria da legislação prosperou com o conceito formal de lei, a teoria do "Direito Judicial" ou do "Direito Administrativo" nunca poderia desenvolver-se a partir de um conceito material de Justiça ou de Administração, mas somente sobre as bases de um conceito formal. No entanto, o conceito material ou de conteúdo de administração e de justiça, fundado na distinção de competência, por ser "pouco profundo", ainda não permite a adequada diferenciação dos atos típicos de cada função. Assim, do ponto de vista orgânico, um traço distintivo desse dualismo é a existência de "absoluta coordenação" dos órgãos judiciais, enquanto na Administração além da relação de coordenação existe subordinação. Destarte, as funções da administração se acham *potencialmente* subordinadas a uma série maior de *funções condicionantes* do que ocorre com as funções da Justiça, exercidas por agentes não subordinados a nenhum outro órgão judicial, o que se traduz na ideia de independência dos juízes (exercida dentro dos parâmetros normativos), que não é ofendida pela hierarquia entre as instâncias, pela qual se estabelece uma competência de derrogação (e não competência de comando do superior sobre a instancia inferior), em contraposição à dependência das autoridades administrativas, as quais são guiadas por instruções ou circulares dos órgãos superiores.

órgãos supremos não sujeitos às ordens, mas autorizados a impô-las, são apresentadas duas acepções de Administração, uma negativa, outra positiva: (i) tudo o que resta da atividade do Estado, com exceção da legislação e da jurisdição (definição negativa); (ii) campo da atividade estatal colocado sob o poder hierárquico ou regime de subordinação (definição positiva). Sua conclusão é a de que inexistiria diferença substancial e o mais correto seria reunir o Direito Administrativo e o Direito Jurisdicional como uma unidade ou disciplina, considerando-os como um único objeto do exame teórico.[17]

Guido Zanobini (1954, p. 22-25) atribui à função administrativa dois traços característicos: (i) a imediatidade – enquanto a função legislativa estabelece finalidades e as normas jurídicas necessárias para o seu atendimento, a função judicial garante a observância dessas normas, a função administrativa constitui a atividade diretamente desenvolvida pelo Estado para atingir as finalidades públicas[18] e; (ii) a praticidade – enquanto a legislação e a jurisdição se esgotam em atos puramente psíquicos, de vontade e juízo, a Administração acrescentaria a esses o elemento material da atividade prática que geraria efeitos concretos na realidade exterior. A esses caracteres são acrescidos: (i) o caráter concreto (em oposição ao caráter geral e abstrato das leis e ao caráter singular e particular da sentença); (ii) a espontaneidade (distingue a Administração da função judicial, que depende de provocação, isto é, de uma vontade exterior de terceiro) e (iii) a discricionariedade (*limitada liberdade* de integração da norma jurídica pela atividade volitiva, dirigida a adotar em cada oportunidade as medidas mais apropriadas às diversas situações de fato. Tal liberdade é amplíssima na função legislativa e quase inexistente na função judicial, uma vez que ao juiz não caberia emitir um ato fruto de sua própria vontade, mas tão somente a aplicação da "vontade da lei" ao caso concreto).

Ernst Forsthoff (1958, p. 18-29) identifica a função judicial pelas seguintes características: (i) quanto ao momento *ad hoc*: o juiz, mediante a provocação do interessado, responderia a uma situação concreta, resolvendo-a pela aplicação do Direito e por meio da sentença, e; (ii) quanto ao momento do *status quo*: a sentença se vincula a uma situação de fato, cuja solução rege-se pela noção de justo do momento atual

---

[17] Percebe-se aqui que Merkl realça a *função executiva do Estado*, composta pelas funções jurisdicional e administrativa, como atividade de aplicação da lei, em contraste com a função legislativa.
[18] No Direito Administrativo, assinala Luís Filipe Colaço Antunes (2008, p. 154), "o fim é o princípio de todas as coisas".

(*hic et nunc*). A função administrativa, por sua vez, (i) age por iniciativa própria; (ii) leva em consideração a ordem social como um todo (e não apenas os fatos deduzidos pelo litigante). A Administração, embora muitas vezes, como, por exemplo, quando examina se um negócio jurídico constitui fato gerador de um tributo, toma decisões "que não se diferenciam em nada das judiciais", tal circunstância não a reduz ao papel de mera executora de normas, pois, afora essa atribuição de executar normas jurídicas também atua baseada ou com permissivo em norma jurídica, situação bem distinta da anterior, já que aqui desfruta de considerável margem de conformação para a implementação de atividades variadas, como a definição de políticas públicas.

Renato Alessi (1970, p. 7-11) conceitua a legislação como a atividade de produção inovatória de atos jurídicos primários,[19] fundados única e exclusivamente no poder soberano. Embora o ato administrativo, a sentença e o negócio jurídico privado também inovem no mundo jurídico, não decorrem do exercício direto e imediato do poder soberano do Estado e buscam seu fundamento de validade na lei. A jurisdição seria a atividade de emanação de atos de produção jurídica *subsidiários* de atos primários com o fim de obter a concreção e a atuação coativa dos atos primários do Legislativo.[20] A Administração seria a atividade de emanação de atos de produção jurídica *complementários* da aplicação concreta do ato de produção jurídica primária e abstrata contido na norma legislativa. No entanto, admite que a divisão de

---

[19] Quanto à natureza objetiva da norma emanada do parlamento, Santi Romano (2008, p. 73) observa: "Não se afirma que a norma jurídica é objetiva somente por ser norma escrita ou por ser formulada com exatidão. Se fosse assim, ela não se diferenciaria das muitas outras normas suscetíveis a esta extrínseca formulação, além de que, por vezes são consideradas normas jurídicas algumas que em tal sentido não são totalmente precisas como, por exemplo, os costumes. O caráter da objetividade é aquele ligado à impessoalidade do poder que elabora e fixa a regra, ao fato de que este mesmo poder é algo que transcende e se eleva sobre os indivíduos, que se constitui ele mesmo direito".

[20] Cândido Rangel Dinamarco (2017a, p. 453-456) define a jurisdição, expressão do *poder* estatal, como a "*função do Estado, destinada à solução imperativa de conflitos e exercida mediante a atuação da vontade do direito em casos concretos*", de acordo com as *atividades* disciplinadas pela Constituição e pelas leis. Note-se que o conceito proposto não abrange o controle abstrato (concentrado) de normas, que, na lição de Gilmar Ferreira Mendes (2014, p. 177-178), é realizado por meio de um processo objetivo (o autor não age em defesa de direitos, próprios ou alheios, atuando como representante do interesse público), destinado unicamente à defesa da Constituição. Trata-se, segundo o Tribunal Constitucional Federal alemão (*Bundesverfassungsgericht*), "de um processo unilateral, não contraditório, isto é, de um processo sem partes, no qual existe um requerente, mas inexiste requerido [(BVerfGE 1, 14(30); 2, 143(153); 1, 208(226)]". O modelo difuso ou incidental de controle de constitucionalidade foi introduzido no Brasil pela Constituição da República de 1891 (art. 59, §1º, alíneas "a" e "b") e o modelo abstrato pela EC 16, de 1965.

poderes somente possa ser colocada em prática de maneira imperfeita e incompleta, pois "as distintas funções estatais estão em íntima conexão, enlaçando-se e integrando-se uma com a outra, de tal forma que não é possível dividir a atividade do Estado em compartimentos estanques, como pretendia a formulação originária da teoria". Em consequência, inevitáveis exigências práticas conduzem a uma aplicação da divisão de poderes com sensíveis atenuantes, isto é, a uma aplicação que a harmonize com o princípio de *coordenação das funções*, dada a essencial unidade do poder estatal e dos fins últimos do Estado.

Para Giuseppe Chiovenda (1965, p. 3-14), jurisdição é a função do Estado que tem por escopo (i) a atuação da vontade concreta da lei e aqui estaria o seu núcleo, (ii) a substituição da atividade de particulares ou de outros órgãos públicos. Trata-se de uma "atividade pública exercida em lugar de outrem", diversa, portanto, da Administração Pública, que "age por conta própria, não em lugar de outrem". Dito de outro modo: "o juiz age *atuando a lei*; a administração age *em conformidade com a lei* [...] a administração é uma atividade *primária* ou *originária*; a jurisdição é uma atividade *secundária* ou *coordenada*". Apesar do esforço em distinguir ambas as funções, Chiovenda admite que à ideia de separação conceitual das funções não é possível corresponder uma separação absoluta de poderes[21] e que o fundamental é que entre os diversos órgãos não haja contraposição, mas coordenação.

O certo é que cada função tem competência própria e comum (preponderante) e não absoluta e exclusiva, de modo que, conforme propõe Celso Antônio Bandeira de Mello (2016, p. 35), o critério adequado para identificar as funções do Estado é o critério formal.

Com enfoque na legitimidade, Diogo de Figueiredo Moreira Neto (1991, p. 17) faz interessante distinção entre as funções. Entendida como a "conformidade do agir do Estado ao interesse público recolhido pelos instrumentos juspolíticos da democracia", a legitimidade, embora una, se apresentaria sob formas diferentes. Nessa concepção, enquanto para o constituinte, a quem cabe a positivação originária, sua percepção da legitimidade é apenas política, para o juiz, cuja função é a aplicação da lei para a solução de conflitos de interesses, "a legitimidade está integralmente contida na legalidade; sua percepção é apenas jurídica".[22] Por seu turno, para o administrador, a quem cabe, pela aplicação da

---

[21] Otto Mayer (1949, p. 74) considera mais apropriada a expressão "separação de autoridades".
[22] Seguindo o mesmo raciocínio, Chaïm Perelman (2004, p. 64) vê na vinculação do juiz ao espírito do Direito, isto é, aos valores e nas técnicas que outros textos protegem ou utilizam, uma garantia contra a arbitrariedade e o decisionismo.

lei, promover os interesses públicos, "a legitimidade tanto poderá estar integralmente contida na legalidade, devendo praticar atos vinculados, como apenas parcialmente nela contida, necessitando praticar atos em que lhe caberá fazer, abstrata ou concretamente, *opções legítimas*".

Percebe-se, portanto, certa dificuldade conceitual na perfeita distinção e delimitação de cada uma das funções, agravada em relação às funções administrativa e judicial. Isso se deve, como bem observa Nuno Piçarra (1989, p. 247), ao fato de essa distinção não ter surgido originariamente com a pretensão "de compreender e descrever exaustivamente as funções do Estado, mas com um intuito claramente prescritivo e garantístico: a separação orgânico-pessoal daquelas funções era imposta em nome da liberdade e da segurança individuais". Em igual sentido, Karl Loewenstein (2018, p. 55) identifica a liberdade como o "*telos* ideológico" da teoria da distribuição das funções estatais a diferentes órgãos do Estado, que, para cumprir o propósito de diluição do poder, exige reciprocamente e a um só tempo o reconhecimento, entre as funções estatais, das competências e da validade dos atos alheios, estabelecendo-se, portanto, um engenhoso sistema de freios e contrapesos.

1.2 A função judicial na perspectiva da Revolução Francesa

Montesquieu defendia que o Poder Judiciário deveria ser "de alguma maneira, nulo", seus julgamentos não deveriam ser "jamais senão um texto preciso da lei". Aos juízes incumbiria ser "apenas a boca que pronuncia as palavras da lei" (*La bouche qui prononce les paroles de la loi*). Eles seriam como "seres inanimados" que não poderiam moderar nem a força, nem o rigor da lei. Temos assim um profundo contraste: enquanto o legislador e a lei são observados sob a lente iluminista e emancipadora, a função judicial submete-se a uma concepção meramente mecanicista.[23]

Em igual sentido, Hamilton (1959, p. 312-317), embora reconheça que os tribunais possam declarar a nulidade dos atos da legislatura quando contrários à Constituição, refuta a tese de que isso "implicaria na superioridade do poder judicial frente ao legislativo". É famosa a passagem do *O Federalista* LXXVIII, quando se afirma que a função

---

[23] Essa rigidez é coerente com a constatação de que "Nos Estados despóticos não há lei alguma: o juiz encarna a própria regra – ele é a regra" (MONTESQUIEU, 2004, p. 112).

judicial "não influi nem sobre as armas, nem sobre o tesouro; não dirige a riqueza nem a força da sociedade e não pode tomar nenhuma resolução ativa". Por isso não possui força nem vontade, mas apenas discernimento. Trata-se, portanto, do "mais débil dos três departamentos do poder; que nunca poderá atacar com êxito a nenhum dos outros dois, e que são necessárias toda sorte de precauções para capacitá-lo a fim de que possa defender-se dos ataques daqueles".

Essa inanição sustenta-se na ideia de que a lei expressa a vontade geral (*quod omnes tangit ab omnibus appobetur*). Por conseguinte, não se cogita de indagar sobre a sua justiça, afinal "ninguém é injusto consigo mesmo" (ROUSSEAU, 2015, p. 38). Temos, pois, a sacralização da lei, que se sustenta sobre duas premissas: i) a de que a norma legislada é perfeita por resultar da vontade geral[24] e; ii) a de que a linguagem humana permite alcançar a objetividade científica, não deixando margem a nenhuma indeterminação.[25] Dentro desse contexto, instaura-se uma confusão entre regra de Direito e lei escrita. Lei e Justiça tornam-se sinônimos.

Surge a figura do "legislador racional" e equânime, espécie de recurso que sustenta a ideologia política "segundo a qual somente ao poder legislativo, como representante do povo, cabe a determinação das soluções prévias para os conflitos dentro de uma comunidade, não

---

[24] Rousseau (2015, p. 38-39) desenvolve a ideia de governo das leis no livro II, cap.VI, da obra *O Contrato Social: princípios do direito político*, publicada originalmente em 1762. Somente se reconhece a qualidade de lei ao ato emanado da vontade geral, único poder legítimo em uma sociedade de homens iguais e livres, por isso "aquilo que um homem, quem quer que seja, ordena, por sua conta, não é, de modo algum, uma lei". Do ponto de vista normativo, tal concepção (*government of laws, and not of men*) foi adotada pela primeira vez pela Constituição de Massachusetts, em art. XXX. O filósofo suíço (2015, p. 86-87) propõe a democracia direta e refuta a representação: "A soberania é irrepresentável pela mesma razão porque é inalienável; consiste essencialmente na vontade geral, e a vontade geral, de modo algum, se representa: é a mesma ou é outra, não há meio termo. [...] Toda lei que o povo diretamente não ratificou é nula; não é em absoluto, lei. O povo inglês pensa ser livre – engana-se redondamente: só o é durante a eleição dos membros do Parlamento; uma vez que são eleitos, ele é escravo, ele não é nada".

[25] A identificação do Direito com a lei e desta com a vontade do legislador, associada a uma concepção que coloca a segurança jurídica e a calculabilidade como metas intangíveis, tem como resultado a limitação da faculdade do juiz em relação à interpretação e a negação do desenvolvimento aberto do Direito (LARENZ, 1989, p. 445). J. J. Gomes Canotilho (2003, p. 110) explica que, dentro do liberalismo político e econômico, as intervenções estatais não autorizadas por lei eram consideradas censuráveis "não porque lhes faltasse eventualmente uma dimensão intrínseca de justiça, mas porque afetavam a calculabilidade do desenvolvimento econômico e do lucro segundo expectativas calculáveis. E também se compreende que as leis sejam iguais e vinculativas para todos: as leis do Estado, tal como as leis do mercado, são objetivas, dirigindo-se a todos e não podendo ser manipuladas por qualquer indivíduo em particular".

sendo dado nem ao juiz, muito menos ao jurista (com função meramente teórica) modificá-las" (FERRAZ JR., 2009, p. 299).

Na tradição da Escola da Exegese,[26] dominada pelo método gramatical de interpretação, as noções de "clareza" e "interpretação" são antitéticas (*interpretativo cessat in claris*). De acordo com essa concepção, a função do juiz era resolver o litígio pela aplicação mecânica da lei, sem preocupar-se com o caráter justo, razoável ou aceitável da solução proposta.

Esse cenário permite compreender como, por parte dos juristas formados na tradição ocidental, que identifica no Estado de Direito a principal das garantias da democracia, prevaleceu o interesse em esconder o fenômeno da discricionariedade judicial, ao invés de evidenciar suas características, suas peculiaridades, suas origens e limites (DÍAZ, 2017, p. 48).

A idealização do texto legal, porém, não resiste à realidade. Genaro R. Carrió (1979, p. 27-36) assinala que não dispomos de uma palavra para cada objeto individual, para cada fato, para cada propriedade de cada objeto individual ou fato concreto. É uma ilusão, portanto, supor que dispomos de um critério que nos sirva para incluir ou excluir todos os casos possíveis dentro de uma determinada hipótese, pela simples razão de que não podemos prever todos os casos possíveis. As palavras, portanto, apresentam a característica de *vaguidade potencial* ou *textura aberta*, espécie de "enfermidade incurável" das linguagens naturais.

Nessa linha, Luis Recaséns Siches (2006, p. 253) observa que as regras legisladas, nem mesmo quando se apresentam com o máximo grau de qualidade e de previsão possíveis, nunca expressam a autêntica totalidade do Direito em relação às condutas que elas regulam. É assim porque as regras legisladas empregam a única linguagem que podem usar: uma linguagem *genérica* e *abstrata*. Pelo contrário, a realidade da vida humana e, portanto, da existência social, é sempre *concreta* e *particular*. Por isso, o que uma lei aponta jamais adquire plenitude de sentido antes de ter sido relacionado com os fatos efetivos.

---

[26] Norberto Bobbio (2006, p. 83-89), com apoio na doutrina de Julien Bonnecase, aponta as seguintes cinco principais características da Escola da Exegese: (i) supremacia do direito positivo sobre o direito natural; (ii) origem rigidamente estatal do direito; (iii) interpretação fundada na intenção do legislador; (iv) identificação do direito com a lei (culto do texto da lei) e (v) respeito ao princípio da autoridade.

1.3 O sistema romano-germânico (*civil law*) e o sistema de *common law*[27]

Até os séculos XII e XIII, a história do Direito inglês, berço da *common law*, não difere em essência dos demais países da Europa. Dois fatores, no entanto, contribuíram para o surgimento de distintos sistemas jurídicos: (i) a conquista da Inglaterra, em 1066, por Guilherme, Duque da Normandia, cria as condições para o surgimento de um poder forte e centralizado, que permitirá a imposição da autoridade real sobre todo o território e o desenvolvimento da jurisdição. Surge assim a *common law*, direito comum a toda Inglaterra (em oposição aos costumes locais); (ii) o estudo do Direito Romano nas universidades da Europa continental, com foco em normas substantivas (direitos e obrigações) que disciplinam as relações entre os particulares.

Na base da *common law*[28] está a noção de *writ*: ação judicial sob a forma de ordem do rei. Quem quisesse pedir justiça ao rei, poderia enviar-lhe uma solicitação, que seria analisada pelo Chanceler, um dos principais colaboradores da coroa. Caso o pedido fosse admitido – havia um número limitado de processos (*forms of action*)[29] – era enviada

---

[27] Mario G. Losano (2007, p. 18) refuta a existência de um Direito Positivo intrinsecamente melhor que outro: "existem apenas direitos historicamente mais ou menos adequados para regular certas relações de produção e propriedade".

[28] Guido Fernando Silva Soares (1999, p. 51-52) chama a atenção para os equívocos relacionados ao emprego da expressão *common law*: "[...] *não é um direito anglo-saxônico* (pois este era o direito das tribos e reinos da Inglaterra, antes da conquista normanda no século X, e que conviveria com a *Common Law* nos seus primórdios e que até hoje pode ser invocado em matéria de usos estritamente locais na citada Inglaterra); igualmente *não é direito inglês*, porque engloba outros países independentes como a república da Irlanda (Eire) e vários outros, como EUA. Outra incorreção é dizer que a *Common Law* seria um 'direito costumeiro'. Aqui é necessária uma precisão de natureza teórica, pois há quem considere jurisprudência como um costume (repetição de julgados com a convicção de representarem uma regra jurídica) falando mesmo na existência de um costume judiciário, em comparação ao costume geral (aquele que o povo praticaria). A incorreção reside em razões de ambos os sistemas: na *civil law*, é bem verdade que 'uma única andorinha não faz verão' e que, portanto, um caso isolado, propriamente, não constitui jurisprudência; por outro lado, sua eventual força normativa advém não da *communis opinio juris* do povo, mas do prestígio do órgão que permite a formação da jurisprudência, se, no entanto, apresentar o caráter de obrigatoriedade que os casos julgados têm na *common law* ou os costumes representam no Direito Internacional Público e no Direito do Comércio Internacional (em que as lacunas são enormes, por falta de um legislador de normas escritas, o que permite ver o costume como fonte de primacial importância, exatamente pelas lacunas existentes, dada a mencionada falta). Na *Common Law, um único julgado é considerado como precedente obrigatório*, pois declara a existência de uma norma jurídica [...]".

[29] Enquanto os juristas da tradição romano-germânico concentravam a sua atenção primordialmente na determinação dos direitos e obrigações (regras substantivas de Direito), os juristas ingleses concentravam-se nas questões procedimentais (DAVID, 2014, p. 363).

uma ordem (*writ*) a um xerife (agente local do rei) para ordenar ao demandado que desse satisfação ao demandante. O não atendimento da ordem configurava uma grave transgressão, pois era uma desobediência a uma ordem real. O demandado poderia, no entanto, explicar porque entendia não estar obrigado a obedecer a injunção. Ainda hoje, em caso de litígio, é imprescindível encontrar o *writ* aplicável ao caso concreto (GILISSEN, 2016, p. 210-211).

Assim, a *common law*, como espécie de direito de natureza preponderantemente jurisprudencial (*judge make law*), tem como correlato lógico a obrigação de observância das regras (*stare decisis*), que foram fixadas pelos juízes, condição imprescindível para a estabilidade e previsibilidade do sistema.[30] Seu centro de gravidade são regras extraídas da *ratio decidendi*[31] das decisões tomadas pelos tribunais superiores. À lei é reservada apenas uma função secundária.

A *civil law*, por sua vez, começa a se formar e a se desenvolver com os juristas da Escola de Bolonha, os primeiros, entre os séculos XII e XIII, a estudar o Direito, a partir da codificação de Justiniano (*Corpus iuris civilis*), como uma ciência, atribuindo-lhe a condição de um sistema "coerente e completo".[32] O método adotado, a glosa, essencialmente

---

[30] José Rogério Cruz e Tucci (2004, p. 153-154) observa que na obra dos primeiros comentadores da *common law* já havia a preocupação com a coerência dos julgamentos. Citando John Philip Dawson, observa que "na obra de Bracton [considerado o fundador da teoria moderna do precedente judicial] começa a delinear-se a importância de ater-se, na decisão de casos similares, àqueles que já tinham sido antes decididos".

[31] A doutrina do precedente, ensina Michele Taruffo (2012, p. 282), "distingue entre *ratio decidendi*, ou seja, a regra de direito que foi posta como fundamento direto da decisão sobre os fatos específicos do caso, e *obter dictum*, ou seja, todas aquelas afirmações e argumentações que estão contidas na motivação da sentença, mas que, mesmo podendo ser úteis para a compreensão da decisão e dos seus motivos, todavia não constituem parte integrante do fundamento jurídico da decisão. Esta distinção pode ser difícil de traçar na prática, mas é fundamental para se fazer entender como apenas por meio da referência direta aos fatos da causa é que se pode determinar qual é a razão jurídica efetiva da decisão, ou seja, a *ratio* que somente pode ter eficácia de precedente. Os *obiter dicta* não têm nenhuma eficácia e não podem ser invocados como precedentes nas decisões dos casos sucessivos, já que não condicionaram a decisão do caso anterior".

[32] A criação da família de Direito Romano-germânico, segundo René David (2014, p. 39-49), "está ligada ao renascimento que se produz nos séculos XII e XIII no Ocidente europeu. Este renascimento manifesta-se em todos os planos; um dos seus aspectos importantes é o jurídico. A sociedade, com o renascer das cidades e do comércio, toma de novo consciência de que só o direito pode assegurar a ordem e a segurança necessárias ao progresso. [...] A ideia de que a sociedade deve ser regida pelo direito impôs-se no século XIII. Um acontecimento muito importante manifesta com clareza a necessidade que é sentida nesta época de se voltar à ideia de direito: uma decisão do IV Concílio de Latrão, de 1215, proíbe aos clérigos participarem em processos nos quais se recorresse aos ordálios ou aos juízos de Deus [quem se sagrasse vencedor em um duelo, nas provas da água ou do fogo, por exemplo, provaria que havia sido identificado por Deus como quem dizia a verdade]. Esta

analítico e exegético, de uso corrente no ensino da gramática, consistia na breve explicação de uma palavra difícil, foi generalizado e sistematizado, passando a abranger frases inteiras. As glosas curtas eram inseridas entre as linhas do manuscrito (glosas interlineares) e as longas à sua margem (glosas marginais).[33]

Entre o final do século XIII até o século XV, a Escola dos Comentadores (ou pós-glosadores) introduz, por inspiração da dialética escolástica, novos métodos de interpretação dos textos romanos, buscando, a partir da fixação de premissas, inferências e conclusões, extrair os princípios gerais aplicáveis a problemas concretos.

Entre os séculos XV e XVI, a Escola Humanista ou Histórica retoma o estudo dos originais dos textos jurídicos romanos e bizantinos, apoiado em textos históricos e literários romanos, buscando, com fim "puramente científico", descobrir "o sentido original e o verdadeiro alcance das regras jurídicas".

Nos séculos XVII e XVIII, a Escola do Direito Natural, baseado este na razão humana e não mais em uma concepção divina (ou seja, laico e racionalista), ganha o protagonismo da Ciência do Direito, defendendo a existência de um Direito inerente à natureza do homem, o que significava a limitação do poder real, que não poderia suprimir leis universais, permanentes e imutáveis.

No século XVIII, a Revolução Francesa (1789) estabeleceria os profundos alicerces do Direito continental,[34] que seriam exportados

---

decisão marca uma mudança decisiva. A sociedade civil não podia ser regida pelo direito, enquanto os processos fossem resolvidos pelo apelo ao sobrenatural; o próprio estudo do direito não tinha grande interesse prático, enquanto a solução dos litígios fosse abandonada a um sistema de provas irracionais, a função do tribunal sendo somente a de dizer a qual prova se deveria submeter cada uma das partes. A decisão do IV Concílio de Latrão, excluindo este sistema, vai ter como consequência, nos países da Europa continental, a adoção de um novo processo, racional, que terá como modelo o direito canônico; ela abre, assim, o caminho ao reino do direito".

[33] Friedrich Carl von Savigny (2005, p. 36) critica a qualidade do trabalho dos glosadores: "Interpretava-se, sem ajuda alguma, o direito justiniano, tal como foi transferido e existia. Os glosadores empreenderam o trabalho com toda dedicação, mas faltava-lhes, quase totalmente, outro conhecimento. Fizeram tudo que puderam. A recriminação não cabe ao método, mas a seu conhecimento".

[34] Norberto Bobbio (2006, p. 63-64), referindo-se à experiência jurídica da Europa continental – mas o raciocínio pode ser aplicado a todos os países de tradição *civil law* – considera as codificações justiniana e napoleônica como as que tiveram "influência fundamental no desenvolvimento da nossa cultura jurídica". A obra de Justiniano fundou as bases do Direito comum romano na Idade Média e Moderna; ao passo que a codificação napoleônica inaugura "um código propriamente dito", composto por "um corpo de normas sistematicamente organizadas e expressamente elaboradas", que teve protagonismo na legislação e no pensamento jurídico dos dois últimos séculos.

para todas as ex-colônias europeias e perduram, mais de duzentos anos depois, até os dias de hoje: (i) limitação do poder estatal pela separação das suas funções (sistema de freios e contrapesos), base do desenvolvimento da sociedade e escudo contra arbitrariedades; (ii) lei como fruto da soberania popular (ato da vontade geral), editada por um órgão, o parlamento, composto por representantes do povo; (iii) centralidade e protagonismo da lei como fonte principal do Direito;[35] (iv) surgimento da codificação, que tem no Código Civil francês de 1804 o seu expoente máximo, referência que orientaria e seria recebida com entusiasmo por toda a *civil law*.[36]

René David (2014, p. 439-440) sintetiza nos seguintes termos a principal distinção entre os sistemas de *common law* e de *civil law*:[37]

> Nos países de direito escrito em que o direito se apresenta principalmente sob a forma de um direito legislativo, as regras de direito são formuladas com uma tal generalidade que o apelo à razão se processa, normalmente,

---

[35] O peso da lei, antes do Iluminismo e da Revolução Francesa, era "relativamente pequeno; lei e Direito objetivo não se confundiam, não só devido ao papel desempenhado pelo costume, mas também devido à aceitação de certos princípios ético-jurídicos; eram estes, mais do que a lei, que conformavam sociedades alicerçadas em hierarquias de classes e funções; a autoridade da lei ou era pressuposta ou estribava-se na legitimidade tradicional do monarca; e era tanto mais respeitada quanto mais antiga" (MIRANDA, 2015, p. 421-422).

[36] O entusiasmo com a codificação é expresso por Clóvis Beviláqua (1959, p. 9) nos seguintes termos: "As codificações, além de corresponderem às necessidades mentais de clareza e sistematização, constituem, do ponto de vista social, formações orgânicas do direito, que lhe aumentam o poder de precisão e segurança, estabelecendo a harmonia e a recíproca elucidação dos dispositivos, fecundando princípios e institutos, que, no isolamento, se não desenvolveriam suficientemente, contendo, canalizando e orientando energias, que se poderiam prejudicar, na sua ação dispersiva. Por isso apresentam-se na história do direito, como fase normal da evolução, que, partindo da fluidez inicial das ordens mais ou menos arbitrárias, das sentenças de vária inspiração, e dos costumes, vai em busca de formas definidas, firmes e lúcidas, que traduzem, melhor, as exigências, cada vez mais apuradas, da consciência jurídica, e, melhor, disciplinem os interesses dos indivíduos e dos agrupamentos sociais".

[37] De modo didático, John Gilissen (2016, p. 208-209) elenca as seguintes diferenças entre os sistemas de *common law* e de *civil law*: "[...] o *common law* é um *judge-make-law*, enquanto a jurisprudência apenas desempenha um papel secundário na formação e evolução dos direitos romanistas; – o *common law* é um direito judiciário, enquanto o processo é só acessório nas concepções fundamentais dos direitos romanistas; – o *common law* não foi romanizado, enquanto os direitos da Europa Continental sofreram uma influência mais ou menos forte do direito erudito elaborado no fim da Idade Média com base no direito romano; – os costumes locais não desempenham qualquer papel na evolução do *common law*, enquanto na Europa Continental a sua influência permanece considerável até o século XVIII; o costume do reino é, pelo contrário, uma fonte importante do *common law*; – a legislação tem apenas uma função secundária ao lado do *common law*, enquanto se torna progressivamente, do século XIII ao XIX, a principal fonte de direito no continente; – os direitos romanistas são direitos codificados, enquanto a codificação é quase desconhecida na Inglaterra".

no quadro das fórmulas legais, sob forma de aplicação e interpretação destas regras; a existência de lacunas na legislação dificilmente é reconhecida; mais que completar a ordem jurídica, a razão desempenha uma função na *interpretação da lei*. Num sistema jurisprudencial, como é o inglês, a situação apresenta-se muito diferente. O aspecto casuístico que reveste o direito deixa subsistir, de forma intencional, muitas lacunas; e a razão é francamente reconhecida como uma fonte subsidiária do direito, chamada a preencher estas lacunas. A uma técnica de interpretação do direito substituiu-se uma técnica de distinções, visando estabelecer regras novas, cada vez mais precisas, em vez de aplicar uma regra preexistente. Os sistemas de direito da família romano-germânica são sistemas fechados, a *common law* é um *sistema aberto*, em que novas regras são continuamente elaboradas; estas novas regras baseiam-se na razão.

No sistema *civil law*, portanto, a busca da norma individual tem como ponto de partida a lei, peça básica de "um edifício lógico e sistemático", ao passo que no sistema *common law* esse ponto são as decisões judiciais como ferramentas para solução de "questões concretas" (SOARES, 1999, p. 53). O resultado é uma *common law* experimental e indutiva; enquanto a *civil law* se propõe a ser categórica e dedutiva.[38]

Somente a partir da Revolução Francesa, ou seja, do século XVIII, o Direito Público[39] passa a se desenvolver no sistema da *civil law*. Surge a noção de poder limitado. De Estado de Direito.[40] A essa altura, a

---

[38] Manuel Atienza (2016, p. 264) observa que a "argumentação como um processo de tipo informativo, o qual se parte de uma determinada informação (a contida nas premissas) para chegar a uma informação de saída (a da conclusão)". Ou seja, quando as premissas concentram toda a informação necessária para chegar à conclusão, a argumentação torna-se um processo dedutivo. A questão é que a lógica dedutiva possui caráter formal, sendo indiferente a questões materiais ou de conteúdo. Além disso, não se pode extrair mais informações além daquelas já contidas nas premissas. A lógica não auxilia na tarefa de identificar se uma premissa é verdadeira. Esse papel pertence à teoria do conhecimento em sentido estrito. A lógica apenas nos diz que, se consideramos verdadeiras algumas premissas, não podemos, sem cair em contradição, não considerar verdadeira a conclusão (DÍAZ, 2017, p. 99).

[39] Mario G. Losano (2007, p. 95) identifica a propriedade como ponto central de toda a atividade normativa: "Assim como no direito privado, também no direito público é ainda a propriedade o fulcro de toda a normativa: no primeiro, regulamenta-se a circulação dos bens; no segundo, a sua redistribuição. No primeiro, é o indivíduo que estabelece se e como ceder o bem; no segundo, quem o faz é quem detém o poder. Disso resulta que, no primeiro caso, o indivíduo não é obrigado a ceder o bem, ao passo que, no segundo, o é. O bem particular assim cedido ao estado recebe o nome de imposto, taxa, tributo".

[40] Como "um gigantesco projeto político, juridicizado, de contenção do Poder e de proclamação da igualdade de todos os homens" (BANDEIRA DE MELLO, 2016, p. 49). Em sua forma típica e original, o Estado de Direito "caracteriza-se, primeiro, pelo reconhecimento de que o Poder é limitado por um Direito superior, que está fora de seu alcance mudar. Tal Direito, natural porque inerente à natureza do homem, constitui a fronteira que sua atuação legítima não pode ultrapassar. Visto do ângulo dos sujeitos (passivos) do Poder,

Inglaterra já conhecia a Magna Carta (1215), a *Confirmatio Chartarum* (1297), a *Petition of Rights* (1628) e o *Bill of Rights* (1689). Por isso se afirma que, embora a *common law* não tenha alcançado, no Direito Privado, a perfeição do Direito Romano, por sua vez, concilia melhor que nenhum outro as necessidades da Administração e da polícia e as liberdades dos indivíduos (DAVID, 2014, p. 48).

Toda a preocupação com a racionalidade e a logicidade no sistema *civil law* tem como finalidade evitar o que Guido Fernando Silva Soares (1999, p. 28) qualifica de "fantasma" do casuísmo da lei.

> A certeza da existência e do conteúdo da norma que o direito escrito apresentava, bem como a busca das generalidades racionais que o conjunto normativo (códigos) representava, fizeram com que a "glosa judiciária" (jurisprudência casuística) fosse afastada, em favor da "glosa erudita" (a doutrina), e que tanto o costume geral como o assim dito "costume judiciário" (a jurisprudência) fossem desprezados, em benefício da lei escrita (e, sempre que possível, reunida em conjuntos harmônicos e racionais: os códigos).

Para John Gilissen (2016, p. 208) o Direito inglês seria mais "histórico" que os direitos dos países da Europa Continental, pois não sofreu "ruptura entre o passado e o presente, como a que a Revolução de 1789 provocou na França e noutros países". René David (2014, p. 355), no entanto, pondera que esse caráter histórico não deve ser exagerado: "os ingleses gostam de pôr em evidência esse caráter tradicional, enquanto os franceses preferem evidenciar o caráter racional e lógico do seu direito".

Ao comparar ambos os sistemas, Mario G. Losano (2007, p. 336-337) conclui que, de um modo geral, as vantagens e deficiências entre eles são, em certa medida, simétricas. Se, em relação ao sistema jurídico de normas gerais e abstratas, redutíveis a um *corpus* limitado e sistemático, a *common law* apresenta maior possiblidade de se adaptar ao caso concreto, os precedentes, por seu turno, "tendem a formar uma floresta indestrinçável e extensa".

Quanto aos pressupostos filosóficos das tradições jurídicas da *common law* e da *civil law*, Jorge Alejandro Amaya (2010, p. 3-4) faz a seguinte descrição:

---

esse Direito é um feixe de liberdades, que preexistem à declaração solene, e recobrem o campo da autonomia da conduta individual. Autonomia é a regra, a qual apenas sofre as restrições estritamente necessárias ao convívio social" (FERREIRA FILHO, 2007, p. 4).

Podemos ver a *common law* como um direito de juízes, inclusive como um direito de "supremacia judicial", especialmente nos Estados Unidos.[41] Na tradição *common law* o juiz é um herói da cultura, um pai, a partir do fato que dita tradição jurídica nasce e se edifica da mão dos juízes, justificando de maneira semelhante caso a caso e construindo um corpo de decisões que obrigam aos juízes das gerações posteriores mediante a doutrina da *stare decisis* (a novela em capítulos de Dworkin).

Frente a isso, e por força de alguns dogmas da ideologia da revolução francesa, a figura e a função do juiz continental é diferente. Os juízes na França anterior à revolução eram um grupo aristocrata ("a aristocracia da toga") que dava seu apoio às classes privilegiadas em prejuízo dos camponeses, o que construiu o medo de uma ditadura judicial egoísta. A consagração do dogma da estrita separação dos poderes, restringiu também a função judicial. A lei só podia ser criada pela legislatura representativa, de modo que o direito não podia ser criado nem direta nem indiretamente pelos juízes. O Juiz só podia usar a lei para decidir um caso, o que implicada o rechaço da doutrina da *stare decisis*. A aspiração da "codificação" de contar com uma legislação completa, clara e coerente, que cobriria todas as hipóteses possíveis reserva ao juiz do direito continental o lugar de uma espécie de servidor experiente que aplica a lei de forma mecânica, já que deve encontrar o preceito legal apropriado e aplicá-lo à situação concreta.

García de Enterría (2009, p. 168-176) observa que a *rule of law* não se confunde com a noção de legalidade: a primeira "se situa no coração do sistema político e jurídico inglês" e expressa fundamentalmente a autonomia (ou supremacia) da *common law* e dos seus tribunais frente ao poder real, inclusive vedando avocações régias; a legalidade, técnica de governo instituída pela Revolução Francesa, como limite de toda atuação estatal, acentua que nenhum agente público dispõe de poderes próprios para exercer autoridade e todo poder deve ser exercido no

---

[41] A supremacia judicial (direito a dar a última palavra) tem origem em Marshall (Marbury vs. Madison, de 1803) e com ela o dogma da supremacia da lei é superado pela supremacia da interpretação. Nada obstante, embora seja imensurável a contribuição do referido julgado para o desenvolvimento da teoria da tripartição das funções estatais e do próprio constitucionalismo, a Suprema Corte americana coleciona algumas decisões bastante polêmicas, das quais podem ser citadas: (i) Dred Scott *vs* Sandford [60 U.S (10 How.) 393], segunda declaração de inconstitucionalidade de uma lei federal da Suprema Corte, julgado em 1857, quando se proibiu a todo habitante de ascendência africana, ex-escravo ou não, o direito à cidadania e declarou que o Congresso não teria poderes para proibir a escravidão nos estados da federação; (ii) Lochner *vs* New York (1905), quando foi declarada a inconstitucionalidade de uma lei que limitava a jornada semanal dos padeiros a sessenta horas, e; (iii) Hammer *vs* Dagenhart (1910), quando declarou-se a inconstitucionalidade da lei que proibia o emprego de adolescentes, entre quatorze e dezesseis anos, no período noturno ou para uma jornada superior a quarenta horas semanais.

interesse do corpo social. A partir do século XX, entretanto, ocorre a aproximação entre ambos os conceitos.

As diferenças entre os sistemas levaram ao desenvolvimento preponderante do realismo jurídico nos países de *commom law*, ao passo que o positivismo jurídico teve forte desenvolvimento nos países que adotaram o *civil* law. Esse contraste é explicado pela constatação de que "no mundo anglo-saxônico os juízes desempenham um papel de primeiro plano na produção das normas jurídicas, enquanto no mundo europeu continental a produção do direito é obra essencialmente do legislador" (BOBBIO, 2006, p. 144).

Atualmente, como observa Michele Taruffo (2012, p. 277-278), há um forte estreitamento entre os sistemas:[42]

> Pesquisas desenvolvidas em vários sistemas jurídicos têm demonstrado que a referência ao precedente não é há tempos uma característica peculiar dos ordenamentos do *common law*, estando agora presente em quase todos os sistemas, mesmo os de *civil law*.[43] Por isso, a distinção tradicional segundo a qual os primeiros seriam fundados sobre os precedentes, enquanto os segundos seriam fundados sobre a lei escrita, não tem mais – admitindo-se que realmente tenha tido no passado – qualquer valor descritivo. De um lado, na verdade, nos sistemas de *civil law* se faz amplo uso da referência à jurisprudência, enquanto nos sistemas de *common law* se faz amplo uso da lei escrita e inteiras áreas desses ordenamentos – do direito comercial ao direito processual – são, na realidade, "codificadas".

Nesse sentido, José Rogério Cruz e Tucci (2004, p. 26 e 304) observa que os precedentes judiciais, a partir de uma flexibilização da sua força vinculante na *common law* e de uma crescente tendência na *civil*

---

[42] Rodolfo de Camargo Mancuso (2015, p. 391) segue o mesmo entendimento e fala de uma "rota de aproximação": "[...] a clássica distinção entre as famílias jurídicas – *civil law*, de raiz romano-germânica, dos direitos codicísticos; e *common law*, de origem anglo-saxã, referenciada ao precedente judicial, mormente os *binding precedents*, hoje já não se reveste do mesmo prestígio ou da mesma utilidade de que desfrutou outrora, esmaecendo-se gradualmente tal distinção, inclusive pela intercorrência de razões multifatoriais, tais a globalização, a intercomunicação dos ordenamentos jurídicos dos vários países, inclusive consentindo a mútua importação de institutos e categorias (v.g., dentre nós, a ação civil pública, em boa medida inspirada nas *class actions* do direito norte-americano; as técnicas de *compliance* e de *accountability*, empregadas na apuração de condutas imputadas de improbidade administrativa)".

[43] Luigi Ferrajoli (2012b, p. 238), sob a ótica de uma abordagem garantista, rejeita a ideia de que as decisões judiciais sejam fonte de Direito, o que, a seu ver, violaria o princípio da legalidade, a separação de poderes e a própria substancia do Estado de Direito, "ao menos como ele se estruturou nos ordenamentos da *civil law*".

law de sua adoção como *ratio decidendi*, passaram a exercer influência similar em ambos os sistemas, mas, ressalva que, por estarem inseridos em "sistemas jurídicos histórica e estruturalmente heterogêneos", ambas preservam características próprias.[44]

1.4 O papel do juiz no sistema romano-germânico (*civil law*)

Para Dalmo de Abreu Dallari (2007, p. 92), a superação do feudalismo e do absolutismo transforma a função dos juízes, que deixam de ser agentes do rei ou de aristocratas para se tornarem agentes do povo.

> Isso ficou definitivamente claro com o aparecimento das Constituições escritas, no século dezoito. Foi transferida para o Estado a soberania, que antes era um atributo pessoal do rei, e se consagrou a tripartição do poder do Estado, entregando-se à magistratura uma parcela desse poder soberano, essencialmente político. Esse é um ponto importante, que não tem sido suficientemente considerado e que pode explicar, inclusive, certas divergências teóricas: as decisões judiciais fazem parte do exercício da soberania do Estado, que, embora disciplinada pelo direito, é expressão do poder político.

A formação do Estado Moderno leva ao que Norberto Bobbio (2006, p. 26-29) chama de *"processo de monopolização da produção jurídica por parte do Estado"*.[45] O pluralismo jurídico da sociedade medieval, no qual o Direito é muito mais um fenômeno social do que um ato estatal, é substituído pelo monismo, que implica também o monopólio da solução dos litígios pelo Estado, de acordo com as regras por ele criadas. O juiz, de principal fonte de produção do Direito, cujas normas tendencialmente se tornariam precedentes a serem observados em casos futuros, ou seja, não submetido "a escolher exclusivamente normas emanadas do órgão legislativo do Estado", podendo valer-se dos costumes, da

---

[44] Do sistema da *common law* norte-americana o processo civil brasileiro assimilou (i) o extremo informalismo no trato das causas de pequena expressão econômica (Leis nº 7.244/84 e nº 9.099/95), cuja concepção foi inspirada no modelo do *small claims court* de Nova York, e; (ii) a flexibilização das regras individualistas de legitimidade ativa e limites subjetivos da coisa julgada (leis nº 7.747/85 e nº 8.078/90), com a substituição da iniciativa e participação de todos os interessados pelo reconhecimento de *legitimidade adequada* a instituições e entidades organizadas (DINAMARCO, 2017a, p. 424-426).

[45] Nas palavras de Paulo Otero (2003, p. 147), da mesma forma que "o monarca absoluto recusava o pluralismo de fontes de Direito, fazendo da sua vontade expressa em lei a fonte prevalecente da juridicidade, também o poder político surgido da Revolução Francesa e das demais revoluções liberais europeias recusava a descentralização, afirmando a prevalência, senão mesmo a exclusividade, do Direito proveniente dos órgãos do Estado".

doutrina ou de critérios de equidade, fontes que se encontravam no mesmo nível, passa a "titular de um dos poderes estatais, o judiciário, subordinado ao legislativo", cabendo-lhe resolver os litígios exclusivamente de acordo com as normas reconhecidas pelo Estado.[46]

Na verdade, a concepção do Estado Moderno assenta-se sobre um triplo monopólio: (i) além da produção abstrata de normas jurídicas, (ii) há o monopólio da aplicação concreta do Direito (em substituição às vontades dos litigantes e com caráter de definitividade) e (iii) do emprego legítimo da força, obstando assim a autotutela dos interesses individuais em conflito, que passa a ser admitida apenas em hipóteses excepcionais (legítima defesa, desforço e retorsão imediatos), fora das quais constitui ilícito penal (exercício arbitrário das próprias razões).

Coerente com a visão do juiz como ser inanimado e determinada a fixar rígidos limites à sua atuação, a Lei francesa 16 de 24 de agosto de 1790 (também referida como Lei 16-24), em seus artigos 11 e 12, estabeleceu que os tribunais não poderiam se imiscuir direta ou indiretamente no exercício do Poder Legislativo, nem impedir ou suspender a execução dos decretos do corpo legislativo, sancionados pelo rei, sob pena de prevaricação; além disso, era defeso ao magistrado julgar quando a aplicação da lei suscitasse interpretação duvidosa, restando-lhe apenas aguardar a interpretação do Legislativo (*référé legislatif*), ao qual, portanto, cabia a última palavra em matéria de interpretação.[47]

---

[46] A questão da consistência (antinomias) e da completude (lacunas) do ordenamento visto como sistema, nas palavras de Tercio Sampaio Ferraz Jr. (1994, p. 222), "aponta para *o problema dos centros produtores* de normas e sua unidade ou pluralidade. Se, num sistema, podem surgir conflitos normativos a partir de diferentes canais, que com relativa independência, estabelecem suas prescrições. Se se admite lacunas, é porque se aceita que o sistema, a partir de um centro produtor unificado, não cobre o universo dos comportamentos, exigindo-se outros centros produtores. São estas suposições que tão por detrás das discussões em torno das chamadas *fontes do direito*". João Batista Machado (2017, p. 156-157) nega ao legislador a possibilidade de definir taxativamente as fontes de direito, pois, no seu entender, "há 'fontes de direito' que não são positivadas e nem podem por natureza ser positivadas. [...] o direito nunca está por inteiro na livre disponibilidade do poder político, não depende da vontade arbitrária da própria maioria democrática; antes lhe é inerente um núcleo irredutível de autonomia e independência ante aquele poder (núcleo esse que podemos designar por princípios fundamentais de direito, decorrentes da própria 'ideia de direito'. [...] o direito, para impor a sua "norma" à política e vincular todos os órgãos do poder, tem de radicar o seu último fundamento de validade nos estratos mais profundos e permanentes do patrimônio cultural da humanidade, situados fora do alcance do poder político".

[47] Outra regra relevante e que também reduziu o poder dos magistrados foi inserida no art. 15, segundo qual o resultado dos fatos reconhecidos ou constatados pela instrução, cível ou penal, e os motivos que houverem determinado o juiz serão expressos. Chaïm Perelman (2004, p. 212) anota que essa exigência chegou a ser interpretada como simples exigência de indicação do texto da lei na qual a decisão se apoia e foi acolhida pelo art. 17 do

Essa regra foi reproduzida pela Constituição de 1791 (art. 3º, Título III, Cap. V): os tribunais não podem imiscuir-se no exercício do Poder Legislativo nem suspender a execução das leis.

Tais restrições refletem a fé nos dogmas rousseaunianos e à "justa desconfiança" que os homens do período revolucionário sentiam em relação ao espírito reacionário dos corpos judiciais.[48] Como explica Gaston Jezè (1948, p. 372), estava na memória dos revolucionários que entre 1787 e 1788 o Parlamento de Paris (última instância judicial) havia se insurgido contra algumas reformas propostas pelo rei, declarando nulos e ilegais os decretos reais.

É dentro desse contexto que o art. 4º do Código Civil francês de 1804,[49] fiel aos dogmas da onipotência e da onisciência do legislador, partindo da premissa de que a lei ofereceria todas as respostas para todos os problemas jurídicos (o que levava à ideia de completude do ordenamento), determinava que a hipótese de recusa a julgar sob o

---

Decreto de 1º de dezembro de 1790, que criou o Tribunal de Cassação. A obrigação de motivação foi instituída por um Decreto do 4 germinal do ano II, apenas para as sentenças de indeferimento, e progressivamente aplicada a todas as decisões e jurisdições.

[48] Sobre essa desconfiança, são bem esclarecedoras as palavras de Prosper Weil (1977, p. 11-12): "As jurisdições do *Ancien Régime* [conjunto de instituições e normas existentes na França antes da Revolução de 1789 ou "era das monarquias absolutistas"] tinham conduzido uma guerra surda e muitas vezes eficaz contra as tentativas da monarquia para modernizar a administração e reformar a sociedade. Essa resistência dos 'parlamentos' iria atingir o paroxismo nos reinados de Luís XV e Luís XVI. Deste modo se poderá compreender que uma das primeiras medidas da Constituinte tenha sido quebrar completamente, com a Lei de 16-24 de agosto de 1790, qualquer veleidade, e mesmo qualquer possibilidade, aos tribunais de desafiarem a autoridade do Estado: 'As funções judiciárias são distintas e permanecerão sempre separadas das funções administrativas'".

[49] Apesar de ter sido elaborado durante período de intensa convulsão política, o Código Civil francês de 1804 não foi atingido por essa atmosfera de instabilidade e extremismo. Nesse sentido, Eugênio Facchini Neto (2013, p. 63-69) assinala: "Poucas vezes, na história da humanidade, um evento político teve uma repercussão jurídica tão devastadora, em espaço de tempo tão curto, como esse. Desde as primeiras sessões da Assembleia Constituinte, a burguesia vencedora procurou demolir, pedra por pedra, todos os fundamentos político-jurídicos que haviam sustentado o Antigo Regime. Pretendia-se uma *régénération* (palavra de ordem do vocabulário revolucionário) integral: do homem, da sociedade, do Estado, por meio da lei. [...] o Código francês não foi obra de um déspota iluminado, mas sim da burguesia revolucionária, que pretendia edificar uma sociedade baseada sobre os princípios da igualdade e da liberdade dos cidadãos. Apoiava-se, também, na convicção iluminista e jusracionalista de que era possível construir uma nova sociedade, totalmente remodelada e renovada, por meio da obra racionalizante da legislação. [...] O *Code* conseguiu, sim, fundar uma nova ordem social e jurídica na França, rompendo com o *ancien régime*, lançando as bases de uma sociedade mais igualitária e sem os grilhões do feudalismo. Mas, ao mesmo tempo, o Código conseguiu afastar-se de certos "radicalismos" do chamado *droit intermédiaire* [designa o direito do período revolucionário compreendido entre a primeira reunião da Assembleia Constituinte, no ano de 1789, e a tomada de poder por Napoleão Bonaparte, dez anos depois, em 1799], tidos como exagerados. Foi uma obra verdadeiramente prudencial".

pretexto do silêncio, da obscuridade ou da insuficiência da lei, sujeitaria o juiz a ser processado como culpável de justiça denegada.

Entretanto, como explica Norberto Bobbio (2006, p. 74-78), a intenção dos redatores do art. 4º era "deixar aberta a possibilidade da *livre criação do direito por parte do juiz*". Nesse sentido, Portalis, um dos quatro membros da comissão encarregada por Napoleão de elaborar o projeto definitivo do Código Civil, em discurso proferido diante do Conselho de Estado, defendeu:

> Quando a lei é clara, é necessário segui-la; quando é obscura, é necessário aprofundar as suas disposições. *Na falta da lei, é necessário consultar o uso ou a equidade. A equidade é o retorno à lei natural, no silêncio, na oposição ou na obscuridade das leis positivas.*

De modo similar, o art. 9º do projeto do Código Civil previa que "o juiz, na falta de leis precisas, é um ministro de equidade. A equidade é o retorno à lei natural e aos usos adotados no silêncio da lei positiva". Entretanto, referido artigo, idealizado para ser interpretado conjuntamente com o art. 4º, foi suprimido. O resultado foi a limitação normativa do preenchimento das lacunas pelo método da autointegração (excluindo-se a heterointegração) e, por conseguinte, a instituição do mito da completude.

Influenciado pelo Código Napoleônico, os Códigos de Processo Civil brasileiros, desde o de 1939 (art. 113), passando pelo de 1973 (art. 126) e chegando ao atual, de 2015 (art. 140), sempre impuseram ao juiz a vedação de deixar de decidir sob a alegação de lacuna ou obscuridade do ordenamento jurídico,[50] restringindo o julgamento por equidade aos casos previstos em lei.[51] Todavia, como observa Luiz Guilherme Marinoni (2011, p. 40 e 90-100), a evolução do *civil law*, notadamente sob influência do desenvolvimento do constitucionalismo,[52] "deu aos

---

[50] Oswaldo Aranha Bandeira de Mello (2007, p. 413) classifica de "verdadeira tautologia dizer o legislador que o juiz deve julgar na omissão da lei, porquanto isso vale a dizer que o juiz deve ser juiz. Sua função de julgar não decorre desse texto, porém da ordem jurídica que criou a função e o respectivo titular. O desempenho daquela por este é um imperativo da vida social e da organização jurídica do Estado".

[51] A equidade foi positivada no Direito brasileiro pela Constituição de 1934, cujo art. 113, item 37, determinava que nenhum juiz deveria deixar de sentenciar por motivo de omissão na lei, cabendo-lhe, em tal caso, decidir por analogia, pelos princípios gerais de direito ou por *equidade* (MIRANDA, 1974, p. 345).

[52] Prieto Sanchís (2010, p. 92) sustenta que "[...] o constitucionalismo contemporâneo modificou profundamente a realidade dos sistemas jurídicos, ao menos em dois sentidos. De um lado, as presenças de direitos fundamentais e de outro, princípios morais na

juízes um poder similar àquele do juiz inglês submetido ao *commom law* e, bem mais claramente, ao poder do juiz americano, dotado de poder de controlar a lei a partir da Constituição".

Se nas teorias clássicas [declaratória e constitutiva] o juiz apenas *declarava a lei* [Chiovenda] ou criava *a norma individual a partir da norma geral* [Carnelutti], agora ele constrói a *norma jurídica* a partir da interpretação de acordo com a Constituição, do controle da constitucionalidade e da adoção da regra do balanceamento (ou da regra da proporcionalidade em sentido estrito) dos direitos fundamentais no caso concreto.
[...]
A evolução do *civil law* é a história da superação de uma ideia instituída para viabilizar a realização de um desejo revolucionário, e que, portanto, nasceu com a marca da utopia. Como dogma, esta noção manteve-se viva ainda que a evolução do *civil law* a descaracterizasse. Lembre-se que a força do constitucionalismo e a atuação judicial mediante a concretização das regras abertas fez surgir um modelo de juiz completamente distinto do desejado pela tradição do *civil law*. De modo que o *civil law* vive, atualmente, a contradição entre o juiz real e o juiz dos livros ou das doutrinas acriticamente preocupadas apenas em justificar que a nova função do juiz cabe dentro do modelo do princípio da separação dos poderes. Na verdade, a doutrina esquece de esclarecer que o juiz da revolução Francesa nasceu natimorto e que o princípio da estrita separação dos poderes sofreu mutação com o passar do tempo, tendo, nos dias de hoje, outra figura.

Chaïm Perelman (2004, p. 185) observa que o ideal contemporâneo de Direito, surgido na segunda metade do século XX, ensejou o aumento da importância do Direito pretoriano, "fazendo do juiz o auxiliar e o complemento indispensável do legislador: inevitavelmente, ele aproxima a concepção continental do direito da concepção anglo-saxã, regida pela tradição da *common law*".

A expansão dos poderes judiciais e a aproximação entre as figuras do julgador e do legislador acabam por abrir a função judicial para o exercício de atividade política, compreendida como aquela que define novos objetivos sociais ou promove valores ainda não incorporados à ordem jurídica. Essa atividade política dos juízes, segundo Dalmo de

---

Constituição tendem a produzir uma saturação do sistema normativo, que deixa de ser um artefato defeituoso para converter-se em um universo completo capaz de oferecer orientação de sentido para resolver qualquer problema prático". Percebe-se que a sacralidade da lei é substituída pela sacralidade da Constituição, pretensamente portadora de todas as respostas para todos os conflitos.

Abreu Dallari (2007, p. 89), se dá em dois sentidos: (i) por serem integrantes do aparato de poder do Estado, que é uma sociedade política, e (ii) por aplicarem normas de Direito, que são necessariamente políticas.

Essa mutação do papel do juiz é disputada, como explica Jerzy Wróblewski (2008, p. 74-84), por três ideologias da aplicação do Direito:
(i) ideologia da decisão vinculada (*bound judicial decision*): a atividade de aplicação é meramente mecânica (boca da lei[53]), corresponde às ideias do Estado liberal do século XIX e ao pensamento do positivismo jurídico, tem como fundamento os valores jurídicos da racionalidade do legislador, da certeza, da segurança e da estabilidade das decisões. A separação estrita entre a criação e a aplicação do direito é uma exigência para salvaguardar a liberdade dos cidadãos e impedir que o juiz se converta em um tirano. Entretanto, como o sistema de direito é incompleto, aberto e contraditório, o juiz, junto com o legislador, torna-se um cocriador do direito. São, portanto, "aparentes ou irrealizáveis" os valores perseguidos. Nada obstante, o modelo de controle da decisão pela instância recursal é quase que ilimitado, pois seria necessário para garantir a supremacia da lei.
(ii) ideologia de decisão judicial livre (*free judicial decision*): a atividade de aplicação seria inteiramente livre, destituída de quaisquer vínculos preexistentes (Direito Livre e Jusrealismo). As normas não determinariam o conteúdo das decisões, mas apenas indicariam "planos, projetos ou direções", que seriam os limites entre os quais o juiz pode agir. Teria como virtude a adaptação às reais necessidades da vida, permitindo que o juiz valore o caso concreto. Não se associa a nenhuma ideologia política específica, realçando mais os valores puramente jurídicos e o papel do juiz. Além da lei, seriam fontes do Direito a prática jurídica, as normas sociais extrajurídicas e os costumes, das quais o juiz extrairia valores como justiça, bem moral e equidade. A ideologia de decisão judicial livre apresenta duas versões: (a) a radical, que concebe o Direito Judicial como "o único direito realmente em vigor ou, ao menos, como direito que deve ser preferido em

---

[53] A figura do juiz "escravo da lei" é criticada por Dalmo de Abreu Dallari (2007, p. 84-85): "[...] um julgador só poderá ser justo se for independente. Um juiz não pode ser escravo de ninguém nem de nada, nem mesmo da lei. [...] um juiz escravo da lei tem grande possibilidade de ser, na realidade, escravo dos compradores da lei".

comparação com a legislação"; (b) a moderada, segundo a qual o direito judicial apenas supriria ou, às vezes, corrigiria a lei, não se admitindo, diferente da versão radical, decisão *contra legem*. Ao se reconhecer um largo campo de valoração, o controle da atividade decisória torna-se restritivo.

(iii) ideologia da decisão judicial legal e racional (*legal and racional judicial decision*): recomenda que a decisão respeite a axiologia dos sistemas jurídico e sociopolítico, mas não se filia a nenhuma ideologia política, reconhecendo, no entanto, que a valoração judicial não é e nem pode ser politicamente neutra, pois está determinada pelas características da ideologia que sustenta o sistema jurídico e sua legalidade. A lei pode limitar o campo de escolha, mas não pode eliminar a atividade valorativa. A decisão, porém, deve ser legal, ou seja, a aplicação do Direito seria uma "atividade que não cria nem normas gerais nem abstratas, mas somente normas individuais" extraídas das normas legais. A aplicação do Direito, portanto, envolveria interpretação, avaliação da prova e a eleição das consequências.

1.5 O nascimento do "terceiro gigante"

A concepção liberal de Estado é uma reação ao Estado Absolutista, inimigo das liberdades e administrado pelo modelo de gestão "patrimonialista", caracterizado pela confusão entre o patrimônio público e o privado. Nesse modelo, as funções administrativas são distribuídas ao arbítrio do soberano ou de acordo com a tradição (hereditariedade).[54]

O Direito Liberal, entretanto, em face do incremento e da abundância de novos conflitos de ordem econômica, social e política, ao lado

---

[54] Um exemplo ilustra bem a lógica que imperava nesse modelo de organização estatal. Alexis de Tocqueville (2016, p. 114-117) nos conta que, no início do século XVI, em pleno Renascimento, "pela primeira vez se teve a ideia de considerar o direito de trabalhar como um privilégio que o rei podia vender. Apenas então cada corporação tornou-se uma pequena aristocracia fechada e por fim foram estabelecidos aqueles monopólios tão prejudiciais ao avanço das técnicas [...]. À medida que as dificuldades financeiras aumentavam, iam surgindo novos empregos, todos remunerados com isenções tributárias ou com privilégios; e, como eram as necessidades do tesouro e não as da administração que decidiam, chegou-se desta maneira a instituir um número quase inacreditável de funções inteiramente inúteis ou mesmo prejudiciais. [...] E observai que os melhores reis recorrem a essas práticas como os piores. É Luís XII que consegue estabelecer a venalidade dos ofícios; é Henrique IV que vende sua hereditariedade – tanto os vícios do sistema são mais fortes que a virtude dos homens que o praticam".

do alargamento da intervenção do Estado na ordem econômica e moral, mostrou-se incapaz de regular essa nova sociedade que se formava e tornou-se ultrapassado.

Com a passagem do Estado Liberal[55] para o Estado Social, o Estado converte-se de Estado-legislador em Estado-administrador,[56] encarregado não apenas de garantir e proteger as liberdades individuais, mas também de intervir no domínio econômico, promover políticas públicas e prestar serviços essenciais à população.[57]

Há uma crescente fragmentação dos interesses, e a permanente tensão entre posições subjetivas contrapostas de variados grupos de pressão são traços marcantes do Estado contemporâneo,[58] o que, nas palavras de Massimo Severo Giannini (1970, p. 45-50), produziu o surgimento do denominado "Estado *pluriclasse*".[59]

---

[55] Também denominado por Massimo Severo Giannini (1980, p. 54) de Estado burguês ou Estado monoclasse.

[56] José Carlos Vieira de Andrade (2017, p. 56) denomina de "Estado de Direito Misto" o modelo "moderado e equilibrado" contraposto aos Estado-legislador, Estado-administrador e Estado-juiz.

[57] Em sua configuração mais desenvolvida, o Estado "contribuiu para a edificação de um *Estado de direito*, garantidor de direitos, liberdades e garantias contra violências públicas e privadas através do monopólio da coação física legítima. Numa palavra: o Estado serviu para dar resposta a uma tarefa pública central e incontornável de qualquer juridicidade estatal: resolver o problema da violência, garantindo a liberdade e a segurança dos cidadãos. De igual modo, o Estado assumiu como fim e tarefa de qualquer estatalidade legítima o dever de dar resposta a outra forma de violência – a pobreza. Quando se tornou claro que, em algumas condições históricas e específicos momentos de desenvolvimento social, não devia ser cruelmente imputada às pessoas a responsabilidade pela sua própria pobreza, as instituições públicas estatais não puderam eximir-se a um compromisso activo para a solução e controlo da nova forma de violência – a pobreza. O combate à pobreza foi um dos fins, e deve continuar a sê-lo, do Estado social. Numa palavra: a *socialidade* é, ainda hoje, uma dimensão intrínseca da estatalidade" (CANOTILHO, 2001, p. 710).

[58] Para Ronald Dworkin (2010, p. 105) toda democracia contemporânea é uma nação dividida cultural, étnica, política e moralmente.

[59] Os direitos que constituem a cidadania, destaca Luiz Carlos Bresser-Pereira (2011, p. 81-82), "são sempre o resultado de um processo histórico por meio do qual indivíduos, grupos e nações lutam por adquiri-los e fazê-los valer". Com apoio na clássica análise de T. H. Marshall, Bresser-Pereira reconstrói a evolução histórica da cidadania, partindo dos direitos civis, passando pelos direitos políticos até chegar aos direitos sociais: "No século XVIII, os contratualistas e as cortes inglesas definiram os *direitos civis*, que serviriam de base para o liberalismo; no século XIX os democratas definiram os *direitos políticos*. Esses dois direitos estabeleceram as bases das democracias liberais do século XX. Por meio dos direitos civis, os cidadãos conquistaram o direito à liberdade e à propriedade, em relação a um estado *antes* opressor ou despótico; por meio dos direitos políticos, os cidadãos conquistaram o direito de votar e serem votados, de participar, portanto, do poder político do estado, contra um Estado *antes* oligárquico. Finalmente, na segunda metade do século XIX os socialistas definiram os direitos sociais, que, no século seguinte foram inscritos nas constituições e nas leis dos países".

Segundo Justen Filho (1999, p. 120-121), esse Estado pluriclasse formou-se, a partir do final do século XIX, com o fim do voto censitário:[60]

Apenas certos grupos ou classes, usualmente titulares do poder econômico, dispunham da condição da cidadania política. O controle do poder político concentrava-se em mãos de algumas classes, o que se retratava no direito produzido e produzia homogeneidade dos interesses dos detentores do poder estatal, em contraposição aos interesses de largas fatias da população.

A universalização do sufrágio alterou radicalmente esse panorama e inviabilizou o reconhecimento de uma única classe dominante. Todos os extratos sociais, mesmo os mais desprovidos de recursos econômicos, podem influenciar a escolha dos governantes e fazem-se representar nos parlamentos. O exercício do poder político retrata a pluralidade de interesses sociais e a segmentação dos diferentes grupos. Existem agrupamentos com interesses comuns, dentro de limites estreitos e com extensão temporal precária. Cada classe comporta interesses contrapostos. A democracia contemporânea externa-se numa espécie de interminável reorganização dos interesses individuais e coletivos.

Essa nova realidade acarreta o enfraquecimento da lei, progressivamente incapaz de antever todas as hipóteses abstratas de uma realidade cada vez mais dinâmica e complexa. A lei passa a necessitar cada vez mais de "complementação" (integração), o que leva Afonso Rodrigues Queiró (1948, p. 118) a observar:

As "fraquezas do legislador" perante a vida e a sua variedade determinaram-no em muitos casos à simples enunciação de "cláusulas gerais", "conceitos de valor" [...] sendo nestes casos extensa a liberdade dos aplicadores da lei, sem que, porém, se possa dizer que ela se restringe estritamente às hipóteses em que deparam com esses conceitos legais.

Surgem os fenômenos que Paulo Otero (2003, p. 162-163 e 894) denomina de "transfiguração material da legalidade" e de "erosão da legalidade da atuação administrativa":

[...] um modelo de disciplina legislativa exaustiva, clara e precisa da realidade é substituído por um modelo normativo "aberto", ponderativo de interesses, bens e valores concorrenciais e, neste sentido, imprevisível

---

[60] Juan-Ramón Capella (2019, p. 108) suscita uma questão relevante: "Quem poderia decidir se um cidadão é 'apto' para votar? Quem decidisse isso se situaria acima dos demais, ou seja, por princípio, fora da igualdade política democrática".

na sua concretização aplicativa. A imprecisão e a imperfeição da lei, ao exigirem redobradas tarefas interpretativas e delicadas operações de harmonização ou integração de normas, serão fatores determinantes para o *"hiperativismo judicial"* e a erosão da função legislativa.[61] O tradicional modelo de uma legalidade administrativa fechada e rígida, produzindo uma Administração Pública serva da lei através de uma aplicação mecânica ou puramente subsuntiva das soluções contidas em normas heterovinculativas, tal como havia sido teorizada em certos setores liberais, encontra-se hoje desesperadamente ultrapassado: em vez disso, assiste-se a uma progressiva indeterminação e abertura densificadora da normatividade a favor da Administração Pública que, por esta via, adquire um crescente ativismo na revelação e construção das soluções concretas e regulamentares, conferindo-se uma inerente maleabilidade à legalidade administrativa que vive tempos de erosão do seu habitual e repetido papel puramente vinculativo da atuação administrativa.

Esse processo de declínio da primazia da lei se intensifica com o fim da Segunda Guerra mundial. Os regimes nazista e fascista, respaldados por ordenamentos jurídicos válidos, implementaram governos totalitários e provocaram toda sorte de massacre às minorias. A legalidade, instrumento poderoso de contenção do poder estatal, símbolo de igualdade e segurança jurídica, retratava, todavia, uma equivocada e pretensa homogeneidade social, que na verdade não passava da homogeneidade política do seleto grupo detentor do direito de sufrágio. Cedo o primado do governo do povo perverteu-se no governo do eleitorado e dos eleitos. O positivismo havia se mostrado incapaz de limitar o poder estatal. É nesse terreno que a moral, a filosofia política e os princípios se aproximam do Direito e passam a exercer relevante função na edição e aplicação da lei.[62]

---

[61] Esse quadro, segundo Otero (*ibidem*), também repercute sobre a legalidade administrativa, que "deixa de ser apenas aquilo que o legislador diz, segundo impunham os postulados teóricos do princípio da separação de poderes, podendo também ser aquilo que a Administração Pública ou os tribunais entendem que o legislador diz ou o que a lei permite que eles digam ser o Direito vinculativo da Administração Pública".

[62] Como observa Renato Treves (1977, p. 51), já em 1903, Eugen Ehrlich se opunha à aplicação mecânica da lei e havia falado de uma livre pesquisa do Direito e de uma ciência livre do Direito. Hermann Kantorowicz viria a publicar *A luta pela ciência do direito* (*Der Kampf um die Rechtswissenschaft*) três anos mais tarde, em 1906. Em comum, os autores criticam a aplicação do Direito por mera subsunção ou dedução lógica e defendem que, diante das lacunas, que seriam abundantes, a decisão judicial, norteada pela busca da solução justa, é uma atividade criadora, movida pela vontade. Daniel Sarmento (2006, p. 87) assinala que o quadro de supremacia da lei partia de duas premissas políticas: "(a) a crença na legitimidade

A partir de então, como observa Perelman (2004, p. 95), fica evidenciado ser "impossível identificar o direito com a lei, pois há princípios que, mesmo não sendo objeto de uma legislação expressa, impõem-se a todos aqueles para quem o direito é a expressão não só da vontade do legislador, mas dos valores que este tem por missão promover", notadamente a justiça.

Sobre essa substancial modificação da estrutura do Direito, Luís Roberto Barroso (2016, p. 19) apresenta uma preciosa síntese:

> Na Europa, e particularmente na Alemanha, a reação contra o positivismo começou com a obra de Gustav Radbruch, *Fünf Minuten Rechtsphilosophie* (Cinco Minutos de Filosofia do Direito), de 1945, que influenciou muito o delineamento da *jurisprudência dos valores* que, por sua vez, gozou de bastante prestígio no período pós-Segunda Guerra. Na tradição anglo-americana, a obra *Theory of Justice*, de John Rawls, publicada em 1971, tem sido considerada um marco no processo de aproximação de elementos da ética e da filosofia política com a Teoria do Direito. O ataque geral de Ronald Dworkin contra o positivismo por meio do seu artigo "The model rules" (*Univesity of Chicago Law Review*, nº 35, p. 14-17) é outro poderoso exemplo dessa tendência. Na América Latina, o livro *Ética y derechos humanos*, de Carlos Santiago Nino, publicado em 1984 (a versão em inglês, intitulada *The ethics and human rights*, é de 1991), é igualmente representativo da cultura pós-positivista.

Outro importante fator de enfraquecimento do protagonismo da lei é o reconhecimento da força normativa da Constituição preconizada por Konrad Hesse. O ex-presidente da Corte Constitucional alemã (1991, p. 24), depois de afirmar que "a Constituição jurídica está condicionada pela realidade história", acrescenta: "A Constituição jurídica não

---

dos parlamentos para a criação do Direito e na ilegitimidade dos juízes para a mesma tarefa; e (b) a ideologia do *laissez-faire* – o Estado não deveria intervir na esfera social, cabendo-lhe apenas proteger a propriedade e a segurança interna e externa do cidadão". Essas duas premissas, entretanto, são profundamente abaladas no curso do século XX: "Por um lado, o quadro dramático de desigualdade e injustiça produzido pelos excessos do capitalismo selvagem, associado à progressiva universalização do direito de voto, vai levar à mudança do paradigma do Estado Liberal para o do Estado Social. Uma das consequências desta ampliação da intervenção do Estado nas relações sociais é o fenômeno da 'inflação legislativa': não só aumenta exponencialmente a quantidade de normas jurídicas, como também certas características destas normas se alteram significativamente. A generalidade e abstração das normas vão sendo substituídas pela concretude das chamadas 'leis-medida'. Os códigos, neste quadro, perdem a central idade de outrora, passando a disputar espaço com uma legislação extravagante cada vez mais abundante. A doutrina passa a falar até numa era de 'descodificação' do Direito. Como não poderia deixar de ser, a inflação legislativa leva à desvalorização da lei".

configura apenas a expressão de uma realidade. Graças ao elemento normativo, ela ordena e conforma a realidade política e social".[63]

No plano constitucional, o art. 20 da Lei Fundamental da Alemanha (de 1949), ao tratar do direito de resistência, positivou que o Poder Legislativo está submetido à ordem constitucional e que os poderes Executivo e Judiciário obedecem à lei e ao Direito.[64] Ao interpretar o referido dispositivo, o Tribunal Constitucional Federal alemão já expressou que "o direito não é idêntico à totalidade das leis escritas" (BVerfGE 34, 269).[65]

Tal norma é normalmente designada como o fundamento da superação do princípio da legalidade pelo princípio da juridicidade.[66]

---

[63] Otto Mayer (1949, p. 78), ao menos desde 1895 – ano da publicação da obra Direito Administrativo alemão, t. I, Parte Geral, alertava que o Estado de Direito (*Rechsstaat*) não é caracterizado pela simples vigência de uma Constituição, mas por sua efetiva realização.

[64] Fórmula similar foi introduzida no Brasil pelo art. 2º, parágrafo único, I, da Lei nº 9.784/1999, que, ao regular o processo administrativo no âmbito da Administração Pública federal, determina que nos processos administrativos serão observados, entre outros, os critérios de *atuação conforme a lei e o Direito*.

[65] Para o Tribunal Constitucional Federal alemão, sob certas circunstâncias, o ordenamento jurídico constitucional, como um conjunto de sentido, é capaz de operar como corretivo em relação à lei escrita. É da jurisprudência a tarefa de promover e concretizar essa correção (Alexy, 2009, p. 10). Não é demais registrar, de outra parte, que a intensidade desta atividade do Tribunal Constitucional Federal é tão expressiva que Roman Herzog, na condição de seu presidente (1987-1994), declarou: "Em 1949, o direito constitucional alemão era constituído pelos 146 artigos da *Grundgesets* [lei fundamental] e que, quarenta anos depois de sua entrada em vigor, ele constitui-se de, aproximadamente, 16.000 páginas de jurisprudência constitucional" (TRINDADE, 2012, p. 113). Ingeborg Maus (2000, p. 191-192) critica o protagonismo do Tribunal Constitucional Federal, cuja competência "não deriva mais da própria Constituição", mas sim "diretamente de princípios de direito suprapositivos que o próprio Tribunal desenvolveu em sua atividade constitucional de controle normativo, o que o leva a romper com os limites de qualquer 'competência' constitucional". O resultado é o desequilíbrio do arranjo institucional, pois o Tribunal "submete todas as outras instâncias políticas à Constituição por ele interpretada e aos princípios suprapositivos por ele afirmador, enquanto se libera ele próprio de qualquer vinculação às regras constitucionais".

[66] Luís Roberto Barroso (2012, p. 60-62) chama a atenção para o fato de que "a constitucionalização exacerbada pode trazer consequências negativas", entre as quais: "a) *de natureza* política: o esvaziamento do poder das maiorias, pelo engessamento da legislação ordinária; b) *de natureza* metodológica: o decisionismo judicial, potencializado pela textura aberta e vaga das normas constitucionais". Para coibir essas disfunções, são propostos dois parâmetros preferenciais: a preferência pela lei e a preferência pela regra. "[...] A *preferência da lei* concretiza os princípios da separação de Poderes, da segurança jurídica e da isonomia. *Regras têm preferência sobre princípios*, desde que tenham igual hierarquia e não tenha sido possível solucionar a colisão entre eles pelos mecanismos tradicionais de interpretação". Gustavo Binenbojm (2008, p. 32) adverte que "a constitucionalização se convola em patologia quando deixa de ser um movimento de releitura de institutos e conceitos básicos à luz dos princípios constitucionais, para se tornar um processo gradativo e avassalador de incorporação de legislação ordinária ao texto da Constituição. Em tal contexto, antes que uma verdadeira constitucionalização do Direito ordinário, assiste-se a uma *ordinarização*

Na esfera do Direito Administrativo ocorre o que Paulo Otero (2003, p. 733-735) chama de "quebra do mito da onipotência da lei face à Administração", com a substituição da reserva vertical da lei pela reserva vertical da Constituição, que importa na sua adoção como (i) norma direta e habilitante de competência administrativa e (ii) como critério imediato de decisão administrativa.

No campo doutrinário, em obra originalmente publicada em 1927,[67] Adolf Merkl (1935, p. 212) já discorria sobre a progressiva juridificação da Administração no Estado de Direito e de uma "conexão necessária" entre o Direito e a Administração, designada de "princípio da juridicidade da Administração", que pode ser compreendida como o condicionamento de toda atividade administrativa à existência de um preceito normativo que a admite (a lei, embora não constituísse a única fonte, era a principal).

Esse conjunto de fatores deságua no que se convencionou denominar de pós-positivismo jurídico.[68] Trata-se de uma teoria caracterizada

---

da própria Constituição. Trata-se, à evidência, de uma *constitucionalização às avessas*". Daniel Sarmento (2006, p. 85-86) também demonstra preocupação à "ubiquidade constitucional": se, por um lado, em "um país como o nosso, acostumado com um constitucionalismo de fachada, em que as constituições têm sido historicamente pouco mais do que meros 'pedaços de papel', no sentido de Lassale, esta é, sem dúvida, uma grande vitória a ser celebrada"; por outro "se tudo estiver constitucionalizado, então o povo, pelos seus representantes, não poderá mais decidir coisa alguma. Só emendando a Constituição, e mesmo assim, num país como o Brasil, em que abundam os limites materiais ao poder de reforma, apenas se a mudança não atingir 'cláusula pétrea'. Em outras palavras, constitucionalização do Direito em excesso pode ser antidemocrática, por subtrair do povo o direito de decidir sobre a sua vida coletiva". Outro problema é que "a constitucionalização do Direito pode provocar uma certa anarquia metodológica [que pode levar ao decisionismo, ao 'oba-oba' e à 'carnavalização da Constituição']. Esta não é uma consequência necessária do fenômeno, mas ela tem ocorrido no Brasil". A questão é que a irradiação por todo o ordenamento de normas vagas e abstratas, "quando realizada pelo Poder Judiciário sem critérios racionais e intersubjetivamente controláveis, pode comprometer valores muito caros ao Estado Democrático de Direito". Humberto Ávila (2009, p. 8) faz diagnóstico semelhante: "[...] a interpretação centrada nos princípios constitucionais culmina com a violação de três princípios fundamentais – os princípios democrático, da legalidade e da separação dos Poderes. Obedece-se à (parte da) Constituição, violando-a (noutra parte). Esse primeiro paradoxo conduz a um segundo: quando tudo está na Constituição, e nada na legislação que deveria estar conforme a ela, a supremacia constitucional perde seu significado, pois a Constituição deixa de servir de referência superior pela inexistência ou irrelevância de elemento inferior. Privilegia-se a supremacia constitucional, eliminando-a".

[67] François Gény (1925, p. 668-670), em obra publicada em 1899, já sustentava que a lei escrita, apesar de ser a fonte primordial do Direito Positivo, não é outra coisa que uma informação muito limitada do Direito. Ao seu lado conviviriam os costumes, a jurisprudência e a doutrina. Por fim, como fonte subsidiária e complementar, situaria-se a livre investigação científica.

[68] É atribuída a Susanna Pozzolo, em 1998, a criação do termo *neoconstitucionalismo*, expressão empregada no artigo intitulado "Neoconstitucionalismo y Especificidad de la

essencialmente pela força normativa da Constituição e dos seus princípios,[69] aplicáveis diretamente pelo intérprete aos casos concretos,

---

[ ] Interpretación Constitutional" para referir-se a "uma corrente de pensamento no âmbito da filosofia do direito que adota um modelo axiológico de Constituição, compreendida por princípios que precisam ser moralmente interpretados para ganhar vida", cujos precursores são Ronald Dworkin, Robert Alexy, Gustavo Zagrebelsky e Carlos Santiago Nino (GALVÃO, 2012, p. 35). A respeito do tema, Luís Roberto Barroso (2009, p. 295) faz a seguinte reflexão: "O legislador constitucional é invariavelmente mais progressista que o legislador ordinário. Daí que, em uma perspectiva de avanço social, devem-se esgotar todas as potencialidades interpretativas do Texto Constitucional, o que inclui a aplicação direta das normas constitucionais no limite máximo do possível, sem condicioná-las ao legislador infraconstitucional". Daniel Sarmento (2006, p. 111-112) considera "óbvio que o intérprete pode e deve aplicar diretamente a Constituição às relações sociais, independentemente de mediação legislativa. É indiscutível que ele tem de interpretar o direito infraconstitucional à luz da Lei Maior, inclusive para repudiar exegeses mais óbvias do enunciado normativo interpretado, quando estas o tornem incompatível com a Constituição. É certo, também, que ele pode deixar de aplicar normas que, conquanto em geral compatíveis com a Constituição, produziriam, no caso específico, resultados a ela ofensivos. Contudo, é importante que o aplicador do Direito adote uma postura respeitosa em relação aos atos normativos emanados do Legislativo. Não se trata de sobrepor o princípio da legalidade ao princípio da constitucionalidade, mas de reconhecer: (a) que a Constituição deixa amplos espaços para a liberdade de conformação do legislador, e (b) que o Legislativo também é intérprete da Constituição, razão pela qual as suas escolhas no campo da concretização constitucional merecem ser respeitadas, desde que não ultrapassem os limites demarcados pela Lei Maior. Portanto, quando o legislador já tiver concretizado alguma norma constitucional mais vaga, ou equacionado normativamente uma tensão entre princípios e valores constitucionais colidentes, a solução legislativa deve ser acatada pelo Judiciário na solução do caso, a não ser que se afigure incompatível com a própria Constituição, em abstrato ou na hipótese concreta". Trata-se do que Robert Alexy (2015, p. 615-616) denomina de princípio da competência decisória do legislador democraticamente legitimado, de natureza formal "porque ele não determina nenhum conteúdo, mas apenas diz quem deve definir conteúdos. Por isso, seria possível também denominá-lo 'princípio procedimental'". A decisão do Tribunal Constitucional Federal alemão, que serve de paradigma para o reconhecimento do amplo poder de conformação do Poder Legislativo, consignou: "A incerteza sobre os efeitos de uma lei em um futuro incerto não pode excluir a competência do legislador para aprová-la, mesmo que ela tenha um alto impacto" [BVerfGE 50, 290 (332)]. Elival da Silva Ramos (2015, p. 296-301) faz vigorosa crítica ao pós-positivismo: "Na verdade, os neoconstitucionalistas brasileiros são antipositivistas (e não pós-positivistas), mas preferem dedicar um epitáfio ao positivismo jurídico do que se afirmar em combate com essa variante teórica, que continua extremamente influente no campo da Ciência do Direito. [...] Se há algo próprio ao neoconstitucionalismo em matéria de Teoria da Interpretação é o exagero na valorização dos princípios constitucionais. [...] A principiologização do direito, característica do moralismo, desponta como a face mais visível desse pretenso 'pós-positivismo' tupiniquim, abrindo as portas do sistema jurídico ao subjetivismo de decisões judiciais que, valendo-se dos contornos menos nítidos das normas-princípio e potencializando-lhes os efeitos para além do que seria lícito fazer, deixam de concretizar a Constituição para, a bem de ver construí-la, ao sabor das preferências axiológicas de seus prolatores".

[69] Os princípios jurídicos suscitam intenso debate na doutrina quanto ao seu conteúdo, sua normatividade e sua aplicabilidade, podendo ser identificados a partir de critérios variados, que vão (i) da positivação, (ii) do grau de abstração, (iii) da posição de relevância no sistema jurídico, (iv) da estrutura lógica, passando por (v) razões *prima facie* e ponderação e (vi) por mandados de otimização. Um exemplo do dinamismo da norma-princípio é dado

independente de *interpositio legislatoris*, bem como pela interação crescente com os valores considerados universais, atenuando-se, portanto, a "pureza" do positivismo pré-Segunda Guerra.

Assim, como destaca Prieto Sanchís (2010, p. 95), não é surpreendente que o constitucionalismo contemporâneo tenha estimulado o desenvolvimento de uma poderosa Teoria da Argumentação Jurídica, justamente o capítulo mais descuidado pelo positivismo, para o qual se moveu toda a Teoria do Direito contemporâneo. Trata-se de uma forma de legitimar-se, pois a superação da cega submissão do juiz à lei pela aplicação das cláusulas abertas da Constituição somente é tolerável na medida em que seja respaldada por uma adequada argumentação racional.[70]

A modificação das técnicas legislativas, notadamente o recurso crescente a conceitos indeterminados e as regulamentações circunstanciadas,

---

por Humberto Ávila (2015, p. 192). Discorrendo sobre a igualdade, em geral tratada apenas como princípio, Ávila aponta sua tríplice dimensão: (i) como regra, "prevendo a proibição de tratamento discriminatório"; (ii) como princípio, "instituindo um estado igualitário como fim a ser promovido; (iii) e como postulado, "estruturando a aplicação do Direito em função de elementos (critérios de diferenciação e finalidade da distinção) e da relação entre eles (congruência do critério em razão do fim)". A prestigiada distinção entre regras e princípios formulada por Robert Alexy (2015, p. 90-91) merece ser transcrita: "O ponto decisivo na distinção entre regras e princípios é que *princípios* são normas que ordenam que algo seja realizado na maior medida possível dentro das possibilidades jurídicas e fáticas existentes. Princípios são, por conseguinte, *mandamentos de otimização*, que são caracterizados por poderem ser satisfeitos em graus variados e pelo fato de que a medida devida de sua satisfação não depende somente das possibilidades fáticas, mas também das possibilidades jurídicas. O âmbito das possibilidades jurídicas é determinado pelos princípios e regras colidentes. Já as *regras* são normas que são sempre satisfeitas ou não satisfeitas. Se uma regra vale, então, deve se fazer exatamente aquilo que ela exige; nem mais, nem menos. Regras contêm, portanto, *determinações* no âmbito daquilo que é fática e juridicamente possível. Isso significa que a distinção entre regras e princípios é uma distinção qualitativa, e não uma distinção de grau. Toda norma ou é uma regra ou um princípio". Silvio Luís Ferreira da Rocha (2015, p. 66), ao abordar a interpretação dos princípios contidos no art. 37 da CF, considera "um erro metodológico a mera transposição da categoria de mandamentos de otimização, pensada para a estrutura normativa que veicule direitos fundamentais numa Teoria Geral dos Direitos Fundamentais, para tudo aquilo que possa ser identificado pela teoria científica como princípios". Para Rocha "não tem sentido entender-se legalidade, moralidade, impessoalidade e eficiência como mandamentos de otimização orientados para uma realização na maior medida do possível pela Administração a depender das circunstâncias fáticas e jurídicas após um procedimento de avaliação. O que se requer e se exige é que os atos da administração, sem exceção, sejam legais, impessoais, morais, públicos e eficientes".

[70] Outra ideia na base desse desenvolvimento, segundo Adrián Rentería Díaz (2017, p. 308 e 315), é a de que o Direito apresenta um certo déficit de racionalidade, que poderia ser suprido através de formas argumentativas, as quais tornariam racionais as decisões jurídicas. Entretanto, as teorias da argumentação são capazes apenas parcialmente de suprir o déficit de racionalidade, pois, afinal de contas, sua função é da persuasão e não, porque não seria possível de maneira nenhuma, a demonstração.

tiveram o efeito de multiplicar os conflitos de leis e as lacunas,[71] testando à exaustão os limites do funcionamento das demais funções estatais. A propósito, Marcos Augusto Perez (2020, p. 45) afirma:

> A lei formal, assim, fruto de um Legislativo enfraquecido em termos de representatividade política, tende a tornar-se menos clara, mais principiológica ou mais apegada aos conceitos jurídicos indeterminados. Desse modo, o Legislativo posterga ou empurra, por delegações explícitas ou implícitas, a solução das disputas sociais e econômicas para os demais poderes estatais, notadamente a Administração. O resultado desse processo histórico e político é a criação de uma Administração sobrecarregada, tanto no que se refere à capacidade econômica operacional de executar todas as funções a ela cometidas como pelo fardo de ter de realizar um sem número de escolhas discricionárias ao tempo e modo corretos, solvendo disputas ou conflitos de interesse que, em muitos casos, a partir da racionalidade política inerente ao Estado de Direito em sua concepção iluminista, deveriam ter sido travados e decididos na arena do Legislativo.

O resultado é a ampliação da atuação judicial e a imposição ao juiz do papel de "árbitro de todos os conflitos de leis que os legisladores não puderam ou quiseram resolver" (RIGAUX, 2003, p. 337).

Conforme anota Perelman (2004, p. 184), há o incremento da interpretação voltada "para a busca de uma solução que seja não só conforme à lei, mas também equitativa, razoável, aceitável, em uma palavra, que possa ser, ao mesmo tempo, justa e conciliável com o direito em vigor". Reforça-se o dever de convencimento. Disso resulta que o juiz deixa de ser uma máquina de subsunção e "a paz social só se restabelece definitivamente quando a solução, a mais aceitável socialmente, é acompanhada de uma argumentação jurídica suficientemente sólida".

Esse cenário impõe condições totalmente novas para a produção do Direito estatal.[72] Enquanto as expressões dogmatizadas do Direito significam algo convencionado, com elevado grau de determinação; as

---

[71] A insuficiência do legislador, raiz da "imperfeição intrínseca da lei", enseja o paradoxo de que fala Paulo Otero (2003, p. 158-159): "só uma intencional imperfeição ou incompletude de muitas das normas pode salvar as leis de uma vigência efêmera". O preço dessa longevidade é um estado permanente de disputa pela melhor interpretação e de tensão entre as funções estatais.

[72] O legislador, explica Jorge Miranda (2015, p. 423), "seja o Parlamento, seja o Executivo enquanto investido também de competências legiferantes – defronta-se com uma sociedade cada vez mais heterogênea, mutável e conflitual de grupos, de interesses e de forças políticas e ideológicas e tem de utilizar, não raro, a lei para intervenções contingentes nos mais variados setores da vida social, econômica e cultural".

expressões centrais de uma Constituição são objeto não de consenso, mas de disputas que ciclicamente se acirram e redundam em polarização. Esse acirramento, aliado ao reconhecimento da força normativa da Constituição, que passa a vincular todo o ordenamento, contagiando-o com o dissenso próprio da Carta Política, amplia a fluidez de um sistema que se mostrava até então sólido e unívoco.[73]

    Essa fluidez dá origem ao que Gustavo Zagrebelsky (2016, p. 14 e 145) denomina de "direito dúctil",[74] resultado da coexistência de valores e princípios, muitas vezes concorrentes ou mesmo antagônicos, incorporados ao texto constitucional, mas relativizados (já que a absolutização de um excluiria todos os demais) como condição necessária de convivência.[75] Reserva-se caráter absoluto apenas ao metavalor expressado no duplo imperativo do pluralismo dos valores (no tocante ao aspecto substancial) e da lealdade no seu enfrentamento (no que se refere ao aspecto procedimental).

    A conjunção desses fatores provoca a irremediável "crise da certeza do direito",[76] fenômeno desconhecido no Estado Liberal de Direito,

---

[73] Luigi Ferrajoli (2012a, p. 27), em sentido contrário, sustenta que "as Constituições expressam e incorporam valores da mesma maneira, nem mais nem menos, como o fazem as leis ordinárias".

[74] A expressão nos remete a Aulis Aarnio (1991, p. 33), que comparou os artigos da lei a um elástico: o intérprete o estica ou o ajusta segundo as circunstâncias, objetivando atenuar a tensão entre a rigidez da norma e a realidade social. Somente quando se chega a uma única interpretação, ou seja, *quando forem esticados até o limite extremo*, chegou a hora de resolver o problema criando novos regramentos. Partindo dessa premissa, a criação do Direito seria um trabalho em equipe do corpo que formula regras (o parlamento) e daqueles que as aplicam (os tribunais e a máquina administrativa). Criticando a plasticidade da lei, que denomina de "assombrosa", Alejandro Nieto (2017, p. 343-344) declara: "Nada existe tão moldável, à semelhança do barro com o qual os artistas e artesãos formam as figuras mais variadas. Com a mesma matéria hoje condenam os juízes e amanhã absolvem; hoje a executam com rigor e amanhã a acomodam ao espírito do tempo [...] O êxito de um jurista não se mede por sua clarividência na hora de interpretar um texto, mas por sua habilidade para manipular o texto aproveitando-se de sua plasticidade".

[75] Zagrebelsky (2016, p. 125-153) salienta que os princípios e os valores devem ser controlados para evitar que, adquirindo caráter absoluto, se convertam em tiranos. Essa tarefa, confiada aos juízes, lhes transfere uma grande responsabilidade na vida do direito, desconhecida dos ordenamentos do *Estado-legislador*.

[76] Na tradição jurídica, como anota Marcelo Neves (2016, p. 43), "a questão da incerteza sempre foi colocada como um problema a ser necessariamente superado. O legislador deveria escrever com precisão para evitar qualquer equívoco no momento da aplicação do direito e o doutrinador deveria definir com perfeita clareza e exatidão os conceitos jurídicos relevantes para a solução de casos. Se tal estado de coisas não fosse alcançado, caberia imputar à atividade legiferante ou à construção doutrinária uma falha ou um defeito grave, que deveria ser negado, afastado ou superado". No âmbito do Direito Administrativo, Fernando Dias Menezes de Almeida (2015, p. 415-417) identifica a necessidade de evolução da teoria para oferecer resposta ao que classificou de "iminente crise de segurança jurídica", que seria "decorrente da amplificação da legalidade – amplificação essa que lhe agrega fortes

composto essencialmente por regras e marcado pela homogeneidade étnica, religiosa, social e cultural tanto na escolha dos legisladores quanto no processo legislativo, de modo que havia "uniformidade dos contextos de sentido e de valor entre legisladores e intérpretes" e, por conseguinte, os "casos críticos", se não inexistentes, eram excepcionais.
Sobre essa questão, Oscar Vilhena Vieira (1999, p. 423-425) adverte:

> A adoção dos princípios da liberdade e da igualdade, não transforma essas expressões éticas em conceitos técnico-jurídicos fechados, neutralizando o seu significado, assim como não encerram a disputa política sobre a natureza e direção do pacto político firmado pela comunidade no processo constituinte. Simplesmente transfere para a esfera da aplicação da constituição a disputa sobre o *verdadeiro* valor desses princípios.
> [...] além da obrigação de trabalhar com normas de textura aberta, que abrigam conceitos políticos e princípios morais, os juízes são obrigados a arbitrar uma competição de valores e diretivas normativas, muitas vezes contraditórios. Na ausência de um grupo hegemônico que dê ao documento constitucional uma identidade, seja ideológica, política ou econômica, o que se tem é a fragmentação do texto em pequenos acordos tópicos.

A imprecisão do texto constitucional, em uma espécie de efeito cascata, se irradia e se conecta com todas as áreas do Direito. Assim, os redutos de certeza são afetados e aqueles ramos que já conviviam com algum grau de imprecisão experimentam a potencialização desse fator. Nessa conjuntura, Raffaele de Giorgi (2014, p. 124) observa que a política cede espaço ao Direito e, consequentemente, ao juízo dos magistrados, "que não podem recorrer à boca da lei", mas sim a uma *pretensa reserva de certeza fixada na Constituição.*
Surge um novo Judiciário que, ao se elevar ao nível dos demais poderes, torna-se o que Mauro Cappelletti (1993, p. 43-56) batizou de

---

notas de princípios (normas com maior grau de indeterminação em seus comandos) e de valores com base constitucional, e que a submete a uma apreciação judicial a qual, por sua própria dinâmica, leva a múltiplas (difusas) decisões". Almeida fala de "natural perda de segurança", cujos principais fatores seriam: (a) a textura aberta e vaga do texto constitucional, que leva a margens mais oscilantes da interpretação jurisdicional; (b) os princípios, por não fornecerem uma solução predeterminada e delegarem ao decisor a escolha da solução mais adequada para o caso concreto; (c) a estrutura imprecisa dos direitos fundamentais e sua colisão com outros direitos da mesma natureza; (d) o modelo difuso de controle de constitucionalidade e o fomento da multiplicidade de soluções jurídicas para situações similares.

"terceiro gigante, capaz de controlar o legislador mastodonte e o leviatanesco administrador". No entanto, como bem observa Otto Bachof (1985, p. 64), a mutação do papel do juiz é acompanhada por esperanças exageradas nas suas possibilidades, como se somente dele dependesse o justo e o equitativo.

Não é suficiente, por outro lado, como adverte Aulis Aarnio (1991, p. 27) que as decisões sejam previsíveis. Assim, por exemplo, em regimes autocráticos, a prática dos tribunais pode se notabilizar pela calculabilidade, ou seja, o grau de previsibilidade pode ser muito alto e, ao mesmo tempo, cada decisão específica pode violar gravemente as exigências mais elementares da Justiça.

Nas democracias contemporâneas, portanto, o dissenso, fruto do natural e inevitável pluralismo de ideias e de valores, multiplica-se e ganha intensidade.[77] Entretanto, a arte de viver num mundo hipersaturado de disputas e de produção legislativa ainda não foi aprendida. É nesse ambiente que o Poder Judiciário, chamado a cumprir a desafiadora missão, imposta constitucionalmente, de oferecer soluções definitivas a litígios que crescem em escala exponencial, ao tempo em que ganha expressão e envergadura institucional frente aos demais poderes, sofre contestação diuturna quanto aos limites da atuação dos seus membros.[78]

---

[77] A democracia, como contraposta a todas as formas de governo autocrático, é caracterizada "por um conjunto de regras (primárias ou fundamentais) que estabelecem *quem* está autorizado a tomar decisões coletivas e com quais *procedimentos*. Todo grupo social está obrigado a tomar decisões que vinculem o conjunto de seus membros com o objetivo de prover a própria sobrevivência, tanto interna como externamente". Por sua vez, "o ideal da renovação gradual da sociedade através do livre debate das ideias e da mudança das mentalidades e do modo de viver" somente é possível na democracia, que "permite a formação e a expansão das revoluções silenciosas" (BOBBIO, 2015, p. 35 e 65). Analisando a democracia e os seus limites, Sabino Cassese (2018, p. 140) constata que os poderes públicos, construídos com materiais diferentes, com consistências e resistências diversas, se veem obrigadas a se unir. De todos esses materiais deriva uma fonte de legitimação: o povo, o Direito, a efetividade das decisões. Nenhum destes elementos pode faltar, embora convivam com dificuldade. No Estado Contemporâneo, constitucional e democrático, a essência do processo do poder consiste no intento de estabelecer um equilíbrio entre as diferentes forças pluralistas que competem entre si, sendo garantida a devida esfera para o livre desenvolvimento da personalidade humana (LOEWENSTEIN 2018, p. 27). Eurico Zecchin Maiolino (2018, p. 115) assinala que "[...] se na base coexistencial das relações humanas está a discordância e o conflito, não é de se supor que o regime que mais propriamente permite a multiplicidade social e política [a democracia] seria imune à contaminação da fragmentação".

[78] Alfonso Ruiz Miguel (1984, p. 19-20) indaga: qual função os juízes cumprem em uma sociedade desenvolvida quanto à mudança e à conservação das pautas de comportamento vigentes? Os dois extremos da função judicial são o juiz-técnico, cuja atuação é preponderantemente conservadora, pois atua como "mero transmissor e executor de decisões políticas" alheias, e o juiz-político, identificado pelo aspecto transformador do trabalho de criação judicial, agindo como impulsor e conformador de uma nova realidade social.

Para explicar esse fenômeno e tentar fixar balizas, surgem no século XX variadas teorias. As mais expressivas, a seguir abordadas, desenvolvidas por Hans Kelsen (Teoria Pura do Direito), H. L. A. Hart (O conceito de Direito) e Ronald Dworkin (Levando os direitos a sério), continuam a influenciar a compreensão do Direito e a sua função.

1.5.1 Kelsen e a Escola Normativista de Viena

Hans Kelsen (2011, p. 70) parte da concepção de que o elemento central da ciência é o método e não o objeto; por isso a sua teoria é de natureza estritamente formal (e não substancial).[79] O propósito da Teoria Pura do Direito é ser uma teoria da validade do direito, cujo foco é a normatividade (dever-ser) e não a realidade (ser).[80]

De acordo com a Teoria Pura do Direito, o ordenamento jurídico seria constituído por graus hierárquicos: a validade do inferior é retirada do superior, em um sucessivo processo de delegação de validade. Assim, gradualmente, a partir da Constituição, o preceito abstrato tende a tornar-se mais concreto. O processo de produção do Direito, desse modo, segue do ato constituinte, através da Constituição, das leis, dos regulamentos, dos contratos e demais negócios jurídicos, até a norma individualizada na sentença judicial ou na decisão administrativa, sem solução de continuidade. As normas jurídicas gerais, portanto, são executadas tanto pelo Poder Executivo quanto pelo Judiciário. A única diferença seria "que, num caso, a execução das normas gerais é confiada aos tribunais e, no outro, aos chamados órgãos 'executivos' ou administrativos". Por essa compreensão, a teoria da tripartição de poderes seria, em termos jurídicos, "a doutrina dos diferentes estágios da criação e da aplicação da ordem jurídica nacional" (KELSEN, 1990, p. 365-369).

---

[79] Kelsen não separa o Direito da moral e, sim, a Ciência do Direito da moral (STRECK, 2016, p. 123). Por isso, um positivista metodológico pode admitir sem embaraço que na praxe dos tribunais, especialmente das Cortes constitucionais influenciadas pela tese dwokiniana da "leitura moral da Constituição", se recorre aos princípios morais (COMANDUCCI, 1998, p. 99).

[80] A partir do postulado filosófico kantiano da separação entre o mundo da natureza e o mundo da cultura, ou seja, entre fato e valor, *sein* (ser) e *sollen* (dever-ser), Kelsen afirma: "Ao ser não pode estar imanente nenhum dever-ser, aos fatos não pode ser imanente nenhuma norma, nenhum valor pode ser imanente à realidade empírica. [...] Quem julga encontrar, descobrir ou reconhecer normas nos fatos, valores na realidade, engana-se a si próprio. [...] Realidade e valor pertencem a domínios distintos" (KELSEN, 2011, p. 72). É no mundo cultural, através do homem (ato de vontade), que a realidade em si, desprovida de qualquer valor intrínseco, recebe valoração, em geral dentro de uma lógica binária de certo ou errado, justo ou injusto.

O fundamento original e inicial de validade, todavia, não está na Constituição, mas em uma norma "que se pressupõe como a última e a mais elevada". Trata-se da norma *"pressuposta*, visto que não pode ser *posta* por uma autoridade, cuja competência teria de se fundar numa norma ainda mais elevada". Esta norma, a única não derivada de outra superior, é designada de "norma fundamental" (que não se reveste de caráter ético-político, mas apenas de um caráter teórico-gnosiológico), da qual todas as demais do mesmo ordenamento retiram seu fundamento de validade.[81] Disso decorre que "uma norma jurídica não vale porque tem um determinado conteúdo",[82] mas unicamente porque "é criada por uma forma determinada",[83] isto é, de acordo com a norma fundamental pressuposta (KELSEN, 2009, p. 217-221).

Ocorre, por conseguinte, a completa separação entre validade e justiça.[84] Hans Kelsen (2011, p. 65-113) argumenta que a justiça absoluta

---

[81] Norberto Bobbio (2010, p. 226-227) considera que "qualquer poder originário repousa um pouco na força e um pouco no consenso. [...] Os detentores do poder são aqueles que têm a força necessária para fazer respeitar as normas que eles emanam. Nesse sentido, a força é um instrumento necessário do poder. Isso não significa que também é o seu fundamento. A força é necessária para exercer o poder, não para justificá-lo". Uma outra concepção equipara a força à violência e sustenta que seria função da norma fundamental "o papel de transformar a violência que fundou a ordem jurídica em força juridicamente qualificada, característica do sistema centralizado e monopolizador da coerção que recebe o nome de Estado/direito. Na norma fundamental está pressuposto o ato de poder fundador do ordenamento jurídico, de maneira que, ao se impor, o poder coercitivo funda a juridicidade" (MATOS, 2014, p. 65).

[82] Sustenta Hans Kelsen (*ibidem*) que "[...] todo e qualquer conteúdo pode ser Direito. Não há qualquer conduta humana que, como tal, por força do seu conteúdo, esteja excluída de ser conteúdo de uma norma jurídica. A validade desta não pode ser negada pelo fato de o seu conteúdo contrariar o de uma outra norma que não pertença à ordem jurídica cuja norma fundamental é o fundamento de validade da norma em questão".

[83] Kelsen admite que "O direito é a organização da força" e que "A diferenciação das condições sociais conduz a uma divisão de trabalho não apenas na produção econômica, mas também no domínio da criação da lei". Na democracia representativa, "o princípio democrático se reduz à eleição dos órgãos criadores do Direito" (1990, p. 29 e 413-418). Maurice Hauriou (1927, p. 17 e 282-283) afirma que "o Direito não é uma criação do Estado, mas uma criação do poder, já que o poder é historicamente anterior ao Estado". O poder é Direito em potência ou em ato, e o Direito é o poder realizado. Coerente com essa premissa, acrescenta que a função do poder criador de regras de Direito é a que mais requer a limitação pelo Direito.

[84] A depender do fundamento de validade, os sistemas de normas podem ser do tipo estático ou dinâmico. "Um sistema de normas cujo fundamento de validade e conteúdo de validade são deduzidos de uma norma pressuposta como norma fundamental é um sistema estático. [...] O tipo dinâmico é caraterizado pelo fato de a norma fundamental pressuposta não ter por conteúdo senão a instituição de um fato produtor de normas, a atribuição de poder a uma autoridade legisladora ou – o que significa o mesmo – uma regra que determina como devem ser criadas as normas gerais e individuais do ordenamento fundado sobre esta norma fundamental. [...] todo e qualquer conteúdo pode ser Direito. Não há qualquer conduta humana que, como tal, por força do seu conteúdo, esteja excluída de ser

seria "irracional" e "só pode emanar de uma autoridade transcendente"; por isso "temos de nos contentar na terra com uma justiça simplesmente relativa".[85] Resignado com a impossibilidade de descoberta dessa justiça idealizada e absoluta e reconhecendo que "os homens têm e provavelmente sempre terão a necessidade de justificar a sua conduta como absolutamente boa, absolutamente justa", o expoente da Escola Normativista argumenta que "do fato de que uma necessidade existe não se pode concluir que tal necessidade possa ser satisfeita pela via do conhecimento racional – que o problema possa ser resolvido por esta via".

Quanto à interpretação, Kelsen (2009, p. 392) sustenta que todos os métodos existentes conduziriam "sempre a um resultado apenas possível, nunca a um resultado que seja o único correto". Seria, portanto, uma ilusão a ideia de que um procedimento racional pode levar a uma única interpretação verdadeira sempre e em todos os casos.

> A tarefa que consiste em obter, a partir da lei, a única sentença justa (certa) ou o único ato administrativo correto é, no essencial, idêntica à tarefa de quem se proponha, nos quadros da Constituição, criar as únicas leis justas (certas). Assim como da Constituição, através da interpretação, não podemos extrair as únicas leis corretas, tampouco podemos, a partir da lei, por interpretação, obter as únicas sentenças corretas.

Por isso afirmar que "a produção do ato jurídico dentro da moldura da norma jurídica aplicanda é livre, isto é, realiza-se segundo a livre apreciação do órgão chamado a produzir o ato" (KELSEN, 2009,

---

conteúdo de uma norma jurídica. A validade desta não pode ser negada pelo fato de o seu conteúdo contrariar o de uma outra norma que não pertença à ordem jurídica cuja norma fundamental é o fundamento de validade da norma em questão" (KELSEN, 2009, p. 217-221).

[85] "A teoria idealista do direito tem – em contraste com a teoria realista do mesmo direito – um caráter dualista. Pelo contrário, a teoria realista do direito é monista, pois não conhece, como aquela, um direito ideal – que não é posto pelo homem mas emana de uma autoridade transcendente – e, ao lado deste, um direito real, posto pelo homem, mas apenas *um* direito: o direito positivo, estabelecido pelo homem". Sobre os inconvenientes da teoria idealista e precisamente sobre o direito natural, o autor afirma: "A teoria do duplo direito natural é uma ideologia em si mesma contraditória cujo propósito essencial é a justificação do direito positivo em cada caso" (KELSEN, 2011, p. 68-69 e 109). Alf Ross (200, p. 304) faz uma crítica cáustica ao direito natural: "Como uma prostituta, o direito natural está à disposição de todos. Não há ideologia que não possa ser defendida recorrendo-se à lei natural. E, na verdade, como poderia ser diferente considerando-se que o fundamento principal de todo direito natural se encontra numa apreensão particular direta, uma contemplação evidente, uma intuição? Por que minha intuição não será tão boa quanto a dos outros?".

p. 393-396).⁸⁶ Significa que a interpretação jurídico-científica deve evitar a "ficção de que uma norma jurídica apenas permite, sempre e em todos os casos, uma só interpretação: a interpretação 'correta'". Trata-se, segundo Kelsen, de uma ilusão "que serve a jurisprudência tradicional para consolidar o ideal de segurança jurídica". Entretanto, diante da "plurissignificação da maioria das normas jurídicas, este ideal somente é realizável aproximativamente". Nesse contexto, vista a sentença como ato de vontade e não produto do conhecimento, o juiz sempre cria Direito.⁸⁷

No fundo, Kelsen (2009, p. 396-397) critica a imperfeição da atividade legislativa, conforme podemos observar do seguinte trecho:

[...] tal interpretação científica pode mostrar à autoridade legisladora quão longe está a sua obra de satisfazer à exigência técnico-jurídica de uma formulação de normas jurídicas o mais possível ou, pelo menos, de uma formulação feita por maneira tal que a inevitável pluralidade de significações seja reduzida a um mínimo e, assim, se obtenha o maior grau possível de segurança.

1.5.2 Hart e a textura aberta do direito

O Direito possui textura aberta? Em caso positivo, ela legitima o poder de escolha do juiz? Ou inexiste essa margem e sempre será possível identificar a resposta correta para dirimir um conflito?

Para Hart (2012, p. 161-166) o direito possui uma textura aberta porque apresenta dois traços insuperáveis: um rígido núcleo de significado e uma zona de incerteza (de penumbra).⁸⁸ Se reconhece a limitação

---

[86] Embora seja famosa a alegoria da moldura como espaço delimitado de interpretação, o certo é que Kelsen (2009, p. 394) admite até mesmo a produção de norma fora dos seus limites: "[...] pela via da interpretação autêntica, quer dizer, da interpretação de uma norma pelo órgão jurídico que a tem de aplicar, não somente se realiza uma das possibilidades reveladas pela interpretação cognoscitiva da mesma norma, como também se pode produzir uma norma que se situe completamente fora da moldura que a norma a aplicar representa".

[87] Constata-se, portanto, que, independente do conteúdo, as decisões judiciais, por terem sido criadas pelo órgão competente mediante o procedimento adequado, passam a fazer parte do Direito (AVILÉS, 2011, p. 79).

[88] Robert Alexy (2009, p. 83-84) aponta como causas da estrutura aberta (*open texture*) "o caráter vago da linguagem do direito, a possibilidade de contradição entre as normas, a falta de uma norma na qual a decisão possa ser apoiada e a possibilidade de decidir até mesmo contra o enunciado de uma norma em casos especiais. Nesse sentido, pode-se falar num 'âmbito de abertura' do direito positivo, que pode ser mais ou menos amplo, mas que existe em todos os sistemas jurídicos. Um caso que se enquadre no âmbito de abertura deve ser caracterizado como 'caso duvidoso'. A partir do ponto de vista da teoria

da comunicação humana e se afirma que a interpretação pode minorar, mas não eliminar as incertezas. Nos casos simples, seria possível atingir consenso quanto à aplicabilidade da norma. Entretanto, existirão casos em que será impossível identificar uma única solução. Nesses casos, o intérprete está autorizado a agir com discricionariedade na escolha da resposta que reputar correta:

> [...] não devemos acalentar, nem mesmo como um ideal, a concepção de uma norma tão detalhada que a pergunta se ela se aplica ou não a um caso particular já tenha sempre sido respondida antecipadamente, sem nunca envolver, no momento de sua aplicação real, uma nova escolha entre alternativas abertas. **Em resumo, a necessidade dessa escolha nos é imposta porque somos homens, e não deuses**[89] [...].
> Se o mundo no qual vivemos tivesse apenas um número finito de características, e estas, juntamente com todas as formas sob as quais podem se combinar, fossem conhecidas por nós, poderíamos então prever de antemão todas as possibilidades.

Na concepção hartiniana (2012, p. 167-175) "os legisladores humanos não podem ter o conhecimento de todas as combinações possíveis de circunstâncias que o futuro pode trazer". Essa limitação é a fonte da incerteza do Direito, que não pode ser eliminada mesmo com o emprego das técnicas de interpretação.

> [...] todos os sistemas conciliam, de modos diferentes, duas necessidades sociais: a necessidade de certas normas que os indivíduos particulares possam aplicar a si próprios, em grandes áreas do comportamento, sem nova orientação oficial e sem considerar questões sociais; e a de deixar em aberto, para serem posteriormente resolvidos por meio de uma escolha oficial e bem informada, problemas que só podem ser

---

positivista, essa conclusão só pode ser interpretada de uma maneira. Por definição, no campo da abertura do direito positivo não se pode decidir com base no direito positivo, pois, se isso fosse possível, não se estaria no campo de abertura. Como somente o direito positivo é direito, o juiz deve decidir no campo de abertura, ou seja, em todos os casos duvidosos, com a ajuda de critérios não jurídicos ou extrajurídicos. Nesse sentido, ele está autorizado pelo direito positivo a criar um direito novo, fundamentalmente da mesma forma que um legislador, com base em critérios extrajurídicos".

[89] Sobre a falibilidade da legislação, são pertinentes as palavras de Rousseau (2015, p. 40): "Para descobrir as melhores regras de sociedade que convém às nações seria necessária uma inteligência superior, que visse todas as paixões humanas e não experimentasse nenhuma delas, que não tivesse nenhuma relação com nossa natureza e que a conhecesse a fundo, cuja felicidade fosse independente de nós e que, todavia, quisesse se ocupar da nossa; enfim, que no decorrer do tempo, administrando uma glória distante, pudesse trabalhar num século e fruir num outro. Seriam necessários deuses para dar leis aos homens".

adequadamente avaliados e solucionados quando ocorrem em um caso concreto.

A textura aberta do Direito, portanto, significa a existência de "áreas do comportamento nas quais muita coisa deve ser decidida por autoridades administrativas ou judiciais que busquem obter, em função as circunstâncias, um equilíbrio entre interesses conflitantes, cujo peso varia de caso a caso".

Hart (2012, p. 351) admite que o processo de concretização do Direito, que segue da norma abstrata para o ato jurídico concreto, sempre comportará casos nos quais não é possível identificar uma solução. Isso demonstraria que o direito é "parcialmente indeterminado ou incompleto". Para julgar essa espécie de conflito, o juiz "terá de exercer sua discricionariedade e criar o direito referente àquele caso, em vez de simplesmente aplicar o direito estabelecido já existente". Nesses casos, "o juiz ao mesmo tempo cria direito novo e aplica o direito estabelecido, o qual simultaneamente lhe outorga o poder de legislar e restringe esse poder".

Hart (2012, p. 352), entretanto, faz importante e ponderada observação:

> [...] o poder de criar o direito que atribuo aos juízes, para habilitá-los a regulamentar os casos que o direito deixa parcialmente não regulamentados, é diferente daquele de um poder legislativo: não só os poderes do juiz estão sujeitos a muitas limitações *que restringem sua escolha*, limitações das quais o poder legislativo pode ser totalmente isento, mas também, como são exercidos apenas para decidir casos específicos, o juiz não pode utilizá-los para introduzir reformas amplas ou novos códigos legais.

Além dessa limitação (adstrição ao caso concreto em relação ao qual o Direito não aponta nenhuma solução como correta e decisão, em regra, com efeito *inter partes*), o que torna o poder do juiz *intersticial*, a discricionariedade judicial possui outra barreira que obsta qualquer arbitrariedade: trata-se do dever de fundamentação.

> [o juiz] deve sempre ser capaz de justificar sua decisão mediante algumas razões gerais, e deve atuar como faria um legislador consciencioso, decidindo de acordo com suas próprias convicções e valores. Mas, desde que satisfaça essas condições, o juiz tem o direito de seguir padrões ou razões que não lhe são impostos pela lei e podem diferir dos utilizados por outros juízes diante de casos difíceis semelhantes (ibidem).

Riccardo Guastini (2005, p. 149) e Adrián Rentería Díaz (2017, p. 67) apontam o que seria uma falha de Hart: ignorar o fato fundamental de que ao intérprete caberá decidir, de maneira discricionária, se a solução da controvérsia situa-se na zona de penumbra ou no núcleo luminoso teorizados na ideia de textura aberta. Ou seja, a própria fixação dos limites da penumbra é uma atividade permeada de discricionariedade.

1.5.3 Dworkin e a busca pela única resposta

Em sua obra *Levando os direitos a sério*, Dworkin (2002, p. 35) lança o que qualifica de "ataque geral contra o positivismo" e à teoria de Hart.[90]

Para Dworkin (2002, p. 36-59), a teoria hartiniana seria incompleta, pois se assenta unicamente sobre regras do tipo "tudo ou nada", ignorando a função dos princípios,[91] que possuem uma dimensão de peso.

> Denomina-se "princípio" um padrão que deve ser observado, não porque vá promover ou assegurar uma situação econômica, política ou social considerada indesejável, mas porque é uma exigência de justiça ou equidade ou alguma outra dimensão da moralidade.
> [...]
> A diferença entre princípios jurídicos e regras jurídicas é de natureza lógica. Os dois conjuntos de padrões apontam para decisões particulares acerca da obrigação jurídica em circunstâncias específicas, mas distinguem-se quanto à natureza da orientação que oferecem. As regras são aplicáveis à maneira do tudo-ou-nada. Dados os fatos que uma regra estipula, então ou a regra é válida, e neste caso a resposta que ela oferece deve ser aceita, ou não é válida, e neste caso em nada contribui para a decisão.
> [...]

---

[90] À crítica de Dworkin, de que a discricionariedade judicial violaria a tripartição de poderes e seria antidemocrática e injusta, Hart (2012, p. 355) salienta que "a delegação de poderes legislativos limitados ao Executivo é uma característica familiar das democracias modernas, e a delegação ao Judiciário não parece constituir ameaça maior à democracia que aquela".

[91] Para Luis Prieto Sanchís (2010, p. 89-90), sob o manto dos princípios gerais de Direito "não se esconde mais do que um chamamento à produção jurídica através do raciocínio ou da argumentação, assumindo que se podem produzir normas a partir de normas". Significa que, "inclusive no marco de uma cultura positivista, as fontes do Direito não são a lei, os costumes e os princípios gerais de direito, mas a lei, os costumes e suas consequências interpretativas".

Os princípios possuem uma dimensão que as regras não têm – a dimensão de peso ou de importância. Quando os princípios se intercruzam (por exemplo, a política de proteção aos compradores de automóveis de opõe aos princípios de liberdade de contrato), aquele que vai resolver o conflito tem de levar em conta a força relativa de cada um. Esta não pode ser, por certo, uma mensuração exata e o julgamento que determina que um princípio ou uma política particular é mais importante que outra frequentemente será objeto de controvérsia.

Os princípios,[92] de um modo geral, não determinariam o resultado, isso seria característica das regras; apenas orientariam ou sinalizariam a decisão em determinada direção.[93] Todavia, "um conjunto de princípios *pode* ditar um resultado" e inclusive permitir a modificação de uma regra de Direito.

Por sua vez, a discricionariedade seria a competência para "tomar decisões de acordo com padrões estabelecidos por uma determinada autoridade" e poderia ser classificada em três categorias distintas:

> Algumas vezes empregamos "poder discricionário" em um sentido fraco, apenas para dizer que, por alguma razão, os padrões que uma autoridade pública deve aplicar não podem ser aplicados mecanicamente, mas exigem o uso da capacidade de julgar.
> [...]
> Às vezes usamos a expressão em um segundo sentido fraco, apenas para dizer que algum funcionário público tem a autoridade para tomar uma decisão em última instância e que esta não pode ser revista e cancelada por nenhum outro funcionário.

---

[92] Os *princípios diretivos* são "normas que enunciam valores ou diretivas de caráter político, das quais não é exatamente identificável a observância ou inobservância". Distinguem-se dos *princípios reguladores ou imperativos*, "porque inderrogáveis". Enquanto os primeiros são "expectativas genéricas e indeterminadas, não de atos, mas de resultados", os da segunda espécie "exprimem expectativas específicas e determinadas, às quais correspondem limites ou vínculos, isto é, garantias consistentes nas relativas proibições de lesão e obrigações de prestação" (FERRAJOLI, 2012a, p. 38).

[93] Para Dworkin (*op. cit.*, p. 43), se duas regras entram em conflito, uma delas não pode ser válida. "A decisão de saber qual delas é válida e qual deve ser abandonada ou reformulada, deve ser tomada recorrendo-se a considerações que estão além das próprias regras. Um sistema jurídico pode regular esses conflitos através de outras regras, que dão precedência à regra promulgada pela autoridade de grau superior, à regra promulgada mais recentemente, à regra mais específica ou outra coisa desse gênero. Um sistema jurídico também pode preferir a regra que é sustentada pelos princípios mais importantes". Alexy (2015, p. 141) defende que, pela aplicação da regra da precedência, "o nível das regras tem primazia em face do nível dos princípios, a não ser que as razões para outras determinações que não aquelas definidas no nível das regras sejam tão fortes que também o princípio da vinculação ao teor literal da Constituição possa ser afastado".

[...]
Às vezes usamos "poder discricionário" não apenas para dizer que um funcionário público deve usar seu discernimento na aplicação dos padrões que foram estabelecidos para ele pela autoridade ou para afirmar que ninguém irá rever aquele exercício de juízo, mas para dizer que, em certos assuntos, ele não está limitado pelos padrões da autoridade em questão.
[...]
O poder discricionário de um funcionário não significa que ele esteja livre para decidir sem recorrer a padrões de bom senso e equidade, mas apenas que sua decisão não é controlada por um padrão formulado pela autoridade particular que temos em mente quando colocamos a questão do poder discricionário.

Verifica-se que toda e qualquer modalidade de discricionariedade, mesmo a mais ampla, em sentido forte, estaria limitada pelos "padrões de bom senso e equidade".[94] Entretanto, no caso da discricionariedade forte, o titular da competência pode até ser criticado, mas não pode ser considerado desobediente.

Insta anotar que frente à submissão ao Direito, a situação do juiz é distinta das autoridades representativas de natureza política, pois estas não possuem o dever de independência e atuam: (i) na promoção de interesses de grupos sociais específicos; e (ii) na realização de programas políticos, definidores de novos objetivos sociais ou promotores de novos valores não incorporados à ordem jurídica. Por sua vez, os deveres do juiz exercem, ao mesmo tempo, a função de limite e de determinação positiva de sua conduta. É o que sustenta Josep Aguiló (1997, p. 75), para quem a tese da única resposta correta somente faz sentido no âmbito judicial.

Para encontrar a solução das questões surgidas dentro do sistema jurídico, Dworkin (2000, p. 213) defende a busca da *melhor justificação* dentro de duas dimensões: a) a dimensão da adequação; b) a dimensão da moralidade política.[95]

---

[94] Luís Filipe Colaço Antunes (2008, p. 32) sustenta que a discricionariedade na sua versão *processual* antecipou a noção *substantiva* e assinala que "as virtudes semânticas que lhe estavam associadas", tais como "decisão prudente", "ponderada" e "correta", exerceram papel principal na fixação dos limites entre o que seria ou não sindicável.

[95] Prieto Sanchís (2010, p. 97) concorda que as pautas morais inseridas na Constituição tendem a eliminar toda possível lacuna, pois ali, aonde não chega uma regra legal, sempre pode chegar um princípio constitucional, aberto em sua condição de aplicação ou aberto em sua consequência normativa. Jordi Ferrer Beltrán (2010, p. 167-177), no entanto, formula a seguinte pergunta sobre a moralidade: como devem ser interpretadas as remissões à

Sobre a dimensão da adequação, o autor explica:

A dimensão da adequação supõe que uma teoria política é *pro tanto* uma justificativa melhor que outra se, *grosso modo*, alguém que a sustentasse pudesse, a serviço dela, aplicar mais daquilo que está estabelecido do que alguém que sustentasse a outra. Duas teorias diferentes podem fornecer justificativas igualmente boas, segundo essa dimensão, em sistemas jurídicos imaturos, com poucas regras estabelecidas, ou em sistemas jurídicos que tratem apenas de um âmbito limitado da conduta dos participantes. Mas, em um sistema moderno, desenvolvido e complexo, a probabilidade antecedente desse tipo de empate é muito pequena.

A dimensão da adequação não esgota a possibilidade de dissenso, mas levaria ao reconhecimento de que uma teoria é melhor do que a outra. No entanto, um dos problemas suscitados pela tese da existência de uma única resposta correta é que, se ela existe ou pode ser encontrada, não seria possível saber se ela foi encontrada (RUIZ, 2016, p. 29). Só há um caminho para se chegar a uma decisão: a interpretação. Esta, todavia, não tem uma só resposta. Nada obstante, o intérprete, "a cada formulação", proclama ter encontrado a "única resposta correta" (TORRES, 2012, p. 282-283).

Em relação à dimensão da moralidade política, Dworkin (2000, p. 213-214) assinala que:

[...] se duas justificativas oferecem uma adequação igualmente boa aos dados jurídicos, uma delas, não obstante, oferece uma justificativa melhor que a outra se for superior enquanto teoria política ou moral; isto é, se apreende melhor os direitos que as pessoas realmente têm. A disponibilidade dessa segunda dimensão torna ainda mais improvável que algum caso específico não tenha nenhuma resposta certa.[96]

---

moral? a) pela moral objetiva; b) pela moral social do momento em que a norma foi editada; c) pela moral social do momento em que se aplica a norma; d) pelos critérios morais do tribunal? Para Beltrán "o realismo radical não deixa espaço conceitual para o erro judicial e, portanto, os desacordos seriam sempre fingidos (hipócritas), posto que, na realidade, esconderiam desacordos ideológicos".

[96] Para Robert Alexy (2009, p. 29-152) a pretensão à correção jurídica necessariamente vinculada à decisão inclui uma pretensão à correção moral; por sua vez, sistemas normativos que não formulam explícita nem implicitamente uma pretensão à correção não são sistemas jurídicos e, por conseguinte, não podem ter validade jurídica. O não cumprimento da pretensão à correção "embora não prive sistemas jurídicos ou normas jurídicas individuais do caráter jurídico ou da validade jurídica, torna-os defeituosos". A concepção alexyana trata o sistema jurídico como sistema normativo e como sistema de procedimentos: "Como sistema de *procedimentos*, o sistema jurídico é um sistema de ações baseadas em regras direcionadas por regras, por meio das quais as normas são promulgadas, fundamentadas,

Note-se que enquanto o positivismo tradicional enxerga a moralidade como uma fonte de discricionariedade, Dworkin a converte precisamente em fundamento da melhor resposta, ou seja, elimina a própria discricionariedade, atribuindo ao intérprete o dever de fechar a margem de interpretação por meio de uma argumentação racional.[97]

Paralelamente à busca da melhor justificação[98] dentro das dimensões da adequação e da moralidade política, Dworkin (2014, p. 211 e 291) realça a necessidade de integridade e coerência na aplicação do Direito.

---

interpretadas, aplicadas e impostas. Como sistema *normativo*, o sistema jurídico é um sistema de resultados ou de produtos de procedimentos que, de alguma maneira, criam normas. Pode-se dizer que aquele que considera o sistema jurídico um sistema normativo refere-se ao seu aspecto externo [diz respeito à regularidade da observância da norma]. Em contrapartida, trata-se do aspecto interno [o que importa são as disposições psíquicas] quando o sistema jurídico é considerado um sistema de procedimentos".

[97] Luigi Ferrajoli (2012a, p. 30-32) adverte que a íntima conexão entre moral e direito, sustentada por um cognitivismo ético que se propõe a revelar a única resposta justa ou correta, pode conduzir a um "absolutismo moral e, por conseguinte, à intolerância para opiniões morais dissidentes". E argumenta: "se uma tese moral é 'verdadeira', então não é aceitável que não seja por todos compartilhada e, provavelmente, não seja a todos imposta na forma de direito, do mesmo modo como não é aceitável que alguém não compartilhe que 2 + 2 = 4". Do ponto de vista do constitucionalismo democrático, assentado sobre "o pluralismo moral, ideológico e cultural que atravessa toda a sociedade aberta e minimamente complexa, a ideia de que ele se funde sobre alguma objetividade da moral ou que exprime alguma pretensão de justiça objetiva coloca-se em contraste com os seus próprios princípios, antes de todos com a liberdade de consciência e de pensamento". Sua conclusão é a de que "a solução de uma questão ética ou política que argumentamos como racional não é mais 'verdadeira' do que a solução oposta". Richard Posner (2009, p. 5) alerta sobre o caráter aleatório das certezas, muitas vezes destituídas de racionalidade: "A maioria de nossas certezas são apenas as crenças vigentes na comunidade à qual aconteceu de pertencermos, crenças essas que podem ser o resultado irrefletido da criação, da educação e do treinamento profissional que tivemos, bem como do meio social no qual vivemos". Robert Alexy (2015, p. 551-553) argumenta que "questões valorativas podem ser decididas com base em uma argumentação prática racional, o que confere à decisão um caráter racional mesmo que mais de uma decisão seja possível nos termos das regras da argumentação prática racional. [...] É possível conciliar muita coisa com o texto das disposições constitucionais, mas não tudo".

[98] Adrián Rentería (2017, p. 314) ressalta que todo juiz, na motivação de sua decisão, adota estratégias argumentativas objetivando qualificá-la como a única possível, ou seja, como a resposta correta. No mesmo sentido, Karl Larenz (1989, p. 240) afirma que interpretar um texto é "decidir-se por uma entre muitas possíveis interpretações, com base em considerações que fazem aparecer tal interpretação como a 'correta'". Na verdade, argumenta Manuel Segura Ortega (2006, p. 73-74), o juiz decide em um determinado sentido porque lhe parece que sua solução é a *correta*, porém, em casos "especialmente difíceis" se pode admitir a existência de outras alternativas equivalentes, hipótese em que se poderia eleger uma entre duas alternativas igualmente razoáveis. Nada obstante, "convém assinalar que as ocasiões nas quais o juiz pode eleger diferentes decisões e igualmente justificáveis não são muito numerosas [...]". A questão para a dogmática, segundo Tercio Sampaio Ferraz Jr. (2009, p. 298), "não é propriamente a possibilidade de uma interpretação correta ou objetivamente verdadeira, mas sim qual aquela que está melhor ou suficientemente justificada, diante das evidências dadas pelos textos normativos cujos sentidos estão inter-relacionados".

Temos dois princípios de integridade política: um princípio legislativo, que pede aos legisladores que tentem tornar o conjunto de leis moralmente coerente, e um princípio jurisdicional, que demanda que a lei, tanto quanto possível, seja vista como coerente nesse sentido.
[...]
O direito como integridade pede que os juízes admitam, na medida do possível, que o direito é estruturado por um conjunto coerente de princípios sobre a justiça, a equidade e o devido processo legal adjetivo, e pede-lhes que os apliquem nos novos casos que se lhes apresentem, de tal modo que a situação de cada pessoa seja justa e equitativa segundo as mesmas normas.

Na concepção dworkiniana (2002, p. 55-55) é "tautológica a proposição segundo a qual, quando não há regra clara disponível, deve-se usar o poder discricionário para julgar".[99]

Além dos casos difíceis ("quando os juristas discordam sobre se uma proposição apresentada como o sentido de uma lei é verdadeira ou falsa") e fáceis (nos quais não há o referido dissenso), de que fala Dworkin (2014, p. 419-424), Manuel Atienza (1989, p. 99-108) alude aos "casos trágicos" (cfr. CALABRESI; BOBBITT, 1978), assim entendidos aqueles em relação aos quais "existe nenhuma solução que se situe sobre o equilíbrio mínimo" e, portanto, se apresentam como um dilema. Para Atienza, à medida que cresce o número de normas de fim e especialmente à medida que elas tendem a ocupar o vértice da pirâmide normativa, aumentam também os casos trágicos, os quais devem ser resolvidos com o critério da razoabilidade. A decisão proferida nessas circunstâncias não é boa, mas a melhor entre as possíveis, entendida como tal aquela que alcança maior aceitabilidade ou maior consenso.

Interessante observar que, diante de situações raras ou especiais, Dworkin (2000, p. 176 e 211-215) *admite* a inexistência de nenhuma resposta correta, mas isso ocorreria "em virtude de algum tipo mais problemático de indeterminação ou incomensurabilidade na teoria moral".

David M. Beatty (2014, p. 312) aponta o que seria o "defeito fatal" da teoria de Dworkin: a necessidade de um super-herói para fazê-la funcionar, o juiz Hércules.

---

[99] Juan Ruiz Manero (1990, p. 198) propõe um interessante exercício de sincretismo: "[...] o caso de um juiz que, sem incorrer em inconsistência alguma, fora hartiano no terreno da teoria do Direito e dwokiniano na hora de fundamentar suas decisões [...] Dito juiz, enfrentando o caso A, constataria hartinamente, primeiro, que os estandartes jurídicos não lhe exigem X nem não-X e fundamentaria dworknianamente, depois, sua decisão X (ou não-X) sobre a base da teoria política que, a seu juízo, justificara melhor o Direito estabelecido".

Ian Shapiro (2006, p. 294), de modo irônico, afirma:

> Se existem respostas certas e incontestáveis para as perguntas relacionadas à organização do Estado e às políticas que ele deve seguir, então é razoável que o poder seja dado a quem as conheça – sejam eles reis-filósofos, calculistas utilitaristas ou líderes ideológicos de um partido revolucionário da classe trabalhadora.

Para Aulis Aarnio (1991, p. 217) apenas por suposição se pode considerar possível a construção da "melhor teoria":

> [...] a suposição de valores absolutos é um ponto de partida muito forte. Se um não aceita este tipo de teoria dos valores, toda a teoria da única resposta correta perde sua base. 'A melhor teoria possível' é apenas um postulado filosófico injustificável. Ademais, nossa cultura jurídica (ocidental) não está baseada em tais ideias absolutas. Por conseguinte, a teoria dworkiniana de uma resposta correta tampouco satisfaz as necessidades da dogmática jurídica real.

Alejandro Nieto (2017, p. 353-354), com acerto, classifica de ilusória a tese da única solução correta, em grande medida fruto da mentalidade binária do pensamento tradicional do Direito, sustentada no binômio lícito/ilícito, segundo o qual o que não é correto é incorreto. Entretanto, ressalvadas situações excepcionais, ninguém mais discute a existência real de várias soluções juridicamente corretas, "posto que a pluralidade é um dado que se pode constatar empiricamente". E acrescenta:

> [...] a consciência da possibilidade de várias sentenças distintas – e corretas para o mesmo caso – é uma constante histórica bem conhecida, ainda que teimosamente dissimulada. [...] A lógica de uma única solução correta nos levaria a retirar a licença por incompetentes dos advogados que perdessem uma ação e a expulsar da carreira, pela mesma razão, os juízes cujas sentenças fossem reformadas na segunda instância.

CAPÍTULO 2

FONTES DA DISCRICIONARIEDADE

2.1 Indeterminação, lacuna e margem de decisão

As três teorias examinadas seguiram em direção a um afunilamento do que seria a margem de interpretação, tentando, no seu último estágio, identificar com precisão a resposta correta. Nada obstante, fatores inerentes ao processo de produção legislativa, mormente quando combinados entre si,[100] criam enormes dificuldades para a rígida delimitação do conteúdo do texto normativo e do seu campo de aplicação. Esses fatores, a seguir examinados, são: (i) a indeterminação de conteúdo; (ii) a indeterminação linguística; (iii) a indeterminação intencional e (iv) as lacunas. Todos eles, de acordo com Jerzy Wróblewski (2009, p. 315), podem incidir sobre qualquer uma das quatro etapas de determinação que a decisão judicial percorre: (i) determinação dos fatos relevantes[101]; (ii) determinação da norma jurídica aplicável ao caso; (iii) determinação do sentido da norma jurídica selecionada, e (iv) determinação das consequências jurídicas, gerando, por conseguinte quatro margens de atuação: (i) de validade; (ii) de interpretação, (iii) de evidência e (iv) de eleição das consequências.

---

[100] Norberto Bobbio (2014, p. 47) localiza na interação das diversas normas o surgimento dos problemas do ordenamento jurídico.

[101] Em um sentido amplo, a interpretação do Direito começa quando se pretende situar um determinado conjunto de fatos dentro de uma descrição normativa. Ou seja, começa com a qualificação dos que seriam os fatos juridicamente relevantes para a solução do litígio. Para Karl Larenz (1989, p. 340) esta etapa representa o núcleo central da aplicação da lei: "o peso decisivo da aplicação da lei não reside na subsunção final, mas na apreciação, que a antecede, dos elementos particulares da situação de fato enquanto tal, que correspondem à notas distintivas mencionadas na previsão".

2.2 Indeterminação de conteúdo

Riccardo Guastini (2010, p. 30) fala da dupla indeterminação do Direito: uma relativa ao sistema jurídico enquanto tal e outra derivada de cada um dos seus componentes, ou seja, a cada norma, cuja densidade normativa é variável.[102]

Temos, portanto, uma *cadeia de indeterminação* que, ao interagir, acaba inevitavelmente por ampliar a zona de incerteza, gerando uma espécie de Torre de Babel. Jordi Ferrer Beltrán (2010, p. 179) obtempera que "qualquer disposição jurídica pode ser objeto de controvérsia interpretativa em momentos distintos sem que isso afete necessariamente a eficácia do Direito como regulador da conduta".

Luís Roberto Barroso (2009, p. 347-348), referindo-se ao plano constitucional, aduz que a constatação de que as normas não trazem "sempre em si um sentido único, objetivo, válido para todas as situações sobre as quais incidem", levou a uma "grande virada da interpretação". Exemplo disso é a ponderação, técnica de solução da colisão de princípios.

Humberto Ávila (2009, p. 10), entretanto, identifica na ponderação um fator relevante de indeterminação (variabilidade):

> [...] os princípios aplicados mediante ponderação, e não sendo fornecidos critérios intersubjetivamente controláveis para a sua execução, reconhecíveis antes da adoção da conduta, somente *depois* do processo de ponderação é que se saberá o que *antes* deveria ter sido feito. Se quem fez a ponderação é o próprio destinatário, ele mesmo termina por guiar a sua conduta, que conduz à eliminação do caráter heterolimitador do direito. O próprio destinatário da norma, que deveria agir seguindo sua prescrição, termina por definir o seu conteúdo, decidindo, ele próprio, o que deve fazer. Se quem faz a ponderação é o Poder Judiciário, sem critérios antecipados e objetivos para sua execução, aquilo que é o destinatário deveria saber antes ele só ficará sabendo depois, o que leva à supressão do caráter orientador do direito e da função legislativa. O aplicador da norma, que deveria reconstruir um sentido normativo anterior e exterior, acaba por construí-lo, decidindo, ele próprio, o que a Constituição atribuiu ao Poder Legislativo definir.

---

[102] Quanto maior a capacidade de combinação de sentidos, valores e significados, constata Heleno Taveira Torres (2012, p. 268-270), "acresce-se dificuldades de síntese sobre a composição das normas e suas condutas normadas. Com isso, o direito pode mostrar-se inseguro pela opacidade decorrente das lacunas, dos excessos de normas, das contradições ou das redações vagas, ambíguas e repletas de indeterminações". O resultado é uma "crise de certeza permanente".

À alegação de que o sopesamento levaria necessariamente ao subjetivismo e ao decisionismo dos juízes, Robert Alexy (2015, p. 163-164) responde:

> Essas objeções são procedentes se com elas se quiser dizer que o sopesamento não é um procedimento que conduza, em todo e qualquer caso, a um resultado único e inequívoco. Mas elas não são procedentes quando daí se conclui que o sopesamento é um procedimento não-racional ou irracional.

Para Dimitri Dimoulis (2006, p. 248) a indeterminação do conteúdo relaciona-se com o "grau de porosidade" do texto da norma, ou seja, "pelo número e pela diversidade das alternativas de interpretação que esse texto autoriza".[103] A partir desse raciocínio constata-se que a densidade normativa é inversamente proporcional ao número de interpretações divergentes que o texto admite.

---

[103] Um exemplo é a expressão "justo", empregada pelo CPC em cinco contextos diferentes: (i) "justo motivo": o cônjuge necessitará do consentimento do outro para propor ação que verse sobre direito real imobiliário, salvo quando casados sob o regime de separação absoluta de bens. Tal consentimento pode ser suprido judicialmente quando for negado por um dos cônjuges *sem justo motivo*, ou quando lhe seja impossível concedê-lo (arts. 73 e 74); as despesas de atos adiados ou cuja repetição for necessária ficarão a cargo da parte, do auxiliar da justiça, do órgão do Ministério Público ou da Defensoria Pública ou do juiz que, *sem justo motivo*, houver dado causa ao adiamento ou à repetição (art. 93); o juiz responderá, civil e regressivamente, por perdas e danos quando recusar, omitir ou retardar, *sem justo motivo*, providência que deva ordenar de ofício ou a requerimento da parte (art. 143, II); o escrivão, o chefe de secretaria e o oficial de justiça são responsáveis, civil e regressivamente, quando *sem justo motivo*, se recusarem a cumprir no prazo os atos impostos pela lei ou pelo juiz a que estão subordinados (art. 155, I); se o terceiro, *sem justo motivo*, se recusar a efetuar a exibição, o juiz ordenar-lhe-á que proceda ao respectivo depósito em cartório ou em outro lugar designado, no prazo de 5 (cinco) dias, impondo ao requerente que o ressarça pelas despesas que tiver (art. 403); (ii) "justo receio": o possuidor direto ou indireto que tenha *justo receio* de ser molestado na posse poderá requerer ao juiz que o segure da turbação ou do esbulho iminente, mediante mandado proibitório em que se comine ao réu determinada pena pecuniária caso transgrida o preceito (art. 567); (iii) "justo impedimento": no ato de interposição do recurso, o recorrente comprovará, quando exigido pela legislação pertinente, o respectivo preparo, inclusive porte de remessa e de retorno, sob pena de deserção. Provando o recorrente *justo impedimento*, o relator relevará a pena de deserção, por decisão irrecorrível, fixando-lhe prazo de 5 (cinco) dias para efetuar o preparo (art. 1.007, §6º); (iv) "justa causa" ou "justa recusa": decorrido o prazo, extingue-se o direito de praticar o ato de emendar o ato processual, independentemente de declaração judicial, ficando assegurado, porém, à parte provar que não o realizou por *justa causa*. Considera-se *justa causa* o evento alheio à vontade da parte e que a impediu de praticar o ato por si ou por mandatário (art. 223, §1º); na contestação (da consignação em pagamento), o réu poderá alegar que foi *justa a recusa* (art. 544, II); a data da resolução da sociedade será na retirada da sociedade por prazo determinado e na exclusão judicial de sócio, a do trânsito em julgado da decisão que dissolver a sociedade (art. 605, IV); (v) "decisão justa": todos os sujeitos do processo devem cooperar entre si para que se obtenha, em tempo razoável, *decisão de mérito justa* e efetiva (art. 6º).

Juan Ruiz Manero (2017, p. 44-46), adotando a terminologia de Frederick Schauer,[104] assinala que as regras são "sempre potencialmente supraincludentes ou infraincludentes". Para solucionar essas hipóteses os sistemas jurídicos adotam as seguintes técnicas:

> [...] para o primeiro tipo de situações – quando as regras preestabelecidas resultam supraincludentes, isto é, quando nos deparamos com casos em relação aos quais as regras aplicáveis, em virtude dos seus termos, nos parecem sujeitas a exceções implícitas em relação aos princípios que as justificam – os sistemas da *common law* dispõem da técnica do *distinguishing* e os de base continental tem desenvolvido, entre outros recursos, figuras como o abuso de direito, a fraude da lei e o desvio de poder. Para enfrentar o segundo tipo de situações – quando as regras preestabelecidas resultam infraincludentes ou quando não dispomos de regras preestabelecidas que expressem a ponderação entre os princípios relevantes –, dispomos do recurso a diversas modalidades de raciocínio analógico. A *analogia legis* quando certa regra resulta infraincludente em relação a exigências dos princípios que constituem sua justificação subjacente; a *analogia iuris* quando o balanceamento entre os princípios relevantes exige a criação de uma nova regra, ainda que não exista uma regra prévia considerada infraincludente.

Essa concepção estrutura o Direito em dois níveis: regras e suas razões subjacentes, ou seja, os princípios que as justificam.[105]

Para Noel Struchiner (2011, p. 123) o Direito "não é e não pode ser totalmente determinado", mas isso "não significa que ele seja permeado por uma indeterminação difusa e radical. A sua indeterminação se dá nas beiradas".

Paulo Gustavo Guedes Fontes (2018, p. 168-170) concorda que a abertura semântica e axiológica dos princípios leva em geral ao incremento da subjetividade/discricionariedade das decisões.

> Quer nos parecer que a mera imprecisão dos princípios, uma de suas características, não é suficiente a autorizar maior discricionariedade

---

[104] SCHAUER, Frederick. *Playing by the Rules:* A Philosophical Examination of Rule-Based Decision-Making in Law and in Life, Oxford: Clarendon Press, 1991.

[105] José Juan Moreso (2010, p. 36-37) ressalta que o conteúdo semântico não esgota a interpretação, sendo necessário também recorrer ao propósito subjacente do legislador, pois às vezes o significado e a intenção convergem, outras vezes estão em tensão. Celso Antônio Bandeira de Mello (2016, p. 80), como apoio no princípio da finalidade, sustenta: "Não se compreende uma lei, não se entende uma norma, sem entender qual o seu objetivo. [...] Implementar uma regra de Direito não é homenagear exteriormente sua dicção, mas dar satisfação a seus propósitos".

aos juízes, pois, como dito, a imprecisão semântica ou, como queremos, valorativa, levada a grau de *incerteza*, como vimos em Alexy, nem sempre deve operar em favor dos juízes, mas do princípio formal da competência do legislador.

[Entretanto] pelo fato de a supremacia da Constituição permitir que o princípio prepondere sobre as regras, na visão mais corrente admitida pelos tribunais, eles nem sempre serão capazes de diminuir a discricionariedade do juiz; ao contrário, em razão da pluralidade de princípios e da sua subjetividade [...] podem injetar na atividade jurisdicional um grau maior e discricionariedade [...].

2.3 Indeterminação linguística

A palavra, já dizia Clóvis Beviláqua (1959, p. 89), "é instrumento rude para traduzir o pensamento. Por outro lado, as condições existenciais se modificam e o juiz procura adaptar o édito legal à nova situação, enquanto não o faz o Poder Legislativo".

Para Antônio Roberto Sampaio Dória (1964, p. 36), a interpretação, além de revelar o pensamento interpretado, pode "ampliá-lo ou restringi-lo, enriquecê-lo ou amesquinhá-lo. Exegese rigorosamente fiel pode ser acalentado ideal, mas inatingível", pois a insuperável "penúria das expressões verbais contrasta, vivamente, com a infinita gama das categorias intelectuais. É da condição humana, e não há por que deplorá-lo".

As idiossincrasias, a cultura e a acuidade de cada hermeneuta, no surpreender e desvendar a significação recôndita da norma jurídica, haverão de explicar os resultados antagônicos por outros encontrados. O intérprete é escravo da lei, mas o amo nem sempre fala idêntica língua para todos os servos.

Karl Larenz (1989, p. 444) é agudo ao dizer que "o texto só fala a quem o interroga corretamente e compreende a sua linguagem". Gustav Radbruch (2010, p. 164) vai além e afirma que o intérprete "pode entender uma lei melhor do que a entenderam os seus criadores".

A norma, convém assinalar, é o resultado da interpretação e não o seu objeto, que é o texto, quase sempre permeado por temos vagos[106]

---

[106] Os conceitos ou predicados vagos, segundo Noel Struchiner (2011, p. 137), "são aqueles que possuem como marca registrada a característica de apresentarem casos fronteiriços ou nebulosos de aplicação. A vagueza pode ser uma vagueza de grau ou combinatória (o que acontece com conceitos multidimensionais)".

e imprecisos, que exigem valoração. Nesse sentido, Riccardo Guastini (2005, p. 131) adverte:

> [...] o modelo corrente de exprimir-se, segundo o qual a interpretação tem como objeto *normas*, é correto sob a condição de, nesse contexto, entender-se por "norma" (como às vezes se entende) um *texto* normativo. Mas esse modo de dizer é incorreto, desviante, se por "norma" entender-se (como também frequentemente acontece) não o texto normativo, mas o seu conteúdo de *significado*, já que, neste caso, a norma constitui não o objeto, mas o produto da atividade interpretativa.

Na mesma linha argumenta Johnson Barbosa Nogueira (1994, p. 743):[107]

> A norma é apenas uma fonte em que buscamos o sentido do direito. Mas não é a única. Devemos buscar na valoração jurídica parte do sentido que nos leva a conhecer o objeto cultural que é o direito. Assim, aceita a natureza de objeto cultural do direito, a tarefa interpretativa deve voltar a vista para o substrato do direito, a fim de pesquisar o sentido que o homem, fazendo cultura, atribui a esse substrato. Esta compreensão cultural do problema interpretativo já foi considerada uma revolução copernicana muito adequadamente, pois acaba com o mito de que se interpreta norma. Não tem sentido buscar sentido num sentido. Tratando-se de objeto cultural, este sentido deve ser buscado em um substrato. A interpretação é da conduta mediante normas. Na concepção culturalista, a norma é um juízo e, por isso, um conceito, que pensa a conduta em suas múltiplas possibilidades existenciais.

Sobre a "intertextualidade" da interpretação, Marcelo Neves (2016, p. 53) observa que "entre *alter* (o legislador) e *ego* (juiz), cada um dos lados parte da linguagem e dos critérios de cada um dos sistemas a que estão primariamente vinculados, a política e o direito", o que torna a comunicação entre eles "insuscetível de ser reduzida a uma das perspectivas ou a uma convergência delas".

Entre o argumento histórico-psicológico, que prioriza a vontade do legislador, e o argumento sociológico, atento à realidade social do tempo em que a norma será aplicada, Luis Prieto Sanchís (2010,

---

[107] Para o autor (*op. cit.*, p. 742-746) a interpretação jurídica "não é das normas, mas através das normas e valores jurídicos encastelados no ordenamento normativo e no próprio fato da conduta objeto de qualificação jurídica", não passando de um erro a crença de que a lei possa individualizar diretamente sem a intervenção da vontade do juiz. Sempre haverá a influência da vontade do intérprete na valoração, que não é livre e deve buscar fundamento na própria experiência jurídica e jamais fora dela.

p. 126) defende que a melhor interpretação é a que busca os significados que as palavras têm segundo as *convenções linguísticas* vigentes na comunidade.[108]

No mesmo sentido posiciona-se Jordi Ferrer Beltrán (2010, p. 162):

> Se o direito está formado por normas, que são o produto da interpretação e, por sua vez, o direito, como a linguagem mesmo em que se expressa, é um fenômeno convencional, cabe sustentar que essas normas são o produto de convenções interpretativas. Na ausência dessas convenções, não há resposta ao caso colocado. Só neste último caso estaríamos, pois, ante uma hipótese de desacordo irrecusável.

Adrián Rentería Diaz (2017, p. 65-70) explica que o significado do enunciado normativo é buscado por três teorias: (i) teoria cognitiva ou formalista (tese da resposta correta ou paninterpretativismo): defende que sempre seria possível identificar com exatidão a interpretação justa de todo o enunciado, sendo falsas todas as demais. A interpretação, portanto, seria um ato de conhecimento;[109] (ii) teoria cética ou antiformalista: a interpretação não consistiria em uma atividade de conhecimento, mas de valoração e de decisão; pode levar ao extremo de afirmar que o significado próprio das palavras, em face da equivocidade e da vaguidade da linguagem das fontes do Direito, é inalcançável. Adota os primados da equidade sobre a certeza; do juiz sobre o legislador; do caso concreto sobre o sistema; o rechaço de uma lógica oficial.[110] Não

---

[108] Esse critério é o adotado pelo Código Comercial (1850), em seu art. 673, quando, ao disciplinar a forma de resolução de dúvida sobre a inteligência condições e cláusulas de apólice de seguro marítimo, determina que o costume geral, *observado em casos idênticos na praça onde se celebrou o contrato, prevalecerá a qualquer significação* diversa que as palavras possam ter em uso vulgar. Em sentido similar, dispõe o art. 113 do Código Civil: os negócios jurídicos devem ser interpretados conforme a boa-fé e os *usos do lugar de sua celebração*.

[109] Riccardo Guastini (2010, p. 40-41) observa que neocognitivismo reconhece o poder discricionário dos intérpretes, mas o restringe ao plano do concreto, ou seja, da qualificação dos fatos e somente em relação aos casos difíceis. A teoria não se sustentaria, pois despreza a equivocidade da linguagem normativa, a pluralidade de métodos interpretativos, a influência da dogmática sobre a interpretação e o poder discricionário dos intérpretes que deriva da combinação desses fatores.

[110] Referindo-se ao sistema jurídico norte-americano (mas a essência das observações pode ser aplicada a outros ordenamentos), Richard Posner (2009, p. 13) afirma que o formalismo, seja no âmbito do pragmatismo ou de qualquer outro sistema filosófico, é insuficiente para resolver os casos difíceis. "A distribuição em cascata que caracteriza o direito norte-americano (a legislação se sobrepõe ao *commom law*, as leis federais se sobrepõem às estaduais e o direito constitucional se sobrepõe às leis em geral e ao *common law* no âmbito estadual e federal), o caráter indisciplinado de nosso legislador, juntamente com a complexidade de nossa sociedade e a heterogeneidade moral da população, impõem aos juízes uma responsabilidade de exercício criativo do direito que é impossível de se honrar

haveria critério para distinguir a interpretação correta da incorreta.[111] Alinhada com o realismo jurídico americano da primeira metade do século XX, foi adotada implicitamente na Teoria Pura do Direito; (iii) teoria intermediária (interpretativismo moderado): existiria uma gradação, com casos fáceis, nos quais a solução interpretativa seria óbvia, e casos difíceis, nos quais seria impossível encontrar uma solução. A respeito dessa teoria, Dimitri Dimoulis (2006, p. 254-255) argumenta:

> Traçando o limite da interpretação cognitiva de uma norma, a doutrina desempenha um papel fiscalizador em relação às pessoas ou autoridades competentes, identificando a moldura, dentro da qual a concretização pode ocorrer sem distorcer a vontade expressa no texto normativo. Em todos os casos devem ser aplicados métodos de interpretação *gramatical* e *sistemática* para constatar, de forma objetiva, a vontade legislativa incorporada nas normas vigentes, mantendo a tese da possibilidade e necessidade de uma interpretação cognitiva.

As teorias, no entanto, apenas explicam (ou tentam) a imprecisão, mas não objetivam indicar meios de eliminá-la.

De outra parte, embora se admita a escolha de solução contrária ao texto, as razões para essa solução, como defende Robert Alexy (2015, p. 553), "têm que ser extremamente fortes para que, do ponto de vista da Constituição, o afastamento do teor literal fique justificado", inibindo assim decisionismos e voluntarismos.

---

através da aplicação literal das normas existentes ou do raciocínio analógico a partir de casos precedentes [...]".

[111] Adrián Rentería Díaz (2017, p. 81-82) alerta que o decisionismo extremo acaba por confundir discricionariedade e arbitrariedade. Isso porque, se qualquer decisão é aceita juridicamente e não existem limites às opções que o juiz pode atuar, todas as possibilidades podem ser travestidas de discricionárias. A discricionariedade moderada, embora admita que o juiz introduz em seu juízo valorações de natureza discricionária, essas opções "estão circunscritas dentro de um âmbito com limites mais ou menos precisos, determinado pelo Direito e pela comunidade jurídica em geral". Na mesma direção, Jerzy Wróblewski (2008, p. 335) aponta que a questão a ser resolvida é até que ponto a tomada de decisão é determinada pelo Direito e como traçar uma linha nítida entre a área de determinação e a área de margem, tanto juridicamente protegida como não protegida juridicamente. De outra parte, a necessária independência judicial não é espécie de salvo conduto para violar o próprio direito. Luigi Ferrajoli (2012a, p. 51) também externa preocupação semelhante: "se pela excessiva indeterminação semântica das normas e pela falta de garantias o poder dos juízes acaba sendo, de fato, um poder criativo, que não pode ser reconduzido aos três poderes fisiológicos – de interpretação das leis, de valoração das provas e de conotação equitativa dos fatos –, então ele se converte naquilo que venho chamando 'poder de disposição', que é, todavia, um poder legítimo, independentemente do fato de as normas serem formuladas como princípios ou como regras, uma vez que invade a competência política das funções de governo, não podendo, portanto, ser aceito sem que se negue a separação dos Poderes e a própria conservação do Estado de Direito".

Ressalte-se que, independentemente da indeterminação no seu nascimento, o texto, ao entrar no mundo jurídico, pode experimentar modificação do seu conteúdo. A mutação constitucional[112] é uma demonstração irrefutável desse fenômeno pelo qual o mundo dos fatos (ser), ao interagir com o mundo das normas (dever ser), a transforma, promovendo um dinamismo incontrolável e independente da vontade estatal.

Qual seria a diferença entre a indeterminação de conteúdo e a indeterminação linguística? Na indeterminação de conteúdo a densificação da norma, em face de limites da cognoscibilidade do órgão que a editou, liga-se a um ato ou fato posterior à sua edição, ao qual se conecta e que permitirá identificar o seu sentido, admitindo-se a coexistência de mais de uma solução. Na indeterminação linguística há uma limitação semântica, que pode decorrer dos limites intrínsecos da linguagem ou do uso inadequado de palavras, obstando a manifestação precisa do conteúdo da norma.

2.4 Indeterminação intencional

A indeterminação intencional relaciona-se a três fatores distintos: (i) impossibilidade de minuciosa disciplina por não ser cognoscível, ao tempo da edição do texto normativo, o melhor modo de atendimento de uma necessidade pública, cuja intensidade pode ainda ser variável; (ii) por ser inalcançável o consenso no parlamento, transferindo-se a disputa acerca da questão ao órgão de aplicação; (iii) esses dois fatores são diretamente condicionados pelos níveis de deferência e de confiança que o legislador tem em relação ao destinatário da norma.

---

[112] A expressão mutação constitucional remonta ao final do século XIX e início do XX e surgiu a partir dos estudos de Paul Laband (*Die Wandlungen der deutschen Reichsverfassung* e *Die geschriebene Entwicklung der Reichsverfassung*) e da conferência proferida por Georg Jellinek em 18 de março de 1906 na Academia Jurídica de Viena, que deu origem à obra *Verfassungsänderung und Verfassungswandlung. Eine staatsrechtlich-politische Abhandlung*, publicada no mesmo ano, e traduzida para o espanhol sob o título *Reforma y mutación de la Constitución*. Nessa obra, Jellinek (2018, p. 9) distingue reforma e mutação constitucional. A primeira é a modificação do texto constitucional produzida por ação voluntária e intencional; a segunda é a modificação que, preservando a integridade do texto, ou seja, sem alteração formal, decorre de fatos desacompanhados da intenção ou consciência de tal mutação. Há, aqui, a ação da evolução (i) de uma situação de fato ou (ii) de uma nova interpretação jurídica que passa a prevalecer na sociedade. Em suma: o texto permanece inalterado, mas o seu sentido (a norma) é modificado. Muda-se a Constituição sem mudarem-se suas palavras.

A respeito é preciso o raciocínio de Perelman (2004, p. 202-203):

Conforme o legislador deseje restringir ou estender o poder de apreciação daqueles que deverão aplicar as leis, trate-se da administração pública ou do poder judiciário, redigirá o texto da lei em termos mais ou menos imprecisos, ou mais ou menos vagos: significando que, nos casos particulares, o próprio legislador não deseja tomar uma posição determinada, que pelo fato de estarem ausentes todos os elementos de informação, quer por não haver acordo dos membros do legislativo sobre a maneira de regulá-los: caberá, então, aos que devem aplicar os textos legais tomar as decisões definitivas em cada caso específico.

Aqui entra a autêntica discricionariedade, comumente veiculada por meio de normas de fim: prescreve-se uma finalidade a ser atendida e outorga-se ao agente incumbido de persegui-la a eleição dos meios reputados mais idôneos, de acordo com as condições e disponibilidades verificadas no momento futuro.

É o caso, por exemplo, do art. 48, III, V, VII e VIII, da Lei nº 11.445/2007, que, ao estabelecer as diretrizes nacionais para o saneamento básico, impõe à União, entre outros objetivos: (i) o estímulo ao estabelecimento de adequada regulação dos serviços; (ii) a melhoria da qualidade de vida e das condições ambientais e de saúde pública; (iii) a garantia de meios adequados para o atendimento da população rural dispersa, inclusive mediante a utilização de soluções compatíveis com suas características econômicas e sociais peculiares, e; (iv) o fomento ao desenvolvimento científico e tecnológico, à adoção de tecnologias apropriadas e à difusão dos conhecimentos gerados.

No âmbito da função judicial pode ser citado o disposto no art. 139, IV, do CPC, que atribui ao juiz o poder-dever de determinar *todas as medidas* indutivas, coercitivas, mandamentais ou sub-rogatórias necessárias para assegurar o cumprimento de ordem judicial, inclusive nas ações que tenham por objeto prestação pecuniária. Por sua vez, de modo expresso, o art. 723, parágrafo único, do CPC, ao disciplinar os procedimentos de jurisdição voluntária, estabelece que *o juiz não é obrigado a observar critério de legalidade estrita, podendo adotar em cada caso a solução que considerar mais conveniente ou oportuna*. Na órbita dos Juizados Especiais, o juiz deve adotar em cada caso a decisão que reputar mais justa e equânime, atendendo aos fins sociais da lei e às exigências do bem comum (art. 6º, da Lei nº 9.099/1995).

A indeterminação ora tratada bem demonstra que, em determinadas circunstâncias, cada vez mais frequentes, o agente público incumbido do exercício de uma função pública necessitará de uma margem de liberdade para agir, sem a qual será inevitável a lesão ou mesmo o perecimento do interesse público ou privado tutelado pelo ordenamento.

2.5 Lacunas

A completude e a coerência do ordenamento negam a existência de antinomias e de lacunas.[113] A coerência está alicerçada em uma regra, que seria implícita em todo ordenamento, pela qual duas normas incompatíveis (ou antinômicas) não podem ser ambas válidas, o que determina o expurgo de uma delas no caso concreto. Os critérios para solução desses conflitos são o cronológico (*lex posterior derogat priori*), o hierárquico (*lex superior derogat inferiori*) e o da especialidade (*lex specialis derogat generali*). Esses critérios, no entanto, podem se revelar insuficientes quando: (i) há um conflito entre eles próprios; (ii) não é possível aplicar nenhum deles.

O problema das lacunas do Direito surge com o princípio da separação dos poderes, que impõe ao juiz a obrigação de aplicar um direito preexistente e que se supõe ser-lhe conhecido. Nesse sentido, Emilio Betti (2007, p. 57-62) adverte que a discussão a respeito da existência ou não de lacunas no Direito se refere precisamente à delimitação do papel do juiz: simples aplicador da lei ou criador do Direito.

Para Norberto Bobbio (2010, p. 274-276), a completude, dogma segundo o qual o ordenamento jurídico é completo "para fornecer ao juiz uma solução para cada caso sem recorrer à equidade", apoia-se na premissa de monopólio da produção jurídica estatal. Trata-se de uma condição necessária para os ordenamentos que adotam as seguintes regras: (i) o juiz é obrigado a julgar todas as controvérsias que se apresentam ao seu exame; (ii) é obrigado a julgá-las com base em uma norma pertencente ao sistema.

---

[113] A lacuna pode ser normativa ou axiológica. Na classificação de Juan Ruiz Manero (2017, p. 47-48) "a) Um certo caso constitui uma *lacuna normativa* de um certo sistema jurídico se e somente se 1) esse sistema jurídico não contém uma regra que correlacione o caso com uma solução normativa e 2) o balanceamento entre os princípios relevantes desse sistema jurídico exige uma regra que correlacione o caso com uma solução normativa que qualifique a conduta em questão como obrigatória ou proibida. b) Um certo caso constitui uma *lacuna axiológica* de um certo sistema jurídico se e somente se 1) esse sistema contém uma regra que solucione o caso, porém 2) sem que dita regra considere como relevante uma propriedade que, de acordo com as exigências que se derivam do balanceamento entre os princípios relevantes desse sistema jurídico, se deveria considerar como relevante".

Manuel Segura Ortega (2006, p. 41-43) aponta as lacunas e as antinomias[114] como defeitos internos dos ordenamentos jurídicos, os quais, por força da inevitável indeterminação, de que são exemplos os princípios gerais de direito, outorgam ao julgador "uma série de meios que implicam necessariamente certa liberdade de eleição" e, portanto, criação do Direito.

Ernst Zitelmann (1949, 289-322) refuta a existência de lacunas. No seu entender, embora possam existir lacunas na lei, uma vez que sempre surgem casos novos que nenhum legislador poderia prever, elas inexistem no Direito, pois o comportamento humano, comissivo ou omissivo, que não incidir em norma particular, será regulado por uma norma geral exclusiva permissiva. A lógica, portanto, seria a de que "tudo o que não for proibido, é permitido", o que acaba por atingir toda e qualquer situação da experiência humana. Zitelmann distingue indeterminação e lacuna: (i) no primeiro caso, a lei diz tudo o que a regra geral pode dizer e só deixa uma indeterminação com o fim de que o juiz tenha espaço para considerar em sua decisão a peculiaridade de cada caso isolado, como, por exemplo, graduar a pena segundo as circunstâncias individuais ou fixar uma indenização. Nesse caso, outorga-se ampla margem e toda decisão que observe os limites traçados é jurídica. Trata-se, portanto, de delegação intencional e limitada, provocada pela impossibilidade de se antever a solução mais adequada; (ii) nas lacunas reais e positivas inexistem regras abstratas aplicáveis a casos semelhantes, cabendo ao julgador encontrar, especialmente pela analogia, o modo de preencher a lacuna, o que pode gerar dúvida sobre o acerto da solução encontrada.

Santi Romano (2008, p. 67-78) identifica o ordenamento jurídico não como a simples soma de várias partes, mas como "uma unidade em

---

[114] Sobre as antinomias, entendidas como a incompatibilidade de conteúdo de normas pertencentes ao mesmo ordenamento, o autor as atribui a duas causas: (i) crescente complexidade dos ordenamentos jurídicos; (ii) incessante produção de normas por diferentes instâncias, gerando dispersão legislativa, sem que exista mínima coordenação entre os diferentes órgãos de criação normativa. Não obstante a existência de métodos destinados a eliminar essas antinomias (hierárquico, cronológico e especialidade), muitas vezes eles são insuficientes e sua utilização "pode ocultar certas implicações de caráter ideológico dificilmente controláveis" (*op. cit.*, p. 45-47). Isso porque podem surgir antinomias de segundo grau, que é o conflito entre os próprios critérios de solução das antinomias (hierárquico *versus* cronológico; especialidade *versus* cronológico e hierárquico *versus* especialidade). Sobre os metacritérios de solução e o impasse a que se pode chegar diante da impossibilidade de equalização do conflito, Maria Helena Diniz (2013, p. 100-102) propõe que a "falta de um critério que possa resolver a antinomia de segundo grau, o *critério dos critérios* para solucionar o conflito normativo seria o *princípio supremo da justiça*: entre duas normas incompatíveis dever-se-á escolher a mais justa" (DINIZ, 2013, p. 102).

si [...] não artificial ou obtida através de um procedimento de abstração, mas concreta e efetiva". Dotado de organicidade, o ordenamento jurídico "é uma entidade que por um lado se move conforme as normas, mas, sobretudo, por outro, ele mesmo as move quase como se elas fossem peões em um tabuleiro de xadrez". Embora as normas possam ser uma parte do ordenamento jurídico, "estão longe de esgotá-lo". Por isso, admite-se a existência de ordenamento jurídico sem normas, escritas ou não, o que enseja a ideia de "ser possível conceber um ordenamento em que não haja lugar para a figura do legislador, mas somente para a do juiz". Com base nessas ideias, chega-se à conclusão de que a expressão "Direito" em sentido objetivo pode possuir um duplo significado:

> a) Um ordenamento na sua completude e unidade, ou seja, uma instituição;
> b) Um preceito ou um conjunto de preceitos (normas ou disposições particulares) agrupados ou sistematizados de forma variada que, para diferenciá-los dos não jurídicos, chamamos de institucionais, salientado deste modo a ligação que possuem com o todo o ordenamento, ou seja, com a instituição da qual são elementos, ligação necessária e suficiente para atribuir seu caráter jurídico.

Negando a existência de lacunas, Ulises Schmill (2017, p. 87) atribui uma função política à teoria que a defende:

> [...] incrementar as faculdades decisória dos juízes, até o extremo de deixar de lado a legislação e as outras normas gerais editadas pelos demais órgãos do Estado. Isto significa, no fundo, que os juízes podem fazer valer nas sentenças seus critérios valorativos pessoais, com independência das normas gerais positivas. A face do jusnaturalismo faz sub-repticiamente sua aparição e nos faz gestos que implicam uma tentativa de conivência.

Eugenio Bulygin (2003, p. 15-17) aponta uma falha no principal argumento dos autores que negam a existência de lacunas. Apoiados no chamado "princípio de proibição", segundo o qual tudo o que não está proibido, está permitido, eles sustentam que todas as condutas possuem um *status* normativo (proibido ou permitido), de modo que não existiriam condutas não reguladas pelo Direito.[115] Entretanto, haveria,

---

[115] Ao argumento de que as condutas não reguladas são apenas "ações não reguladas e, por isso, carentes de *status* normativo", de modo que nenhuma norma é violada quando se realiza a ação ou quando se abstém de realizá-la, Juan Ruiz Manero (2017, p. 36-40), de modo

de um lado, confusão entre "normas" e "proposições normativas", e de outro, entre os diferentes sentidos do termo "permitido".

As normas são expressões prescritivas que proíbem, ordenam ou permitem certas condutas (em determinadas circunstâncias); as proposições normativas são enunciados descritivos que informam acerca da existência de normas. As normas podem ser qualificadas de válidas ou inválidas, eficazes ou ineficazes, podem ser obedecidas ou desobedecidas, porém não são nem verdadeiras nem falsas. As proposições normativas são verdadeiras ou falsas, porém não podem ser obedecidas e não são válidas nem inválidas. Apesar dessas claras diferenças, tanto umas como outras podem ser expressadas mediante as mesmas palavras. "Proibido fumar" pode ser expressão de uma norma ou de uma proposição que afirma a existência de uma norma que proíbe fumar. Esta ambiguidade normalmente dá lugar a não poucas confusões. O termo "permitido" é, por sua vez, ambíguo. Quando figura em uma norma, é dizer, quando é usado prescritivamente, "permitido" significa o mesmo que "não proibido" e "proibido" significa "não permitido". Entretanto, quando figura em uma proposição normativa, "permitido" pode significar duas coisas distintas. Ao dizer "p é permitido" posso querer dizer, por um lado, que não existe uma norma que proíba p (permissão débil ou negativa) ou, por outro lado, que existe uma norma que permite p (permissão forte ou positiva).

Cabe perguntar-se se o princípio "O que não está proibido, está permitido" é uma norma ou uma proposição normativa. Se é uma norma que permite todas as condutas que não estão proibidas por outras normas, então – como toda norma – é contingente e não pode pertencer necessariamente a toda ordem jurídica. Se é uma proposição normativa, cabem duas possibilidades: ou "permitido" significa "não proibido" (permissão negativa ou débil), ou significa permissão forte ou positiva. No primeiro caso, o Princípio da Proibição é necessariamente verdadeiro, porém absolutamente trivial, pois só diz que o que não está proibido não está proibido. Isto é totalmente inócuo e perfeitamente compatível com a existência de lacunas. Se, em vez disso, "permitido"

---

desconcertante, indaga: por que então o legislador edita regras permissivas? A resposta estaria no fato de que alguns sistemas jurídicos adotam regras de "fechamento permissivo", segundo as quais tudo o que não for proibido é permitido. Seriam os casos do direito penal, do direito administrativo sancionador e, de um modo geral, do direito privado. A diferença entre esses ramos reside no fato de que o direito penal se assenta sobre um regime exclusivo de regras (proibitivas), ao passo que, por exemplo, no direito civil, por razões relevantes, dos quais são exemplos o abuso de direito, a fraude à lei e o desvio de poder, após um juízo de ponderação, a incidência de um princípio pode fazer surgir uma proibição. Assim, enquanto o sistema de proibições do sistema penal é um sistema de regras *fechado*, o sistema de proibições de outros ramos do direito é um sistema de regras *aberto* às exigências derivadas dos princípios, isto é, das razões subjacentes às regras.

significa permissão forte ou positiva, então o Princípio diz que se uma conduta não está proibida existe uma norma que a permite. Isto é claramente falso: do mero fato da ausência de uma norma proibitiva não cabe inferir a presença de uma norma permissiva. Resumindo, o Princípio da Proibição como norma é contingente e como proposição normativa é vazio ou falso. Em nenhum caso pode apoiar a tese de que o direito é necessariamente completo.

[...] nada autoriza a pensar que em toda ordem jurídica exista uma norma que permite toda conduta não proibida.

[...] no caso de uma lacuna normativa, o juiz não tem a obrigação de condenar o demandado, nem tampouco de rechaçar a demanda. Sua única obrigação é a de proferir uma sentença, podendo fazê-lo de qualquer das duas formas possíveis: condenado ao demandado ou rechaçando a demanda. Em outras palavras, o juiz pode decidir discricionariamente o caso individual.

Embora a teoria jurídica afirme a existência de "uma norma que qualifica como indiferente tudo aquilo que não é obrigatório ou proibido", ainda assim não se sustenta para Tercio Sampaio Ferraz Jr. (2015, p. 176-190) a tese da completude "porque a ordem normativa é também um critério de avaliação deôntica de comportamentos possíveis, sendo assim suscetíveis de transformações". Apesar de normalmente associada à noção de "furo" ou "falha", a lacuna possui uma "função exatamente oposta, pois é condição de possiblidade da completude do discurso da norma que atende às exigências dos valores *certeza* e *segurança*".[116]

Noel Struchiner (2011, p. 131), partindo da premissa de que o Direito é um produto cultural, é bastante lúcido ao argumentar que:

> Diante de casos selecionados, é bem provável que exista algum tipo de lacuna normativa, ou seja, a ausência de uma regra previamente convencionada de forma explícita capaz de dar conta do caso. Afinal, se o direito é socialmente construído, se o direito é um artefato humano,

---

[116] Ferraz Jr. (*ibidem*) explica que o sistema discursivo da norma, constituído por um conjunto de ações linguísticas voltadas para o fim de permitir a obtenção de decisões capazes de preservar o equilíbrio social, "mantém uma estrutura (conjunto das regras que regulam as relações das partes entre si e desta com o todo) suficientemente flexível, em que estão presentes elementos puramente lógicos, empíricos-sociológicos, tipológicos (no sentido weberiano), revelados por conceitos que não têm apenas um "valor de subsunção", mas também um "valor simbólico", pois apontam para uma "riqueza de sentido", da qual constituem uma "abreviatura", permitindo assim, uma adaptação constante aos dados que ele recebe do mundo circundante e que vêm acrescer o seu repertório (conjunto de elementos relacionados ao sistema)".

então ele incorpora as nossas insuficiências, sendo uma delas a falta de onisciência. Também é possível a existência de algum tipo de intoxicação linguística que afete a linguagem do direito, tornando-o indeterminado. Afinal, o direito faz uso de nossa linguagem ordinária e esta pode mostrar-se ambígua ou vaga. Finalmente, é possível que o direito ofereça não uma, mas várias respostas para o caso e elas sejam incompatíveis e mutuamente excludentes, e as razões para uma ou outra resposta talvez sejam equipolentes ou incomensuráveis.

Karl Engish (1983, p. 276-282) conceitua a lacuna como uma "incompletude insatisfatória no seio do todo jurídico". Trata-se de uma deficiência do Direito Positivo, consistente na falta ou falha de conteúdo de regulamentação jurídica para determinadas situações "em que é de esperar essa regulamentação e em que tais falhas postulam e admitem a sua remoção através de uma decisão jurídico-integradora". A lacuna não se confunde com a simples ausência de regulamentação de um fato ("espaço ajurídico"), que pode resultar de opção deliberada do legislador. Nesse caso, estamos diante de uma "lacuna político-jurídica", também denominada "lacuna crítica" ou "lacuna imprópria". Essa lacuna (*de lege ferenda*), sustenta Engish, apenas pode ser suprida pelo legislador, nunca pelo juiz, cuja atividade de colmatação pressupõe a existência de lacuna no Direito vigente (*de lege lata*). A distinção, entretanto, entre uma e outra hipótese é uma questão de interpretação.

Bobbio (2010, p. 290-293) também admite a ideia de lacuna.

> Se existem duas soluções, ambas possíveis, e a decisão entre as duas soluções cabe ao intérprete, existe uma lacuna, e ela consiste justamente no fato de que o ordenamento não deixou claro qual das duas soluções é a mais desejável.
> [...]
> Como se vê, a dificuldade, sobre a qual geralmente não nos detemos, é que, diante do caso não regulado, não é que exista insuficiência de soluções jurídicas possíveis; existe, antes, exuberância de soluções. E a dificuldade de interpretação, em que consiste o problema das lacunas, é que o ordenamento não oferece nenhum meio jurídico para eliminar essa exuberância, ou seja, para decidir com base no sistema em favor de uma solução e não de outra.
> [...]
> O fato da solução não ser mais óbvia, isto é, de não se poder extrair do sistema nem uma solução nem a solução oposta, revela que o ordenamento é, no final das contas, incompleto.

Essas lacunas são preenchidas pela *autointegração* ou pela *heterointegração*, a depender da origem da fonte adotada para a busca da solução (se o próprio ordenamento ou não).[117]

Do ponto de vista normativo, todos os Códigos de Processo Civil brasileiros (art. 113/1939, art. 126/1973 e art. 140/2015) sempre impuseram ao juiz a vedação de deixar de decidir sob a alegação de lacuna ou obscuridade do ordenamento jurídico, e condicionavam o julgamento por equidade à expressa autorização legal (art. 114/1939,[118] art. 127/1973 e art. 140, parágrafo único/2015). Antes disso, o art. 7º da Introdução do Código Civil de 1916 determinava que, nos casos omissos, aplicam-se as disposições concernentes aos casos análogos, e não as havendo, os princípios gerais de Direito. Esse dispositivo foi convertido no art. 4º do Decreto-Lei nº 4.657/42, então Lei de Introdução ao Código Civil, cuja redação impunha, na omissão da lei, que a decisão do juiz fosse de acordo com a analogia, os costumes e os princípios gerais de Direito.

Clóvis Beviláqua (1959, p. 87-88), comentando o art. 7º da Introdução do Código Civil de 1916 explica:

> O sistema do Código é o seguinte: a lei é a forma por excelência do direito, num segundo plano e subsidiariamente, acha-se o costume; o domínio da lei ilumina-se e dilata-se pela interpretação, se o trabalho mental do intérprete não consegue arrancar da letra nem do *espírito da lei* a norma jurídica aplicável ao caso, que tem diante de si, recorre ao processo da *analogia*; e quanto este se mostra inadequado abre-se-lhe

---

[117] Sebastián Martin-Retortillo y Baquer (2018, p. 41-43) destaca que o Direito Administrativo tem, por si mesmo, força imanente para autointegrar-se, para preencher as próprias lacunas do seu ordenamento. Afinal, "se o Direito Administrativo surge e se justifica dogmaticamente por uma inadequação teleológica e estrutural das normas jurídico-privadas para os fins da Administração, nos casos de lacuna do ordenamento administrativo já não existiria tal inadequação?".

[118] O Código de Processo Civil de 1939, em seu art. 114, estabelecia que, quando autorizado a decidir por equidade, *o juiz deveria aplicar a norma que estabeleceria se fosse legislador*. Cuida-se de dispositivo inspirado no art. 1º do Código Civil suíço de 1907, segundo o qual, na ausência de disposição legal, o juiz decidirá de acordo com o Direito Consuetudinário e, *na ausência dos costumes, de acordo com as regras que estabeleceria se fosse um legislador*. Benjamin Cardozo (2004, p. 83) vê semelhança entre as atividades do legislador e do juiz: "Se perguntarem como ele [*o juiz*] pode saber quando um interesse pondera sobre outro, só posso responder que ele deve obter seu conhecimento da mesma maneira que o legislador o obtém da experiência, do estudo e da reflexão; em resumo, da própria vida. É nesse ponto, na verdade, que o seu trabalho se encontra com o do legislador. A escolha dos métodos e a avaliação dos valores devem pautar-se, no final, por considerações semelhantes para ambos. Com efeito, cada qual está legislando dentro dos limites de sua competência. Não há dúvida de que os limites para o juiz são mais estreitos. Ele legisla apenas entre as lacunas. Ele preenche as brechas da lei".

um espaço mais vasto, onde exercerá a sua livre investigação à procura dos *princípios gerais do direito*. É uma marcha ascensional, na qual a inteligência vai, gradualmente, alargando o campo de suas operações.

O próprio legislador, portanto, de modo explícito, reconhece a existência de lacuna[119] e indica os métodos a serem observados para a sua colmatação, o que leva Perelman (2004, p. 63) a afirmar que a obrigação de preencher lacunas da lei concede ao juiz, *ipso facto*, a faculdade de elaborar normas. Se, diferentemente da *common law*, o juiz da *civil law* não é necessariamente uma unidade criadora de regras de Direito, pois suas decisões não constituem precedentes que outros juízes são obrigados a seguir, mesmo assim, ele elabora regras de decisão que lhe fornecerão a solução do problema que lhe é submetido.

Juan Ruiz Manero (2017, p. 7-51) identifica um paradoxo: embora o ordenamento seja reconhecidamente incompleto, paralela e contraditoriamente a isso há um sistema de decisões que se propõe a ser completo, vedando de forma peremptória o *non liquet*, ou seja, para cumprir o dever de resolver o litígio, o preço é o descumprimento do dever de que essa solução se funde no direito preexistente. Um sistema jurídico liberal, todavia, se caracterizaria necessariamente por deixar sem solução um bom número de conflitos de interesses.

François Rigaux (2003, p. 337) refuta a completude, mas reconhece que "a maior parte dos autores raciocina no âmbito estrito de uma ordem jurídica estatal que se presume, indevidamente, constituir um sistema unívoco, fechado, e apto a solucionar todas as suas antinomias".

A partir da concepção de que o Direito é um fenômeno dinâmico, constituído pela interação das dimensões normativa, fática e axiológica, Maria Helena Diniz (1981, p. 60-92 e 259) assinala que o "postulado da plenitude hermética da ordem jurídica fracassa em seu empenho ao sustentar que todo sistema é uno, completo, independente e coerente". Para Diniz "a integração de uma lacuna não se situa no plano legislativo, nem tampouco é uma delegação legislativa ao juiz; ela não cria normas jurídicas gerais, mas individuais". Por isso que, ao suprir lacunas (e não eliminá-la do ordenamento), "o órgão judicante não cria direito novo, nada mais faz senão desvendar normas que, implicitamente, estão contidas no sistema". Em síntese:

---

[119] Na construção constitucional, defendem Cláudio Pereira de Souza Neto e Daniel Sarmento (2017, p. 535), "não há propriamente lacuna, pois a regulação da hipótese pode ser extraída da Constituição, desde que interpretada de forma mais ousada".

O direito apresenta lacunas, porém é, concomitantemente, sem lacunas. O que poderia parecer paradoxal se se captar o direito estaticamente. É ele lacunoso, mas sem lacunas, porque o seu próprio dinamismo apresenta solução para qualquer caso *sub judice*, dada pelo Poder Judiciário ou Legislativo. O próprio direito supre seus espaços vazios, mediante a aplicação e criação de normas. De forma que o sistema jurídico não é completo, mas completável.

Luiz Sergio Fernandes de Souza (1993, p. 244) identifica nas lacunas uma função de legitimação do direito:

A ideia de *lacunas no direito* permite aproximá-lo da realidade social, na medida em que possibilita ao aplicador da norma fugir da legalidade estrita, elidindo, por vezes, a *vontade do legislador*, quando ela é desautorizada pelos fatos. Trata-se de uma estratégia que via a impedir que a autoridade seja desconfirmada, garantindo, de outro modo, a legitimação do direito como instrumento de composição dos conflitos, no domínio do poder racional. Para tanto, o sistema jurídico opera diferentes padrões de funcionamento, ora, apropriando-se do discurso legalista, ora neutralizando-o, conforme as finalidades sociais que tenha de legitimar.

Precisamente sobre o sistema administrativo, Juarez Freitas (2014, p. 76) alude que ele "não se constrói dotado de estreitos e definitivos contornos, sobretudo porque o dogma da completude não resiste à constatação de que as contradições e as lacunas acompanham as normas, à feição de sombras".

Reconhecida a existência das lacunas, cabe examinar as técnicas de integração.

A primeira delas é a analogia, operação lógica, em virtude da qual o intérprete estende o dispositivo da lei a casos por ela não previstos. Clóvis Beviláqua (1959, p. 88) distingue a analogia *legal* da *jurídica*:

A primeira funda-se na identidade da razão ou na semelhança dos motivos da lei: *ubi eadem est legis ratio eadem debet esse legis dispositivo*. A segunda intenta preencher as lacunas, não mais da lei, porém sim, do direito positivo em sua integridade, do conjunto das leis. Não há lei reguladora do caso, mas há disposições reguladoras de casos semelhantes. O senso jurídico percebe a analogia entre eles existentes e revela o direito latente. Se na interpretação propriamente dita, o juiz aplica e desenvolve qualidades de argúcia, perspicácia e reflexão, com a analogia, remonta mais alto, aprecia a lei ou o sistema jurídico, em seus fundamentos racionais, na sua energia funcional, na sua teleologia, e dessa vista de conjunto extrai o princípio jurídico aplicável.

O costume é uma norma jurídica que não resulta de uma expressa manifestação de vontade da coletividade organizada, mas de um simples comportamento uniforme e constante, praticado com a convicção de que responde a uma obrigação jurídica. É constituído, portanto, por dois elementos: (i) um objetivo (fático ou externo), consistente na repetição de um procedimento (uso) uniforme, constante e público (*consuetudo*); (ii) outro subjetivo (psicológico ou interno), decorrente da convicção de sua exigibilidade (*opinio juris et necessitatis*) como norma jurídica de observância obrigatória. Embora lhe seja reconhecido o caráter de "norma jurídica substancial", o costume não possui força derrogatória da lei formal (ZANOBINI, 1954, p. 122-127)[120].

Diogo de Figueiredo Moreira Neto (2014, p. 72-73) explica que o costume não se confunde com a praxe administrativa, "adotada por conveniência procedimental de entes e órgãos da Administração Pública", por lhe faltar a *opinio juris et necessitatis*. Embora não seja reconhecida como fonte autônoma do Direito, em face do princípio da segurança jurídica, na sua vertente subjetiva da confiança legítima, merece certo grau de proteção, de modo a evitar surpresas e prevenir danos aos administrados.

É indefinido o lapso temporal a partir do qual o uso é considerado suficientemente prolongado para ser qualificado de "constante". Nesse particular, a Lei de 18 de agosto de 1769, batizada de "Lei da Boa Razão", ao redefinir as fontes do Direito português e fixar os limites de aplicação subsidiária do Direito Romano, estabeleceu, entre outras condições (conformidade com a boa razão, que deve constituir o espírito das leis, e não contrariedade a lei alguma), a reiteração por mais de cem anos para o reconhecimento do costume como Direito.

Princípios gerais de Direito[121] e equidade são fontes de baixo grau de objetividade e possuem caráter metalinguístico e metanormativo.

---

[120] Os costumes podem se apresentar sob três formas: (i) interpretativa (*secundum legem*) é espécie de norma secundária, cujo objeto é uma matéria regulada por lei escrita e destina-se a indicar de que maneira essa lei deve ser interpretada e aplicada; (ii) introdutiva (*praeter legem*) espécie de norma primária que disciplina matéria não regulada por lei; (iii) derrogatória (*contra legem*) pretende fazer desaparecer a eficácia de uma lei ou substituir suas normas por outras distintas (*ibidem*).

[121] Clóvis Beviláqua (1959, p. 88) entende que os princípios gerais do Direito em questão não são os princípios gerais do Direito nacional. O conceito, no seu entender, trata "dos elementos fundamentais da cultura jurídica humana em nossos dias; das ideias e princípios, sobre os quais assenta a concepção jurídica dominante; das induções e generalizações da ciência do direito e dos preceitos da técnica. Esses princípios, objetam, são vagos, indeterminados. Mas não é tanto assim. Certamente temos de penetrar fundo na filosofia do direito, na história da civilização, e ter o espírito aparelhado por uma indução jurídica bem cuidada, para empreendermos a investigação dos princípios gerais do direito. Mas esse mesmo preparo mental indica a rota a seguir, e habilita o jurista a reconhecer a *natureza*

Para Miguel Reale (2015, p. 61), supervisor da comissão elaboradora e revisora do Código Civil em vigor, por isso apelidado de "Código Reale", a previsão normativa de que quando a lei for omissa o juiz deverá decidir de acordo com a analogia, os costumes e os princípios gerais de Direito significa que "o legislador solenemente reconhece que o Direito possui seus princípios fundamentais".[122] Para o autor essa previsão é supérflua, porque "é uma verdade implícita e necessária".

> O jurista não precisaria estar autorizado pelo legislador a invocar princípios gerais, aos quais deve recorrer sempre, até mesmo quando encontra a lei própria ou adequada ao caso. Não há ciência sem princípios, que são verdades válidas para um determinado campo de saber ou para um sistema de enunciados lógicos. Prive-se uma ciência de seus princípios, e tê-la-emos privado de sua substância lógica, pois o Direito não se funda sobre normas, mas sobre princípios que as condicionam e as tornam significantes.

Para Maria Helena Diniz (2013, p. 147-155),[123] os princípios gerais de Direito, como diretrizes para a integração das lacunas, são imprecisos e vagos em sua expressão. Não são, entretanto, "preceitos de ordem ética, política, sociológica ou técnica, mas elementos componentes do direito. São normas de valor genérico que orientam a compreensão do

---

positiva das coisas, elemento objetivo, impreciso, mas fecundo na investigação jurídica, segundo GÉNY, fonte subsidiária do direito, que tem por fundamento o postulado seguinte: 'os elementos de fato de toda organização jurídica trazem em si as condições de seu equilíbrio e, por assim dizer, descobrem espontaneamente as normas que os deve reger'. As noções de liberdade, de justiça, de equidade, a moral, a sociologia e a legislação comparada concorrem para desprender do conjunto das ideias, que formam a base da civilização hodierna, os princípios gerais e a permanência do direito".

[122] Tercio Sampaio Ferraz Jr. (1994, p. 247) defende que os princípios gerais de Direito "constituem uma reminiscência do direito natural como fonte. [...] na sua forma indefinida, compõem a *estrutura* do sistema, não o seu repertório. São regras de coesão que constituem as relações entre as normas como um todo".

[123] A autora apresenta minuciosa exposição acerca das diferentes concepções que as diversas escolas jurídicas atribuem ao conceito de princípios gerais de Direito: (i) como mecanismos de suprimento: a) meros expedientes para liberação das passagens legais que não mais atendem a opinião dominante; b) permissão para livre criação do Direito por parte do magistrado; c) impossíveis de determinação ante o caráter variável da razão humana; d) simples fontes interpretativas e integrantes de normas legais, sem qualquer força criadora; (ii) como normas de Direito Natural: a) como razão natural; b) como natureza das coisas; c) como verdades; (iii) como normas inspiradas no sentimento de equidade; (iv) como expressão de caráter universal, ditados pela ciência e pela Filosofia do Direito; (v) em virtude de sua direção positivista: a) como princípios historicamente contingentes e variáveis, que estão na base do Direito legislado e o antecedem; b) princípios norteadores extraídos das diversas normas do ordenamento jurídico; (vi) posição eclética, que tenta conciliar as demais posições.

sistema jurídico, em sua aplicação e integração, estejam ou não positivados". Os princípios gerais de direito apresentam múltipla natureza: (i) são decorrentes das normas do ordenamento; (ii) são derivados das ideias políticas e sociais vigentes, e; (iii) são reconhecidos pelas nações civilizadas os que tiverem *substractum* comum a todos os povos ou a alguns deles em dadas épocas históricas.

A equidade, dizia Aristóteles (2011, p. 107-149), é o justo que "independe da lei escrita" e pode decorrer tanto da vontade dos legisladores como contrariá-la.

> Será contra a vontade dos legisladores quando um fato ou falha lhes passa desapercebido; a favor da vontade deles quando são incapazes de definir todas as coisas com precisão, sendo-lhes necessário formular princípios gerais que nem sempre são aplicáveis [...], ou quando não é fácil precisar por completo face à infinidade de casos apresentados [...]. Ser equitativo é mostrar indulgência ante as fraquezas humanas.

Para o filósofo grego, o equitativo, um corretivo da justiça legal, é superior ao justo. Por isso, quando a lei fixa uma regra geral e ocorre um fato fora dessa regra, "é correto (já que o legislador falhou e errou por excesso de simplicidade) corrigir a omissão e se fazer intérprete disso que disse o próprio legislador se ele estivesse presente nesse momento".

O juízo de equidade insere o juiz como fonte de Direito, porém, como explica Norberto Bobbio (2006, p. 172), "não como fonte principal, mas apenas como fonte subordinada", porque tal juízo somente tem lugar diante de autorização da lei, o que geralmente ocorre "quando o legislador se encontra diante de certas situações que ele reputa impossíveis ou inoportunas disciplinar com normas gerais", outorgando a sua disciplina ao julgador.

Também admitindo a incompletude, Betti (2007, p. 67) explica que, se tratando de heterointegração por meio da equidade, entendida no sentido aristotélico de justiça do caso individual, "o juiz é elevado ao plano do 'legislador', porém, sempre limitadamente ao caso individual".

CAPÍTULO 3

FUNÇÃO JUDICIAL E DISCRICIONARIEDADE: A MARGEM DE LIBERDADE RESIDUAL ENTRE A INCOMPLETUDE DO ORDENAMENTO JURÍDICO E A VEDAÇÃO DO *NON LIQUET*

3.1 Discricionariedade e seu *habitat* natural: a função administrativa

Levando-se em conta que, do ponto de vista formal, administrar significa editar atos administrativos voltados para o cumprimento da Constituição e das leis, percebe-se que a Administração Pública é fortemente impactada pela vinculação positiva a um ordenamento normativo crescentemente vago, fluido e indeterminado, o que compromete a certeza e a segurança, valores caros ao Estado de Direito.

A norma jurídica passa a exigir crescente interpretação. A verificação no mundo fenomênico da ocorrência do fato ou fatos descritos na hipótese, assim como a apuração das suas consequências deixam de ser tarefas simples.

Essa realidade permeia todo o ordenamento jurídico e atinge diretamente a discricionariedade. Isso porque, como visto, dentro da noção de gradualidade do processo de concreção, cada ato inferior na escala de validade representa a aliança de dois elementos: um, a norma superior e heterônoma, outro, a contribuição autônoma do agente. Assim, sucessivamente, a partir da Constituição, o preceito abstrato tende a tornar-se mais concreto. Ocorre que um ato abstrato, ao servir de regra de produção a outro ato (concreto em relação àquele), não pode determinar este último inteiramente, de forma absoluta e completa.

Poderá proporcionar um dos componentes do processo de concretização e deixar forçosamente lugar para outro componente: o poder discricionário do órgão competente para realizar o ato de concretização.

Nesse primeiro cenário há a incidência das indeterminações de conteúdo e de natureza linguística,[124] assim como das lacunas.

Mas, além de decorrer da impossibilidade de prévia regulamentação de uma conduta, de uma necessidade pública variável em sua intensidade e da delimitação da extensão do alcance da norma, a competência discricionária pode ser fruto também da vontade do legislador, que intencionalmente remete ao aplicador da norma uma margem de escolha em consideração à sua experiência e saber técnico para, diante do caso concreto, eleger a medida mais adequada para atendimento da necessidade cuja satisfação lhe foi confiada. Nesse particular, o critério do legislador (outorga ou não de margem de escolha), relaciona-se preponderantemente com a compreensão e o grau de confiança que ele tenha da burocracia e dos agentes executivos em geral. Trata-se, portanto, de critério político, permeado por influências ideológica e sociológica.

Outorgada a margem de liberdade, cabe ao executor da norma fazer a escolha racional do modo de como exercê-la.

Para Massimo Severo Giannini (1970, p. 481), a discricionariedade é a ponderação comparativa de vários interesses (públicos, coletivos ou privados) em relação a um interesse público primário, a fim de tomar uma decisão concreta.[125]

Marco D'Alberti (2017, p. 189-190) explica que até os anos trinta do século XX o poder discricionário da Administração Pública tinha como base a noção de "poder de adotar a escolha mais oportuna, mais idônea, na persecução do interesse público com incidência sobre situações jurídicas subjetivas dos particulares". Essa concepção se harmonizava com a visão liberal-burguesa que conferia ao Estado o poder de agir em nome de um interesse público homogêneo. Nesse quadro, o Estado age em contraposição aos interesses individuais. Entre os anos trinta e noventa há uma mudança dessa noção e se constrói uma definição de poder discricionário fundada sobre uma concepção pluralista dos poderes públicos e de suas relações com os cidadãos e grupos sociais. Essa definição, elaborada por Massimo Severo Giannini, perdura até hoje e é seguida nos ordenamentos de tradição *civil law* e de *common law*.

---

[124] Sobre os conceitos jurídicos indeterminados, é conhecida a polêmica entre Edmund Bernatzik (teoria da duplicidade) e Friedrich Tezner (teoria da unicidade) quanto à sua correlação com a discricionariedade administrativa.

[125] No mesmo sentido: Sabino Cassese (1998, p. 433) e Elio Caseta (2016, p. 380).

Eberhard Schmidt-Assmann (2003, p. 220-224) define de maneira ampla a discricionariedade administrativa, conceito-chave que permite expressar o caráter pluridimensional da atuação administrativa, como "uma faculdade específica de concreção jurídica para a consecução de um fim predeterminado". Assim, fica claro que discricionariedade não significa simples liberdade de eleição, pois subordinada aos estritos "objetivos ou fins deduzíveis da programação contida na lei" e aos parâmetros definidos na Constituição, em particular os direitos fundamentais e os princípios da igualdade e da proporcionalidade. Com esses parâmetros jurídicos interagem ainda os critérios de eficácia econômica. Pode-se dizer que a discricionariedade encerra um comando à Administração voltado para a "consecução de racionalidade e estruturado através de uma série de variados parâmetros".[126] Em outras palavras, "exercer discricionariedade significa ponderar [racionalmente, ou seja, de modo intersubjetivamente explicável] à vista de uma determinada situação".

Na doutrina brasileira é bastante difundido o conceito de discricionariedade administrativa proposto por Celso Antônio Bandeira de Mello (2012, p. 48):[127]

> Discricionariedade [...] é a margem de liberdade que remanesça ao administrador para eleger, segundo critérios consistentes de razoabilidade, um dentre pelo menos dois comportamentos cabíveis, perante cada caso concreto, a fim de cumprir o dever de adotar a solução mais adequada à satisfação da finalidade legal, quando, por força da fluidez das expressões da lei ou da liberdade conferida no mandamento, dela não se possa extrair objetivamente, uma solução unívoca para a situação vertente.

A discricionariedade, portanto, delega ao titular da competência administrativa o dever de escolher o meio mais idôneo para atingir o fim da lei, e pode derivar da hipótese da norma jurídica a ser implementada, de seu mandamento ou de sua finalidade.

---

[126] A depender do contexto da tomada de decisão administrativa, são usadas expressões como "discricionariedade executiva", "discricionariedade de planejamento", "discricionariedade normativa", "discricionariedade de prognose", "discricionariedade procedimental" e "discricionariedade tática".

[127] Diogo de Figueiredo Moreira Neto (1991, p. 32-35) conceitua discricionariedade como "*uma técnica desenvolvida para permitir que a ação administrativa precise um conteúdo de oportunidade e de conveniência que se produza o mérito suficiente e adequado para que satisfaça um interesse público específico, estabelecido como sua finalidade na norma legal*", e explica: "*discricionariedade é uma técnica e o mérito, o resultado*". O autor também se refere à discricionariedade como "competência específica para *valorar corretamente* o motivo dentro dos limites da lei e para *escolher acertadamente* o objeto, também dentro dos limites da lei".

Não se cogita, porém, como observa Marcos Augusto Perez (2017, p. 66-80), de liberdade plena ou de livre-arbítrio da autoridade pública, mas sim de "uma liberdade instrumental", compreendida como a "liberdade de escolha entre opções que possam em tese atender a finalidade pública específica ou o interesse público específico inerente à prática de um determinado ato, à tomada de uma determinada decisão". Bem por isso a inescusável omissão legitima a intervenção judicial nos domínios da decisão administrativa.

> Se a Administração se omite de forma contumaz no cumprimento de seus deveres constitucionais, fazendo da discricionariedade um refúgio para a inação, não resta ao Judiciário outra escolha senão a de obrigar a Administração a agir ou, conforme o caso, atuar em seu lugar.

Interessante observar que os particulares também possuem margem de discricionariedade para o uso dos seus próprios interesses, direitos e bens, mas a eles a lei não determina a satisfação das suas necessidades, nem na escolha dos meios necessários para tal fim têm eles obrigação de eleger os mais adequados.

A vinculação, por sua vez, embora ofereça maior previsibilidade, apresenta inconvenientes, pois retira do executor da norma qualquer margem para a introdução de critérios de equidade e oportunidade (*dura lex sed lex*), excluindo-se qualquer possibilidade de apreciação das particularidades de cada caso, o que pode ensejar verdadeiras injustiças (*summum ius, summa injuria*).

García de Enterría e Tomás-Ramón Fernández (2015, p. 495-496) defendem que a discricionariedade é "uma exigência indeclinável do governo humano, que não pode ser reduzido a uma pura 'nomocracia' objetiva e neutra, a um simples jogo automático de normas". Para os autores, o grande tema do Direito Administrativo contemporâneo é a juridicização da discricionariedade, último reduto da antiga arbitrariedade, sem prejuízo de respeitar a margem de legítima liberdade de decisão, outorgada pela Constituição e pelas leis.

Nesse passo, Eros Roberto Grau (2005, p. 195) faz substancial crítica à discricionariedade, que, no seu entender, tanto na sua origem quanto atualmente, "presta-se a instrumentar a atuação estatal a serviço da assim chamada, naquele momento histórico, *burguesia*". O ex-Ministro do STF vai além: "[...] a doutrina do direito administrativo liberal constrói uma *falsa legalidade,* na medida em que a fragiliza mediante a introdução, nela, deste autêntico cavalo de Tróia, a *discricionariedade*".[128]

---

[128] Hans Huber, citado por Eduardo García de Enterría e Tomás-Ramón Fernández, em sentido muito próximo, vai além e afirma que a discricionariedade "é o cavalo de Tróia dentro

Gustavo Binenbojm (2014, p. 207-225) observa que durante muito tempo a noção de discricionariedade esteve associada à insindicabilidade e à incontrolabilidade, certamente decorrente da própria origem da expressão discricionariedade, que, no antigo Estado europeu dos séculos XVI a XVIII, expressava a soberania decisória do monarca absoluto (*voluntas regis suprema lex*). Modernamente, porém, se afirma que "os atos vinculados estão amarrados à letra da lei", ao passo que "os atos discricionários, por sua vez, estão vinculados diretamente aos princípios" [constitucionais]. Por isso, em um ambiente em que se reconhece normatividade à Constituição (e aos princípios) e à centralidade dos direitos fundamentais (núcleo intangível do ordenamento jurídico), não mais se discute sobre a controlabilidade dos atos administrativos discricionários,[129] remanescendo o debate sobre a sua intensidade e os critérios que devem norteá-lo.

Nesse sentido, Luis Manuel Fonseca Pires (2013, p. 178-179) assinala que "por *competência discricionária* devemos entender que a atribuição dos deveres é sempre vinculada", por sua vez, "*o conteúdo da competência* a ser envidado por um *sujeito*, um agente público, e *o momento* a ser realizado, é que podem ser vinculados ou discricionários".

J. J. Gomes Canotilho (2003, p. 734-735) menciona duas espécies de poder discricionário: (i) um *poder discricionário de decisão*; (ii) um *poder discricionário de escolha*. A primeira confere a faculdade de "atribuir

---

do Estado de Direito" (2015, p. 495). José Carlos Vieira de Andrade (2017, p. 55-62) argumenta que "em virtude do princípio da precedência da lei, não haverá dúvida de que a discricionariedade não designa uma liberdade administrativa: é um espaço decisório que resulta de concessão normativa (em regra, legislativa), nos termos do *princípio da competência*, que rege a atuação pública ('aquilo que não é permitido, é proibido'), não se podendo confundir com a autonomia privada, fundada no princípio da *liberdade*, que rege a atuação dos particulares ('aquilo que não é proibido, é permitido'). A vontade administrativa é objetiva e funcional, porque visa necessariamente a realização do interesse público previamente estabelecido pela lei". A discricionariedade, nessa concepção, "é uma *concessão* legislativa, determinada por interpretação da norma, e não um poder originário da Administração ou um resto, limitados pela lei e pelo juiz", não podendo ser vista como "um 'mal necessário' que deva ser reduzido ao mínimo possível". Para Almiro do Couto e Silva (1990, p. 67) o poder discricionário pode ser considerado "um resíduo do absolutismo que ficou no Estado de Direito, nem um anacronismo autoritário incrustado no Estado contemporâneo. Ele não pode ser visto como uma anomalia ou como um vírus que deva ser combatido até a extinção. Trata-se, simplesmente, de um poder contido pela lei e pelo controle judicial dos pressupostos formais do seu exercício, um poder sem o qual seria impossível a atividade criadora e plasmadora do futuro exercida pela Administração Pública".

[129] Superada a teoria de M. Seabra Fagundes (2005, p. 177) que, em obra clássica do direito administrativo brasileiro, *O controle dos atos administrativos pelo Poder Judiciário*, afirmava ser vedada, no exercício do controle jurisdicional, a apreciação do mérito dos atos administrativos. O controle seria restrito ao exame da legalidade. Marcos Augusto Perez (2020, p. 147), de modo enfático, sustenta que é imperativo "sepultar-se a *teoria da imunidade jurisdicional do mérito*".

certos efeitos jurídicos, legalmente previstos mas não prescritos". Cita-se como exemplo apurar ou decidir, nos termos da lei, se uma manifestação perturba o trânsito. A segunda atribui a faculdade de "escolher, dentro de várias medidas legítimas, qual a que lhe parece mais adequada, isto é, a 'melhor solução jurídica e administrativa para um caso concreto'". Inexiste, entretanto, discricionariedade quanto à fixação dos pressupostos de fato.

Ressalte-se que o exercício do poder discricionário se vincula à observância do princípio da autovinculação da Administração. Trata-se de consectário do princípio da igualdade, que impõe a observância, nos casos futuros, do mesmo comportamento repetidamente adotado nos casos precedentes. Significa que esse comportamento interno, por imperativo do aludido princípio, produz efeitos externos e enseja a criação de direitos subjetivos. Sem embargo, essa vinculação não é absoluta, pois a mutabilidade dos interesses em conflito e a variabilidade dos valores ao longo do tempo podem justificar a superação dos parâmetros existentes.

Dinorá Adelaide Musetti Grotti (1995, p. 108) distingue a discricionariedade da estática da norma daquela encontrada na dinâmica dos fatos. Uma coisa, afirma, "é detectar discrição em uma norma abstrata, outra é verificar se a discrição não se dilui quando da aplicação da norma ao caso concreto". Ou seja, no processo de concretização da norma jurídica, a margem de escolha estreita-se, podendo chegar a se afunilar a tal ponto que reste apenas uma opção válida. Assim, a amplitude das opções é maior no plano hipotético do que no mundo fenomênico.

Eduardo García de Enterría (2000, p. 250-251) sustenta que a *redução a zero* da discricionariedade administrativa deve acontecer quando estão em pauta *direitos fundamentais* ou quando se tratar de uma comparação entre duas alternativas das quais uma seja realmente mais justa. Significa dizer que a competência discricionária se converte em vinculada, cabendo ao Judiciário o controle profundo do ato e, em caso de arbitrariedade, determinar a opção que considerar mais justa. Aqui é necessária uma ressalva: a simples presença de um direito fundamental não converte, de imediato, uma competência discricionária em vinculada, pois pode haver a colidência entre direitos dessa natureza, a exigir do destinatário, diante da impossibilidade da satisfação de todos eles, a ponderação, que pode resultar na mitigação ou mesmo sacrifício circunstancial de um deles.

Thiago Marrara (2013, p. 442-449) identifica outra hipótese de desaparecimento da discricionariedade da autoridade administrativa: a autovinculação administrativa (teoria dos fatos próprios ou vedação do *venire contra factum proprium*), cuja formulação teórico-normativa consiste na ideia de que "se a Administração Pública tratou uma situação anterior de uma forma, é natural que mantenha o mesmo padrão de tratamento para casos futuros, a não ser que haja uma justificativa legítima e válida para a alteração do padrão decisório". Tal lógica emerge como consectária da segurança jurídica, da moralidade administrativa e da isonomia e manifesta-se no respeito à coisa julgada administrativa,[130] à jurisprudência administrativa e à proteção de declarações unilaterais.

Oportuno consignar que a margem decisória não mais se restringe à dicotomia "vinculado-discricionário". Nesse sentido, Otto Bachof, Rolf Stober e Hans Wolff (2006, p. 446-477) sustentam que toda a produção jurídica, abstrata ou concreta, está situada entre os polos da plena liberdade e da estrita vinculação. A partir dessa premissa, apresentam a seguinte classificação quanto ao grau de vinculação da atuação administrativa: (i) Administração vinculada de forma determinada: define-se "se" e "como" agir do agente competente. Admite total controle; (ii) Administração vinculada de forma indeterminada: nesse tipo de atuação, a Administração se prepara para o emprego dos conceitos legais indeterminados. O controle judicial é ilimitado, "pois, como toda interpretação, a intelecção dos conceitos indeterminados é questão de direito"; (iii) Administração discricionária vinculada à lei: deixa ao agente a escolha do "quando" agir e a determinação dos efeitos jurídicos. "É chamada de vinculada porque há o dever da Administração

---

[130] Há divergência sobre a admissão da coisa julgada administrativa no ordenamento jurídico brasileiro. Para Celso Antônio Bandeira de Mello (2016, p. 475-477) somente se formará a coisa julgada administrativa quando *"a Administração decidir um dado assunto em última instância, de modo contencioso"*. Egon Bockmann Moreira e Gabriel Jamur Gomes (2018, p. 260), com fundamento nos princípios da segurança jurídica (dimensão objetiva), da proteção da confiança (dimensão subjetiva) e do *nemo potest venire contra factum* proprium, fazem ampla defesa da coisa julgada administrativa, definida como a *"qualidade que torna imutável para a administração pública o efeito declaratório da decisão que amplia a esfera de direitos do administrado, proferida ao término de processo administrativo em relação ao qual não caibam mais recursos, que observe o devido processo legal, com fundamento nos princípios da segurança jurídica e da proteção da confiança"*. Murillo Giordan Santos (2016, p. 155) argumenta que "os valores albergados pela coisa julgada têm sede constitucional e se mostram necessários para pacificar relações jurídicas também fora do Poder Judiciário". Marçal Justen Filho (2013, p. 380-385) e Maria Sylvia Zanella di Pietro (2007, p. 682) admitem apenas a coisa julgada formal administrativa (decisão irretratável pela própria Administração). No STF, embora a questão siga indefinida, ganhou relevo o argumento defendido pelo Ministro Moreira Alves: "a coisa julgada a que se refere o artigo 5º, XXXVI, da Carta Magna é, como conceitua o §3º do artigo 6º da Lei de Introdução do Código Civil, a decisão judicial de que já não caiba recurso, e não a denominada 'coisa julgada administrativa'" (RE nº 144996-SP, Primeira Turma, DJ 16/05/1997). Por esse entendimento, a imutabilidade que caracteriza o trânsito em julgado é predicado exclusivo das decisões judiciais prolatadas no exercício de função jurisdicional.

de ponderar as razões no sentido da lei e adotar a solução mais adequada, não se admitindo o simples capricho. Cuida-se de atuação funcional, livre apenas no campo circunscrito pela legislação"; (iv) Administração conformadora e planificadora: tem por fundamento as normas de planificação e conformação, que "apresentam apenas uma estrutura finalista: são formulados fins e interesses que serão ponderados pela Administração". Não corresponde, portanto, "à subsunção de uma hipótese à determinada previsão legal, nem impõe efeitos jurídicos".

Maria Sylvia Zanella Di Pietro (2012, p. 66-125), ao estudar a discricionariedade administrativa na Constituição de 1988, reconheceu que "não é fácil fixar os critérios para definir onde termina o trabalho de interpretação e começa a discricionariedade" e criticou a teoria kelseniana, por, no seu entender, confundir interpretação e discricionariedade:

> Com efeito, se cada norma contém um esquema com muitas possibilidades de execução à escolha do executor do ato, a interpretação, na realidade, corresponderia a essa atividade de opção entre várias soluções possíveis. Na realidade, na interpretação, o que cabe é extrair do próprio ordenamento jurídico o sentido verdadeiro da norma interpretada, excluída a possibilidade de mais de uma solução correta; já na discricionariedade existe o poder de escolha entre várias opções que decorrem da norma.

A crítica tem parcial razão. Na verdade, toda e qualquer aplicação do texto jurídico exige a prévia interpretação. No entanto, nem sempre essa atividade de atribuição de significado conduzirá à identificação de uma única solução (ou à mais correta e mais justa). Esgotados os esforços de interpretação, o aplicador pode deparar-se com a necessidade de ter que fazer uma eleição entre opções que se mostram equivalentes e igualmente justificáveis. Nada obstante, Di Pietro admite que nas três funções estatais, "em cada ato de produção jurídica – seja lei, sentença ou ato administrativo – pode haver certa margem de liberdade, embora muito mais reduzida no caso da função jurisdicional". Na função jurisdicional, acrescenta, "distingue-se mal a interpretação da discricionariedade, pois sendo o Judiciário o intérprete máximo da lei, entende-se que a solução aplicada ao caso concreto era a única possível perante o direito". Esse raciocínio funda-se em questões de segurança jurídica, na fé de que o ordenamento oferecerá, para toda e qualquer situação, uma solução que se tornará definitiva (coisa julgada). Repugna à segurança jurídica admitir que nem sempre existirá essa resposta única. Entretanto, *acreditar na melhor resposta é diferente de existir a melhor resposta.*

3.2 Discricionariedade judicial *versus* arbitrariedade: os limites na criação legítima do Direito

As principais teorias do Direito do século XX rumaram em direção à eliminação da liberdade interpretativa. Se com Kelsen a interpretação era livre, com Hart é reduzida à zona de penumbra, e com Dworkin exige-se a resposta correta, nada mais, nada menos.[131] É um caminho paradoxalmente inverso ao da pluralidade e fragmentação de interesses sociais e particulares concorrentes e antagônicos e da crescente complexidade dos atos legislativos, produzidos em larga escala, mas permeados de imprecisão, o que lhes retira a capacidade de atender a pretensão de previsibilidade. De um lado, cresce a indeterminação; do outro, a busca por certeza. O resultado beira à perplexidade e leva a uma percepção de "fracasso do Direito".[132]

---

[131] Aulis Aarnio (1990, p. 25-37) observa que, de acordo com a formulação clássica, certeza jurídica significa negação da arbitrariedade. No Estado de Direito, a segurança jurídica realizar-se-ia pela (a) divisão de poderes, (b) pela igualdade formal entre os cidadãos; (c) pela separação do Direito da moral e (d) pelo modelo formalista de raciocínio jurídico (silogismo). Quanto maior o grau de certeza jurídica, maior é a confiança do povo na ordem jurídica. Por isso os tribunais têm uma responsabilidade social especial em maximizar a certeza jurídica. Busca-se, assim, a "melhor justificação possível". Nos casos difíceis, é impossível saber de antemão qual a melhor solução, que será construída pela totalidade dos argumentos deduzidos pelas partes. Assim, o raciocínio jurídico racional somente pressupõe que as decisões sejam bem argumentadas, na medida do possível. Daí falar-se de "melhor justificação possível" e não em "soluções absolutamente corretas". Exatamente por isso que "a opinião minoritária pode converter-se em opinião majoritária, o que significa que as dinâmicas sociais também mudam as 'melhores decisões possíveis' para o caso em discussão". Pressupor uma única resposta correta não nos ajuda a servir melhor a sociedade. O que realmente necessitamos é de justificação racional.

[132] Essa percepção, no entanto, não está inteiramente correta. Discorrendo sobre complexidade e decisão, Celso Fernandes Campilongo (2000, p. 123-124) faz perspicaz observação: "A sociedade convive com uma enorme expansão da complexidade social e da contingência do processo decisório. Complexidade é o mesmo que pluralidade de alternativas. Contingência significa que se a decisão, hoje, recaiu sobre a hipótese "x", nada impediria que, legitimamente, tivesse recaído sobre a alternativa "y", ou que, no futuro, recaia sobre a via "z". [...] decidir equivale a fazer escolhas árduas, em curto espaço de tempo, sobre matérias não rotinizadas e com consequências sociais imprevisíveis. A tarefa da democracia, prossegue Campilongo, "é manter elevadas taxas de contingência do direito. Quando a redução dessas taxas é drástica – como acontece nas ditaduras –, acentua-se a sobreposição de funções entre a política e o direito, geralmente em prejuízo do sistema jurídico. Abre-se mão do direito e da política enquanto alternativas possíveis para, em seu lugar, impor-se uma opção 'necessária'. Tem-se a redução da complexidade, mas como via para a supressão da diferenciação funcional e eliminação da contingência". Marcelo Neves (2016, p. 49-55) ressalta que a incerteza é da essência do Direito: "Na relação de tensão e complementaridade entre o texto normativo e suporte fático desenvolve-se a trama da incerteza da norma jurídica a ser aplicada e do fato a ser enquadrado normativamente. [...] a mesma expressão pode ganhar significados os mais diferentes não apenas por força da diversidade de situações comunicativas, mas também em virtude de pluralidade de perspectivas dos expectantes. Os expectantes podem ser pessoas, organizações ou inclusive

A indeterminação, elemento inexpugnável do processo interpretativo, de acordo com Tercio Sampaio Ferraz Jr. (2009, p. 297) pode ser de três espécies: semântica, pragmática e sintática

> No processo interpretativo dos textos legais, formulados em linguagem ordinária, o jurista enfrenta uma série de problemas de indeterminação: problemas de indeterminação semântica, decorrente da dificuldade de atribuição de sentido a termos vagos e ambíguos empregados na lei, das possibilidades de atribuição de intenções ou propósitos de uma regulação (com o sentido preliminarmente identificado), das propriedades consideradas relevantes dentro de um caso hipotético a ser solucionado; problemas de indeterminação pragmática, como a apreciação de possíveis consequências, justas ou injustas, de determinadas atribuições de sentido; e problemas de indeterminação sintática, com a ausência de uma solução para determinado caso considerado relevante (lacunas), a existência de comandos conflitantes para um mesmo caso relevante (inconsistências), ou ainda a escolha de resultados possíveis de um processo de revisão (revogação implícita de normas) ou refinamento (qualificação das condições de aplicação das normas) do sistema normativo [...].

Estando na gênese do processo interpretativo, a indeterminação inevitavelmente produzirá efeitos no resultado da atividade interpretativa. Por isso, Joaquim Falcão, Luís Fernando Schuartz e Diego Werneck Arguelhes (2006, p. 108) concitam à aceitação de que toda decisão judicial sempre será portadora de algum grau de incerteza.

---

sistemas funcionais. Ao observarem o problema jurídico a ser solucionado, surge a possibilidade de diversas compreensões de um mesmo fato e de um mesmo texto, viabilizando a variedade de fatos jurídicos e de normas jurídicas. A textualidade e a facticidade originárias conduzem à incerteza na definição ou construção do caso e da norma a ser aplicada. [...] no contexto da complexidade e contingência da sociedade moderna, a incerteza do direito é algo inexorável e precisa ser assumida, processada, absorvida e dissipada nos procedimentos de concretização jurídica, mas não negada ou reprimida, pois, senão, reinsurgirá de forma descontrolada e destrutiva". A seguir, acrescenta: "A incerteza do direito moderno é uma garantia contra a certeza totalitária de uma única e última instância capaz de dizer qual é o direito a ser aplicado ao caso. Disso decorre que, ao contrário de uma suposição muito comum, a incerteza é uma condição da segurança jurídica. [...] A definição do resultado de antemão significa que o direito está subordinado a fatores sociais imediatos, como interesses econômicos concretos, constelações particulares de poder, boas relações e outros mecanismos corruptores da reprodução consistente do direito". A insegurança jurídica "decorrente da repressão ou ocultação da incerteza jurídica não ocorre apenas em experiências autocráticas, nas quais, em nome da razão de estado ou da segurança nacional, pode-se garantir a certeza dos resultados e suprimir a segurança jurídica. Também em experiências de 'corrupção' difusa do direito mediante particularismos políticos, econômicos e relacionais no caso de estado de direito ou constitucionalismo aparente ou simbólico, afasta-se a incerteza quanto ao resultado dos procedimentos jurídicos, que perdem credibilidade, o que leva à insegurança jurídica".

É preciso destacar que praticamente toda decisão judicial comporta alguma margem de incerteza quanto ao seu conteúdo que não é passível de eliminação, por estar associada à propriedades estruturais do processo de aplicação de normas gerais a casos concretos. Isso não significa, no entanto, que *toda* incerteza no direito seja desse tipo. As expectativas dos indivíduos quanto ao conteúdo das decisões judiciais que os afetam como destinatários diretos ou indiretos podem ser afetadas negativamente por incerteza de natureza patológica. Isso se dará quando uma expectativa *juridicamente fundada* for frustrada por uma decisão que não pertença ao conjunto – normalmente, não unitário – das decisões juridicamente satisfatórias diante do caso concreto. Em regra, sempre haverá alternativas decisórias que, embora frustrem as expectativas das partes, podem ser reconduzidas argumentativamente ao direito vigente que cabe ao juiz aplicar. Quando isso ocorre, teremos *incerteza normal*, que é um *dado* do sistema jurídico; caso contrário, estar-se-á diante de incerteza patológica, a ser combatida por reformas institucionais e culturais que, a depender da fonte, serão mais ou menos profundas.[133]

Para Fernando Leal (2016b, p. 65-70), na base desses desacordos está a intersecção de três problemas centrais da Filosofia do Direito:[134] (i) o conceito de Direito; (ii) a definição de justiça e; (iii) a justificação das decisões jurídicas (e como controlá-las racionalmente), que deságuam na própria construção das teorias normativas, constituindo, destarte, um metaproblema:

> Maiores esforços de determinação não necessariamente levam a maior limitação da discricionariedade [*judicial*]. Ao contrário [...] podem tornar o processo decisório mais incerto. Tome-se, como exemplo, a pluralidade de métodos disponíveis para orientar a interpretação constitucional no país e a dificuldade cada vez maior de antecipação de resultados e dos caminhos da fundamentação de decisões do Supremo Tribunal Federal.[135]

---

[133] A distinção entre a incerteza *normal* ou *estrutural* (inevitável), e a incerteza *patológica* (indesejável) seria que as "decisões judiciais que não correspondem a expectativas subjetivas (sejam essas normativas ou cognitivas) *juridicamente protegidas* são objeto de *incerteza patológica*, a decisão judicial *parcial* sendo um *tipo particular* de decisão patologicamente incerta. Havendo dúvida razoável em relação à correção jurídica da expectativa subjetiva do agente desconfirmada pela decisão judicial, estar-se-á, ao contrário, diante de *incerteza normal*" (*op. cit.*, p. 89).

[134] No plano do constitucionalismo ocidental contemporâneo, caracterizado pela positivação dos direitos humanos e dos direitos fundamentais, os três problemas centrais são: (i) a interpretação do alcance dos direitos; (ii) a determinação de quem é ou quais são os legitimados para interpretá-los; (iii) os limites da limitação dos direitos (CLÉRICO, 2009, p. 23).

[135] Paulo Gustavo Guedes Fontes (2018, p. 214) ressalta que "[...] os limites da interpretação constitucional, ditadas pela indeterminação dos direitos fundamentais e dos princípios, tendo em vista ainda os postulados não-cognitivistas e a incomensurabilidade dos valores,

A tentativa de "controlar" a interpretação constitucional por meio de métodos e teorias decisórias que apelam para elementos contrafactuais ou prescrições vagas, em vez de aumentar a previsibilidade dos resultados, permite, na verdade, que fundamentos teóricos muitos diferentes possam ser livremente selecionados para justificar qualquer decisão. O ministro que hoje se serve da concepção de direito como integridade de Dworkin é, amanhã, o que usará da justiça de John Rawls para justificar suas decisões. Ou várias teorias ao mesmo tempo. É certo que esse uso estratégico de teorias decisórias não é necessariamente um problema das próprias teorias. A compreensão ou a recepção inadequada dos pressupostos de grandes edifícios teóricos é um motivo comum para justificar o seu mau uso. Nada obstante, para o caso específico de teorias que se apresentem como institucional e/ou constitucionalmente adequadas para um determinado contexto, o paradoxo da determinação se torna um problema a ser levado a sério para se apreciar a qualidade de teorias normativas sobre a decisão jurídica.

Trata-se do paradoxo da determinação:[136] teorias que buscam aumentar a objetividade e a previsibilidade acabam por potencializar a discricionariedade judicial.[137]

É o que Paolo Comanducci (1998, p. 103-104) diz, por exemplo, da relação entre os princípios e a indeterminação do Direito. Sob condições reais e não ideais, a configuração de princípios pode ajudar aos juízes a encontrar sempre uma justificação *ex post* para as suas decisões, porém isso não reduz, mas aumenta a indeterminação *ex ante* do Direito e, portanto, a insegurança jurídica, pelas seguintes razões: (i) maior vaguidade em comparação às regras; (ii) ausência de uma moral comum objetiva, o que propicia ampliação da discricionariedade dos juízes, que podem tomar decisões de acordo com suas próprias concepções subjetivas de justiça; (iii) a ponderação como técnica de aplicação dos princípios é casuística, variável de caso para caso, o que impede a existência de uma hierarquia estável e geral entre os princípios.

---

devem acarretar restrições à atuação da Corte Constitucional, que advém do princípio democrático. Diante da indeterminação do material normativo, não é democrático que os juízes constitucionais façam escolhas puramente morais e políticas, com risco inclusive de acobertá-las com a rigidez das cláusulas pétreas".

[136] A expressão, como explica Fernando Leal (2016b, p. 69), tem origem na economia (BHAGWATI, Jagdish; BRECHER, Richard A.; SRINIVASAN, T.DUP. Activities and Economic Theory. *European Economic Review* 24, p. 291-307, 1984).

[137] É o que observa Luís Roberto Barroso (2009, p. 290): "O grande problema da pretensão de objetividade e neutralidade plenas das decisões judiciais é, precisamente, que ela não passa de uma pretensão, incapaz de submeter a totalidade dos casos. Pior: ela fraqueja exatamente nas situações em que, pelo teor político ou pela multiplicidade de alternativas, não há um único resultado possível".

A respeito dessa ductilidade do direito, Gustavo Zagrebelsky (2016, p. 135-136) observa que a ação mútua da pluralidade de métodos, cada um dos quais podendo ser empregado alternativamente frente a quaisquer dos demais, com o ecletismo das doutrinas de interpretação, é um indício do que hoje aparece como uma indeterminação da natureza do Direito. O pluralismo metodológico[138] está tão arraigado nas exigências do Direito atual que nenhuma controvérsia sobre os métodos conseguiu jamais terminar se impondo frente aos demais. Por isso, quem se esforça para impor um método promove o efeito oposto de contribuir para a liberdade interpretativa. A interpretação legislativa aberta, no entanto, não seria um erro a ser corrigido, mas um aspecto irrenunciável em razão do objetivo da ciência do Direito, que é a busca da norma adequada para solucionar o caso concreto.

Esse quadro, inevitavelmente, em grande número de casos, não permite a identificação de única ou mesmo melhor interpretação possível. Não raro, o intérprete, apesar de esgotar todos os métodos interpretativos preconizados por Savigny (gramatical, lógico, histórico e sistemático) e todos os critérios de solução de antinomias, ainda assim se deparará com uma encruzilhada, isso quando não esbarrar na total ausência de resposta.

Manuel Segura Ortega (2006, p. 65-68) avalia que a liberdade do intérprete pode projetar-se sobre os critérios interpretativos, os quais não possuem um significado preciso e tampouco são sujeitos a uma ordem de preferência entre eles. Isso redunda em uma liberdade de caráter quase absoluto, não submetida, em princípio, a nenhum tipo de restrição. Como é o legislador quem autoriza os juízes a utilizarem qualquer critério interpretativo, por isso quando o fazem estão apenas cumprindo escrupulosamente com suas funções. E aqui surge uma questão crucial: afinal, juízes têm discricionariedade?

Emilio Betti (2007, p. 73-79) assinala que a expressão discricionariedade é empregada para designar "fenômenos que são essencialmente diversos entre si", a saber:

---

[138] Para João Baptista Machado (2017, p. 153-159) a questão da metodologia se conecta com o da determinação das fontes do Direito, que "é o problema da *positivação* de certos conteúdos normativos como normas *jurídicas*, o problema de saber como esses conteúdos adquirem *juridicidade*, isto é, se tornam historicamente *vigentes* como normas *jurídicas*, como *direito*". Trata-se de "saber o que constitui o direito *como* direito". Tal problema "[...] transcende a vontade do legislador (ele é insuscetível de resposta através de uma decisão legislativa), mas um problema da alçada da teoria e da metodologia do direito". Por isso que o não reconhecimento pelo legislador, por exemplo, do costume, da jurisprudência ou da doutrina, como fonte de Direito não têm caráter decisivo. Afinal, tudo dependerá de qual teoria das fontes orientará o trabalho do intérprete.

a) uma discricionariedade soberana (chamada de absoluta), que é aquela legislativa e apenas excepcionalmente pode ser delegada ao órgão jurisdicional, enquanto ele estiver autorizado a decidir segundo a equidade [...]; *b)* uma discricionariedade administrativa (chamada de pura), de cuja natureza muito se distorceu entre os cultores do direito administrativo; *c)* uma discricionariedade técnica; e, por fim; *d)* uma "discricionariedade" de caráter supletivo ou complementar, útil para a adaptação e para a especificação da norma à variabilidade das espécies, em função da verificação e da apreciação da espécie concreta [...].

A distinção entre a discricionariedade administrativa e a judicial seria a seguinte: a primeira, segundo o autor italiano, é definida como a escolha, segundo critérios de conveniência e oportunidade, dentro do campo de liberdade outorgada ao administrador, de acordo com "o critério de racionalidade teleológica da melhor idoneidade dos meios (ou fins imediatos, constituídos pelas linhas de conduta) para realizar a exigência superior do interesse público"; por seu turno, a discricionariedade judicial restringe-se ao preenchimento de uma lacuna, conforme "critérios extrajurídicos, reconhecidos pela consciência social, ou também conforme regras próprias de determinadas disciplinas, artes ou profissões, a que reenviam implícita ou explicitamente as normas a serem aplicadas", sendo "sempre subordinada, de caráter supletivo e complementar". Seriam, portanto, quanto ao modo de exercício, essencialmente distintas.

O *habitat* natural da discricionariedade, onde ela se manifesta em sua plenitude, é inegavelmente a função administrativa. Isso não significa, entretanto, que as demais funções estatais e mesmo a esfera privada não conheçam manifestações, em intensidade e graus distintos, de discricionariedade. Nesse sentido, Karl Engish (1983, p. 214-228) reconhece que a discricionariedade, como espécie de autonomia da valoração pessoal, é um dos conceitos mais "plurissignificativos e mais difíceis da teoria do Direito". Coerente com a alocação do tema no âmbito da teoria do Direito, Engish admite a discricionariedade administrativa e judicial.[139]

Johnson Barbosa Nogueira (1994, p. 734-752) também aborda a discricionariedade sob a perspectiva da Teoria Geral do Direito,

---

[139] Na Administração ou no Judiciário, a discricionariedade seria "a convicção pessoal (particularmente, a valoração) de quem quer que seja chamado a decidir, é elemento decisivo para determinar qual das várias alternativas que se oferecem como possíveis dentro de certo 'espaço de jogo' será havida como sendo a melhor e a 'justa'. É problema da hermenêutica jurídica indagar onde e com que latitude tal discricionariedade existe".

mais exatamente no âmbito da teoria das fontes e da interpretação. Fábio Corrêa Souza de Oliveira e Larissa Pinha de Oliveira (2018, p. 121) assinalam que, embora as disciplinas que reúnam mais estudos sobre a discricionariedade sejam o Direito Constitucional e o Direito Administrativo, reconhecem que o tema é objeto de estudo da Teoria do Direito e da Filosofia do Direito. Para Diogo de Figueiredo Moreira Neto (2014, p. 105-106), a discricionariedade, embora seja o seu "princípio substantivo mais *característico*", não é um conceito exclusivo do Direito Administrativo. Como "exercício de uma função integrativa do poder estatal", dependeria sempre do Poder Legislativo a abertura e a delimitação de um espaço decisório a ser preenchido.[140]

Todo instituto, lembra Sebastián Martin-Retortillo y Baquer (2018, p. 88), com apoio na doutrina de Miele "recebe as influências do campo jurídico em que vive e são precisamente tais particularidades que, não eliminando o seu substrato elementar e indispensável, o distingue dos homônimos pertencentes aos distintos direitos".[141] Isso significa que podemos admitir, sem nenhum embaraço, a existência de *espécies distintas de discricionariedade*, emanadas de fontes próprias, em diferentes ramos do Direito e constituídas por caracteres particulares. Tal compreensão colide, porém, com a corriqueira pretensão de exclusividade que cada ramo do Direito tem em relação aos seus institutos fundamentais.

Um exemplo bem demonstrará a dose de conservadorismo e de resistência dos administrativistas ao compartilhamento de conceitos desenvolvidos por outros ramos do Direito. Durante muito tempo se discutiu sobre a existência de um "processo administrativo" ou se o mais apropriado seria falar de "procedimento administrativo". Sobre

---

[140] Em sentido contrário, Edimur Ferreira de Faria (2011, p. 142) é peremptório ao defender que o poder discricionário "é criação do Direito Administrativo e nele se localiza. Não se encontra, por isso mesmo, na Teoria Geral do Direito".

[141] De modo muito próximo é o que Oswaldo Aranha Bandeira de Mello (2007, p. 651-666), ao tratar da nulidade e da anulabilidade do ato administrativo, defende: "[...] a adoção no Direito Administrativo da mesma posição [regramento] do Direito Civil quanto aos atos nulos e anuláveis não acarreta qualquer dificuldade de aplicação, desde que se tomem em consideração as peculiaridades próprias desses dois ramos jurídicos. Inexistiria, então, a complicação vislumbrada pelos seus adversários, nem suscitaria confusões, como pretendem. [...] A teoria da invalidade dos atos jurídicos, embora divulgada em primeira mão pelo Direito Civil, não é dele, porém da Teoria Geral do Direito. Por conseguinte, em se adotando não se vincula o Direito Administrativo ao direito privado. Mas se reivindica, outrossim, para o direito público, teoria própria do Direito em geral". Interessante observar que, embora refute que o exame da nulidade ou da anulabilidade do ato administrativo fique ao exclusivo critério do juiz, Bandeira de Mello admite que, "na falta de texto legal" específico "restará ao juiz certa discrição" na sua decisão.

essa vetusta polêmica, Egon Bockmann Moreira (2010, p. 43-45), de modo lapidar, bem observa:

> [...] processo e procedimento têm clássica diferenciação quanto ao seu conteúdo jurídico: o primeiro retrata *relação jurídica* específica, de caráter processual em sentido estrito; já o segundo define puramente o desenrolar dos atos e fatos que configuram o começo, meio e fim do processo – realidade que, de direito (positivo e cientificamente), não significa *relação jurídica*. São conceitos *jurídicos* que designam fenômenos diversos no mundo do Direito. [...] A conclusão que se pretende atingir é que: frente ao direito processual o termo 'procedimento' jamais se prestou a designar, em sentido estrito, uma *relação jurídica*. Essa função é exercida com exclusividade pela palavra 'processo', que designa vínculo entre os sujeitos envolvidos na relação jurídico-processual. Não nos parece possível atingir outra máxima no âmbito do direito administrativo.[142]

A ideia de "processo" como conceito exclusivo da função judicial não tem mais espaço, inclusive do ponto de vista constitucional, cujo texto faz expressa referência a "processo administrativo" (arts. 5º, LV, 41, §1º, II e 247, parágrafo único) e a "processo legislativo" (arts. 27, §4º, 59; 84, III e 166, §7º). Naturalmente que cada modalidade de "processo" possui suas próprias características e singularidades. Prova disso é o processo judicial que verse sobre crime doloso contra a vida, cujo julgamento de mérito pelo júri deve assegurar a "plenitude de defesa" (art. 5º, XXXVIII, "a", da CF), enquanto em todos os demais processos criminais é assegurada a "ampla defesa" (art. 5º, LV, da CF).

Tal discussão revela uma mentalidade formalista e isolacionista, como se cada ramo do Direito, de modo estanque, possuísse seus próprios e exclusivos conceitos, que seriam insuscetíveis de serem empregados pelos demais ramos. Isso explica, em grande parte, a recusa de se "compartilhar" a discricionariedade e reconhecer sua existência no plano judicial.

Isabel Lifante Vidal (2002, p. 433-437), por exemplo, situa a fonte do poder discricionário nas normas de fim,[143] que operam como

---

[142] No mesmo sentido: Celso Antônio Bandeira de Mello (2016, p. 504), que pondera, entretanto, não ser "o caso de armar-se um 'cavalo de batalha' em torno de rótulos"; Maria Sylvia Zanella di Pietro (2007, p. 578) e Irene Patrícia Nohara (2018, p. 76-77).

[143] A autora adota a classificação de Atienza e Ruiz Manero (Las piezas del Derecho) quanto às normas de fim e de ação: enquanto essas últimas qualificam deonticamente uma ação, as primeiras não predeterminam a conduta exigida, mas apenas o fim a perseguir ou maximizar.

mandados de otimização, no sentido de que obrigam a adoção do meio considerado ótimo à luz das circunstâncias do caso para atingir ou maximizar o fim previsto. Por esse raciocínio, a discricionariedade diria respeito *"ao modo em que está regulado o exercício do poder e não no tipo de órgão que possui o poder"*, o que leva à conclusão de que "os órgãos judiciais gozam de poderes discricionários no sentido estrito porque se encontram regulados por normas de fim".

Karl Larenz (1989, p. 278-355) atribui aos práticos, ao juiz e ao funcionário administrativo uma inevitável parcela de discricionariedade, presente quando, diante da obrigação de encontrar soluções em situações concretas, ausente a faculdade de retardar suas decisões "até que uma questão seja cabalmente discutida pela dogmática e tenha achado uma solução convincente", eles têm que "arriscar" uma solução.

Larenz chega a admitir, a despeito de ser considerado por alguns como um "resíduo incômodo", que ao juiz é conferida, em certas situações, uma irredutível margem de livre apreciação. Isso ocorre quando o juiz tem:

> [...] à escolha dois julgamentos igualmente plausíveis, é evidente que ele toma a opção mediante a antevisão do resultado que de cada julgamento decorre, ou seja, da resolução do caso que dessa opção resulte. [...] Decerto que o juiz não sabe em todos os casos de antemão qual é a resolução 'justa'. Uma vez que é mais fácil dizer o que é claramente injusto do que o que é justo nos casos difíceis, o juiz pode evitar, deste modo, pelo menos uma solução manifestamente injusta. Quando nenhuma das resoluções possíveis seja manifestamente injusta, a resolução é deixada, nos casos mencionados, à intuição valorativa e à convicção do juiz.
> [...] Que ao juiz resta, de quando em vez, uma margem de livre apreciação, dentro da qual só a sua convicção pessoal do que é correto vem a decidir, parece, contudo, um "resíduo incômodo" só a quem seja capaz de acreditar na racionalização sem resquícios de todos os fenômenos da vida e, com isto, no afastamento definitivo da personalidade criadora.

O conceito tradicional de discricionariedade desenvolvido no âmbito da função administrativa não se aplica à função jurisdicional em sua atividade típica. Na escolha judicial da melhor decisão não há conveniência e oportunidade, elementos estranhos à lógica decisória. Há, todavia, ainda que apenas em situações residuais, o conflito entre soluções equivalentes, impossíveis de serem mensuradas e hierarquizadas objetivamente.

Ora, o juiz não se depara com dúvidas? É possível sustentar que o Direito sempre oferece uma resposta mensuravelmente superior e melhor em face de outras opções? Qual a habilidade o juiz teria ou qual método empregaria para atingir esse nível de descoberta que não estariam ao alcance do administrador? Essa concepção, de certo modo, acaba por gerar um conflito na atividade de controle. Se o administrador pode se deparar com "pelo menos dois comportamentos cabíveis" e não puder "extrair objetivamente" uma única solução, no momento do controle, o juiz, identificando a melhor resposta, não poderia simplesmente fechar os olhos. Seria estimulado a revisar a decisão administrativa, com o que estaria auxiliando o administrador a alcançar o (melhor) interesse público. Tal postura, longe de significar violação da tripartição das funções estatais ou usurpação de função, seria simples demonstração do funcionamento harmonioso e eficiente do sistema de freios e contrapesos.

A questão é: todo aplicador do texto jurídico, seja o administrador, o particular ou o julgador, está sujeito a se deparar com situações insolúveis quanto à viabilidade de classificação hierárquica das possíveis respostas. No mundo dos fatos, plural e dinâmico, *a escolha entre opções imperfeitas* não permite, com relativa frequência, encontrar a solução demonstrável intersubjetivamente como a melhor.

Almiro Couto e Silva (1990, p. 52), apesar de reconhecer que a função judicial é a que está mais estritamente vinculada à lei, ressalva que isso não faz do juiz um robô, pois a aplicação da norma ao caso concreto abre espaço, frequentemente, a uma atividade criadora.

> A imensa obra de construção jurisprudencial do Conselho de Estado, na França, é exemplo eloquente do que acabamos de afirmar. Tornou-se uma obviedade dizer que criar direito é função que não foi apenas exercida pelos magistrados romanos, ou que não é apenas exercida pelos juízes dos sistemas jurídicos da *common law*, mas é função ínsita ao desempenho da tarefa judicante. Nas últimas décadas voltaram a mostrar isso, de forma mais extensa e precisa do que tinha sido feito no passado, os inúmeros trabalhos produzidos na esteira das investigações de Viehweg, Esser, Larenz e Perelman.
>
> Por outro lado, a própria norma jurídica, por vezes, concede ao juiz o poder de escolher ou mesmo de criar, como remédio para a situação concreta, à medida que lhe pareça mais conveniente e oportuna. Exemplo disso – além dos exemplos escolares da jurisdição graciosa e da graduação da pena no direito criminal – é o art. 798 do Código de Processo Civil Brasileiro [de 1973], que concede ao juiz o poder cautelar geral, ou seja, o poder de adotar, na defesa do interesse dos litigantes, a providência acauteladora que considere, para esse efeito, mais adequada, mesmo sem provocação de qualquer das partes.

Nessa esteira, são pertinentes as palavras de François Rigaux (2003, p. 71):

> Entre os conceitos que descrevem uma situação de fato e os que formulam a hipótese de uma regra de direito, não existe a harmonia preestabelecida que um simples silogismo, ou mesmo um encandeamento de silogismos, permitirá constatar. Não somente o fato não se deixa verificar facilmente e o direito é frequentemente obscuro, antinômico ou incompleto, mas é o ajuste mútuo deles que confere ao juiz uma função propriamente criadora.

Em maior ou menor medida, todos os sistemas jurídicos, observa Manuel Atienza (2012, p. 19 e 86), "admitem que os juízes – ou alguns juízes – ao resolver casos concretos criam normas gerais e abstratas (precedentes), que são obrigatórios para os demais órgãos judiciais e até certo ponto também para eles mesmos". Não é infrequente, ainda, que em certas ocasiões, "a função do juiz encontra dificuldades consideráveis, por mais que, ao final, se resumam todas ele na resposta a uma só pergunta: qual das alternativas possíveis é a que produz a maior justiça de acordo com o Direito?".

Alfonso Ruiz Miguel (1984, p. 16-17) identifica quatro significados diferentes para a expressão "criação judicial do Direito", variáveis de acordo com a intensidade da vinculação a critérios preexistentes:

> 1) criação formal: cada decisão judicial, como norma particular produto da atividade jurisdicional, é um ato jurídico tão novo como uma lei ou um ato administrativo, que produz uma modificação na situação ou relação das pessoas que foram partes no processo; 2) criação material para um caso concreto baseado em critérios jurídicos abstratos preexistentes: as normas inferiores, dentro do processo dinâmico de produção normativa, seguem critérios estabelecidos em normas superiores, mas ao mesmo tempo elas devem especificar algum de seus diferentes significados possíveis; 3) criação material para um caso concreto por inexistência de critérios jurídicos abstratos preexistentes: ocorre nos denominados casos difíceis diante de problemas de insuficiência da linguagem jurídica (lacunas, antinomias e redundâncias) ou da multivocidade nos quais a decisão judicial "adjudica" um significado ao critério escolhido; 4) criação material de critérios jurídicos abstratos: ocorre quando uma determinada sentença que cria Direito no sentido anterior (item 3) funciona como precedente a ser seguido em casos futuros posteriores similares. Os dois primeiros sentidos de "criação judicial do Direito" são simples manifestações ou concreções das normas preexistentes e são hipóteses de criação em sentido débil. Nos demais sentidos, ocorre a criação do Direito em sentido forte, comparável à criação legislativa.

A diferença entre as duas modalidades decorre da maior ou menor vinculação a critérios preexistentes, legais ou judiciais, aferíveis empiricamente.[144]

Mauro Cappelletti (1993, p. 24-27) considera uma "óbvia banalidade, um truísmo privado de significado" falar que os juízes criam direito. Aliás, do ponto de vista substancial, não é diversa a natureza dos processos legislativo e jurisdicional: "*Ambos constituem processos de criação do direito*". Na verdade, as questões a serem enfrentadas seriam "o *grau* de criatividade e os *modos*, *limites* e *legitimidade* da criatividade judicial".

Alf Ross (2000, p. 168), expoente do realismo jurídico escandinavo e coerente com essa corrente teórica, sustenta:

> A despeito de ser a tarefa de administrar a justiça muito mais ampla do que a de interpretar a lei, no autêntico sentido desta expressão, é, não obstante, comum usar a palavra *interpretação* para designar a atividade integral do juiz que o conduz à decisão, inclusive sua atividade crítica, inspirada por concepção dos valores jurídicos, que emerge a partir de atitudes que transcendem o mero respeito pelo texto da lei. Este uso linguístico responde ao desejo de ocultar a função criadora do juiz, preservando a aparência de que ele não passa de um porta-voz da lei. O juiz não admite abertamente, portanto, que deixa o texto da lei de lado. Graças a uma técnica de argumentação que foi desenvolvida como ingrediente tradicional da administração da justiça, o juiz aparenta que por meio de várias conclusões, sua decisão pode ser deduzida da verdadeira interpretação da lei.

Maria Helena Diniz (2013, p. 200) acentua:

> [...] a função jurisdicional, quer seja ela de "subsunção" do fato à norma, quer seja de "integração" de lacuna normativa, ontológica ou axiológica, não é passiva, mas ativa, contendo uma dimensão nitidamente "criadora" de norma individual, uma vez que os juízes despendem, se for necessário, os tesouros da engenhosidade para elaborar uma justificação aceitável de uma situação existente, não aplicando os textos legais ao pé da letra, atendo-se, intuitivamente, sempre às suas finalidades, com

---

[144] O enunciado "os juízes criam direito", também para Riccardo Guastini (2005, p. 215-235) comporta quatro significados: (i) referir-se à eficácia geral, *erga omnes*, das decisões; (ii) reconhecer que, sendo o sistema composto por normas gerais e individuais, estas são resultado das decisões judiciais; (iii) a interpretação dos textos normativos pelos juízes não é uma operação cognoscitiva de normas (preexistentes), mas produtiva de normas (novas); (iv) formulação e aplicação de normas novas diante de lacunas e antinomias.

sensibilidade e prudência objetiva, condicionando e inspirando suas decisões às balizas contidas no sistema jurídico, sem ultrapassar por um instante, os limites de sua jurisdição. Se não houvesse tal elasticidade, o direito não se concretizaria, pois, sendo estático, não teria possibilidade de acompanhar as mutações sociais e valorativas da realidade, que nunca é plena e acabada, estando sempre se perfazendo.

[...] o juiz não pode esquecer que, se o rigorismo da interpretação do texto legal é fonte de injustiça, a busca da solução justa não lhe confere uma "liberdade onímoda". Sua discricionariedade tem como limite a "moldura legal", além da qual só há arbitrariedade.

Para Elival da Silva Ramos (2015, p. 122) as decisões judiciais são:

[...] necessariamente criativas e inovadoras, não apenas porque geram a denominada norma de decisão (ponto culminante do processo de concretização normativa), mas, principalmente, porque esta não se limita a reproduzir o que está nos textos paramétricos, os quais são desdobrados, adaptados e, porque não dizer, enriquecidos para poderem disciplinar adequadamente a situação fática que provocou a atuação da jurisdição. Entretanto, não se pode negar que a liberdade de criação deferida pelo sistema jurídico aos aplicadores oficiais do direito é significativamente menor do que aquela reservada ao Poder Legislativo ou ao órgão que com ele compartilhe a função legislativa.

Luiz Guilherme Marinoni (2011, p. 93-96) defende que o juiz somente pode atuar ao argumento de "falta de lei", se o legislador tiver infringido direito fundamental "na sua função de mandamento de tutela".

[...] o que realmente interessa saber é como o juiz constrói uma *norma jurídica* para o caso concreto quando a *norma geral* não existe ou está em desacordo com os princípios constitucionais de justiça e com os direitos fundamentais.

A construção dessa *norma jurídica* não significa criação de *norma individual* para regular o caso concreto ou a criação de *norma geral*. A *norma jurídica* cristalizada mediante a conformação da lei e da legislação ou do balanceamento dos direitos fundamentais pode ser dita uma *norma jurídica* criada diante das peculiaridades do caso concreto, mas está longe de ser uma *simples norma individual voltada a concretizar a norma geral* ou mesmo de representar a *criação de um direito*.

[...] o juiz não detém o mesmo poder do legislador, e, portanto, a decisão judicial obrigatória, ainda que sob a luz da necessidade de afirmação dos direitos fundamentais, não substitui a lei. O que se pode dizer, sem qualquer hesitação, é que o juiz não mais é limitado a afirmar a lei, pois deve resposta à Constituição, e, nessa perspectiva, a sua decisão se insere em um quadro bem mais amplo, dimensionado pelos direitos fundamentais.

Cláudio Pereira de Souza Neto e Daniel Sarmento (2017, p. 225-227) defendem uma "certa dose de minimalismo judicial", que seria necessário para (i) a racionalização da atividade jurisdicional;[145] (ii) o respeito e convívio harmônico com o processo político majoritário.

---

[145] A interpretação distorcida do art. 5º, XXXV, da CF gerou a *"judicialização do cotidiano"* e uma espécie de "ligação *direta* entre a controvérsia e o Fórum". É o que afirma Rodolfo de Camargo Mancuso (2017, p. 73-85): "O vezo de se enfatizar o acesso a justiça (sob a generosa palavra *facilitação*) tem levado a exageros, e, de envolta, tem projetado externalidades negativas, a começar pela (equivocada) mensagem passada a coletividade de que o *normal* é a judicialização de todo e qualquer interesse ameaçado ou contrariado. Isso tem criado uma expectativa de presteza e efetividade da intervenção jurisdicional que, ao depois, o Estado não tem como atender, ou, pior, buscando sofregamente fazê-lo, acaba oferecendo resposta de menor qualidade, produto de uma justiça de massa e padronizada, notoriamente lenta, ao depois apurada estatisticamente pela óptica quantitativa das cifras do *in put* e do *out put* dos processos. [...] Outra externalidade negativa da leitura exacerbada (ou descuidada) do inc. XXXV do art. 5º da CF reside em que, por esse viés, o direito de ação, arrisca se converter em *dever de ação* [...]. Há também um equívoco, ou no mínimo um exagero, em perscrutar no citado texto constitucional uma natural manifestação de cidadania – como se a justiça estatal fosse um guichê de reclamações genéricas, acessível sob qualquer pretexto – quando na verdade a entrega pronta e imediata de uma controvérsia ao Estado-juiz significa que os interessados não tentaram antes compô-la, seja diretamente ou com intercessão de um agente facilitador; de outro lado, essa ligação direta, infelizmente disseminada dentre nós, resulta numa sorte de terceirização da resolução da lide (tirante, naturalmente, os casos que, por peculiaridades de matéria ou de pessoa reclamam indispensável passagem judiciária, notadamente as ações, ditas, *pour cause*, necessárias). [...] A leitura exacerbada (irrealista e ufanista) do acesso à justiça estatal arrisca desnaturar o Direito (muito condicionado) de ação, numa sorte de *dever de ação*, em boa medida por conta de se ter gradualmente incutido no entendimento médio da coletividade a ideia de que todo e qualquer interesse ameaçado, contrariado ou insatisfeito deve, de imediato, ser repassado à alçada de um órgão judicial. O jurisdicionado, assim estimulado ao demandismo, não se dá conta de que com isso está em algum modo *terceirizando* a resolução da pendência, não raro antes que ela tenha alcançado o desejável grau de maturação, estágio a que, de outro modo, se chegaria naturalmente, se os interessados buscassem num primeiro momento a solução por algum dos meios auto ou heterocompositivos fora da estrutura estatal. Opera como insumo dessa cultura judiciarista a (equivocada) percepção de que a norma legal é um paradigma de caráter estritamente técnico, que deve ser deixada ao exclusivo manejo dos operadores do Direito, quando, na verdade, o enunciado normativo – *v.g.*, Código Civil, art. 186, base da responsabilidade aquiliana – se preordena a ser espontaneamente recepcionado e aplicado pelos interessados aos casos ali subsumidos, e, apenas num segundo momento, é que se preordena a dar consistência jurídica a resposta jurisdicional". Não se pode esquecer, no entanto, que a hiperjudicialização, de certo modo, é uma escolha do constituinte, que, temendo as maiorias e suas paixões, depositou suas esperanças na atuação de um órgão técnico, que seria capaz de preservar a intenção do poder constituinte e fazer cumprir suas promessas.

> [...] a teoria minimalista pode cumprir entre nós um importante papel dialético, ao alertar para os riscos que advêm da imodéstia judicial; ao chamar atenção para os perigos que decorrem de certa intoxicação do discurso jurisdicional por construções teóricas e filosóficas muito abrangentes e pretensiosas. Esses são riscos reais e significativos no atual contexto brasileiro, de intensa judicialização da política, que não devem ser negligenciados.

Nada obstante, de acordo com os autores diversas hipóteses poderiam "justificar a adoção de decisões mais 'amplas' ou 'profundas' em temas constitucionais".

Adrián Rentería Díaz (2017, p. 27-33) admite que a discricionariedade, em princípio, deve ser evitada, pois representaria um risco ao surgimento de um governo dos juízes oposto ao ideal do governo das leis. No entanto, não considera fácil pensar nas possibilidades efetivas de se colocar limites rígidos e objetivos a ela, uma vez que isso pode comprometer a independência judicial, que exige sempre a outorga de um espaço legítimo de avaliação das singularidades da causa posta em juízo, sem o qual a função de recompor a ruptura da ordem jurídica seria inviável.

O uso abusivo da *discricionariedade judicial* na solução de casos difíceis, adverte Luís Roberto Barroso (2012, p. 60), "pode ser extremamente problemático para a tutela de valores como segurança jurídica e justiça, além de poder comprometer a legitimidade democrática da função judicial". Como diz Noel Struchiner (2011, p. 130), "se o árbitro tiver um poder discricionário absoluto, isto é, em todos os casos e não somente nos casos de penumbra, isso descaracterizará o jogo".

A expectativa de certeza jurídica é um fenômeno cultural, que no Brasil assume níveis insaciáveis. Todavia, como salienta Maria del Carmen Barranco Avilés (2011, p. 124), frente aos diferentes critérios de interpretação, é difícil de compreender como se pode seguir mantendo a crença na previsibilidade do Direito, que inegavelmente é limitada.

Essas questões colocam em cena os instrumentos de que dispõe o ordenamento jurídico para racionalizar e limitar a atividade decisória dos magistrados.

3.2.1 Autonomia da vontade e autocontenção: princípio da inércia da jurisdição e regra da congruência (arts. 2º, 141, 490 e 492 do CPC)

O art. 2º do CPC é imperativo ao dizer que *o processo começa por iniciativa da parte* e se desenvolve por impulso oficial, salvo as exceções previstas em lei. Trata-se do princípio da demanda (também chamado de dispositivo ou da inércia da jurisdição), elemento fundamental do processo civil, que, nas palavras de Sérgio Cruz Arenhart (2006, p. 588-600),[146] confere ao postulante um duplo poder: (i) o de iniciar a prestação jurisdicional, e; (ii) o de delimitar o seu objeto, separando, de modo estanque, a função de pedir e de julgar. Com isso, se estabelece uma clara limitação ao poder do Estado, que se expressa também pela garantia de imparcialidade do juiz:[147]

> [...] o princípio da demanda exerce papel preponderantemente psicológico, tendente a separar as funções de pedir e de julgar. Procura-se, assim, evitar que o juiz que decidirá a controvérsia já inicie o processo de convencimento predisposto a acolher uma tese ou outra das apresentadas no feito. [...] A imparcialidade que se exige do juiz hoje deve ser vista como contraponto ao direito de contraditório, considerado o direito das partes de *influir efetivamente* na decisão judicial. A decisão

---

[146] Para o autor (*ibidem*), embora comumente tratados como equivalentes, o princípio da demandada não se confunde com o princípio dispositivo: "De fato, o princípio da demanda (*Verhandlungsmaxime*) associa-se sobretudo ao *objeto do processo*, indicando o momento em que a atuação jurisdicional é exigida e determinando sobre o que deverá ela incidir (*ne procedat iudex ex officio et sine actore*). Inclui-se aqui o poder entregue à parte de dar início ao processo – poder este quase exclusivo, já que em regra não se admite que o juiz possa atuar de ofício, sem haver requerimento de alguém –, bem como o de determinar a extensão do julgamento do juiz – o chamado princípio da congruência ou correlação, que impõe uma correspondência necessária entre o solicitado e o decidido (*ne eat iudex ultra et extra petita partium*). [...] Já o princípio dispositivo (*Dispositionsmaxime*) está relacionado de forma específica à tratativa processual da demanda. A questão aqui se põe prioritariamente em determinar de que modo deve ser conduzido o processo, se com predominante atuação do juiz ou se prioritariamente segundo as determinações e impulsos das partes. No primeiro caso, fala-se em processo de tipo inquisitório e no segundo, de processo dispositivo ou do tipo acusatório". Ovídio Araújo Baptista da Silva (2000, p. 64) faz a seguinte distinção: "Enquanto o *princípio dispositivo* diz respeito aos poderes das partes *em relação a uma causa determinada*, posta sob julgamento, o *princípio da demanda* refere-se ao alcance da própria atividade jurisdicional". O princípio dispositivo diz respeito, portanto, à estrutura interna do processo. Não é possível, todavia, conforme assevera Fredie Didier (2008, p. 55), "estabelecer um critério identificador da *dispositividade* ou da *inquisitoriedade* que não comporte exceção".

[147] Cândido Rangel Dinamarco (2017a, p. 331) assinala que a imparcialidade não se confunde com neutralidade e enfatiza que o juiz "tem legítima liberdade para interpretar" os textos legais e a concretas situações *sub judice*, "segundo os valores da sociedade". Luís Roberto Barroso (2009, p. 293) chama a atenção para o fato de a ideia de neutralidade divulgada pela doutrina liberal-normativista ter como eixo central o *status quo*. "Neutra é a decisão ou a atitude que não afeta nem subverte as distribuições de poder e riqueza existentes na sociedade, relativamente à propriedade, renda, acesso às informações, à educação, às oportunidades etc. Ora bem: tais distribuições – isto é, o *statuts quo* – não são fruto do acaso ou de uma ordem natural. Elas são produto do direito posto. E, frequentemente, nada têm de justas. A ordem social vigente é fruto de fatalidades, disfunções e mesmo perversidades históricas. Usá-las como referência do que seja neutro é evidentemente indesejável, porque instrumento de perenização da injustiça".

judicial deve ser produto do diálogo entre as partes e destas com o juiz. Por isso, a garantia de imparcialidade deve significar a possibilidade real de o magistrado se impressionar com os argumentos *de ambas as partes*, considerando-as para formar sua convicção. Não há como afastar o juiz de seus conceitos, preconceitos, preferências e experiências; espera-se, todavia, que tenha ele a capacidade de, apesar destas suas impressões prévias, estar aberto a receber informações trazidas pelas partes e decidir com a influência destas.

José Carlos Barbosa Moreira (1996, p. 53-55) é peremptório ao dizer que a escolha de "se vai haver processo e a respeito de que o processo vai versar" cabe exclusivamente à parte. O juiz, por conseguinte, ao observar a correlação entre o pedido e a sentença, está impedido de julgar em desacordo com os limites do pedido e, ao mesmo tempo, obrigado a apreciar o pedido em sua integralidade, devendo "ter a virtude de silenciar sobre aquilo que não lhe compete dizer".

Andrea Boari Caraciola (2016, p. 54) salienta:

> [...] exsurge ao magistrado um duplo dever no exercício da função jurisdicional, qual seja, o de pronunciar-se sobre todos os pedidos formulados pelo autor, de sorte a prolatar uma sentença certa, completa, precisa e determinada, bem como o de pronunciar-se apenas e tão-somente sobre os pedidos, o que implica em um *non facere*, ou seja, numa abstenção pela qual se proíbe ao magistrado manifestar-se sobre coisa não demandada [...].

Humberto Theodoro Júnior (2008, p. 116-118) ressalta que a exigência de iniciativa da parte para a instauração do processo é uma regra cogente, e a imposição de pedido certo (expresso) e determinado (definido e delimitado em sua quantidade e qualidade) tem por finalidade permitir que o réu saiba exatamente o conteúdo da pretensão e possa exercer a garantia constitucional do contraditório (art. 5º, LV), prevenindo-se surpresas, que, por força da segurança jurídica, são intoleráveis. O pedido, portanto, "é também o limite da jurisdição" (*iudex secundum allegata partium iudicare debet*). A cautela propugnada justifica-se porque a sentença transitada em julgado tem força de lei (art. 503 do CPC).

O princípio da inércia da jurisdição, verdadeira garantia contra intromissões arbitrárias do Estado em desfavor dos jurisdicionados, é reforçado e complementado pela regra da congruência (também chamado de correlação ou adstrição ao pedido), que de tão relevante é articulado em três artigos distintos do Código de Processo Civil:

[...] Art. 141. O juiz decidirá o mérito nos limites propostos pelas partes, sendo-lhe vedado conhecer de questões não suscitadas a cujo respeito a lei exige iniciativa da parte.
[...] Art. 490. O juiz resolverá o mérito acolhendo ou rejeitando, no todo ou em parte, os pedidos formulados pelas partes.
[...] Art. 492. É vedado ao juiz proferir decisão de natureza diversa da pedida, bem como condenar a parte em quantidade superior ou em objeto diverso do que lhe foi demandado.

A correlação restringe-se à causa de pedir e não vincula o julgador quanto aos fundamentos jurídicos (*jura novit curia* e *narra mihi factum dabo tibi jus*). Trata-se de decorrência do princípio dispositivo[148] ou da inércia da jurisdição (*ne procedat iudex ex officio*), que se articula com as regras de que ninguém poderá pleitear direito alheio em nome próprio (legitimação ordinária), salvo quando autorizado pelo ordenamento jurídico (legitimação extraordinária), e pelo *tantum devolutum quantum appelatum*, ambas positivadas (arts. 18 e 1.013 do CPC). Traduz-se na regra de que é ao postulante, autor ou réu-reconvinte, a quem cabe definir os limites objetivos da lide, vedando que o juiz se afaste da referência objetiva que é o pedido. A atuação de ofício comprometeria não só a necessária imparcialidade do julgador, como também violaria a autonomia das partes, pedra angular do ordenamento jurídico, e a isonomia, um dos princípios estruturantes de todo o ordenamento. A violação da congruência configura vício (sentença *infra, extra ou ultra petita*) que é *causa objetiva de nulidade*, conforme determina o art. 1.013, §3º, II, do CPC.[149]

---

[148] No item 18 da exposição de motivos do projeto de lei que instituiu o Código de Processo Civil de 1973, o Ministro da Justiça, Alfredo Buzaid, explicitou que o projeto adotava o princípio dispositivo (*o processo civil começa por iniciativa da parte, mas se desenvolve por impulso oficial*, fórmula que praticamente corresponde à redação atual art. 2º do CPC/2015, acrescida apenas da expressão "salvo as exceções previstas em lei") e esclareceu que os poderes do juiz destinados a prevenir ou reprimir ato atentatório à dignidade da Justiça teriam maior intensidade na fase de execução, quando seriam mais comuns quando comparados com o processo de conhecimento. Segundo o Ministro, "o processo de conhecimento se desenvolve num sistema de igualdade entre as partes, segundo o qual ambas procuram alcançar uma sentença de mérito. Na execução, ao contrário, há desigualdade entre exequente e executado. O exequente tem posição de preeminência; o executado, estado de sujeição. Graças a essa situação de primado que a lei atribui ao exequente, realizam-se atos de execução forçada contra o devedor, que não pode impedi-los, nem subtrair-se a seus efeitos. A execução se presta, contudo, a manobras protelatórias, que arrastam os processos por anos, sem que o Poder Judiciário possa adimplir a prestação jurisdicional".

[149] BRASIL. Lei nº 13.105, de 16 de março de 2015. Código de Processo Civil. "Art. 1.013. A apelação devolverá ao tribunal o conhecimento da matéria impugnada. [...] §3º Se o processo estiver em condições de imediato julgamento, o tribunal deve decidir desde logo

É clássica a lição de Pontes de Miranda (1974, p. 352) de que o pedido "atua pelo que estabelece", não precisando de aceitação do juiz e tampouco da parte contrária. "É ele que marca a largura de faixa em que se estende a relação jurídica processual, até que se profira a sentença, nem além, nem fora, nem aquém dessas linhas que o *petitum* traçou". Essas linhas, durante todo o processo, são avivadas pelas sucessivas postulações e intervenções judiciais.

O pedido, nas sempre precisas palavras de Humberto Theodoro Júnior (2005, p. 331), "*põe em marcha* o processo e, por isso, é o ato mais importante do autor, além disso delimita o objeto litigioso (lide) e, consequentemente, fixa os limites do ato judicial mais importante, que é a *sentença*".

A regra de que "os pedidos são interpretados restritivamente" (art. 293 do CPC/73) foi substituída pela de que "a interpretação do pedido considerará o conjunto da postulação e observará o princípio da boa-fé" (art. 322, §2º, do CPC). Essa alteração, voltada a dar maior efetividade à atividade jurisdicional, ao impor uma interpretação lógico-sistemática ao pedido apenas permite que, para além do capítulo específico da petição inicial no qual foi expresso o teor da pretensão, deve o julgador também considerar a *causa petendi*, ou seja, os fatos jurídicos constitutivos da relação de que emerge a pretensão. Não autoriza, porém, ir além e extrapolar a moldura da postulação.

Cassio Scapinella Bueno (2013, p. 104-106 e 347), de modo original, afirma que o pedido "é projeto de sentença". Por isso certeza e determinabilidade são requisitos do pedido, sem os quais se inviabiliza a prolação de sentença idônea para a efetiva solução do litígio e constituição de título executivo representativo de obrigação certa e líquida (*quantum debeatur*). Observa, porém, que a correlação entre pedido e sentença, decorrência lógica do princípio da inércia da jurisdição, "no estágio atual da ciência processual civil", tem comportado *alguns temperamentos*,[150] como no caso do julgamento das ações relativas às prestações

---

o mérito quando: [...] II – decretar a nulidade da sentença por não ser ela congruente com os limites do pedido ou da causa de pedir".

[150] Marcos Jorge Catalan (2007, p. 92) adota uma concepção reforçada da instrumentalidade processual e propõe a mitigação da congruência, mesmo sem a existência de expressa previsão legislativa, quando imperativos de justiça estiverem em jogo: "[...] o que não mais se pode conceber é que os jurisdicionados continuem a ser alijados de seus direitos sob o argumento de que seria temeroso aumentar o poder do Judiciário mediante a mitigação da diretriz da congruência, quando, ao contrário, o ideal é que a cada dia, os juízes ousem mais e mais, desde que a solução por eles dada seja coerente com a ordem constitucional e se tenha como premissa a distribuição da mais lídima justiça".

de fazer, de não fazer e de entregar coisa, nas quais, constatada a impossibilidade da concessão de "tutela específica", o juiz impõe ao réu a responsabilidade pela reparação das perdas e danos (art. 499 do CPC), "isto é, concede, em favor do autor, 'tutela jurisdicional *genérica*'".[151]

Além desse modesto temperamento, há ainda matérias cognoscíveis de ofício, mas elas são residuais e expressamente delimitadas, estando a sua apreciação, de qualquer modo, condicionada à prévia manifestação dos litigantes.[152] Relacionam-se, em geral, a questões

---

[151] Outros exemplos são: Lei nº 13.105, de 16 de março de 2015. Código de Processo Civil. "Art. 297. O juiz poderá determinar as medidas que considerar adequadas para efetivação da tutela provisória" e "Art. 554. A propositura de uma ação possessória em vez de outra não obstará a que o juiz conheça do pedido e outorgue a proteção legal correspondente àquela cujos pressupostos estejam provados".

[152] São exemplos previstos na Lei nº 13.105, de 16 de março de 2015 – Código de Processo Civil: (i) de matérias que podem ser conhecidas de ofício: incompetência absoluta (art. 64, §1º), exclusão de expressões ofensivas empregadas em peças escritas (art. 78, §2º), condenação em litigância de má-fé (art. 81), reconhecimento da colusão (art. 142), controle da validade dos negócios jurídicos processuais (art. 190, parágrafo único), incorreção do valor da causa (art. 292, §3º), inexistência ou nulidade da citação, incompetência absoluta, inépcia da petição inicial, perempção, litispendência, coisa julgada, conexão, incapacidade da parte, defeito de representação ou falta de autorização, ausência de legitimidade ou de interesse processual, falta de caução ou de outra prestação que a lei exige como preliminar e indevida concessão do benefício de gratuidade de justiça (art. 337, *caput* e §5º), determinação das provas necessárias ao julgamento do mérito (art. 370), colheita do depoimento pessoal (art. 385), exibição de livros e documentos (art. 421), inquirição de testemunha referida e acareação (art. 461, I e II), realização de nova perícia (art. 480), inspeção judicial (art. 481), verificar a ausência de pressupostos de constituição e de desenvolvimento válido e regular do processo, e, em caso de morte da parte, a intransmissibilidade da ação (art. 485, IV e IX, e §3º, anotando-se que as matérias relacionadas nos incisos V e VI do art. 485 do Código de Processo Civil – existência de perempção, de litispendência ou de coisa julgada; e ausência de legitimidade ou de interesse processual – já constam do art. 337, V, VI, VII e XI, e foram anteriormente citadas), prescrição e decadência (art. 487, II), apreciação de fato constitutivo, modificativo ou extintivo do direito, surgido depois da propositura da ação e que possa influir no julgamento do mérito (art. 493 e, em grau de recurso, art. 933.), correção de inexatidões materiais ou erros de cálculo na sentença (art. 494, I), na fase de cumprimento de sentença, para a efetivação da tutela específica ou a obtenção de tutela pelo resultado prático equivalente, determinar as medidas necessárias à satisfação do exequente (art. 536), fixar multa diária na fase de conhecimento, em tutela provisória ou na sentença, ou na fase de execução, e modificar o seu valor ou a sua periodicidade, bem como excluí-la (art. 537, §1º), prorrogação do prazo para a instauração e encerramento do processo de inventário e de partilha (art. 611), remoção do inventariante (art. 622), determinar as medidas necessárias ao cumprimento da ordem de entrega de documentos e dados (art. 773), declarar a nulidade da execução quando o título executivo extrajudicial não corresponder a obrigação certa, líquida e exigível, o executado não for regularmente citado e for instaurada antes de se verificar a condição ou de ocorrer o termo (art. 803, I, II e III, e parágrafo único), determinar o cancelamento de indisponibilidade excessiva imposta por meio de sistema eletrônico gerido pela autoridade supervisora do sistema financeiro nacional (art. 854, §1º), declarar a prescrição intercorrente no processo de execução (art. 921, §5º); (ii) procedimentos e incidentes que podem ser instaurados de ofício: promover a restauração de autos (art. 712), determinar a realização de leilão judicial quando não houver acordo entre os interessados sobre o modo como se deve realizar a alienação do

eminentemente processuais e preservam a autonomia das partes, não desnaturando a essência da função judicial: agir por provocação e nos limites do deduzido em juízo.

3.2.2 Dever de motivação: a prestação de contas por excelência (arts. 93, IX, da CF e 11, 489, §1º, I a VI, e §2º, do CPC)

Nas culturas jurídicas ocidentais, como observa Aulis Aarnio (1991, p. 15), a fé nas autoridades foi substituída pela "exigência de que as opiniões [atos estatais em geral] sejam justificadas", o que acabou por desalojar a fé no poder, que passa a se legitimar somente quando exercido de modo justificado e, portanto, controlável.[153]

Enrico Tullio Liebman (1983, p. 79-80) observa que a história do processo nos últimos séculos é a história dos esforços dos legisladores e juristas no sentido de limitar o âmbito do que seria o arbítrio do juiz. No Estado de Direito, o controle do cumprimento da exigência fundamental de que os casos submetidos a juízo "sejam julgados com base em fatos provados e com aplicação imparcial do direito vigente"

---

bem (art. 730), determinar a arrecadação dos bens de herança jacente (art. 738), suscitar conflito de competência (art. 953, I).

[153] Michele Taruffo (2015, p. 281-282) explica que "o princípio da obrigatoriedade da motivação não descende de uma elaboração doutrinária e filosófico-política, mas sim essencialmente de uma situação política concreta e dotada de uma fisionomia particular, como aquela que se verifica com o início da revolução [*francesa*]. Nessa se concentram e exprimem-se – não tanto à luz do iluminismo *tout court* quanto sob aquela da ideologia democrática da justiça – os motes de reação contra a praxe judiciária do *ancien régime*, na medida em que se adverte como a ausência de motivação constitui o meio essencial do exercício arbitrário do poder por parte dos juízes. A matriz de que surge a afirmação geral da obrigatoriedade da motivação, pois, é mais ideológica e política do que jurídica ou filosófica, ainda que as condições criadas pelo iluminismo em geral, e pelo iluminismo francês em particular, representem os seus necessários pressupostos de fundo. De um lado, o princípio do primado da lei, no significado claramente político que assumiu no momento de reação contra o *ancien régime*, postulava um instrumento que tornasse possível o controle sobre a legalidade do juízo. De outro, análogas exigências traduziam-se na instituição de um juiz supremo de legalidade no *Tribunal de Cassation*, originariamente entendido como emanação do poder legislativo e como destinatário principal, ainda que não exclusivo, da motivação. Portanto, essa última veio a ser concebida essencialmente como o momento fundamental de garantia da legalidade da decisão, em uma situação histórica em que vinha em primeiro plano a nítida conotação política do próprio princípio da legalidade, bem como das suas garantias instrumentais. Isso permite explicar a peculiaridade mais relevante da introdução do dever de motivação por parte do legislador revolucionário, isto é, o fato de que esse foi imediatamente concebido como princípio de caráter geral incapaz de tolerar limitações, coerentemente inserido no contexto da concepção legal e democrática da justiça".

se dá pela exposição do "caminho lógico" percorrido pelo julgador para chegar à decisão proferida. Esse caminho é a racional motivação, espécie de escudo contra o arbítrio.

José Carlos Barbosa Moreira (1980, p. 83-85) explica que, embora a história do direito registre antigas exigências de motivação das decisões judiciais, é a partir da segunda metade do século XVIII que se consolidada a sua generalização por meio de imposição legal. Nesse sentido, o art. 15 da Lei 16, de 24 de agosto de 1790 (Lei de Organização Judiciária), impunha que o resultado dos fatos reconhecidos ou constatados pela instrução, cível ou penal, e os motivos que houverem determinado o juiz seriam expressos.

Na tradição luso-brasileira, a obrigatoriedade da motivação tem raízes no Livro III, Título LXVI, §7º, do Código Filipino (1603)[154]. Sujeitava-se ao pagamento de multa, em benefício da parte, o juiz que infringisse tal preceito. Não obstante, como observa Barbosa Moreira:

> [...] infrações ocorreram; e, já nos primeiros tempos de nossa independência, uma portaria de 31 de março de 1824 vinha lembrar aos juízes recalcitrantes o dever a que estavam sujeitos. O mesmo princípio inspirou o art. 232 do Regulamento nº 737, de 1850, *verbis*: "A sentença deve ser clara, sumariando o juiz o pedido e a contestação com os fundamentos respectivos, motivando com precisão o seu julgado, e declarando sob sua responsabilidade a lei, uso ou estilo em que se funda".

De modo sintético e direto, Tercio Sampaio Ferraz Jr. (2015, p. 58-63) é lapidar: fundamentar é prestar contas daquilo que se diz.

A função da fundamentação do ato decisório, enquanto discurso racional, é constituir, então, um elemento de ligação e de controle de uma discussão superveniente, isto é, a fundamentação da decisão fornece aos partícipes da discussão as indicações para o seu comportamento (por exemplo, numa discussão judicial, se desta deve ser recorrida ou não).

Essa prestação de contas pode ser abordada sob a perspectiva extraprocessual ou endoprocessual, cujas bases são, respectivamente, o

---

[154] Código Filipino. 1603. Livro III; Título LXVI, §7: "E para as partes saberem se lhes convém apelar, eu agravar das sentenças definitivas, ou vir com embargos a elas, e os Juízes da mor alçada entenderem melhor os fundamentos, por que os Juízes inferiores se movem a condenar, ou absolver, mandamos que todos nossos Desembargadores, e quaisquer outros Julgadores, ora sejam Letrados, ora o não sejam, declarem especificadamente em suas sentenças definitivas, assim na primeira instância, como no caso da apelação, ou agravo, ou revista, as causas, em que se fundaram a condenar, ou absolver, ou a confirmar, ou revogar".

iluminismo democrático e o racionalismo funcionalístico e burocrático do despotismo iluminado. Confira-se a respeito a abalizada lição de Michele Taruffo (2015, p. 286-287):

> Inicialmente, existem duas concepções distintas a respeito do papel da motivação e das finalidades a que essa responde, cada qual com suas correlatas implicações culturais e ideológicas igualmente diferentes. Segundo a primeira dessas, a função precípua da motivação e, portanto, a *ratio* fundamental do seu dever, consiste em tornar possível o controle externo, por parte da opinião pública e da sociedade em geral, da adequação e da legalidade da decisão. Nessa perspectiva, que não nega a função endoprocessual da motivação, mas centra-se no seu aspecto extraprocessual, são corolários inevitáveis o princípio da total publicidade da motivação e a impossibilidade de o seu respectivo dever sofrer qualquer tipo de limitação. A motivação configura-se, assim, como um componente essencial do provimento jurisdicional, independentemente da orientação do juiz e do interesse das partes em cada caso, dado que a possibilidade de controle externo sobre o modo com que o juiz exerce o poder que lhe é atribuído pode subsistir apenas se ilimitada e incondicionada. No fundo dessa concepção está não tanto a cultura jurídica do iluminismo global e genericamente considerada, quanto mais especificamente a ideologia política do iluminismo democrático, cuja manifestação mais coerente e completa aparece na legislação revolucionária da França. No entanto, fortemente dominante é a segunda concepção, pela qual a função da motivação é tipicamente endoprocessual e consiste em permitir que as partes percebam com clareza o significado da decisão, especialmente para eventualidade do recurso, e que o juízo recursal valore adequadamente o fundamento da decisão impugnada. Com essa concepção são evidentemente compatíveis limitações de várias ordens, seja no que concerne ao regime da publicidade da motivação, seja no que tange à extensão do seu dever. No limite, aliás, as exigências em que essa se inspira são satisfeitas também por uma regulamentação, como aquela contida no código josefino, fundada na proibição de motivação (mas com faculdade das partes de requerê-la para recorrer) e na ausência de sua publicidade (mas com a possibilidade de que as partes e o juízo recursal a conheçam). A matriz cultural dessa concepção, que está à base da normativa prussiana, da austríaca e das reformas italianas, aí compreendida a pragmática napolitana de 1774, não é a ideologia política do iluminismo democrático, mas o racionalismo funcionalístico e burocrático do despotismo iluminado.

Luis Prieto Sanchís (2014, p. 104), realçando o aspecto extraprocessual da motivação, afirma que o parlamento se legitima preponderantemente mais por sua origem do que por seu comportamento; o intérprete, por sua vez, se legitima preferencialmente pelo modo de exercer sua função; o primeiro é controlado através das eleições periódicas, o segundo mediante a crítica de seu comportamento e, para que essa crítica seja viável, é necessário que suas decisões sejam racionais (a racionalidade se sobrepõe à autoridade). Nesse sentido, a motivação dá ensejo, em primeiro lugar, ao autocontrole, pois obriga o aplicador a analisar a consistência formal e material da sua decisão.

A motivação também funciona como instrumento de manutenção do equilíbrio entre as funções estatais, obstando avanços e usurpações indevidas de atribuições do Legislativo pelo Judiciário. É o que afirma Karl Larenz (1989, p. 447):

> O desenvolvimento judicial do Direito precisa de uma fundamentação levada a cabo metodicamente se se quiser que o seu trabalho haja de justificar-se como 'Direito', no sentido da ordem jurídica vigente. Precisa de uma justificação, porque sem ela os tribunais só usurpariam de fato um poder que não lhes compete. Por isso têm entre si uma estreita relação às questões relativas aos limites da competência dos tribunais nos termos da Constituição em ordem a desenvolver o Direito ultrapassando os limites da interpretação autêntica, e, inclusivamente, da integração de lacunas imanentes à lei e a questão relativa à possibilidade de fundamentação de um tal desenvolvimento do Direito.

Para Luiz Guilherme Marinoni (2011, p. 95), a exigência de fundamentação decorre "da necessidade de ter de se dar legitimidade à decisão, dado o déficit de legitimidade originária que caracteriza o poder jurisdicional".

Aqui ingressamos em uma questão bastante controversa: o equilíbrio entre as atividades exercidas pelos representantes do povo e aquelas desenvolvidas pelo corpo técnico do Estado.[155]

Sabino Cassese (2018, p. 47-52) afirma que a noção de "Estado Democrático" não significa que "todas e cada uma de suas partes" devam inspirar-se no princípio do respeito à "vontade popular".[156] E argumenta:

---

[155] Para Juan-Ramón Capella (2019, p. 118) o sistema de representação conta com um estabilizador especial que mantém a salvo a nave do Estado seja quem for que esteja no timão: se trata dos corpos dos altos funcionários do Estado, que mantém a continuidade das principais políticas públicas.

[156] É clássica a distinção adotada na Revolução francesa entre "representante" e "funcionário", o que ajuda a revelar "o verdadeiro e profundo alcance de toda a concepção sobre a qual foi fundada, depois de 1789, a organização estática própria do Direito Público francês". Os fundadores do Direito Público francês instauraram um "autentico abismo jurídico" entre duas categorias de titulares do Poder Público: (i) o corpo legislativo ou parlamento,

Ninguém espera que o médico do serviço sanitário seja eleito democraticamente, ou que o seja o engenheiro que se ocupa das obras públicas, ou o professor, o funcionário público, ou o juiz. Essas pessoas [...] são escolhidas de acordo com o princípio da igualdade com base em critérios de mérito e capacidade, pela experiência adquirida, por seus conhecimentos, seu profissionalismo, e tal modo que são selecionados os melhores. Durante o exercício de suas atividades não devem se preocupar em seguir os desejos do povo, mas sim regras técnicas, geralmente estudadas e difundidas nos corpos de normas profissionais. Não devem responder perante o povo, mas obedecer a critérios deontológicos. Não devem ser parciais, mas imparciais.

Para o ex-juiz do Tribunal Constitucional da Itália, as organizações não representativas[157] seriam espécie de "um limite intrínseco à expansão da representatividade da política" e, por isso, a história da democracia "está repleta de tentativas dos órgãos representativos de sujeitar os não representativos".[158]

---

que representa a nação e, portanto, a vontade geral expressada na forma de leis, passa a ocupar posição de superioridade frente aos cidadãos e todas as autoridades nacionais; (ii) os titulares das demais funções estatais, destituídos de "vontade livre e inicial", são considerados autoridades subalternos, encarregados de apenas executar a vontade geral (Carré de Malberg, 2011, p. 40-42).

[157] Pierre Rosanvallon (2009, p. 24-25 e 99) discorre sobre a "dupla legitimidade": "Sem que as coisas nunca tenham sido plenamente conceitualizadas, os regimes democráticos foram apoiando-se progressivamente em duas bases: o sufrágio universal e a administração pública. Esta deixou de ser a simples correia de transmissão baseada no poder político para adquirir uma margem de autonomia baseada na competência. À igualdade de expressão reconhecida pelo voto correspondia, em consequência, o princípio da igualdade de admissão na função pública. Dois tipos de provas paralelas foram consagrados simultaneamente para designar quem poderia denominar-se representantes ou intérpretes da generalidade social: a eleição e o concurso (ou exame). A eleição como opção 'subjetiva', guiada pelo sistema de interesses e opiniões, e o concurso como seleção 'objetiva' dos mais competentes". Ao lado da legitimidade proveniente da consagração das urnas apareceu uma outra espécie de legitimidade democrática: a identificação com a generalidade social. Essas são as duas formas de se conceber a legitimidade: "a legitimidade derivada do reconhecimento social de um poder e a legitimidade como adequação a uma norma ou a valores". Diante dessa dualidade, o homem selecionado por concurso, ao deter legitimidade própria outorgada pelo exame que havia realizado, durante muito tempo, "foi percebido como uma ameaça aos eleitos pelo sufrágio popular". Nuno Piçarra (1989, p. 240-241) refuta esse raciocínio e defende que a condução da burocracia deve estar nas mãos dos dirigentes políticos, frente aos quais ela não pode apresentar-se "como absolutamente autônoma ou independente". A razão é simples: "Uma efetiva balança de poderes entre classe política e burocracia pressupõe, em última análise, um substrato constitucional 'neoestamental', que a existir de fato é de todo incompatível com o princípio da legitimidade democrática de todo o poder político-estadual".

[158] A democracia não pode ser reduzida à simples regra da maioria, como se, uma vez concluído o escrutínio dos votos e proclamado o resultado, a minoria desaparecesse como entidade do mundo político. A respeito do tema, Jorge Alejandro Amaya (2010, p. 17) depois de indagar "quais direitos têm as minorias? Só aqueles que a maioria permitir, conservando o

No mesmo sentido, Manuel Atienza (2012, p. 16-17) sustenta:

[...] o sistema democrático não parece que possa ser utilizado para designar quem devam ser juízes em sociedades tão complexas como as nossas. Por um lado, porque para isso se necessita de um especial tipo de conhecimento – de conhecimento jurídico – que só possuem certos membros da sociedade. Por outro lado, porque um sistema de eleição democrática (como o que permite eleger os parlamentares) introduziria elementos de instabilidade sumamente disfuncionais no caso dos juízes. Porém, como se pode limitar seu poder? O mecanismo mais

poder de restringi-los e negá-los segundo suas necessidades e valorações? Só aqueles inerentes ao processo decisório deliberativo da democracia, os que lhe permitiriam tornar-se maioria um dia: direito ao voto igual e liberdade de expressão?", cita lição de Robert. A. Dahl: "Na ciência política americana, a expressão 'democracia madisoniana' nos recorda que a democracia não se define como o poder absoluto da maioria, mas como o compromisso constitucional e cultural com a garantia dos direitos intangíveis das minorias, o qual implica um conjunto de limitações institucionais e sociais à soberania majoritária". No O Federalista LI (1959, p. 211) já era externada essa preocupação: "Em cada república não é só de grande importância assegurar a sociedade contra a opressão de seus governantes, como proteger uma parte da sociedade contra as injustiças da outra parte. Nas diferentes classes de cidadãos existem por força distintos interesses. Se uma maioria une-se por obra de um interesse comum, os direitos da minoria estarão em perigo. Só há duas maneiras de se precaver contra estes males: primeiro, criando na comunidade uma vontade independente da maioria, isto é, da sociedade mesma; segundo, incluindo na sociedade tantas categorias diferentes de cidadãos que os projetos injustos da maioria resultem não só improváveis como irrealizáveis". Em igual sentido, Konrad Hesse (1998, p. 134-135), acentua que a legitimação do domínio pela maioria não significa "que minorias estejam abandonadas sem proteção ao domínio legitimado da maioria. Fosse democracia, no sentido da Lei Fundamental, nada mais que domínio da maioria, então ela iria conter a possibilidade de uma ditadura da maioria, que se diferencia de uma ditadura da minoria somente pelo número menor de oprimidos". A minoria, não só deve ser protegida, como também, por meio de eleições livres e de um sistema pluripartidário, lhe deve ser assegurada a oportunidade de oferecer um projeto alternativo de governo e de converter-se em maioria. É o que J. J. Gomes Canotilho (2003, p. 327) denomina de direito de oposição democrática, que tem como fundamento a liberdade de opinião e a liberdade de associação partidária. Para Richard Posner (2009, p. 26) o liberalismo e a democracia são duas forças em tensão: "A democracia não é apenas um meio de dissipar o poder político e, portanto, de proteger a esfera privada contra a invasão da política, mas também um instrumento através do qual as pessoas podem impor socialmente o desprezo que sentem pelos atos autorreferenciados dos outros. O liberalismo implica o Estado limitado, mas a democracia implica o império da maioria – e a vontade das maiorias não raro é reprimir as minorias". Daniel Sarmento (2006, p. 97) identifica a mesma tensão entre democracia e constitucionalismo e alerta para o imprescindível equilíbrio que deve existir entre ambos: "Embora na visão contemporânea do Estado Democrático de Direito democracia e constitucionalismo sejam vistos como valores complementares, interdependentes e até sinérgicos, a correta dosagem dos ingredientes desta fórmula é essencial para o seu sucesso. Por um lado, constitucionalismo e limitações ao poder em demasia podem sufocar a vontade popular e frustrar a autonomia política do cidadão, como coautor do seu destino coletivo. Por outro, uma 'democracia' sem limites tenderia a pôr em sério risco os direitos fundamentais das minorias, bem como outros valores essenciais, que são condições para a manutenção ao longo do tempo da própria empreitada democrática".

importante – e mais óbvio – consiste em que os juízes – nos sistemas evoluídos – tenham a obrigação de resolver os casos que se lhes são apresentados não de qualquer maneira, mas de acordo com o **Direito vigente**; sua submissão ao Direito – que é outra face da independência judicial – implica que eles estão livres – ao menos institucionalmente – de influências políticas ou de outro tipo, alheias ao ordenamento jurídico.

O raciocínio está correto: a sobrevivência da democracia depende da existência de um corpo eminentemente técnico, que, de algum modo, acomode, dilua e limite as paixões próprias das massas. Por isso algumas decisões da vida coletiva, em especial aquelas a serem tomadas em situações limites, de enorme esgarçamento social, econômico e político, devem ser norteadas por argumentos racionais e não por ímpetos supremacistas e de desprezo pelas minorias e pelos vulneráveis eleitoralmente.

Voltando para o dever de motivação, no Brasil, até o início do século XX, a interpretação jurídica não dispunha de regras gerais positivadas. Assim, inspirado no Código Civil alemão, cuja publicação coincidiu com a de uma Lei de Introdução destinada a preparar e a facilitar a sua execução, foi introduzido no Código Civil de 1916 um capítulo introdutório, composto de 21 artigos, contendo disposições sobre a vigência e eficácia das normas em geral, sua aplicação, interpretação e integração, seus conflitos no tempo e no espaço. Essas disposições, embora incorporadas ao Código Civil, tinham aplicação ampla e regulava a interpretação de todos os ramos do Direito. Esse capítulo introdutório foi revogado pelo Decreto-Lei nº 4.657/42, originariamente denominado de Lei de Introdução ao Código Civil (LICC), cujo art. 5º determina que na aplicação da lei, o juiz atenderá aos fins sociais a que ela se dirige e às exigências do bem comum. Com isso, por imposição normativa, além dos demais métodos preconizados por Savigny (gramatical, lógico, histórico e sistemático), o intérprete deve investigar o elemento teleológico do texto.[159] Pode-se dizer que esse é um marco da ampliação da função judicial, que permitiu substancial alargamento da margem de interpretação pelos julgadores e deu início a uma escalada de tensão entre Legislativo e Judiciário, este definitivamente liberto da rigidez da aplicação mecânica da lei. A determinação de atendimento

---

[159] Friedrich Carl von Savigny (2005, p. 26) tinha reservas quanto à interpretação teleológica, que deveria ser empregada com cautela, pois o conhecimento da *ratio legis* nem sempre é precisa: "Fala-se, geralmente, que, na interpretação, tudo depende da intenção do legislador. Mas isso é meia verdade, porque depende da intenção do legislador desde que apareça na lei".

dos fins sociais da lei abriu um novo horizonte, amplo, vago e indeterminado, que levou a um leque de opções nem sempre objetivamente motivadas e logicamente conectadas com o ordenamento.

Progressivamente, e seguindo a evolução da função judicial, que passou a abarcar atividades inimagináveis na concepção rousseauniana de organização estatal, como, por exemplo, os controles abstrato e concentrado de constitucionalidade, o dever de fundamentação tornou-se mais sofisticado e exigente, sendo alçado a *status* constitucional (art. 93, IX).[160] Prova isso a simples comparação dos artigos 118 e 280 do CPC/1939 e os artigos 131, 165 e 458 do CPC/1973 com os artigos 371 e 489, §1º, I a VI, e §2º, do CPC vigente. O livre convencimento (art. 118 do CPC/1939), a apreciação livre da prova (art. 131 do CPC/73), por exemplo, são substituídos pelo dever de minuciosa motivação, chegando-se ao ponto de se exigir, no caso de colisão entre normas, a justificação do objeto e dos critérios gerais da ponderação efetuada, a enunciação das razões que autorizam a interferência na norma afastada e das premissas fáticas que fundamentam a conclusão (489, §2º, do CPC/2015).[161]

---

[160] BRASIL. Constituição da República Federativa do Brasil de 1988: de 5 de outubro de 1988. "Art. 93. [...] IX – todos os julgamentos dos órgãos do Poder Judiciário serão públicos, e fundamentadas todas as decisões, sob pena de nulidade, podendo a lei limitar a presença, em determinados atos, às próprias partes e a seus advogados, ou somente a estes, em casos nos quais a preservação do direito à intimidade do interessado no sigilo não prejudique o interesse público à informação". José Carlos Barbosa Moreira (1980, p. 84) aponta como precursoras da constitucionalização do dever de motivação as Constituições da Bélgica de 1831 (art. 97), da Itália de 1948 (art. 111) e as da Grécia de 1952 (art. 93) e de 1968 (art. 117).

[161] Note-se que Luigi Ferrajoli (2012a, p. 50) admite a ponderação entre quaisquer normas, "sejam elas regras ou princípios", mas acentua que seu objeto não são "as normas a serem aplicadas, mas sim, as circunstâncias fáticas por elas previstas a fim de qualificar juridicamente e de conotar equitativamente o caso submetido a juízo" e oferece como exemplo a "ponderação entre circunstâncias agravantes e circunstâncias atenuantes do crime – todas expressas em forma de regras". A ponderação não equivale a nenhuma arbitrariedade manifesta, mas, reconhece Luis Prieto Sanchís (2014, p. 102 e 132) "em seu exercício o juiz é muito mais protagonista e, portanto, mais 'livre' que na aplicação das regras segundo o modelo tradicional. E, o que é mais importante, a ponderação não só aparece quando estamos na presença de um conflito entre princípios ou direitos, mas pode recorrer-se a ela sempre que o resultado da aplicação das regras pareça ao intérprete insatisfatória ou injusta. [...] Não creio que possa ser negado o caráter valorativo e a margem de discricionariedade que comporta o juízo de ponderação". No julgamento do REsp nº 1.765.579-SP, da relatoria do Ministro Ricardo Villas Bôas Cueva, 3ª T., *DJe* 12/02/2019, o STJ fixou os seguintes entendimentos a respeito da ponderação prevista no CPC: "a) o §2º do art. 489 do CPC/2015 estabelece balizas para a aplicação da técnica da ponderação visando a assegurar a racionalidade e a controlabilidade da decisão judicial, sem revogar outros critérios de resolução de antinomias, tais como os apresentados na Lei de Introdução às Normas do Direito Brasileiro; b) apenas se configura a nulidade por violação do §2º do art. 489 do CPC/2015 na hipótese de ausência ou flagrante deficiência da justificação do objeto, dos critérios gerais da ponderação realizada e das premissas fáticas e jurídicas que embasaram a conclusão, ou seja, quando não for possível depreender dos

A motivação da sentença, afirma Nelson Nery Junior (2010, p. 290-291):

> [...] pode ser analisada por vários aspectos, que vão desde a necessidade de comunicação judicial, exercício de lógica e atividade intelectual do juiz, até sua submissão, como ato processual, ao estado de direito e às garantias constitucionais estampadas na CF 5º, trazendo consequentemente a exigência da imparcialidade do juiz, a publicidade das decisões judiciais, a legalidade da mesma decisão, passando pelo princípio constitucional da independência jurídica do magistrado, que pode decidir de acordo com sua livre convicção, desde que motive as razões de seu convencimento (*princípio do livre convencimento motivado*).

O raciocínio aplica-se, por exigência dos artigos art. 93, IX, da CF, 11[162] e 489, §1º, I a VI, e §2º,[163] ambos do CPC, a todo e qualquer ato judicial.

---

fundamentos da decisão o motivo pelo qual a ponderação foi necessária para solucionar o caso concreto e de que forma se estruturou o juízo valorativo do aplicador; c) o exame da validade/nulidade da decisão que aplicar a técnica da ponderação deve considerar o disposto nos arts. 282 e 489, §3º, do CPC/2015, segundo os quais a decisão judicial constitui um todo unitário a ser interpretado a partir da conjugação de todos os seus elementos e em conformidade com o princípio da boa-fé, não se pronunciando a nulidade quando não houver prejuízo à parte que alega ou quando o mérito puder ser decidido a favor da parte a quem aproveite; d) em recurso especial, a pretensão de revisão do mérito da ponderação efetuada pelo Tribunal de origem pressupõe que se trate de matéria infraconstitucional, além da indicação, nas razões recursais, das normas conflitantes e das teses que embasam a sustentada violação/negativa de vigência da legislação federal; e) tratando-se de decisão fundamentada eminentemente na ponderação entre normas ou princípios constitucionais, não cabe ao STJ apreciar a correção do entendimento firmado pelo Tribunal de origem, sob pena de usurpação de competência do Supremo Tribunal Federal".

[162] BRASIL. Lei nº 13.105, de 16 de março de 2015 – Código de Processo Civil: "Art. 11. Todos os julgamentos dos órgãos do Poder Judiciário serão públicos, e fundamentadas todas as decisões, sob pena de nulidade".

[163] BRASIL. Lei nº 13.105, de 16 de março de 2015 – Código de Processo Civil: "Art. 489. São elementos essenciais da sentença: [...] §1º Não se considera fundamentada qualquer decisão judicial, seja ela interlocutória, sentença ou acórdão, que: I – se limitar à indicação, à reprodução ou a paráfrase de ato normativo, sem explicar sua relação com a causa ou a questão decidida; II – empregar conceitos jurídicos indeterminados, sem explicar o motivo concreto de sua incidência no caso; III – invocar motivos que se prestariam a justificar qualquer outra decisão; IV – não enfrentar todos os argumentos deduzidos no processo capazes de, em tese, infirmar a conclusão adotada pelo julgador; V – se limitar a invocar precedente ou enunciado de súmula, sem identificar seus fundamentos determinantes nem demonstrar que o caso sob julgamento se ajusta àqueles fundamentos; VI – deixar de seguir enunciado de súmula, jurisprudência ou precedente invocado pela parte, sem demonstrar a existência de distinção no caso em julgamento ou a superação do entendimento. §2º No caso de colisão entre normas, o juiz deve justificar o objeto e os critérios gerais da ponderação efetuada, enunciando as razões que autorizam a interferência na norma afastada e as premissas fáticas que fundamentam a conclusão".

Nesse contexto, José Carlos Barbosa Moreira (1980, p. 87-90) acentua que o dever de enunciar, publicamente, as razões justificativas da decisão proferida assenta-se na "ideia de garantia" inerente ao Estado de Direito,[164] especialmente importante frente às hipóteses de discrição concedida pelo ordenamento ao órgão judicial, impondo-se uma perfeita sincronia entre a intensidade da discricionariedade e o da motivação, "já que apenas à vista dela se pode saber se o juiz usou bem ou mal a sua liberdade de escolha, e sobretudo se não terá ultrapassado os limites da discrição para cair no arbítrio", o que ultrapassa os exclusivos interesses das partes:

> A possibilidade de aferir a correção com que atua a tutela jurisdicional não deve constituir como "privilégio" dos diretamente interessados, mas estender-se em geral aos membros da comunidade: é fora de dúvida que, se a garantia se revela falha, o defeito ameaça potencialmente a todos, e cada qual, por isso mesmo, há de ter acesso aos dados indispensáveis para formar juízo sobre o modo de funcionamento do mecanismo assecuratório. Ora, a via adequada não pode consistir senão no conhecimento das razões que o órgão judicial levou em conta para emitir seu pronunciamento; daí decorre a necessidade da motivação obrigatória e pública.

Confirma-se, portanto, o que diz Manuel Segura Ortega (2006, p. 93-97): o elemento essencial da discricionariedade, a liberdade de eleição, não é, em nenhum caso, absoluto, pois sua limitação decorre substancialmente da motivação.

3.2.3 Dever de observância dos precedentes: isonomia, segurança jurídica e racionalidade (art. 5º, *caput*, I, da CF e 926 do CPC)

Outro fator que restringe a discricionariedade judicial é a observância aos precedentes. Cândido Rangel Dinamarco (2017a, p. 160-161)

---

[164] Michele Taruffo (2015, p. 295) lembra o sistema de *common law* apresenta uma característica histórica constante: a ausência do dever de motivação, que, no entanto, é acompanhada "de uma praxe não menos constante, ainda que não absolutamente generalizada, no sentido de ajuntar à decisão a exposição das respectivas razões. Aliás, é exatamente a existência dessa praxe, consolidada progressivamente em um longo arco de tempo, que provavelmente explica como nem o legislador nem a jurisprudência tenham sentido a necessidade de formular uma regra expressa a respeito". Note-se que mesmo no sistema *civil law* há decisões totalmente desmotivadas e sigilosas, como é o caso no Brasil, por exemplo, dos votos dos jurados no julgamento, pelo tribunal do júri, dos crimes dolosos contra a vida (art. 5º, XXXVIII, da CF).

sustenta que, à luz do Direito Positivo vigente, notadamente do disposto no art. 927 do CPC,[165] cujo comando normativo determina a observância pelos juízes e tribunais das decisões do STF em controle concentrado de constitucionalidade, dos enunciados de súmula vinculante, dos acórdãos em incidente de assunção de competência ou de resolução de demandas repetitivas e em julgamento de recursos extraordinário e especial repetitivos; dos enunciados das súmulas do STF em matéria constitucional e do STJ em matéria infraconstitucional, e da orientação do plenário ou do órgão especial aos quais estiverem vinculados, a jurisprudência,[166] embora sem ter o mesmo vigor e o generalizado poder imperativo de uma *lei,* muito se aproxima disso e "adquiriu *plenamente* todo o poder vinculante de uma fonte de direito".

Rodolfo de Camargo Mancuso (2015, p. 415-416), discorrendo sobre a compatibilidade da eficácia impositiva dos precedentes com o primado da norma legal enquanto paradigma de atos e condutas (art. 5º, II, da CF), fala em "dois planos da norma":

> Embora seja notória a instalação, dentre nós, de um ambiente de nomogênese difusa, tantos são os órgãos, agentes e instâncias credenciados a normatizar, não há negar que o *locus* precípuo de criação da norma legal segue sendo o Legislativo, cujos membros atuam como mandatários do povo, o detentor original do Poder (CF, parágrafo único do art. 1º) [...].

---

[165] BRASIL. Lei nº 13.105, de 16 de março de 2015 – Código de Processo Civil: "Art. 927. Os juízes e os tribunais observarão: I – as decisões do Supremo Tribunal Federal em controle concentrado de constitucionalidade; II – os enunciados de súmula vinculante; III – os acórdãos em incidente de assunção de competência ou de resolução de demandas repetitivas e em julgamento de recursos extraordinário e especial repetitivos; IV – os enunciados das súmulas do Supremo Tribunal Federal em matéria constitucional e do Superior Tribunal de Justiça em matéria infraconstitucional; V – a orientação do plenário ou do órgão especial aos quais estiverem vinculados".

[166] Sobre a distinção entre jurisprudência e precedente, Michele Taruffo (2012, p. 279) faz os seguintes apontamentos: "Existe, antes de tudo, uma distinção de caráter – por assim dizer – *quantitativo*. Quando se fala do precedente se faz normalmente referência a *uma decisão* relativa a um caso particular, enquanto quando se fala da jurisprudência se faz normalmente referência a *uma pluralidade*, frequentemente bastante ampla, de decisões relativas a vários e diversos casos concretos. A diferença não é apenas do tipo semântico. O fato é que nos sistemas que se fundam tradicionalmente e tipicamente sobre o precedente, em regra a decisão que se assume como precedente é uma só; ademais, poucas decisões sucessivas vêm citadas em apoio do precedente. Deste modo, é fácil identificar qual decisão de verdade 'faz precedente'. Ao contrário, nos sistemas – como o nosso – nos quais se alude à jurisprudência, se faz referência normalmente a muitas decisões: às vezes, são dúzias ou até mesmo centenas, ainda que nem todas venham expressamente citadas. Isso implica várias consequências, dentre as quais a dificuldade – frequentemente de difícil superação – de estabelecer qual seja a decisão que verdadeiramente é relevante (se houver uma) ou então de decidir quantas decisões são necessárias para que se possa dizer que existe uma jurisprudência relativa a uma determinada interpretação de uma norma".

Da delegação feita pelo povo aos parlamentares para que em seu nome promovam escolhas primárias e opções políticas [...] não se pode, todavia, daí extrair a conclusão de que outros órgãos, instâncias e agências não possam produzir outras modalidades ou formas de expressão do Direito, igualmente impositivas [...].

Com a tendencial eficácia expansiva dos precedentes judiciários, que vão galgando foros de verdadeiras *normas jurisprudenciais*, hoje se pode identificar um *arco monogenético* que começa por formar-se no Parlamento e acaba por se fechar e completar com a *interpretação* dada à norma pelo Judiciário, mormente os Tribunais superiores, permitindo visualizar os dois planos da *norma legislada* e da *norma judicada*.

José Rogério Cruz e Tucci (2004, p. 12) recorda que:

[...] todo *precedente judicial* é composto por duas partes distintas: *a)* as circunstâncias de fato que embasam a controvérsia; e *b)* a tese ou o princípio jurídico assentado na motivação (*ratio decidendi*) do provimento decisório. Dependendo do sistema em que se engasta, a decisão, monocrática ou colegiada, é classificada de *precedente vinculante* (*binding autority*: sistema da *common law*) [portanto, fonte de direito] e *precedente persuasivo*, ou *de fato*, ou *revestido de valor moral* (*persuasive autority*: em regra, sistema da *civil law*).

Juliana Cristina Luvizotto (2019, p. 494) comenta que o precedente administrativo é compreendido pela doutrina com concepções distintas:

[...] ora ele foi incluído ou confundido como (i) a jurisprudência administrativa, como decisões dos tribunais administrativos; (ii) ora foi definido como os atos decisórios decorrentes dos órgãos de consulta da Administração, firmando a inteligência que, na prática, tem sido dada às respectivas leis administrativas; (iii) ora como os uso práticos (praxe) ou costumes da Administração; (iv) ora como a decisão anterior da Administração, seja na esfera contenciosa administrativa ou não, que gera uma norma jurídica para a Administração.

A sua noção, entretanto, relaciona-se à ideia de um ato decisório anterior da Administração "que possui conteúdo jurídico, com a resolução substantiva de um caso concreto num dado momento histórico, de forma fundamentada, que pode assumir relevância suficiente para projetar efeitos para o futuro".

No plano da função judicial,[167] Luiz Guilherme Marinoni (2011, p. 120-190) identifica uma série de razões para a observância dos precedentes,[168] das quais merecem destaque: (i) segurança jurídica (previsibilidade, estabilidade e confiança); (ii) igualdade (perante a lei e perante a interpretação da lei); (iii) respeito à hierarquia; (iv) desestímulo à litigância; (v) despersonalização das demandas e maior facilidade de aceitação da decisão; (vi) contribuição à duração razoável do processo; eficiência do Poder Judiciário e economia de despesas.

Atualmente, o art. 926 do CPC determina que os tribunais devem uniformizar sua jurisprudência e mantê-la estável, íntegra e coerente.[169] Trata-se da denominada função nomofilácica, consubstanciada pelo zelo da uniformização da interpretação e da aplicação do Direito pelos Tribunais Superiores, evitando-se, pois, a volatilidade das decisões. A nomofilaquia destina-se a aclarar e integrar o sistema normativo, propiciando-lhe uma aplicação uniforme.

Na Reclamação nº 4.335/AC, julgada em 21.03.14, ou seja, antes da edição do Código de Processo Civil vigente, o Ministro Teori Zavascki, depois de fazer uma ampla evolução histórica sobre a "caminhada do direito brasileiro no rumo da valorização dos procedentes judiciais, no âmbito da jurisdição geral", citando como marco inicial a instituição, no ano de 1963, da súmula da jurisprudência predominante do Supremo Tribunal Federal, prevista no art. 102 do Regimento Interno do STF, reconheceu a força *ultra partes* que o sistema normativo brasileiro já atribuía aos precedentes (os quais são dotados não meramente de força persuasiva), realçou, ainda, o perfil institucional quanto à uniformização da jurisprudência pelo STF, na seara constitucional, e pelo STJ, no plano da legislação federal, e aludiu à comentada função nomofilácica.[170]

---

[167] Gustavo Marinho de Carvalho (2015, p. 131-141) aponta como fundamentos do efeito vinculante dos precedentes administrativos: (i) os princípios da igualdade, da segurança jurídica, da boa-fé e da eficiência; (ii) as regras dos artigos 2º, parágrafo único, XIII, e 50, VII, da Lei nº 9.784/99 (Lei do Processo Administrativo).

[168] Contra a força obrigatória dos precedentes, são elencados os seguintes argumentos (*op. cit.*, p. 190-212): (i) obstáculo ao desenvolvimento do Direito e ao surgimento de decisões adequadas às novas realidades sociais; (ii) violação da isonomia substancial; (iii) ofensa da tripartição das funções estatais; (iv) violação da independência dos juízes, do juiz natural e da garantia de acesso à justiça.

[169] A coerência não é condição de validade, mas é sempre condição para a justiça do ordenamento (BOBBIO, 2014. p. 111).

[170] A respeito, Michele Taruffo (2012, p. 288-289) faz detalhada explicação: "Em páginas claríssimas da *Cassação Civil*, já em 1920, Piero Calamandrei sublinhava a função de nomofilaquia da Corte de Cassação teria tido que se desenvolver, em conexão com a função de garantir a uniformidade da jurisprudência, através da prolação de sentenças capazes não apenas de assegurar a exata interpretação do direito, mas também de impor esta

O sistema de precedentes, cumpre observar, não leva a uma estagnação do direito. A dinamicidade dos precedentes é assegurada pela adoção das técnicas de (i) *distinguishing*: confrontação entre fatos relevantes, de modo a aferir se ao litígio em julgamento aplica-se a mesma *ratio decidendi* de um precedente, ao qual, em caso positivo, deve submeter-se; (ii) *overruling*: superação e revogação integral do precedente, cujos efeitos não são invalidados, mas perde seu caráter de paradigma; (iii) *overriding*: limitação do alcance do precedente (superação ou revogação parcial); (iv) *signaling*: indicação pelo órgão julgador da perda de consistência do precedente e sinalização da sua futura revogação; (v) *transformation*: superação da *ratio decidendi*, mas sem revogação do precedente, que é reconfigurado.

Eugenio Bulygin (2003, p. 21) relaciona o respeito aos precedentes à racionalidade:

> Quando digo que a decisão do juiz em um caso individual o compromete a decidir de igual modo todos os casos iguais (ou relevantemente

---

interpretação como cânone de decisão dos casos sucessivos. Calamandrei apresentava a ideia de que a Corte de Cassação, uma vez unificada, torna-se aquilo que em termos modernos se chama 'corte do precedente' e assim desenvolveria as suas funções, e em particular aquela de nomofilaquia, através de decisões capazes de orientar a jurisprudência sucessiva. Ele antecipava, em verdade, aquela que é hoje a função principal das cortes superiores em muitos ordenamentos, de *common law* e de *civil law*, que é a de assegurar o controle de legitimidade através da fixação de precedentes destinados a projetar-se como pontos de referência sobre decisões dos outros juízes. Com fórmula sintética se pode falar de 'nomofilaquia através do precedente', justamente para indicar que a função típica de uma corte superior é de assegurar o uniforme respeito à lei através de decisões 'universalizáveis' e projetáveis para o futuro. Por ocasião da recente reforma do procedimento na cassação, o legislador manifestou a vontade de fortalecer a função nomofilática da Corte, mas a fez sobre uma noção de nomofilaquia que não apenas não corresponde àquela de Calamandrei, como também está em nítido contraste com as modalidades – que acabei de indicar – com as quais as cortes superiores dos outros ordenamentos desenvolvem a mesma função. Prevê-se, de fato, em várias disposições, que a Corte pronuncie 'princípios de direito' sobre cada questão levantada em quaisquer razões de recurso e ainda quando não seja um recurso da parte, mas que a pronúncia de um princípio de direito venha requerida 'no interesse da lei'. Estes 'princípios de direito' deveriam ser pronunciados com uma frequência previsivelmente muito maior em relação ao passado, posto que na mesma sentença poderia haver vários deles, se vários eram as razões dos recursos. Por um lado, portanto, não se faz nada para dirigir a Corte de Cassação para o papel de uma verdadeira e própria corte do precedente (o que exigiria, por exemplo, uma drástica redução do número das decisões, através de adequados mecanismos de filtro recursal). Por outro lado, se faz referência a certo tipo de 'nomofilaquia do caso concreto', induzindo a Corte a se pronunciar sobre uma infinidade de questões, independentemente daquele interesse ou daquela relevância geral, e, por isso, independentemente da 'universalidade' do critério de decisão que vem utilizado no caso singular. Isto que se persegue, de fato, não é indicação de regras destinadas a serem aplicadas aos juízes sucessivos, mas a analítica especificação de 'princípios' que, em realidade, princípios não são, sendo destinados a valer essencialmente para um caso singular que se decide. Nenhuma projeção para o futuro, portanto, mas apenas a analítica solução das questões de direito surgidas no caso concreto".

análogos), não quero insinuar que o juiz está (juridicamente ou moralmente) obrigado a seguir seus próprios precedentes. Não se trata de uma obrigação, mas de uma condição de racionalidade: um juiz que resolve dois casos iguais de maneiras distintas, sem indicar em que consiste a diferença que o induz a fazê-lo, atua irracionalmente.

Benjamin Cardozo (2004, p. 21) adverte que sem a regra da adesão ao precedente os litigantes perderiam a fé na administração imparcial da justiça.

Dworkin (2014, p. 291), dentro da sua concepção de Direito como integridade, propugna que os juízes apliquem nos novos casos que se lhes apresentem o "conjunto coerente de princípios sobre a justiça, a equidade e o devido processo legal adjetivo", o que veda a adoção de tratamento casuísta.

A bem da verdade, os juízes, por força da isonomia, vinculam-se provisoriamente às suas interpretações. Pode parecer estranho ou mesmo arbitrário, mas a superação das decisões anteriores é perfeitamente possível e lícita. Tanto é assim que o próprio ordenamento permite o *overruling*.

No plano da Administração Pública federal, a LC nº 73/1993 atribui ao Advogado-Geral da União, entre outras, a função de unificar a jurisprudência administrativa, garantir a correta aplicação das leis, prevenir e dirimir as controvérsias entre os órgãos jurídicos da Administração Federal. (art. 4º, XI). Cuida-se de um esforço de harmonização da atuação administrativa, que, guiada por um critério de racionalidade, guarda coerência com a busca da efetivação da isonomia e da segurança jurídica.[171]

Nesse sentido, o art. 50, VII, da Lei nº 9.784/1999, expressamente reforça o dever de fundamentação do ato administrativo que deixar de aplicar jurisprudência firmada sobre a questão, impondo-se, portanto, um reforço no ônus argumentativo.

No sistema da *civil law* como um todo, e no Brasil em particular, há uma cultura de inobservância dos precedentes, sejam eles persuasivos ou vinculantes. Para Luiz Guilherme Marinoni (2011, p. 100-101) a raiz desse comportamento está na suposição de que a lei seria suficiente para garantir a certeza e a segurança jurídicas. Nesse raciocínio, haveria uma contradição:

---

[171] Heleno Taveira Torres (2012, p. 239) classifica essa hipótese como de "autovinculação objetiva, legalmente estatuída, que garante a segurança jurídica pela eleição do ato prevalecente e a unitariedade dos comportamentos da Administração Pública".

[...] A segurança seria garantida mediante a certeza advinda da subordinação do juiz à lei. Contudo, é interessante perceber que a certeza jurídica adquiriu feições antagônicas no *civil law* e no *common law*. No *common law* fundamentou o *stare decisis*, enquanto no *civil law* foi utilizado para negar a importância dos tribunais e das suas decisões.

Quanto à violação dos precedentes, Fernando Leal (2016b, p. 74) diagnostica um quadro alarmante no âmbito do STF: "a predisposição para o uso completamente estratégico e desparametrizado de decisões anteriores da corte", como mecanismo de maximização do poder monocrático.[172]

3.2.4 Recorribilidade: revisão e depuração

Para Nelson Nery Junior (2010, p. 288) a garantia ao duplo grau de jurisdição, concebido com seus dois caracteres específicos, a possibilidade de um reexame integral da sentença de primeiro grau e que esse reexame seja confiado a órgão diverso do que a proferiu e de hierarquia superior na ordem judiciária, é restrita ao âmbito criminal (art. 8º, item 2, alínea "h", da Convenção Interamericana de Direitos Humanos – Pacto de San José da Costa Rica, combinado com o art. 5º, §3º, da CF). O STF, no entanto, no julgamento do RHC nº 79785-7-RJ, DJ 10/04/2000, por seu Pleno, decidiu que a Carta Magna não alçou o duplo grau de jurisdição ao patamar de garantia fundamental e que a prevalência da Constituição afasta a aplicabilidade das cláusulas convencionais antinômicas. O julgamento ocorreu antes da promulgação da EC nº 45, de 2004, que acrescentou o §3º ao art. 5º, segundo o qual os tratados e convenções internacionais sobre direitos humanos que forem aprovados, em cada Casa do Congresso Nacional, em dois turnos, por três quintos dos votos dos respectivos membros, serão equivalentes às emendas constitucionais.

O texto constitucional, entretanto, ao dispor sobre determinadas hipóteses em que (i) compete ao STF julgar, mediante recurso extraordinário, as causas decididas *em única* ou última instância (art. 102, III) e (ii) ao STJ julgar, em recurso especial, as causas decididas, *em única* ou

---

[172] Pierre Rosanvallon (2009, p. 242) observa que os juízes constitucionais (o raciocínio aplica-se aos magistrados em geral) possuem legitimidade variável, que pode crescer ou erodir, de acordo com um conjunto de dados históricos e práticos, como reconhecimento social, reputação intelectual e moral derivada da natureza das decisões adotadas. Nesse contexto, a noção de autolimitação judicial (*judicial restraint*), como estratégia de "boa conduta democrática", também seria uma variável a ser considerada.

última instância, pelos Tribunais Regionais Federais ou pelos tribunais dos Estados, do Distrito Federal e Territórios (art. 105, III), deixa claro que o acesso ao duplo grau de jurisdição, ou seja, a possibilidade de reexame integral de um provimento jurisdicional, quanto à sua matéria de fato e de direito, por órgão jurisdicional distinto daquele que proferiu o ato impugnado, não é uma regra absoluta.[173] Nada obstante, no sistema brasileiro pode inclusive haver duplo grau sem recurso voluntário. Isso ocorre nas hipóteses relacionadas no art. 496 do CPC, nas causas em que a parte vencida for a União, os Estados, o Distrito Federal, os Municípios e suas respectivas autarquias e fundações de Direito Público.[174]

Luiz Guilherme Marinoni (2011, p. 134-135), analisando a relação entre o duplo grau de jurisdição e o prestígio do papel do juiz, chega à curiosa conclusão:

> [...] no *common law*, muito mais do que no *civil law* e, especialmente do que no Brasil – que é um dos raros países no mundo em que o duplo grau de jurisdição é endeusado –, confere-se importância e dignidade ao juiz de primeiro grau. Nos Estado Unidos, o juiz de primeiro grau goza de grande prestígio. [...] O sistema do *common law*, por confiar no juiz, confere-lhe poder para julgar sozinho inúmeras demandas [...] Portanto, se é completamente contraditório sustentar a intangibilidade do duplo grau e, ao mesmo tempo, o poder de o juiz de primeiro grau decidir

---

[173] Cândido Rangel Dinamarco e Bruno Vasconcelos Carrilho Lopes (2016, p. 70) reconhecem que inexiste *"garantia* de intangibilidade total ao princípio do duplo grau de jurisdição".

[174] BRASIL. Lei nº 13.105, de 16 de março de 2015 – Código de Processo Civil: "Art. 496. Está sujeita ao duplo grau de jurisdição, não produzindo efeito senão depois de confirmada pelo tribunal, a sentença: I – proferida contra a União, os Estados, o Distrito Federal, os Municípios e suas respectivas autarquias e fundações de direito público; II – que julgar procedentes, no todo ou em parte, os embargos à execução fiscal. §1º Nos casos previstos neste artigo, não interposta a apelação no prazo legal, o juiz ordenará a remessa dos autos ao tribunal, e, se não o fizer, o presidente do respectivo tribunal avocá-los-á. §2º Em qualquer dos casos referidos no §1º, o tribunal julgará a remessa necessária. §3º Não se aplica o disposto neste artigo quando a condenação ou o proveito econômico obtido na causa for de valor certo e líquido inferior a: I – 1.000 (mil) salários-mínimos para a União e as respectivas autarquias e fundações de direito público; II – 500 (quinhentos) salários-mínimos para os Estados, o Distrito Federal, as respectivas autarquias e fundações de direito público e os Municípios que constituam capitais dos Estados; III – 100 (cem) salários-mínimos para todos os demais Municípios e respectivas autarquias e fundações de direito público. §4º Também não se aplica o disposto neste artigo quando a sentença estiver fundada em: I – súmula de tribunal superior; II – acórdão proferido pelo Supremo Tribunal Federal ou pelo Superior Tribunal de Justiça em julgamento de recursos repetitivos; III – entendimento firmado em incidente de resolução de demandas repetitivas ou de assunção de competência; IV – entendimento coincidente com orientação vinculante firmada no âmbito administrativo do próprio ente público, consolidada em manifestação, parecer ou súmula administrativa".

em desacordo com os tribunais superiores, não é necessário afirmar o duplo grau para respeitar os precedentes. Na verdade, a relativização do duplo grau e a obediência aos precedentes são elementos presentes no sistema que realmente respeita os seus juízes.

Chaïm Perelman (2004, p. 238) faz interessante observação sobre a visão do julgador a depender da sua posição na estrutura organizacional da função judicial.

> O direito se desenvolve equilibrando uma dupla exigência, uma ordem sistemática, a elaboração de uma ordem jurídica coerente, outra, de ordem pragmática, a busca de soluções aceitáveis pelo meio, porque conformes ao que lhe parece justo e razoável.
> Essa dupla exigência pode provocar desacordos e tensões, porque os juízes de primeiro grau são mais sensíveis às consequências de suas decisões, enquanto a Corte de Cassação é mais sensível à coerência do sistema que deve salvaguardar; uns são mais sensíveis à equidade da decisão, outros à sua conformidade com o direito.

Pode-se dizer que a recorribilidade complementa a garantia da fundamentação dos provimentos jurisdicionais, pois somente com esse controle o sistema de limitação do poder judicial e de expurgação de desvios e de desacertos consegue operar adequadamente. De nada serviria o dever de fundamentação sem a correspondente instância revisora dotada de poderes de reforma e anulação. A revisibilidade não só torna hígido o controle, mas fomenta o reforço da fundamentação.

Entretanto, nenhum sistema jurídico sobreviveria se todas as decisões pudessem ser indefinidamente revisadas. A necessidade de um "ponto final" no litígio, expondo um aspecto pragmático da função judicial, significa que a segurança e a estabilidade prevalecem sobre o ideal de justiça.[175] A eterna busca por uma solução idealizada é considerada mais nociva para a paz social do que uma solução imperfeita que dissolva o litígio. Trata-se, portanto, de um modelo procedimental. Nesse sentido, o limite da revisibilidade, em regra, é a coisa julgada material (art. 5º, XXXVI, da CF), entendida como a autoridade que torna imutável e indiscutível a decisão de mérito não mais sujeita a recurso (art. 502 do CPC e art. 6º, §3º, da LINDB).

---

[175] Por isso, diz José Juan Moreso (2010, p. 86), os juízes podem equivocar-se, mesmo assim devem ser obedecidos.

José Afonso da Silva (2018, p. 439-440) bem observa:

> A proteção constitucional da coisa julgada não impede, contudo, que a lei preordene regras para a sua rescisão mediante atividade jurisdicional. Dizendo que a lei não prejudicará a coisa julgada, quer-se tutelar esta contra atuação direta do legislador, contra ataque direto da lei. A lei não pode desfazer (rescindir ou anular ou tornar ineficaz) a coisa julgada. Mas pode prever licitamente, como o fez o art. 485 do Código de Processo Civil [atual art. 966], sua rescindibilidade por meio de ação rescisória.

Com efeito, o art. 966 do CPC[176] estabelece uma série de situações nas quais a decisão de mérito pode ser rescindida depois do trânsito em julgado.[177] Afora essas hipóteses, há outra especialmente polêmica. Os arts. 525, §12, e 535, §5º, do CPC, cujas constitucionalidades foram reconhecidas pelo STF (RE nº 611.503/SP, *DJe* 19/03/2019 – Tema 360),[178] consideram, na fase de cumprimento, inexigível a obrigação

---

[176] BRASIL. Lei nº 13.105, de 16 de março de 2015 – Código de Processo Civil: "Art. 966. A decisão de mérito, transitada em julgado, pode ser rescindida quando: I – se verificar que foi proferida por força de prevaricação, concussão ou corrupção do juiz; II – for proferida por juiz impedido ou por juízo absolutamente incompetente; III – resultar de dolo ou coação da parte vencedora em detrimento da parte vencida ou, ainda, de simulação ou colusão entre as partes, a fim de fraudar a lei; IV – ofender a coisa julgada; V – violar manifestamente norma jurídica; VI – for fundada em prova cuja falsidade tenha sido apurada em processo criminal ou venha a ser demonstrada na própria ação rescisória; VII – obtiver o autor, posteriormente ao trânsito em julgado, prova nova cuja existência ignorava ou de que não pôde fazer uso, capaz, por si só, de lhe assegurar pronunciamento favorável; VIII – for fundada em erro de fato verificável do exame dos autos".

[177] BRASIL. Lei nº 13.105, de 16 de março de 2015 – Código de Processo Civil: "Art. 975. O direito à rescisão se extingue em 2 (dois) anos contados do trânsito em julgado da última decisão proferida no processo. §1º Prorroga-se até o primeiro dia útil imediatamente subsequente o prazo a que se refere o *caput*, quando expirar durante férias forenses, recesso, feriados ou em dia em que não houver expediente forense. §2º Se fundada a ação no inciso VII do art. 966, o termo inicial do prazo será a data de descoberta da prova nova, observado o prazo máximo de 5 (cinco) anos, contado do trânsito em julgado da última decisão proferida no processo. §3º Nas hipóteses de simulação ou de colusão das partes, o prazo começa a contar, para o terceiro prejudicado e para o Ministério Público, que não interveio no processo, a partir do momento em que têm ciência da simulação ou da colusão".

[178] BRASIL. Supremo Tribunal Federal. RE nº 611.503/SP, j. em 20 set. 2018. Brasília, DF. "São constitucionais as disposições normativas do parágrafo único do art. 741 do CPC, do §1º do art. 475-L, ambos do CPC/1973, bem como os correspondentes dispositivos do CPC/2015, o art. 525, §1º, III e §§12 e 14, o art. 535, §5º. São dispositivos que, buscando harmonizar a garantia da coisa julgada com o primado da Constituição, vieram agregar ao sistema processual brasileiro um mecanismo com eficácia rescisória de sentenças revestidas de vício de inconstitucionalidade qualificado, assim caracterizado nas hipóteses em que (a) a sentença exequenda esteja fundada em norma reconhecidamente inconstitucional, seja por aplicar norma inconstitucional, seja por aplicar norma em situação ou com um sentido inconstitucionais; ou (b) a sentença exequenda tenha deixado de aplicar norma reconhecidamente constitucional; e (c) desde que, em qualquer dos casos, o reconhecimento

reconhecida em título executivo judicial fundado em lei ou ato normativo considerado inconstitucional pelo STF, ou fundado em aplicação ou interpretação da lei ou do ato normativo tido pelo STF como incompatível com a Constituição Federal, em controle de constitucionalidade concentrado ou difuso.[179] Se a decisão referida nos arts. 525, §12, e 535, §5º, do CPC for proferida após o trânsito em julgado da decisão exequenda, caberá ação rescisória, cujo prazo será contado do trânsito em julgado da decisão proferida pelo Supremo Tribunal Federal (arts. 525, §15, e 535, §8º, do CPC)[180]. Isso significa que uma relação jurídica estabilizada por força da coisa julgada formada em um dado processo poderá futuramente, em termo absolutamente incerto e incalculável, ser desconstituída em razão de decisão proferida pelo STF, o que sem dúvida fragiliza sobremaneira a garantia prevista no art. 5º, XXXVI, da CF,[181] pois a proteção contra a irretroatividade das leis é insuficiente para preservação da segurança jurídica se for admitida a retroatividade, ainda mais sem limite temporal, de decisão judicial.

---

dessa constitucionalidade ou a inconstitucionalidade tenha decorrido de julgamento do STF realizado em data anterior ao trânsito em julgado da sentença exequenda". Registre-se que, nos termos do art. 1.057 do CPC, o disposto nos seus arts. 525, §§14 e 15 e 535, §§7º e 8º, aplica-se às decisões transitadas em julgado após a sua entrada em vigor. Quanto às decisões transitadas em julgado anteriormente, incide o disposto nos arts. 475-L, §1º e 741, parágrafo único, do CPC/1973. Lembre-se, a propósito, o teor da Súmula 487 do STJ: "O parágrafo único do art. 741 do CPC não se aplica às sentenças transitadas em julgado em data anterior à da sua vigência" (seis meses após a publicação da Lei nº 11.232, de 22/12/2005).

[179] Note-se que, em atenção à segurança jurídica, os efeitos da decisão do Supremo Tribunal Federal poderão ser modulados no tempo (arts. 525, §13, e 535, §7º do CPC).

[180] No julgamento do RE nº 730.462/SP (Tema 733), da relatoria do Ministro Teori Zavascki (*DJe* 09/09/2015), o STF, sob a égide do CPC/1973, fixou a seguinte tese: "A decisão do Supremo Tribunal Federal declarando a constitucionalidade ou a inconstitucionalidade de preceito normativo não produz a automática reforma ou rescisão das decisões anteriores que tenham adotado entendimento diferente. Para que tal ocorra, será indispensável a interposição de recurso próprio ou, se for o caso, a propositura de ação rescisória própria, nos termos do art. 485 do CPC, observado o respectivo prazo decadencial (art. 495)". Ressalvou-se desse entendimento, quanto à indispensabilidade da ação rescisória, a questão relacionada à execução de efeitos futuros da sentença proferida em caso concreto sobre relações jurídicas de trato continuado.

[181] Ao comentar decisão do Tribunal Constitucional federal alemão (BGHSt 39, 1), que reconheceu, em novembro de 1992, a punibilidade de dois guardas de fronteira por fatos ocorridos na noite do dia 14 de fevereiro de 1972, quando, seguindo instruções de seus superiores, abriram fogo contra um cidadão que tentava cruzar o rio Spree, provocando a sua morte, Robert Alexy (2000, p. 197-202) faz importante alerta de que quem interpreta nos dias de hoje o Direito vigente na República Democrática Alemã – RDA (Alemanha Oriental) à luz dos princípios do Estado de Direito "incorre, por via de uma manobra interpretativa *a posteriori* (*nachträgliche Uminterpretation*), em uma retroatividade dissimulada, que é, todavia, mais grave do que a explícita". Casos como esses fazem lembrar a indagação formulada por Philipp Heck (2009, p. 83): quem pode decidir se uma decisão judicial é simples interpretação ou uma modificação da lei? Enfim, *quis custodiet ipsos custodes*?

Cármen Lúcia (2009, p. 181-183) defende os dispositivos e os justifica do seguinte modo:

> A lei inconstitucional lei não é; o ato aperfeiçoado em detrimento ou afronta à Constituição não tem validade, não produz direito e não gera direitos ou obrigações. Pelo que não se pode considerar haver julgamento válido e subsistente contra a Constituição, pois o juiz busca a fonte de sua competência nesta Lei Suprema e sobre ela constrói os seus julgados.
> [...]
> Se o julgado transgride, afronta, atenta contra a Constituição, não se aperfeiçoa com a qualidade de coisa julgada para os efeitos de garantia constitucional. A Constituição não garante inconstitucionalidades, não se compadece com a sua prática, não fundamenta ou sustenta qualquer provimento, menos ainda os do Estado, que adversem e tendam à sua inobservância. O estado-juiz não está acima da Constituição...

Em favor da tutela jurisdicional justa, José Rogério Cruz e Tucci (2004, p. 287) defende que "a força vinculante dos *precedentes judiciais*, no jogo do binômio segurança-justiça, transcende o dogma da coisa julgada material", ou seja, a relativização da coisa julgada.

Cândido Rangel Dinamarco e Bruno Vasconcelos Carrilho Lopes (2016, p. 224) relatam que nos casos de "extrema gravidade" os tribunais preferem dar preponderância a "valores de elevado nível político, social ou humano" e permitem que eles "neutralizem a coisa julgada e com isso ponham em segundo plano a segurança jurídica".[182]

Nelson Nery Junior (2010, p. 66-68) tece severa crítica à relativização da coisa julgada. "*Interpretar* a coisa julgada, se justa ou injusta, se ocorreu ou não, é instrumento do totalitarismo, de esquerda ou de direita, nada tendo a ver com a democracia, com o estado democrático de direito".[183] Depois de lembrar que sequer o regime totalitário

---

[182] Vale lembrar que a segurança jurídica constitucional, como bem observa Heleno Taveira Torres (2012, p. 37), "pode ser tanto um princípio reclamado pelos poderes ou órgãos do Estado quanto pelos indivíduos, a depender das relações intersubjetivas instauradas. Admite-se a arguição do princípio de segurança jurídica como perfeitamente aplicável aos entes estatais nas relações entre unidades do federalismo, entre Estados na comunidade internacional ou, no caso das relações contratuais, como serviços públicos ou construções de obras públicas, entre as partes envolvidas, ainda que uma ou mais destas sejam particulares, pois a confiabilidade e certeza protegem tanto o Estado quanto os cidadãos e as empresas".

[183] No Brasil, a partir da proclamação da república, somente a Constituição de 1937, outorgada por Getúlio Vargas no Estado Novo, retirou o *status* constitucional da proteção do direito adquirido, do ato jurídico perfeito e da coisa julgada, relegando-os à disciplina da legislação ordinária. Em todas as demais essas garantias foram preservadas.

do nacional-socialismo alemão ousou tamanha investida,[184] acentua o caráter subjetivo da medida: "o intérprete [adepto da corrente *desconsideracionista*] quer desconsiderar a coisa julgada nos casos em que ele *acha* que deve fazê-lo". O autor admite o abrandamento da coisa julgada somente nas hipóteses expressamente previstas em lei: (i) ação rescisória (art. 966 do CPC); (ii) impugnação ao cumprimento da sentença pelo particular ou pela Fazenda Pública (art. 525 e 535 do CPC); (iii) revisão criminal (art. 622 do CPP); (iv) coisa julgada *secundum eventum litis* (art. 16 da LAP e art. 103 do CDC).

De fato, a possibilidade de0 revisão da coisa julgada a qualquer tempo vulnera frontalmente o elemento calculabilidade[185] da segurança jurídica, pois obscurece a capacidade de previsão, sendo notória a surpresa de quem, protegido pelo manto da coisa julgada, é impactado por uma declaração de inconstitucionalidade, fruto muitas vezes de uma mudança de orientação da jurisprudência ou de propositura de ação desconhecida ao tempo do trânsito em julgado. Daí porque se impõe o manejo da modulação (arts. 525, §13, e 535, §7º, do CPC) para adotar como *standard*, nas ações de que a Administração Pública federal é parte, a vedação da rescisão das sentenças acobertadas pela coisa julgada há ao menos cinco anos, aplicando-se, por analogia, o teor do art. 54 da Lei nº 9.784/1999 (o direito da Administração de anular os atos administrativos de que decorram efeitos favoráveis para os destinatários decai em cinco anos, contados da data em que foram praticados, salvo comprovada má-fé).

3.3 Discricionariedade judicial na perspectiva da doutrina brasileira

Em geral, as opiniões contrárias à admissão da existência da discricionariedade judicial na doutrina brasileira alinham-se, de algum

---

[184] O autor conta que Adolf Hitler, em 15/07/1941, sancionou a Lei para a Intervenção do Ministério Público no Processo Civil, conferindo atribuição ao *parquet* para aferir se a sentença era justa ou não, se atendia aos fundamentos do Reich alemão e aos anseios do povo alemão (art. 2º da *Gesetz über die Mitwirking des Staatsanwalts in bürgerlichen Rechtssachen* [StAMG] – RGB1 I, p. 383). A injustiça passava assim a ser uma das hipóteses de rescindibilidade da sentença.

[185] Calculabilidade, nas palavras de Humberto Ávila (2014, p. 604), "significa a capacidade de o cidadão antecipar as consequências alternativas atribuíveis pelo Direito a fatos ou a atos, comissivos ou omissivos, próprios ou alheios, de modo que a consequência efetivamente aplicada no futuro situe-se dentro daquelas alternativas reduzidas e antecipadas no presente. Sua previsão é bem-sucedida quando a decisão adotada se enquadra no âmbito das alternativas interpretativas antecipáveis e nas consequências abstratamente previstas e capazes de verificação mediante critérios e estruturas argumentativas".

modo, à teoria dworkniana segundo a qual sempre é possível identificar a resposta correta para os problemas jurídicos. Alguns nomes de envergadura pensam assim.

Sobre a interpretação e a concretização do Direito, Eros Roberto Grau (2013, p. 33-45 e 62-63) assinala: "Partindo do *texto normativo*, no quadro da realidade contemporânea à interpretação, alcançamos a *norma jurídica*, para então encaminharmos até à *norma de decisão*, aquela que confere solução ao caso. Somente então se dá a concretização do direito".

Disso resulta uma consequência relevante:

> É que o pleno discernimento de que a norma é produzida pelo intérprete instala inefável transtorno na estrutura do pensamento liberal, em especial na teoria da *separação* dos Poderes. A dificuldade que os juristas enfrentam para admitir que *texto* e *norma* não se superpõem opera como recusa inconsciente da ideia de que a construção das normas possa ser mais importante que a redação dos textos, de que a hermenêutica jurídica é mais relevante que a técnica legislativa.

A norma, acrescenta, "é produzida pelo intérprete não apenas a partir de elementos que se desprendem o texto (*mundo do dever-ser*), mas também a partir de elementos da realidade *mundo do ser*)". Pode-se dizer que "a *norma* se encontra (parcialmente) *em estado de potência*, involucrada no *enunciado* (*texto* ou *disposição*)". A lógica jurídica é a da escolha entre várias possibilidades corretas. A norma, por conseguinte, "não é objeto de *demonstração*, mas de *justificação*. Por isso, a alternativa *verdadeiro/falso* é estranha ao direito; no direito há apenas o *aceitável* (justificável)".[186]

Ao negar a discricionariedade judicial, Eros Roberto Grau (2005, p. 2009) afirma que ao juiz não é "atribuída a formulação de *juízos de oportunidade*, porém, exclusivamente, de *juízos de legalidade*".

---

[186] Para o ex-Ministro do STF (2005, p. 195-263), "inexistem, no âmbito do direito, soluções *exatas* – uma para cada caso –, porém, sempre, para cada caso, um elenco de soluções corretas". Entretanto, nega-se "a possibilidade de o intérprete autêntico produzir normas *livremente*, no exercício de *discricionariedade*". No seu entender, aquilo que "erroneamente é denominado de *discricionariedade judicial* é o poder de definição de normas de decisão posterior à produção de normas jurídicas, que o juiz exercita formulando *juízos de legalidade* (*não de oportunidade*)". Somente no exercício da jurisdição voluntária, por expressa autorização legal, é que se pode falar em *discricionariedade judicial*. A própria discricionariedade administrativa é questionada e teria surgido "quando o Terceiro Estado percebeu que a legalidade dificultava a colocação da Administração a seu serviço". A saída foi institucionalizar "duas válvulas de escape": os regulamentos e a discricionariedade.

Lenio Luiz Streck (2008, p. 291) é peremptório ao negar a existência de discricionariedade:

> Parece não haver dúvida – mormente após o debate Dworkin-Hart e de tudo o mais que a tradição jusfilosófica nos tem legado no decorrer do século XX – que o positivismo (nas suas mais variadas acepções) está ligado à discricionariedade interpretativa (cujas consequências são decisionismos e arbitrariedades), além de ser incompatível com a noção de princípio forjada no neoconstitucionalismo.

Em artigo tratando do problema da discricionariedade nas teses neoconstitucionalistas, Streck (2016, p. 133-134) defende a necessidade da superação do positivismo normativista e do neoconstitucionalismo, uma vez que ambos "acabam por cair no velho problema da discricionariedade judicial".

Mônica Clarissa Hennig Leal e Felipe Dalenogare Alves (2015, p. 227) seguem o mesmo raciocínio:

> Não há de se admitir um positivismo, por qualquer faceta que se apresente, legitimador de um exercício discricionário, do qual resultarão decisionismos e arbitrariedades, que não leve em conta o modo prático que se apresenta, o qual enseja um verdadeiro "estado de natureza hermenêutico", com cada juiz decidindo do jeito que quer, de acordo com sua subjetividade, o que conduz ao ativismo judicial.

Poliana Moreira Delpupo (2015, p. 81) também faz aguda crítica à discricionariedade judicial.

> [...] percebemos a sua aplicação nas decisões judiciais, nas quais o juiz ao interpretar o texto da lei, desprende-se das orientações nele estabelecidos, extrapolando seus limites, adotando posicionamentos pessoais, desvirtuando a interpretação da lei, instaurando uma instabilidade jurídica, onde na verdade deveria preponderar a segurança jurídica do Estado Democrático de Direito.

De fato, a desvirtuação do sentido da lei constitui ato flagrantemente arbitrário. Mas a discricionariedade não é isso. A deturpação do sentido do texto normativo pode ocorrer por qualquer intérprete, inclusive entre particulares, independentemente de se tratar de regras ou princípios.

Danilo Pereira Lima (2013, p. 366-368) ressalta a "tradição política autoritária" que perdurou por tanto tempo no Brasil – e ainda influencia a mentalidade de grande parcela da população e dos agentes estatais – e considera a discricionariedade das decisões judiciais como uma ameaça ao regime democrático, sobretudo porque, ao contrário do administrador público, o Poder Judiciário não possui legitimidade constitucional para fazer escolhas políticas.

Sobre a evolução do controle da discricionariedade, Lima observa:

> Se na época do Estado absolutista o grande desafio era acabar com a discricionariedade exercida pelo monarca e, após a revolução francesa, o dilema para o constitucionalismo era controlar a discricionariedade exercida no âmbito do Parlamento, nos tempos atuais, limitar a atuação dos juízes e afastar a discricionariedade das decisões judiciais se mostra fundamental para uma teoria do direito compatível com o Estado Democrático de Direito.

Georges Abboud e Guilherme Lunelli (2015, p. 21-29 e 42-43), partindo da premissa de que toda manifestação de ativismo "é uma atividade perniciosa para o regime democrático", que constitui "uma degeneração ideológica da atividade interpretativa/aplicativa do Judiciário", afirmam que, a pretexto do exercício de uma suposta discricionariedade, "as decisões judiciais acabam viciadas pela vontade dos julgadores, não detentores de qualquer legitimidade democrática".

Os autores denunciam:

> [...] vivemos no Brasil um momento de verdadeiro caos e incerteza dentro do nosso judiciário, onde o êxito ou o fracasso de uma demanda pauta-se numa lógica muito mais lotérica do que jurídica. É lugar comum em nossos tribunais (inclusive em nossas Cortes Superiores) a existência de diversos posicionamentos conflitantes para questões equivalentes, bem como um total descompromisso de nossa magistratura não só com as decisões pretéritas, mas também com a própria lei.
>
> [...] Todos os dias são exaladas diferentes decisões para casos semelhantes, e por quê? Porque a maioria dos julgadores acredita que o seu dever é decidir conforme o *seu* senso de justiça, conforme a *sua* consciência.

A crítica é pertinente no que tange ao desrespeito aos julgados precedentes, forma de inegável violação da isonomia, da coerência e da racionalidade, mas, mais uma vez, não se trata de falha intrínseca da discricionariedade, mas pessoal e exclusiva do intérprete, independentemente da linha doutrinária à qual se filia. No entanto, em relação à variedade de interpretações, não se pode afirmar que se trata de uma falha dos próprios julgadores. Temas controversos, e eles são crescentes, admitem mais de uma interpretação e provocam desacordos entre todos os intérpretes, dando ensejo ao surgimento de correntes doutrinárias e jurisprudenciais rivais e conflitantes. Por sua vez, a legitimidade do voto não é absoluta; a representação popular deve ser exercida nos estritos limites do Direito e o exame da sua observância não é condicionado pela popularidade ou impopularidade do representante.

Os processualistas, em geral críticos da discricionariedade judicial, a associam à interpretação, particularmente aos conceitos jurídicos indeterminados.

Para Teresa Arruda Alvim Pinto (1993, p. 233), o juiz exerce *liberdade de investigação crítica* em busca da melhor escolha e somente em caráter excepcional o juiz exerce atividade discricionária. Do ponto de vista pragmático, o sistema pode levar à "dualidade ou mesmo pluralidade de decisões, fruto de aplicação da mesma norma, ao mesmo conjunto de fatos, se ela contém um conceito vago, que enseja atividade interpretativa mais complexa que o exercício de raciocínio preso ao esquema subsuntivo".

José Roberto Santos Bedaque (2001, p. 188-195) segue o mesmo entendimento:

> [...] o que se costuma denominar de ato discricionário do juiz, em geral, não passa de interpretação e aplicação da norma jurídica ao caso concreto, utilizando o legislador critérios previamente estabelecidos pela própria lei. Não é por acaso que a Lei de Introdução ao Código Civil determina, em seu art. 5º que o juiz, ao aplicar a lei, "atenderá aos fins sociais a que ela se dirige e às exigências do bem comum".

De acordo com Bedaque, nas hipóteses em que o legislador concedeu ao juiz "doses largas de poder de escolha" (em geral, relacionadas com a fixação de prazos), "não há qualquer possibilidade de dano para as partes, eis que o legislador já estabelece de antemão os prazos mínimos e máximos, definindo parâmetros que não podem ser superados". Nesses casos, os atos seriam desprovidos de conteúdo decisório. Haveria um engano na utilização da expressão discricionariedade no âmbito dos poderes do juiz.

> Liberdade de escolha, segundo critérios de conveniência e oportunidade (poder discricionário) não se confunde com maior liberdade na interpretação de regras legais, tendo em vista a utilização de termos vagos, abertos, pelo legislador. O juiz, embora frequentemente deva valer-se até de outros ramos da ciência para encontrar o verdadeiro sentido da regra e aplicá-la ao caso concreto, não age discricionariamente,

pois não tem o poder de escolher entre várias opções possíveis, mas o dever de encontrar aquela mais adequada à situação que se lhe apresenta.

Cândido Rangel Dinamarco (2017a, p. 229-230) classifica de ilusão a ideia de que o juiz possa criar Direito e refuta que o art. 8º do Código de Processo Civil[187] outorgue tal poder.

> Se isso fosse verdade, aberto estaria o caminho para o arbítrio, mediante a implantação de uma verdadeira *ditadura judiciária* em que cada juiz teria a liberdade de instituir normas segundo suas preferências pessoais. Tal seria de absoluta incompatibilidade com as premissas do *due process of law* e do Estado de direito, em que a legalidade racional e bem compreendida vale como penhor das liberdades e da segurança das pessoas.
>
> Mas o art. 8º do Código de Processo Civil não é portador de poderes como esses. As preferências axiológicas, éticas, sociais, políticas e econômicas do juiz, enquanto opções pessoais, não podem prevalecer assim e impor-se imperativamente mediante atos que não são dele, mas *do Estado* – do qual ele é um agente *impessoal*. A grande e legítima liberdade que o juiz tem ao julgar é liberdade de remontar aos valores da sociedade, captá-los e compreendê-los com sensibilidade e com a mais autêntica fidelidade a um universo axiológico que não é necessariamente o seu. Agindo dessa maneira, o juiz coloca-se como *válido canal de comunicação entre os valores vigentes na sociedade e os casos concretos em que atua*. Isso não é *criar* normas, mas *revelá-las* de modo inteligente, sabido que a lei não é a fonte única e exclusiva do direito, mas também os princípios gerais de direito e, em alguma medida, também certos precedentes jurisprudenciais.

Gisele Santos Fernandes Góes (2008, p. 88), partindo do conceito de discricionariedade adotado pelos administrativistas, rejeita "peremptoriamente" a discricionariedade judicial, pois o Judiciário não se moveria pelo "binômio de conveniência e oportunidade para se atingir a solução 'correta e justa' para o caso concreto".

João Batista Lopes (2017, p. 94), invocando o art. 723, parágrafo único, do CPC, que autoriza o juiz a afastar-se do "critério de legalidade estrita" e a "adotar em cada caso a solução que considerar mais conveniente ou oportuna", admite a discricionariedade judicial apenas em relação aos procedimentos especiais de jurisdição voluntária.

---

[187] BRASIL. Lei nº 13.105, de 16 de março de 2015 – Código de Processo Civil: "Art. 8º. Ao aplicar o ordenamento jurídico, o juiz atenderá aos fins sociais e às exigências do bem comum, resguardando e promovendo a dignidade da pessoa humana e observando a proporcionalidade, a razoabilidade, a legalidade, a publicidade e a eficiência".

Ronaldo Cramer (2008, p. 112-113), associando a discricionariedade à insindicabilidade, rechaça que a interpretação de conceito jurídico indeterminado possa resultar em decisão judicial discricionária, mas reconhece que, embora raros, há "atos discricionários judiciais, que não estão sujeitos a nenhum tipo de controle", como seria o caso da decisão que defere ou indefere oitiva, na qualidade de informante, de pessoa impedida ou suspeita.

Entre os administrativistas, Celso Antônio Bandeira de Mello (2012, p. 26) é peremptório ao rechaçar a discricionariedade judicial. Não obstante admita a existência de "inúmeras decisões jurisdicionais, nas quais o juiz, para pronunciar-se, executa operações mentais em tudo e por tudo substancialmente iguais às que o administrador realiza quando no exercício de discrição", o pronunciamento jurisdicional não poderia ser qualificado como discricionário, sob "pena de erro gravíssimo", pois não alicerçado em critério de conveniência e oportunidade. O pronunciamento judicial seria "a *própria voz da lei in concreto.* [...] ao juiz jamais caberia dizer que tanto cabia uma solução quanto outra (que é o característico da discrição), mas que a decisão tomada é a que o Direito *impõe* naquele caso".[188]

O tema foi aprofundado pelo autor na abordagem de antiga discussão acerca do cabimento de mandado de segurança contra denegação ou concessão de liminar. Nessa oportunidade, Celso Antônio Bandeira de Mello (1989, p. 55) classificou de "erro grosseiro imaginar-se que o magistrado tem, de direito, 'liberdade' para outorgar ou não esta medida de cautela e que concedê-la ou negá-la é uma questão de 'foro íntimo', puramente subjetiva".[189]

---

[188] O entendimento, nesse ponto, segue a linha do defendido por Adrián Rentería (2017, p. 314), Karl Larenz (1989, p. 240) e Manuel Segura Ortega (2006, p. 73-74), os quais, em síntese, sustentam que o juiz, na motivação, adota estratégias argumentativas objetivando qualifica-la como a única possível.

[189] A discussão do tema se deu antes da edição da Lei nº 8.952, de 1º de dezembro de 1994, que introduziu no ordenamento jurídico a figura da antecipação, total ou parcial, dos efeitos da tutela pretendida no pedido inicial, desde que presentes prova inequívoca, que convencesse o juiz da verossimilhança da alegação, e (i) houvesse fundado receio de dano irreparável ou de difícil reparação, ou; (ii) ficasse caracterizado o abuso de direito de defesa ou o manifesto propósito protelatório do réu (art. 273, I e II, do CPC/1973). Antes do advento da tutela antecipada a cultura jurídica em geral, e a processual em particular, era amparada por uma noção de devido processo legal que recomendava contenção e moderação quanto às medidas de interferência na esfera jurídica do réu antes do trânsito em julgado. Admitiam-se, entretanto, as medidas cautelares, nominadas e inominadas, previstas no Livro III do CPC/1973. Esse cenário sofreu drástica alteração com a crescente judicialização e ampliação da duração do processo, o que chamou a atenção para a ineficiência do modelo processual em vigor, que não mais atendia aos ditames de uma tutela judicial justa e efetiva. Dentro desse contexto, a EC 45, de 2004 acrescentou o inciso LXXVIII ao art. 5º da

Concordamos com a conclusão, pois, *presentes os requisitos legais* para a concessão de tutela de urgência, de natureza antecipada ou cautelar, a parte possui direito público subjetivo à providência almejada, sustentada normativamente pelos princípios do devido processo legal, da razoabilidade e da tutela jurisdicional efetiva, que não se sujeita, como muito bem acentuado pelo notável administrativista, a um "ato de magnificência", a uma "liberalidade" ou um "gesto de graça".[190] Nada obstante, essa hipótese não exclui a existência de casos concretos nos quais o Direito não permite a identificação objetiva de uma solução inequivocamente superior às demais. Estamos, portanto, tratando de situações diversas. Aqui, embora não guiado pelos critérios de conveniência e de oportunidade, tal como na discricionariedade administrativa, o julgador se vê diante de uma margem de liberdade para eleger, de acordo com critérios de razoabilidade, uma dentre pelo menos duas soluções cabíveis, perante cada caso concreto, a fim de cumprir o dever de adotar a solução, ao seu juízo, mais adequada à satisfação da finalidade legal (no caso, garantir o acesso a um processo justo e à tutela jurisdicional adequada, com vista à solução de um conflito de interesses e à pacificação social), quando, por força da fluidez das expressões da lei ou da liberdade conferida no mandamento, dela não se possa extrair objetivamente uma solução unívoca para a situação vertente. O leitor atento percebeu que se trata de adaptação bastante próxima do conceito de discricionariedade administrativa desenvolvido por Celso Antônio, que muito bem se encaixa na função jurisdicional.

    A aproximação entre a discricionariedade judicial e a administrativa nada mais é do que um natural reflexo dos pontos de contato entre a função judicial e a administrativa. Apesar disso, reitera-se que a realização dos direitos subjetivos não é livre opção de nenhum agente público e tampouco se submete às conveniências de vontades políticas transitórias, não podendo, portanto, reduzir-se a um juízo discricionário.

CF, dispondo que a todos, no âmbito judicial e administrativo, são assegurados a razoável duração do processo e os meios que garantam a celeridade de sua tramitação.

[190] Nelson Nery Junior (2010, p. 175-176) afirma que o direito à tutela adequada exige que o juiz, "preenchidos os requisitos legais, tem de concedê-la, independentemente de haver lei autorizando, ou, ainda, que haja lei proibindo a tutela urgente. Isso ocorre casuisticamente no direito brasileiro, com a edição de medidas provisórias ou mesmo de leis que restringem ou proíbem a concessão de liminares, o mais das vezes contra o poder público. Essas normas têm de ser interpretadas conforme a Constituição. Se forem instrumentos impedientes de o jurisdicionado obter a tutela jurisdicional adequada, estarão em desconformidade com a Constituição e o juiz deverá ignorá-las, concedendo a liminar, independentemente de a norma legal proibir essa concessão".

Ricardo Marcondes Martins (2016, p. 46-47 e 100) também nega a existência de discricionariedade judicial. Haveria, como decorrência lógica do sistema, uma discricionariedade legislativa e outra administrativa, com uma diferença de grau (amplitude) entre ambas: "a atuação do legislador é limitada pela Constituição; a atuação do administrador é limitada pela Constituição e pelas leis". Caberia ao Judiciário, ao examinar as ponderações efetuadas pelo legislador e pela Administração, "atentar para a existência dos princípios formais decorrentes da separação de Poderes, que atribuem primazia às ponderações efetuadas pelos outros Poderes".[191]

Edimur Ferreira de Faria (2011, p. 141) acentua que, dentro da sua função de "fazer justiça", o juiz deve, na ausência de norma disciplinadora do caso concreto, valer-se da analogia, equidade, costumes, princípios gerais de Direito e os princípios jurídicos constitucionais, mas "não se valerá de oportunidade ou de conveniência".

Themístocles Brandão Cavalcanti (1970, p. 2-23), depois de assinalar que o ato discricionário pode se "tornar um ato insuscetível de controle judicial", pondera que "não é a ausência desse controle que o torna discricionário". Para o ex-Ministro do STF, a teoria de Kelsen está correta quando constata que a ação discricionária "pode ser exercida em qualquer esfera", seja na "na aplicação ou na interpretação", desde que a norma "tenha deixado ao intérprete uma faixa em branco". Por isso que ao "juiz como à administração ficam sempre reservadas certas áreas dentro das quais pode ser exercida a ação discricionária".[192]

De modo similar, Marcos Augusto Perez (2020, p. 39) reconhece a aproximação, em determinadas situações, entre a atividade hermenêutica e a discricionariedade administrativa, nas quais "o intérprete da norma – seja a autoridade administrativa, seja o juiz – tem a possibilidade de escolha entre diferentes soluções abraçadas pelo ordenamento". Apesar de o caráter argumentativo do Direito limitar a margem decisória, ele "não elimina a necessidade de escolha, colocando o intérprete em posição muito semelhante àquela em que acaba por ficar quando instado a deliberar discricionariamente".

---

[191] José Maria Rodriguez de Santiago (2000, p. 165) fala da "prevalência *prima facie*" das ponderações levadas a efeito pelo legislador, que não encerra a possibilidade de ponderação porque não estabelece uma prevalência absoluta, mas reforça uma determinada direção, impondo ao órgão aplicador uma especial carga argumentativa quando, diante das circunstâncias concretas, decidir por seu afastamento.

[192] Em sentido similar Afonso Rodrigues Queiró (1948, p. 135-136) identifica no escalonamento das normas e na diferença de conteúdo entre os graus de produção jurídica os elementos que permitem a atribuição de poder discricionário ao Legislativo, ao Executivo e ao Judiciário.

Eva Desdentado Daroca (1997, p. 23-24) admite a existência de discricionariedade política, administrativa e jurídica. As duas primeiras seriam formas de discricionariedade forte, enquanto a última seria uma forma de discricionariedade puramente instrumental. E explica:

> A discricionariedade jurídica é uma discricionariedade puramente instrumental porque o ordenamento jurídico não atribui aos tribunais poder de decisão algum para realizar eleições conforme a sua própria apreciação de interesse público. Os tribunais estão obrigados a buscar a solução no ordenamento jurídico e construí-la mediante argumentos jurídicos. A discricionariedade que aparece no exercício da função jurisdicional não é, pois, mais que uma *consequência inevitável da dificuldade da tarefa interpretativa e dos limites da racionalidade prática*.

Daroca recorda lição de Kelsen e observa que existem duas formas de Administração: a Administração direta e a Administração indireta. Na primeira, a Administração adota decisões e realiza eleições para a satisfação do interesse público. Na segunda, a Administração realiza a mesma atividade que os tribunais, pois sua função é interpretar as normas e aplicá-las ao caso concreto.

Juarez Freitas (2013, p. 359), por seu turno, ao tratar do controle dos atos administrativos, admite a existência da discricionariedade judicial e a vincula "ao primado dos princípios, objetivos e direitos fundamentais, sob pena de se converter em arbitrariedade proibida e solapar as bases indispensáveis à liberdade de conformação do Direito".

Em outro texto, tratando da interpretação constitucional,[193] Freitas (2010, p. 319-330) assinala que no processo de interpretação, o texto é o ponto de partida. Ir além dele "transforma-se em condição obrigatória para compreender a tradição na qual o texto se encontra". Isso, entretanto, "não significa manipulá-lo, tampouco desconsiderá-lo pura e simplesmente":

> [...] *o sistema* é o resultante direto do trabalho hermenêutico e profundamente humano do intérprete. Não por acaso, observa-se que o sistema constitucional pode, sem alteração legislativa, experimentar progressos ou retrocessos, em face da qualidade dos agentes que efetuam o controle difuso ou concentrado.

---

[193] Para o autor (*ibidem*), não há incompatibilidade entre o positivismo e a adoção de princípios juridicamente vinculantes, mas desde que validamente incorporados ao ordenamento jurídico. Uma Constituição que abriga uma "tensão interna", consistente na positivação de "valores ou princípios, à primeira vista, contraditórios", não se rende "à procura axiomatizante da única resposta correta".

> [...] A inexistência de única resposta correta tem a ver, ainda, com a inviabilidade de direitos propriamente absolutos, já que os direitos se afirmam como direitos entre outros – portanto, relativos. Especialmente porque não se podem suprimir exigências históricas de mutação dos significados dos direitos, motivo adicional para se afirmar que direitos e leis não se confundem, superado o antiquado conceito de Estado de Direito legislativo. Ou seja, acolhe-se a uma nova coerência científica, que não se coaduna com a pretensão arrogante de verdades acabadas.

Sheila Stolz (2007, p. 102) argumenta:

> [...] em alguns momentos, surgirão dúvidas na aplicação do Direito em razão da *textura aberta* das expressões que utiliza e, nesses casos, é inevitável que em algumas decisões – a fim de dar uma resposta concreta a um caso determinado – os juízes atuem com discricionariedade (que não equivale a uma eleição arbitrária). Não obstante este momento de *abertura* do Direito, a certeza jurídica se vê pouco afetada, pois a discricionariedade judicial é limitada e intersticial.

Nessa linha, os princípios não ofereceriam para o caso concreto a única solução correta ou justa. Essa visão, explicam Dimitri Dimoulis e Soraya Gasparetto Lunardi (2008, p. 189-193), associada a Dworkin, "adota um pensamento mágico". Para os autores, sempre remanescerá, ao menos em determinados casos (mais complexos), uma margem de discricionariedade para o intérprete. Isso, no entanto, não constitui risco para a prática de arbitrariedades, pois essa margem de escolha não é absoluta.

> Na realidade dos sistemas jurídicos, a afirmação da existência de um poder discricionário raramente é acompanhada da ausência de critérios para o seu exercício. Tais critérios encontram-se muitas vezes em outras normas, mediante interpretação sistemática. Também é comum a vinculação do aplicador pela jurisprudência, que elabora critérios para o exercício de seu poder discricionário, como indica, por exemplo, o estudo da jurisprudência em temas como a fixação das penas criminais ou dos danos morais.
> Mesmo nos casos remanescentes de poder discricionário "puro", o aplicador se submete a relevantes vinculações indiretas. Essas vinculações resultam da combinação do dever de fundamentação, previsto para todos os atos estatais e, em particular, para as decisões do poder judiciário, com o dever de imparcialidade do julgador.

Em obra específica sobre o positivismo jurídico, Dimitri Dimoulis (2006, p. 247-250) argumenta:

Os problemas surgem em duas situações. Primeiro, quando o legislador decidiu criar um regulamento abstrato que não permite encontrar uma solução concreta para o caso analisado. Segundo, quando estamos diante de incertezas interpretativas causadas por uma série de fatores de imperfeição técnica: problemas de linguagem humana, principalmente em razão da vagueza dos termos e das expressões que emprega o legislador; equívocos na formulação da norma; impossibilidade de o legislador prever todas as situações reais.

[...] quando o legislador não encontra no material normativo uma solução concreta não temos um vazio normativo, e sim uma autorização legislativa para o exercício do poder discricionário do aplicador. Isso significa que o direito sempre é posto, existe e deve ser aplicado. A diferença está na amplitude da margem decisória que foi concedida ao aplicador em razão da formulação da norma aplicável.

Segundo Dimoulis os textos normativos "estão repletos de previsões de baixa densidade (alta porosidade)", que respaldam mais de uma interpretação divergente. Tal fenômeno é verificado principalmente com os princípios e com as normas programáticas, que para serem aplicadas exigem "que *alguém* efetue uma escolha entre as alternativas igualmente autorizadas pelos legisladores".

Para Bruno Torrano de Almeida (2013, p. 60-63) "o fenômeno da discricionariedade é consectário lógico dos limites do Direito". O poder de criação do Direito existirá sempre que houver uma lacuna e terá como limite a confiança depositada nos juízes.

> Quanto maior a confiança depositada nos juízes, maior será a discricionariedade que eles terão para dizer qual o Direito aplicável à espécie; ao contrário, quanto menor a confiança depositada, menor será essa discricionariedade. Não sendo deuses, magistrados tendem a ter maior ou menor conhecimento em determinados campos da vida. A opção legislativa em conceder-lhes um grau de autonomia maior ou menor leva em consideração exatamente o caráter e a competência média dos juízes na resolução de certos problemas.
>
> [...] quanto maior for a discricionariedade, menos elementos estarão disponíveis para rotular uma resposta judicial como **legalmente correta**, e qualquer opção por parte do teórico de atribuir a uma resposta a qualidade de 'Direito', e a outra não, não passará de mera arbitrariedade.

Mas em nenhuma hipótese a discricionariedade "significa uma carta aberta à arbitrariedade do magistrado". Não se trata "de forma alguma de deixar o destino dos jurisdicionados nas mãos da boa vontade dos juízes, como se estes fossem serem supremos de justiça e sabedoria". De outra parte, "não há nada que indique que a possibilidade de múltiplas respostas em determinados casos seja sinônimo de condescendência com respostas arbitrárias e constitucionalmente inadequadas".

A criatividade na atividade jurisdicional, de acordo com David Diniz Dantas (2005, p. 223-232), "é uma necessidade imposta por uma característica – historicamente comprovada – do **sistema jurídico**: sua **incompletude**". Assim, sendo vedado o *non liquet*, exige-se do juiz a solução de toda e qualquer controvérsia, mesmo diante das lacunas, dos conceitos indeterminados e das normas em branco. Essa criatividade, entretanto, é delimitada pelos princípios e valores constitucionais. Por isso, discricionariedade não significa arbitrariedade. A legitimidade da decisão judicial, importante acentuar, decorre do dever de fundamentação baseada em argumentos jurídicos (e não políticos).

Do exame da prática judiciária, Oscar Vilhena Vieira (1999, p. 415-432) constata que "quanto maior a abstração e abertura das normas constitucionais à moralidade e à política, maior o espaço de discricionariedade dos magistrados na aplicação".[194] Para Vieira, expressões como "dignidade humana", "liberdade", "igualdade", "cidadania", "privacidade", "bem comum" compelem o magistrado "a fazer escolhas de caráter não apenas jurídico, mas ético-político". Essas esferas de discricionariedade podem ser contidas pela adoção do "processo de argumentação racional", técnica que garantiria a aproximação "do ideal do governo das leis".

Fábio Corrêa Souza de Oliveira e Larissa Pinha de Oliveira (2018, p. 125-126) fazem a intersecção entre competência vinculada e discricionária com a unicidade ou pluralidade de respostas:

> Sintetizando: *juízo vinculado* é sinônimo de *única resposta certa* (Dworkin); *juízo discricionário* é sinônimo de *mais de uma resposta certa*, ou seja, *juízo de empate* (Dworkin). Todo juízo discricionário é lícito porque se dá entre *as respostas certas*, a opção discricionária é *uma resposta certa* (não a única, não a melhor, pois não se sabe qual é a melhor; se é possível saber, a melhor é a única resposta certa e, portanto, o juízo é vinculado).

---

[194] As normas constitucionais, segundo Luís Roberto Barroso (2009, p. 371), apresentam as seguintes especificidades em relação às demais normas do ordenamento: (i) a superioridade jurídica (*superlegalidade*); (ii) a natureza da linguagem (dotada de maior abstração e menor densidade jurídica) própria à veiculação de normas principiológicas ou esquemáticas; (iii) o conteúdo específico (são normas de organização, definidoras de direitos e programáticas) e; (iv) o caráter político (típico do documento que "faz a travessia entre o poder constituinte originário – fato político – e a ordem instituída, que é um fenômeno jurídico").

Discorrendo sobre o fenômeno da aplicação do Direito, atividade muito mais rica do que a aplicação da lei, José dos Santos Carvalho Filho (2018, p. 210) é bastante realista: não devemos carregar ilusões, pois "como todo sistema humano, poderá haver falhas em sua adoção", notadamente quanto à subjetividade na ponderação de interesses frente à necessidade de segurança jurídica.

3.4 A discricionariedade judicial e seus contornos

Como visto, o processo de criação ou produção do Direito vai desde o ato constituinte, através da Constituição, das leis, dos regulamentos, dos contratos e demais negócios jurídicos, até a norma individualizada na sentença judicial ou na decisão administrativa, sem solução de continuidade, cabendo ao juiz e não ao legislador ou a qualquer outro intérprete, como lembra Juarez Freitas (2010, p. 327), culminar o processo de positivação jurídica.

Por isso, sem ignorar a precedência do legislador na criação do Direito, *repele-se o seu pretenso monopólio*. Como diz Perelman (2004, p. 203-204):

> O fato de o juiz submeter-se à lei ressalta a primazia concedida ao poder legislativo na elaboração das regras de direito. Mas disso não resulta, de modo algum, um monopólio do legislativo na formação do direito. O juiz possui, a este respeito, um poder complementar indispensável que lhe permitirá adaptar a lei aos casos específicos. Se não lhe reconhecessem tal poder, ele não poderia, sem recorrer a ficções, desempenhar sua missão, que consiste no solucionamento de conflitos: a natureza das coisas obriga a conceder-lhe um poder criativo e normativo no domínio do direito.
>
> Esta visão das relações entre o legislativo e o judiciário supõe que, em um Estado de direito, o poder judiciário nunca fique diante de um vazio normativo, e que os textos validamente promulgados permaneçam válidos até o momento em que, de modo implícito ou explícito, tiverem sido ab-rogados.

A propósito, no Direito Administrativo brasileiro, que tem como inspiração original a Europa continental pós-revolucionária, não deveria causar qualquer surpresa a criação de normas sem a participação do legislador, afinal *seus institutos básicos foram obra jurisprudencial*. Como explica Jean Rivero (1981, p. 36), o juiz, obrigado a resolver litígios para os quais a lei não lhe fornecia qualquer princípio de solução, "teve de construir, muitas vezes completamente, a regra que iria aplicar", atingindo tamanho destaque nessa função que seu papel era preponderante em relação ao legislador.

Assim percebemos, de modo irrefutável, a criação de normas sem a participação direta do legislador, o que dá ensejo para uma indagação instigante: se é senso comum entre os administrativistas que cada função, ao lado de sua atribuição preponderante (não absoluta) exerce residualmente outras (desempenhadas primordialmente pelas demais funções), como justificar, de modo peremptório, por que em relação ao Poder Judiciário é negada, de modo peremptório, a capacidade para a criação de direito, mesmo em caráter residual e subsidiário? De outra parte, se é certo que todas as funções estatais aplicam normas jurídicas, também é correto dizer que seus agentes se depararão com os mesmos problemas de interpretação e aplicação. Em essência, o legislador, o administrador e o juiz enfrentarão, se não os mesmos, desafios muito semelhantes.

Chegamos a um ponto crítico: nenhuma norma jurídica regula inteiramente a sua própria aplicação. É preciso reconhecer que nenhum procedimento racional, por mais minucioso e sofisticado, pode impedir que se produzam conflitos de interpretação e de qualificação jurídica. Por isso, ao lado da deliberada margem de escolha que o legislador outorga ao destinatário da execução da norma, existem outras, que independem da sua intenção, provenientes da indeterminação (i) do conteúdo dos princípios e dos valores; (ii) da linguística (ambiguidade e vagueza); (iii) das lacunas e antinomias; as quais, no caso concreto, podem impedir a apuração de um sentido único e dar ensejo a opções equivalentes e igualmente justificáveis, ou seja, de múltiplas respostas corretas.

Nesse sentido, Adrián Rentería Díaz (2017, p. 37) argumenta:

> [...] os juízes gozam de amplos espaços de manobra durante a aplicação da lei, em razão, precisamente, da necessidade de que o juiz seja independente nas modernas democracias; e, também, por razões intrínsecas ao mesmo processo: a indeterminação e a vaguidade da linguagem mediante a qual se expressam as disposições jurídicas, e, finalmente, os espaços discricionários de natureza técnico-intencional que com frequência o legislador deixa nas mãos do juiz.

Apesar de todos os esforços interpretativos (e eles devem ser esgotados), nem sempre será possível encontrar uma única resposta certa,[195] o que, aliás, o próprio Dworkin (2000, p. 215) reconhece em

---

[195] A tese da unicidade da decisão correta em qualquer caso concreto apoia-se em grande parte no silogismo judicial como o modelo típico para a aplicação das normas. Ocorre

caráter excepcional ("em virtude de algum tipo mais problemático de indeterminação ou incomensurabilidade na teoria moral").

A respeito, acolhe-se a preciosa recomendação de modéstia epistemológica de Paulo Gustavo Guedes Fontes (2018, p. 218):

> No lugar do juiz Hércules de Dworkin, cioso de sua capacidade em perscrutar os princípios e resolver as questões morais, um juiz Sócrates que, de um lado acredita nas possibilidades da razão e do diálogo racional, mas de outro é capaz de afirmar o seu não saber.

A crença na existência da resposta única para toda e qualquer controvérsia, impregnada de *forte dogmatismo*, subestima a natureza intrinsecamente argumentativa e valorativa do Direito e a diversidade de correntes interpretativas, pretendendo impor ao intérprete em geral e ao Judiciário em particular uma espécie de filosofia "oficial" (a única). A tese da discricionariedade judicial, contrariamente, funda-se em *prudente dose de ceticismo* quanto à existência de respostas certas e

---

que mesmo aqui, supostamente uma técnica mais simples e objetiva, remanesce um largo campo de indeterminação, que começa pela definição da norma aplicável, a identificação do seu conteúdo, a escolha dos fatos relevantes e considerados provados. Da combinação dessas variáveis bem sempre é possível chegar a uma única resposta. É preciso, portanto, reconhecer que "os parâmetros e limites que o próprio direito fornece à sua aplicação pelos magistrados *se esgotam em algum momento, sem indicar necessariamente uma única resposta correta para muitos casos*", o que resulta em uma delimitada "zona de imprevisibilidade, que é característica estrutural do processo de aplicação de normas jurídicas a casos concretos" e, portanto, enseja uma "multiplicidade de respostas juridicamente plausíveis". Não se pode, por outro lado, perder de vista que a eliminação da imprevisibilidade é exatamente um dos traços que caracterizam um regime ditatorial "eficiente". Nesse ambiente, "todos saberiam de antemão que o ditador sempre ganha. Em um regime democrático, por sua vez, as regras a partir das quais se produzem decisões são previsíveis, mas os conteúdos dessas decisões são incertos. Em sentido análogo, um certo grau de imprevisibilidade das decisões judiciais – de incerteza normal ou estrutural, no sentido especificado acima – é algo que acompanha as instituições jurídicas das sociedades modernas". Não deixa de ser um paradoxo, entretanto, que o sistema econômico, tão preocupado com a insegurança, a instabilidade e a incerteza do Direito, também tenha como característica marcante a incerteza, decorrente "em grande medida, do dinamismo próprio a uma moderna economia de mercado, na qual estruturas produtivas se encontram em um permanente processo de revolução acionado *endogenamente*. De fato, é a própria necessidade objetiva, imposta pela concorrência, de apropriação privada de oportunidades de ganho, que faz surgir os novos produtos, os novos processos de produção, as novas formas de organização empresarial, os novos mecanismos contratuais, em suma: as inovações que afetam, de uma forma mais ou menos radical, as estruturas econômicas. Essa instabilidade estrutural é, *ao mesmo tempo*, um dos principais fatores responsáveis pelo progresso técnico-material das sociedades modernas *e também* – aqui aliada às instabilidades econômicas conjunturais, especialmente nas economias menos desenvolvidas – pelas crises que afetam os seus membros, por vezes com efeitos devastadores em termos sociais e psicológicos (FALCÃO; SCHUARTZ; ARGUELHES, 2006, p. 95-105).

absolutas. É preciso ter em mente que o texto normativo não funciona unicamente como previsão imutável de todas as decisões futuras dos tribunais. Se fosse assim, a sociedade perderia seu dinamismo e se tornaria estática. As transformações, entretanto, são inevitáveis e imprevisíveis. A incompletude exige integração, solução determinada pelo legislador e que melhor atende à necessidade de segurança jurídica.

Lembre-se que o juiz, por opção expressa do legislador, não se exime de decidir sob a alegação de lacuna ou obscuridade do ordenamento jurídico (art. 140 do CPC).[196] A vedação de *non liquet*, aliás, não é nenhuma novidade. O art. 4º do Código Civil napoleônico (1804), como já exposto, determinava que o juiz não poderia escusar-se de julgar sob o *pretexto* do silêncio da lei, obrigando-o a considerar o ordenamento jurídico como completo, sem lacunas, sem ambiguidades e margem para interpretações conflitantes. No ordenamento brasileiro, quando a lei for omissa, e o legislador expressamente reconhece a sua incompletude no art. 4º do Decreto-Lei nº 4.657/1942 (Lei de Introdução às Normas do Direito Brasileiro), o juiz decidirá o caso de acordo com a analogia, os costumes e os princípios gerais de Direito. A imposição do dever de julgar toda e qualquer causa é indissociável do consectário lógico consistente na *outorga dos poderes, explícitos e implícitos*, necessários ao seu cumprimento.

Dessa outorga de poderes emerge uma modalidade bem específica de discricionariedade: de natureza subsidiária, porém necessária para assegurar efetividade e dinamismo ao ordenamento jurídico. Expressa e ampla em relação aos procedimentos de jurisdição voluntária, nos quais o juiz não é obrigado a observar critério de legalidade estrita, podendo adotar em cada caso a solução que considerar mais conveniente ou oportuna (art. 723, parágrafo único, do CPC), a discricionariedade judicial, por força de previsão legal, se espraia, em *graus distintos*, por todos os ramos do Direito.

No plano processual civil, são exemplos: (i) a atribuição, no âmbito dos poderes, de deveres e responsabilidades ao magistrado, do *dever-poder de determinar todas as medidas* indutivas, coercitivas, mandamentais ou sub-rogatórias necessárias para assegurar o cumprimento

---

[196] Note-se a ironia: a redação atual do artigo 140 do Código de Processo Civil ("O juiz não se exime de decidir sob a alegação de lacuna ou obscuridade do ordenamento jurídico. O juiz só decidirá por equidade nos casos previstos em lei"), editado em tempos de neoconstitucionalismo, praticamente repete o texto do CPC/1973, que tinha por inspiração o art. 4º do Código Civil napoleônico. Passados mais de duzentos anos, a completude e a coerência do ordenamento jurídico continuam um mito sustentado pelo legislador.

de ordem judicial, inclusive nas ações que tenham por objeto prestação pecuniária (art. 139, IV, do CPC); (ii) no cumprimento de sentença que reconheça a exigibilidade de obrigação de fazer ou de não fazer, *o juiz poderá, de ofício* ou a requerimento, para a efetivação da tutela específica ou a obtenção de tutela pelo resultado prático equivalente, *determinar as medidas necessárias à satisfação do exequente* (art. 536 do CPC). Inegavelmente aqui, no âmbito da denominada *atipicidade dos atos executivos*, há um amplo espaço de atuação e escolha, a ser preenchido de acordo com as necessidades e singularidades reais do caso concreto, observado o limite da proporcionalidade; (iii) a limitação da formação do litisconsórcio ativo facultativo muito numeroso, dito multitudinário ou *monstrum*, quando este comprometer a rápida solução do litígio ou dificultar a defesa ou o cumprimento da sentença (art. 113, §1º, do CPC); (iv) a fixação de prazo para a prática de ato processual, de acordo com a sua complexidade, quando a lei for omissa (art. 218, §1º, do CPC); (v) no campo da cautelaridade, âmago da função judicial, a tarefa de prevenir lesão a direito e de assegurar o resultado prático do processo exige doses importantes de discricionariedade, impondo-se, de acordo com as singularidades do caso concreto, isto é, do entroncamento dos fatos com os comportamentos dos litigantes e a natureza e relevância do direito litigioso, a adoção de todas as medidas necessárias, aqui a indeterminação é amplíssima, para atingir tais propósitos.[197]

---

[197] O texto constitucional, aliás, é claro: a lei não excluirá da apreciação do Poder Judiciário lesão *ou ameaça* a direito. Logo, ao lado da tutela reparatória está a tutela preventiva, cujo manejo, aliás, é preferível por preservar a ordem jurídica e impedir a ofensa a direito. No julgamento da ADI Nº nº 223-6/DF, relator para acórdão Ministro Sepúlveda Pertence (DJ 29/06/1990), o STF manifestou-se pela constitucionalidade da Medida Provisória nº 173, de 18 de março de 1990, que vedava a concessão de medida liminar em mandado de segurança e em ações ordinárias e cautelares decorrentes das Medidas Provisórias nº 151(Dispõe sobre a extinção e dissolução de entidades da Administração Pública Federal), 154 (Institui nova sistemática para reajuste de preços e salários em geral), nº 158 (Dispõe sobre a isenção ou redução de imposto de importação), nº 160 (Altera a legislação do imposto sobre operações financeiras, instituindo incidências de caráter transitório), nº 162 (Dispõe sobre a tributação, pelo imposto de renda, dos ganhos líquidos obtidos em bolsas de valores, de mercadorias, de futuros e assemelhados), 165 (dispõe sobre a identificação dos contribuintes para fins fiscais), nº 167 (Altera a legislação do imposto de renda sobre o resultado da atividade rural) e nº 168 (Institui o cruzeiro e dispõe sobre a liquidez dos ativos financeiros, ficou mais conhecida por ser a responsável pelo "confisco da poupança"). Nada obstante, a Corte consignou que a "inovadora alusão constitucional à plenitude da garantia da jurisdição contra a ameaça a direito" realçava a ênfase da *função preventiva* da jurisdição cautelar como instrumento de proteção ao processo e de salvaguarda da plenitude das funções do Poder Judiciário. Embora admitidas restrições voltadas para a contenção ao abuso do poder cautelar, não se admite excesso que afronte a plenitude da jurisdição. Do voto do relator extrai-se o seguinte excerto a respeito da função cautelar: "não cabe, a meu ver, a recusa peremptória da validade de qualquer

No plano do direito material, podem ser citados: (i) na sucessão provisória, antes da partilha, o juiz, *quando julgar conveniente*, ordenará a conversão dos bens móveis, sujeitos a deterioração ou a extravio, em imóveis ou em títulos garantidos pela União (art. 29 do CC); (ii) *a cláusula penal deve ser reduzida equitativamente pelo juiz* se a obrigação principal tiver sido cumprida em parte, ou se o montante da penalidade for manifestamente excessivo, tendo-se em vista a natureza e a finalidade do negócio (art. 413 do CC); (iii) no transporte de pessoas, se o prejuízo sofrido pelo passageiro for atribuível à transgressão de normas e instruções regulamentares, *o juiz reduzirá equitativamente a indenização*, na medida em que a vítima houver concorrido para a ocorrência do dano (art. 738, parágrafo único, do CC); (iv) a indenização devida pelo incapaz, nos casos em que as pessoas por ele responsáveis não tiverem a obrigação de fazê-lo ou não dispuserem de meios suficientes, prevista neste artigo, que *deverá ser equitativa*, não terá lugar se privar do necessário o incapaz ou as pessoas que dele dependem (art. 928, parágrafo único, do CC); (v) se houver excessiva desproporção entre a gravidade da culpa e o dano, *poderá o juiz reduzir, equitativamente, a indenização* (art. 944, parágrafo único, do CC); (vi) a indenização por injúria, difamação ou calúnia consistirá na reparação do dano que delas resulte ao ofendido. Se o ofendido não puder provar prejuízo material, *caberá ao juiz fixar, equitativamente*, o valor da indenização, na conformidade das circunstâncias do caso (art. 953, parágrafo único, do CC); (vii) os tutores prestarão contas de dois em dois anos, e também quando, por qualquer motivo, deixarem o exercício da tutela ou *toda vez que o juiz achar conveniente* (art. 1.757 do CC); (viii) o tutor é obrigado a servir por espaço de dois anos, podendo continuar no exercício da tutela, além

---

limitação por lei ao seu exercício pelo juiz, sobretudo a ser exercício *initio litis*. [...] a solução está no manejo do sistema difuso, porque nele, em cada caso concreto, nenhuma medida provisória pode subtrair ao juiz da causa um exame da constitucionalidade, inclusive sob o prisma da razoabilidade, das restrições impostas ao seu poder cautelar, para, se entender abusiva essa restrição, se a entender inconstitucional, conceder a liminar, deixando de dar aplicação, no caso concreto, à medida provisória, na medida em que, em relação àquele caso, a julgue inconstitucional, porque abusiva". Significa, pois, que o poder geral de cautela, de conteúdo amplo e indeterminado, não comporta restrição prévia e abstrata, subordinando-se inteiramente às singularidades do caso concreto, que irá indicar as providências necessárias para prevenir o perecimento do direito objeto do litígio. Vencido, o Ministro Celso de Mello fez importante observação: "A submissão plena do Estado ao Judiciário dá concreção efetiva ao princípio tutelar das liberdades públicas e rompe os rígidos círculos de imunidade do poder. [...] A supressão da possibilidade de tutela, **imediata** e **eficaz**, dos direitos das pessoas afeta, gravemente, uma das dimensões em que se projeta a atividade jurisdicional, **estimula** o arbítrio do Estado e **elimina** um poderoso instrumento de proteção individual e coletiva, das liberdades públicas".

desse prazo, se o quiser e o *juiz julgar conveniente* ao menor (art. 1.765, parágrafo único, do CC).

Mesmo no o direito penal, não obstante a regra da legalidade (art. 5º, XXXIX, da CF) interditar qualquer margem para a criação de norma incriminadora (preceito primário) por ato não emanado do Legislativo, sendo vedada inclusive a analogia *in malam partem*, no campo da dosimetria é firme a jurisprudência do STF no sentido de que tal matéria comporta *certa discricionariedade judicial*, porquanto o Código Penal não estabelece rígidos esquemas matemáticos ou regras absolutamente objetivas.[198]

Essas hipóteses, meramente exemplificativas, bem demonstram que, por imperativo legal, o julgador, diante da lacuna, pode: (i) regular precária e provisoriamente a matéria posta em juízo; (ii) exercer, quando autorizado, plenamente a disciplina das situações insuscetíveis de prévia cognição pelo legislador. Poderão existir decisões díspares e até antagônicas, próprias da dialética do debate judicial. O importante, todavia, é que cada litígio tenha uma solução definitiva, exigência máxima do princípio da segurança jurídica. A uniformidade de tratamento e sua definitividade virão, ou ao menos serão mais bem fomentados, com a edição de ato legislativo específico. Ou seja, *o legislador poderá, sempre e a qualquer tempo, estreitar ou até mesmo eliminar a discricionariedade judicial sobre determinada matéria.*

Uma questão concreta e atual demonstra, de modo bastante simples e evidente, a dinamicidade do ordenamento e a necessidade de construção permanente de decisões inéditas pela função judicial: saber, entre duas sentenças relativas a ações idênticas, ambas transitadas em julgado, qual deve prevalecer. O tema foi objeto do EAREsp nº 600.811/SP, de relatoria do Ministro Og Fernandes. Por apertada maioria (oito votos a sete), a Corte Especial do Superior Tribunal de Justiça decidiu que, enquanto não desconstituída por ação rescisória, deve prevalecer a coisa julgada que se formou por último.[199]

---

[198] Confira-se: RHC nº 171221 AgR/MS, relatora Ministra Rosa Weber, *DJe* 11/11/2020; RHC nº 180754 AgR/RJ, relator Ministro Edson Fachin, *DJe* 23/09/2020; HC nº 188621 AgR/MS, relator Ministro Roberto Barroso, *DJe* 22/09/2020; HC nº 187896 AgR/SP, relator Ministro Luiz Fux, *DJe* 08/09/2020; HC nº 181853/MG AgR, relator Ministro Gilmar Mendes, *DJe* 24/04/2020; HC nº 169030/PE AgR, relatora Ministra Cármen Lúcia, *DJe* 18/12/2019; HC nº 123691/RJ, relator Ministro Dias Toffoli, *DJe* 26/11/2018.

[199] Diverge-se da tese vencedora, pois a admissão de uma segunda coisa julgada, não só ofende uma garantia consagrada no texto constitucional (art. 5º, XXXVI), como incentiva a perpetuação dos conflitos pela propositura temerária e maliciosa de ações sabidamente inviáveis. Além disso, mesmo a segunda coisa julgada não está protegida contra eventual "terceira coisa julgada", quadro que notoriamente atenta contra a segurança jurídica.

O legislador não previu a existência de duas coisas julgadas sobre ações idênticas e por isso nem poderia cogitar de um instrumento para resolver esse problema. No mundo real, no entanto, o conflito surgiu e exige uma solução, que será legitimamente criada pelo Poder Judiciário.

Talvez o ponto nevrálgico a ser considerado seja a ampliação do acesso à jurisdição, fenômeno que potencializou vigorosamente a função judicial. Com efeito, a criação de normas particulares, atividade precípua e inconteste da função judicial, quando ocorria em número modesto, não comprometia o protagonismo das demais funções estatais. Entretanto, na sociedade de massa, a disciplina dos macroconflitos, a tutela coletiva e sua coisa julgada de efeitos *erga omnes secundum eventum litis* (art. 16 da LAP e art. 103 do CDC), a multiplicidade de normas individuais e sua condensação sob a forma de súmulas, algumas delas dotadas de força vinculante, inserem a função judicial no cotidiano da sociedade. Some-se a isso o incremento da interpretação e temos um Judiciário concorrendo com o Legislativo na regulação de condutas obrigatórias, proibidas e permitidas.

Jerzy Wróblewski (2009, p. 77) entende que o sistema de Direito, por ser incompleto, aberto e contraditório, posiciona o juiz, junto com o legislador, como um cocriador do Direito. Discordamos. Cocriação sugere a ideia de coautoria e, portanto, de similitude ou de equiparação de função e de importância. A atividade judicial, no entanto, é *complementar e subsidiária*, pois a fonte principal do Direito é a lei democraticamente proposta, debatida e aprovada pelos representantes do povo.

Quanto ao ataque de Dworkin, o positivismo, muito antes dele, já acolhia a função integradora dos princípios, da analogia e da equidade. A atribuição aos princípios da posição de mandados de otimização não obsta a persistência de regiões de penumbra (Hart), nas quais inevitavelmente restarão evidenciadas a incompletude do ordenamento jurídico. A pretexto de se buscar a resposta única e alcançar maior segurança jurídica, há um verdadeiro esforço de retorno à Escola da Exegese. A realidade é que será cada vez mais difícil, em uma sociedade pluriclasse, cuja Constituição alberga valores concorrentes e mesmo antagônicos, aproximar-se desse idealizado nível de consenso.

De outra parte, os argumentos jurídicos não gozam de definitividade. Por isso a *melhor justificação possível*,[200] ainda que duradoura, é

---

[200] Sobre o modelo dworkiniano, que assume o "pressuposto explícito de que nenhum grupo social possui mais do que os juízes a capacidade moral de argumentação", Ingeborg Maus (2000, p. 186-187) adverte que ele "imuniza a atividade jurisprudencial perante a crítica à qual originariamente deveria estar sujeita. [...] Quando a Justiça ascende ela própria à

sempre transitória, sujeita às mudanças sociais e de seus valores. Quanto maior o dinamismo de uma sociedade, maior será a multiplicidade das justificações possíveis e a *alternância das respostas corretas*.

Um exemplo facilita a compreensão. O STF decidiu pelo placar de 6x5 que na hipótese de conexão entre delitos eleitorais e infrações penais comuns, o processamento e o julgamento da causa competem à Justiça Eleitoral, nos exatos termos do art. 35, II, do Código Eleitoral.[201] Apesar da clareza do texto legal, que afirma competir aos juízes eleitorais "processar e julgar os crimes eleitorais e os comuns que lhe forem conexos, ressalvada a competência originária do Tribunal Superior e dos Tribunais Regionais", argumentos consequencialistas colocaram em dúvida não o teor da norma em si, que nesse caso era bastante objetivo e claro, não suscitando dúvidas, mas a conveniência de sua aplicação, sob a alegação de que a justiça especializada não estaria adequadamente estruturada para tratar de crimes complexos praticados por organização criminosa, tais como corrupção ativa, corrupção passiva, lavagem de capitais e evasão de divisas.

A questão que se pretende destacar não é a natureza dos argumentos vencidos, os quais audaciosamente não se inibem mesmo diante da univocidade das regras e se propõe a torná-las letra morta, mas a clara divisão do Tribunal, a demonstrar que o desacordo pode incidir sobre qualquer tema e mesmo questões reputadas simples diante do seu tratamento normativo podem se transformar em complexas em razão do seu suporte fático e do seu contexto político e social. Não se trata de uma patologia do ordenamento a ser implacavelmente combatida, mas sim de uma manifestação robusta do seu dinamismo, somente possível em uma sociedade democrática.[202]

Por isso que a racionalidade da decisão judicial não pressupõe a convicção sobre a existência de uma razão unívoca e imutável,

---

condição de mais alta instância moral da sociedade, passa a escapar de qualquer mecanismo de controle social – controle ao qual normalmente se deve subordinar toda instituição do Estado em uma forma de organização política democrática. No domínio de uma Justiça que contrapõe um direito 'superior', dotado de atributos morais, ao simples direito dos outros poderes do Estado e da sociedade, é notória a regressão a valores pré-democráticos de parâmetros de integração social".

[201] Inq 4435 AgR-quarto/DF, relator Ministro Marco Aurélio, Pleno, *DJe* 21/03/2019.

[202] Um exemplo de profundo desacordo, agora extraído do direito comparado, é o julgamento da Suprema Corte americana da ação que impugnava a Lei de Proteção ao Paciente e da Saúde Acessível (Patient Protection and Affordable Care Act ou PPACA), chamada pelos seus críticos de "Obamacare", por ter sido sancionada pelo presidente Barack Obama, seu principal defensor. A Corte, por decisão apertada (5 a 4), definida apenas com o voto do seu presidente, refutou a arguição de inconstitucionalidade (National Federation of Independent Business *v.* Sebelius, 576 U.S.).

da verdade ou de uma ordem metafísica. Em cada caso deve ser considerado que a função do juiz não é a de persuadir retoricamente as partes, mas sim justificar a decisão por meio de argumentos racionalmente válidos e controláveis, sem perder de vista que "a decisão judicial reflete todo o sistema do direito com as suas regras, os seus valores, as suas contradições, as suas lacunas e as suas transformações" (TARUFFO, 2007, p. 68-77).

Dentro desse contexto, a limitação de poder que experimentam o Legislativo e o Executivo mediante o controle judicial se situa somente como uma correção necessária, como um humilde intento de restabelecimento do equilíbrio frente ao enorme aumento nas últimas décadas de suas funções e ao desaparecimento dos antigos fatores de sujeição. Não pode ser designado como "soberano" (ou mesmo justificar o temor do surgimento de um "governo dos juízes") quem não pode atuar mais que repressivamente, a quem carece de iniciativa própria para a atuação política e quem somente age se provocado e na medida da provocação (BACHOF, 1985, p. 58-59).

Lembre-se que a função valoradora dos fatos sobre os quais a regra se assenta não está reservada exclusivamente ao legislador. Pelo contrário, ela penetra, permeia e impregna todos os graus da produção do Direito. Assim, "a função do juiz neste sentido, ainda que se mantendo, como deve fazê-lo, dentro da obediência ao Direito positivo válido e vigente, *é sempre criadora*" (SICHES, 2006, p. 260).

Manuel Segura Ortega (2006, p. 74) acentua que durante todo o processo de tomada de decisão o juiz exerce certa margem de liberdade no exame dos fatos, das normas e dos critérios de interpretação. Ao final desse percurso, adotará a resolução que entender correta, cujo conteúdo, todavia, não pode ser previsto de um modo absoluto. Isso ocorre porque suas concepções e aptidões não são exatamente idênticas às dos seus pares. Sua formação, ideologia e percepções variam de um sujeito para outro. Trata-se de evidência frequentemente ignorada no âmbito da atividade judicial, enquanto em outros setores profissionais se admite como algo normal, isto é, se reconhece que as qualidades do sujeito determinam em alguma medida o conteúdo de sua atividade profissional. Isso ocorre com todas as profissões, porém o impressionante é que esta evidência parece ser negada a respeito da magistratura, o que explica porque a imagem da atividade jurisdicional se mostra um tanto distorcida e, portanto, distante da realidade.

Cristina Brandão (2006, p. 86) alerta que a discricionariedade do magistrado suscita "o medo do arbítrio 'oficializado', como se a afirmação da discricionariedade tornasse irrestrita a autoridade judicial". Com aguda perspicácia, a autora acrescenta: "[...] crer que ela não existe, ou ignorar a sua plena existência, parece um posicionamento ainda mais prejudicial ao controle da atividade jurisdicional". O seu reconhecimento, a bem da verdade, "pode significar localizar mecanismos de controle desta discricionariedade, como há muito se faz no Poder Executivo".

O fato é que a discricionariedade constitui elemento indissociável da função judicial e, como bem observa José Wellington Bezerra da Costa Neto (2017, p. 482), o temor em relação a ela, que poderia descambar para o despotismo, é sem sentido, pois os que ostentam "vocações ditatoriais certamente não necessitam de nenhuma teoria para justificar suas práticas".

Cabível a advertência de Celso Antônio Bandeira de Mello (2012, p. 96-97) que, embora voltada para a discricionariedade administrativa, bem se aplica à discricionariedade judicial: repugna ao senso normal dos homens que a existência de discrição seja um salvo conduto para o agir de modo incoerente, ilógico e desarrazoado.

Para disciplinar e conter a discricionariedade judicial, a fim de prevenir desvios e excessos, é que o legislador fixou um rigoroso funil para o seu exercício, a saber: (i) respeito da autonomia da vontade e autocontenção (arts. 2º, 141, 490 e 492 do CPC); (ii) dever de motivação (arts. 93, IX, da CF, e 11, 489, §1º, I a VI, e §2º, do CPC); (iii) dever de observância dos precedentes (arts. 5º, *caput*, I, da CF, 926 e 927, do CPC) e (iv) recorribilidade.

A distinção necessária é que todo aplicador, repita-se, está vinculado ao ordenamento jurídico (princípio da juridicidade), o que significa estar compelido a um estágio necessário e antecedente à aplicação, que é a interpretação. A diferença é que, por vezes (não necessariamente em todas as hipóteses), o administrador estará autorizado a valer-se de critérios de conveniência e oportunidade de feições políticas, podendo, portanto, agir livremente dentro de uma esfera de indiferente jurídico insindicável. Na função jurisdicional, no entanto, não se outorga margem para escolhas justificáveis por critérios de conveniência e oportunidade. O magistrado, na atividade de aplicação do ordenamento jurídico deve nortear-se por critérios estritamente jurídicos (e não políticos). Na expressiva maioria dos casos encontrará a resposta única, a melhor, a mais justa. Mas a dinâmica da vida inevitavelmente o fará se deparar com hipóteses que, a despeito de não previstas pelo legislador, exigem solução. Nesse momento, diante do dever que lhe foi imposto, nada mais natural que tenha ao seu alcance os instrumentos necessários para se desincumbir dessa missão.[203]

Diante de tudo o que expusemos, os caracteres da discricionariedade judicial podem ser sintetizados do seguinte modo:

1) no Estado Contemporâneo todas as funções estatais criam o Direito, persistindo, porém, a primazia do Legislativo, notadamente porque os verdadeiros problemas da coletividade são preponderantemente políticos e subsidiariamente jurídicos;

2) em que pese a insuperável impotência do legislador, que edita normas com base na experiência de fatos e conhecimentos pretéritos, objetivando disciplinar eventos futuros intrinsecamente dinâmicos e imprevisíveis, e a limitação semântica, que sempre exigirá, por mais detalhado que o texto normativo seja, uma margem de interpretação, optou-se pela vedação do *non liquet*, cláusula precária de delegação legislativa, compatível com a tese da inclusão, segundo a qual, em caráter residual, são válidos todos os elementos normativos criados pelas autoridades reconhecidas (competentes) pelo ordenamento jurídico, cuja formatação incumbe ao Legislativo;

3) a criação judicial do Direito, em regra, limita-se a normas individuais em casos concretos; e excepcionalmente, por exemplo, no controle concentrado de constitucionalidade (art. 102, §2º,

---

[203] A interpretação das normas e o desenvolvimento judicial do Direito, sustenta Karl Larenz (1989, p. 443-444), não devem ser vistos "como essencialmente diferentes, mas só como distintos graus do mesmo processo de pensamento. Isto quer dizer que já a simples interpretação da lei por um tribunal, desde que seja a primeira ou se afaste de uma interpretação anterior, representa um desenvolvimento do Direito, mesmo que o próprio tribunal não tenha disso consciência [...]. Assinalamos como limite da interpretação em sentido estrito o sentido literal possível. Um desenvolvimento do Direito, conduzido metodicamente para além deste limite, mas ainda no quadro do plano originário, da teleologia da lei em si, é preenchimento de lacunas, desenvolvimento do Direito *imanente à lei*; desenvolvimento do Direito que esteja já para além deste limite, mas dentro do quadro e dos princípios diretivos do ordenamento jurídico no seu conjunto é desenvolvimento do Direito *superador da lei*. Para cada um destes três graus são típicos determinados métodos; se bem que não possam traçar-se limites rigorosos entre eles, é aconselhável, por isso mesmo, distingui-los. A isto acresce que o juiz, a quem é lícito denegar a resolução, está em todo o caso obrigado a interpretar a lei e, sempre que a lei contenha lacunas, a integrá-las ao passo que só pode decidir-se a um desenvolvimento do Direito que supere a lei quando o exijam razões de grande peso". Na verdade, partindo-se da compreensão de que todas as funções estatais aplicam e produzem normas jurídicas e, portanto, enfrentam os mesmos problemas de interpretação, conclui-se que todas elas, em proporções distintas, contribuem para o desenvolvimento do direito. Nessa linha, Maria Helena Diniz (2013, p. 115) defende aos aplicadores a "permissão" para o desenvolvimento do Direito, sempre que se depararem com uma lacuna, por meio de uma "norma individual completante do sistema jurídico", que não é elaborada externamente, mas sim pela articulação dos seus "subconjuntos valorativo, fático e normativo, que o compõem".

da CF, e art. 28, parágrafo único, da Lei nº 9.868/1999) e na edição de súmulas vinculantes (art. 103-A, da CF), ocorre a criação de norma geral e abstrata (atividade normativa do Poder Judiciário), destinada a regular casos futuros;[204]
4) a discricionariedade judicial caracteriza-se por: (i) depender inteiramente da atividade legislativa, que pode restringi-la e mesmo reduzi-la a zero, como ocorre, por exemplo, no âmbito do Direito Tributário, cuja instituição de tributo ou sua majoração é limitada pelos princípios da anualidade, da anterioridade e da noventalidade;[205] (ii) ser essencialmente complementar/

---

[204] Essa nova função cometida ao Judiciário fulmina a distinção que Liebman (1986, p. 59) elaborou entre legislação e jurisdição: enquanto o legislador teria por objeto problemas *abstratos*, o juiz lidaria com problemas *concretos*, "com a natural consequência de que o ato legislativo resolve e é eficaz para uma série de casos futuros, enquanto o ato jurisdicional põe fim a uma controvérsia concreta e é eficaz só em relação a esta".

[205] O Direito Penal até recentemente também poderia ser citado como exemplo ramo no qual inexiste poder de criação judicial de tipo. Entretanto, a regra de que não há crime sem lei anterior que o defina, nem pena sem prévia cominação legal, de forma inédita no Brasil, foi relativizada no julgamento da ação direta de inconstitucionalidade por omissão – ADO 26/DF, de relatoria do Ministro Celso de Mello, julgada em 16/06/2019, quando o STF, por maioria, julgou-a procedente, com eficácia geral e efeito vinculante, para: (1) reconhecer o estado de mora inconstitucional do Congresso Nacional na implementação da prestação legislativa destinada a cumprir o mandado de incriminação a que se referem os incisos XLI e XLII do art. 5º da Constituição, para efeito de proteção penal aos integrantes do grupo LGBT; (2) declarar, em consequência, a existência de omissão normativa inconstitucional do Poder Legislativo da União; (3) cientificar o Congresso Nacional, para os fins e efeitos a que se refere o art. 103, §2º, da Constituição c/c o art. 12-H, *caput*, da Lei nº 9.868/99; (4) dar interpretação conforme à Constituição, em face dos mandados constitucionais de incriminação inscritos nos incisos XLI e XLII do art. 5º da Carta Política, para enquadrar a homofobia e a transfobia, qualquer que seja a forma de sua manifestação, nos diversos tipos penais definidos na Lei nº 7.716/89, até que sobrevenha legislação autônoma, editada pelo Congresso Nacional, seja por considerar-se, nos termos deste voto, que as práticas homotransfóbicas qualificam-se como espécies do gênero racismo, na dimensão de racismo social consagrada pelo Supremo Tribunal Federal no julgamento plenário do HC 82.424/RS (caso Ellwanger), na medida em que tais condutas importam em atos de segregação que inferiorizam membros integrantes do grupo LGBT, em razão de sua orientação sexual ou de sua identidade de gênero, seja, ainda, porque tais comportamentos de homotransfobia ajustam-se ao conceito de atos de discriminação e de ofensa a direitos e liberdades fundamentais daqueles que compõem o grupo vulnerável em questão; e (5) declarar que os efeitos da interpretação conforme a que se refere a alínea "d" somente se aplicarão a partir da data em que se concluir o presente julgamento, nos termos do voto do Relator. <u>Fixou-se a seguinte tese</u>: (1) Até que sobrevenha lei emanada do Congresso Nacional destinada a implementar os mandados de criminalização definidos nos incisos XLI e XLII do art. 5º da Constituição da República, as condutas homofóbicas e transfóbicas, reais ou supostas, que envolvem aversão odiosa à orientação sexual ou à identidade de gênero de alguém, por traduzirem expressões de racismo, compreendido este em sua dimensão social, ajustam-se, por identidade de razão e mediante adequação típica, aos preceitos primários de incriminação definidos na Lei nº 7.716, de 08/01/1989, constituindo, também, na hipótese de homicídio doloso, circunstância que o qualifica, por configurar motivo torpe (Código Penal, art. 121, §2º, I, "in fine"); (2) A repressão penal à prática da

subsidiária (residual); (iii) no âmbito estritamente processual é reforçadamente instrumental e objetiva garantir acesso a um processo justo, observada a sua razoável duração, e dar efetividade à atividade jurisdicional, (iv) embora possam ser definitivas para o caso particular, as decisões decorrentes do exercício da discricionariedade judicial servem de solução provisória até a edição de ato normativo do Legislativo; (iv) fortalecer o sistema, conferindo-lhe a mutabilidade e a adaptabilidade necessárias para evitar a mumificação do ordenamento jurídico e assegurar a sua adequada aplicação.

Nada obstante, é preciso dizer que apesar de todos os esforços para racionalizar o exercício da discricionariedade judicial, e aqui está o desafio a ser superado, a aplicação do Direito, como algo essencialmente humano, ainda não encontrou meios para, de modo geral e irrestrito, impedir que as debilidades humanas dos julgadores não entrem em jogo no procedimento de tomada de decisão. Mas existe alguma atividade humana hermeticamente separada da essência dos

---

homotransfobia não alcança nem restringe ou limita o exercício da liberdade religiosa, qualquer que seja a denominação confessional professada, a cujos fiéis e ministros (sacerdotes, pastores, rabinos, mulás ou clérigos muçulmanos e líderes ou celebrantes das religiões afro-brasileiras, entre outros) é assegurado o direito de pregar e de divulgar, livremente, pela palavra, pela imagem ou por qualquer outro meio, o seu pensamento e de externar suas convicções de acordo com o que se contiver em seus livros e códigos sagrados, bem assim o de ensinar segundo sua orientação doutrinária e/ou teológica, podendo buscar e conquistar prosélitos e praticar os atos de culto e respectiva liturgia, independentemente do espaço, público ou privado, de sua atuação individual ou coletiva, desde que tais manifestações não configurem discurso de ódio, assim entendidas aquelas exteriorizações que incitem a discriminação, a hostilidade ou a violência contra pessoas em razão de sua orientação sexual ou de sua identidade de gênero; (3) O conceito de racismo, compreendido em sua dimensão social, projeta-se para além de aspectos estritamente biológicos ou fenotípicos, pois resulta, enquanto manifestação de poder, de uma construção de índole histórico-cultural motivada pelo objetivo de justificar a desigualdade e destinada ao controle ideológico, à dominação política, à subjugação social e à negação da alteridade, da dignidade e da humanidade daqueles que, por integrarem grupo vulnerável (LGBTI+) e por não pertencerem ao estamento que detém posição de hegemonia em uma dada estrutura social, são considerados estranhos e diferentes, degradados à condição de marginais do ordenamento jurídico, expostos, em consequência de odiosa inferiorização e de perversa estigmatização, a uma injusta e lesiva situação de exclusão do sistema geral de proteção do direito. A regra *nullum crimen, nulla poena sine lege*, um dos maiores instrumentos de proteção do particular contra o emprego arbitrário do poder estatal, acolhido por todas as nações democráticas, não por acaso foi excepcionada, a palavra mais adequada é aniquilada, pelos regimes totalitários nacional-socialista, da Alemanha (§2º do Código Penal, de 1936), e comunista, da União das Repúblicas Socialistas Soviéticas – URSS (art. 16 do Código Penal Soviético de 1926, que manteve a norma anteriormente inserida no Código Penal de 1922, revogado pelo art. 3º do código penal de 1958), que admitiam a *aplicação da lei penal por analogia*. Para esses regimes a regra *nullum crimen, nulla poena sine lege* foi convertida em *nullum crimen sine poena*.

seres humanos? No fundo, os juízes, como afirma François Rigaux (2003, p. 342), "sempre fizeram aquilo que os vemos mais claramente praticar hoje". A diferença é que o papel da magistratura "ganhou mais amplitude e os métodos de interpretação ficaram mais maleáveis em consequência de evoluções sociais que nem o legislador nem o poder judiciário puderam dominar [...]".

CAPÍTULO 4

OS NOVOS MECANISMOS DE REDUÇÃO E CONTROLE DA DISCRICIONARIEDADE JUDICIAL

4.1 Imunidade e controle: um embate sem fim

Para Prosper Weil (1977, p. 7), em passagem que se tornou clássica, a existência do Direito Administrativo é, em alguma medida, fruto de um milagre. E a razão é clara:

> Está na natureza das coisas que um governante acredite, de boa-fé, que está investido do poder de decidir discricionariamente acerca do conteúdo e das exigências do interesse geral. É necessário que ele faça um esforço sobre si próprio para se considerar como obrigado a manter-se na esteira de um direito que lhe impõe certas condutas e lhe proíbe outras.

A prudência e a capacidade de discernimento do administrador, porém, não são suficientes para garantir a observância do ordenamento jurídico, interditar arbitrariedades e proteger o cidadão. É imprescindível um controle externo.[206] Por isso o controle judicial da atividade administrativa rendeu e deve seguir rendendo um inestimável serviço para tornar realidade o Estado de Direito. No entanto, assim como um Estado onipresente é um Estado impotente, um controle onipresente é um controle impotente. Exigir que a Administração preste contas dos seus atos, que explique com clareza as razões que a movem a eleger uma

---

[206] O controle da Administração Pública em sua tripla dimensão (poder, meios e objetivos) tem por objetivo a defesa do patrimônio público, a adequada aplicação dos recursos públicos, o cumprimento das finalidades da atuação administrativa e a adstrição à legalidade (MARQUES NETO, 2010, p. 206-211).

solução em lugar de outra e confrontar com a realidade a consistência dessas razões é algo que interessa a toda comunidade. Nesse sentido, Tomás-Ramón Fernández (2008, p. 123-126) afirma: julgar a Administração contribui para administrar melhor, uma vez que a auxilia na consecução dos seus fins institucionais e, ao mesmo tempo, protege os interesses legítimos dos cidadãos.

Para Gaston Jezè (1948, p. 368) nenhum ato jurídico repugna, por natureza, o controle jurisdicional. Mesmo os atos de governo, os quais, por vezes, sob o manto da oportunidade política, escondem a mais pura arbitrariedade.[207]

Duguit (2007, p. 103-107) denomina de "nefasta" a teoria dos atos de governo e reconhece ser "uma tendência natural dos homens que ocupam o poder querer subtrair seus atos da ação dos tribunais".

Fernando Dias Menezes de Almeida (2015, p. 425-426) defende que em face da inafastabilidade do controle jurisdicional não há mais espaço para a preservação dos conceitos de "atos de governo" ou de "questões políticas".

Ricardo Marcondes Martins (2018, p. 165) também refuta a teoria dos atos políticos ou de governo quanto à pretensa imunização do controle jurisdicional, argumentando que, por maior que seja a discricionariedade do agente, todo ato estatal é suscetível de controle. Para Martins, "no Estado de Direito, política é igual a discricionariedade" e, portanto, "toda a política é juridicizada".[208]

Luis Manuel Fonseca Pires (2013, p. 246-247) reconhece que a larga margem de discricionariedade do ato político, cujo fundamento de validade é retirado diretamente da Constituição, "modula a intensidade do controle judicial, mas não o exclui".

André Ramos Tavares (2005, p. 282) compartilha do mesmo entendimento e aponta que a definição do que seria questão política continua sendo uma incógnita.

Juarez Freitas (2013, p. 107) segue a mesma linha:

> Hoje, no Estado Constitucional democrático e "pós-positivista", não há mais – convém grifar – atos exclusivamente políticos (ao menos na

---

[207] O controle pelo Poder Judiciário, acentua Dinorá Adelaide Musetti Grotti (2015, p. 144), "não pode ser afastado de qualquer atividade administrativa", inclusive da denominada "discricionariedade técnica", outra categoria pretensamente insindicável. Entretanto, ressalva: "nos casos em que a Administração Pública identifica mais de uma possibilidade técnica, igualmente satisfatória, adotando uma delas por meio dos critérios de conveniência e oportunidade, estará vedado ao Poder Judiciário a anulação do ato".

[208] No Brasil, as Constituições Federais de 1934 (art. 68) e de 1937 (art. 94) vedaram expressamente ao Poder Judiciário conhecer de questões exclusivamente políticas.

seara administrativa), de sorte que o administrador tem o compromisso de agir bem, de forma que a tomada da decisão administrativa deve ser justificável e mensuravelmente avaliada, segundo as políticas de Estado, mais do que de governo. Não se trata de cometer o equívoco de afirmar a única solução correta. Quer-se tão-só defender que a liberdade, positiva ou negativamente considerada, precisa ser usufruída de acordo com a finalidade plural do sistema administrativo, cujas abertura e indeterminação fazem múltiplas as possibilidades de aplicação, mas não inviabiliza a refutação de escolhas francamente erradas e até desonestas.

Elival da Silva Ramos (2015, p. 153) aduz:

> [...] a denominada "doutrina" das questões políticas constitui mera cortina de fumaça, que mal disfarça a exigência de categoria meramente retórica e de nenhum valor científico. Em outros termos, a mencionada cláusula de exclusão não consubstancia um parâmetro dogmático sólido de avaliação da função jurisdicional, na tentativa de proscrever práticas ativistas, devendo ser afastada em prol da construção de critérios efetivamente consistentes e que não deem ensejo a deformações.

Eduardo García de Enterría (2000, p. 127-130) destaca que a sujeição plena à lei e ao Direito não pode ter sentido algum se não for entendida como "submissão plena ao juiz". "Não existe Direito sem juiz". A Administração, como todo e qualquer cidadão, está sujeita plenamente ao ordenamento jurídico.[209]

Lucas Rocha Furtado (2016, p. 912-1007) defende o controle judicial pleno de qualquer atuação, comissiva ou omissiva, da Administração Pública: "O exercício de potestades públicas sem o correspondente controle somente é possível em regimes ditatoriais e é incompatível com o princípio do Estado Democrático de Direito". No entanto, sobre a banalização do controle e o seu efeito na efetividade da atividade judicial, o autor adverte:

> É necessário fixar critérios que definam a intensidade e, sobretudo, o momento em que será exercida a tutela judicial da atividade administrativa. [...] O Estado é uno, e suas funções devem ser desempenhadas de modo harmônico. A defesa da tese da reserva da Administração, que decorre diretamente da separação de poderes e cuja validade pressupõe a normalidade democrática, impõe maior respeito à atividade administrativa do Estado e à fixação de limites às interferências

---

[209] Em sentido contrário, Alexandre de Moraes (2006, p. 21) exclui os "atos eminentemente políticos" do controle jurisdicional.

judiciais sobre a atividade administrativa. A adoção dessa tese tornará o sistema brasileiro de controle judicial da atividade administrativa mais racional e mais efetivo.

Embora amplamente acolhida pelo STF,[210] é difícil justificar a doutrina dos atos políticos ou de governo como área de atuação insindicável, imune a controle, quando o ordenamento jurídico brasileiro, desde a Constituição de 1891, admite o controle difuso-incidental de constitucionalidade e, a partir da Emenda nº 16, de 26 de novembro de 1965, o controle concentrado e abstrato. Não parece lógico admitir-se a exclusão do ordenamento de ato normativo emanado do Poder Legislativo, representante da vontade geral, mas tolerar a intangibilidade de ato político, em geral de natureza administrativa e praticado pelo Poder Executivo.[211] Ou, de modo mais preciso: se o Judiciário, no desenho institucional vigente, é o guardião da Constituição e, portanto, exerce controle sobre os fins do Estado, com mais razão deve controlar a Administração, que é um meio para atingimento das finalidades públicas.

A concepção do Estado Democrático de Direito não admite poderes ilimitados ou zonas imunes de controle. Se, de modo categórico,

---

[210] A Corte tem remansosa jurisprudência no sentido de que: (i) não compete ao Poder Judiciário, por mais que se pretenda estender suas competências constitucionais, analisar o mérito de ato político conferido à autonomia de outro Poder estatal (MS 34999/DF, relator Ministro Edson Fachin, *DJe* 01/08/2017); (ii) questões atinentes exclusivamente à interpretação e à aplicação dos regimentos das casas legislativas constituem matéria *interna corporis*, da alçada exclusiva da respectiva Casa (MS 34099 AgR/DF, relator Ministro Celso de Mello, Pleno, *DJe* 24/10/2018; MS 35581 AgR/DF, relator Ministro Luiz Fux, Pleno, *DJe* 22/06/2018; MS 34578 AgR/DF, relator Ministro Ricardo Lewandowski, Pleno, *Dje* 09/05/2018; MS 25144 AgR/DF, relator Ministro Gilmar Mendes, Pleno, *DJe* 28/02/2018); (iii) o veto, na qualidade de ato político sujeito ao exame do Congresso Nacional, não admite controle jurisdicional (AgR no MS 33.694/DF, relatora Ministra Cármen Lúcia, *DJe* 26/10/2015). Percebe-se, todavia, certa oscilação dos julgados da Corte, dos quais são exemplos mais notórios: (i) a suspensão por decisão monocrática de indulto natalino (Decreto nº 9.246/2017) editado no âmbito da competência privativa do Presidente da República (art. 84, XII, da CF). No mérito, entretanto, por maioria (7x4), o Tribunal julgou improcedente a ação direta de inconstitucionalidade e revogou a cautelar (ADI 5874/DF, relator Ministro Roberto Barroso, relator para acórdão – pendente de publicação – Ministro Alexandre de Moraes, j. 09/05/2019); (ii) a suspensão dos atos editados pelo Presidente da República, no exercício de sua competência privativa (art. 84, I, da CF), para a nomeação de (a) Ministra do Trabalho (MC na Rcl nº 29.508/DF, relatora Ministra Cármen Lúcia, *DJe* 11/04/2018) e (b) Ministro Chefe da Casa Civil (MC no MS 34.069/DF, relator Ministro Gilmar Mendes, *DJe* 31/03/2016); (iii) a determinação ao Presidente do Senado para a designação dos membros faltantes para a composição de comissão parlamentar de inquérito (art. 58, §3º, da CF), a fim de suprir omissão dos líderes partidários que inviabilizava a sua instalação e funcionamento (MS 24.849/DF, relator Ministro Celso de Mello, DJ 29/09/2006).

[211] Como diz Eberhard Schmidt-Assmann (2003, p. 225), sob uma perspectiva dogmática, "o controle se erige, de certo modo, como o *antagonista* das amplas faculdades de atuação do Executivo".

o constituinte declarou que todo o poder emana do povo, que o exerce por meio de representantes eleitos ou diretamente, nos termos da Constituição (art. 1º, parágrafo único), não se pode cogitar de atuação insuscetível de prestação de contas[212] dos representantes aos seus constituintes, o povo. A responsabilidade do Estado e dos seus agentes de um modo geral, inclusive dos representantes do povo, é corolário de que o homem, como cidadão, e não mero súdito, é titular de direitos.[213]

Toda a evolução da limitação do poder estatal não estaria completa sem a construção de um sistema adequado de controle por meio do qual, em caráter permanente, se atesta a observância dos parâmetros delimitados constitucionalmente e, em caso de transgressão, o seu restabelecimento.[214] Dentro dessa ótica, a separação das funções estatais não é, por si só, um manto imunizador, pois toda a atividade estatal, independentemente de sua natureza, está submetida a alguma espécie de controle. O controle é certo, o que pode variar é a sua intensidade. As teses que, de alguma maneira, buscam criar e justificar espaços imunes ao controle, notadamente o judicial, caem na armadilha de servir de escudo para feudos, regidos por lógicas nada republicanas e dissociadas do ideal intrínseco ao Estado Democrático de Direito, alicerçado, repita-se, na premissa de que todo o poder emana do povo e, como correlato lógico, tem o direito elementar de fiscalizar, cobrar explicações e exigir contas.

Para Eberhard Schmidt-Assmann (2003, p. 64) todo o propósito de juridificação tem de ser conduzido com plena consciência de que o Direito possui uma capacidade limitada como instrumento de direção. Nesse sentido, deve-se reconhecer que a atividade administrativa não é guiada unicamente por parâmetros jurídicos, mas, "da mesma forma,

---

[212] No que tange à fiscalização contábil, financeira, orçamentária, operacional e patrimonial, a Constituição Federal, em seu art. 70, parágrafo único, impõe, quanto à legalidade, legitimidade e economicidade, amplo dever de prestação de contas a "qualquer pessoa física ou jurídica, pública ou privada, que utilize, arrecade, guarde, gerencie ou administre dinheiros, bens e valores públicos ou pelos quais a União responda, ou que, em nome desta, assuma obrigações de natureza pecuniária".

[213] A Declaração de Direitos do Homem e do Cidadão (1789), em seu art. 15, estabelece que a sociedade tem o direito de pedir contas a todo agente público pela sua administração. Antes, porém, a Constituição de Maryland, de 11 de novembro de 1776, em seu art. IV, já preconizava que todas as pessoas investidas de Poder Legislativo e Executivo são mandatárias do povo e responsáveis por suas condutas.

[214] O controle pode ser: (i) quanto a quem exerce: (a) interno: autotutela e hierárquico; (b) externo: judicial, parlamentar (político) ou pelos tribunais de contas; (ii) quanto ao momento: prévio, concomitante, corretivo (posterior ou retrospectivo); (iii) quanto ao parâmetro: mérito e legalidade.

por outras diretrizes ou 'diretrizes normativas', tais como, por exemplo, os princípios administrativos de eficiência, flexibilidade, busca do consenso e adesão do destinatário".

Defendendo a "precedência e a preferência de concretização das prestações subjetivas de bem-estar pelos órgãos administrativos em relação aos tribunais", Paulo Otero (2003, p. 288-329) adverte sobre o risco que a "jurisdicionalização da função administrativa", ou "fuga para o terceiro poder", representa a descaracterização da própria função administrativa, com a transferência de tarefas e decisões tipicamente administrativas pelo Judiciário ao qual não incumbe, "ainda que esteja em causa a garantia dos direitos subjetivos e de interesses legítimos, assumir uma postura finalístico-estratégica materialmente típica da função administrativa". De fato, o controle não pode implicar absorção ou destruição das funções administrativas e muito menos espécie de permissão para desvios e abusos de quem tem o dever de dar a palavra final.

Para Eduardo Jordão (2016, p. 653-656) *"há uma pluralidade de formas e de graus em que a intensidade do controle judicial pode ser adaptada à complexidade da administração pública contemporânea, não sendo nenhuma solução abstratamente superior às demais"*. Três aspectos das decisões administrativas controladas seriam determinantes para definir a intensidade do seu controle judicial: "(i) a sensibilidade jurídica; (ii) a natureza política; e (iii) a complexidade técnica", os quais podem interagir entre si, dificultando a compreensão exata da dimensão preponderante. De um modo geral, os critérios da *expertise* de cada função estatal e da legitimidade democrática do tomador da decisão resultarão em uma postura de deferência em relação aos itens ii e iii e de não deferência quanto ao item i.

Quanto à impossibilidade, de se identificar, diante da complexidade da Administração Pública, "uma solução única e inexorável", Jordão argumenta:

> A intensidade do controle a ser aplicado a uma decisão administrativa concreta envolve uma série de considerações subjetivas e, mesmo, políticas, tanto dos tribunais em si como dos demais atores envolvidos nesta decisão. De um lado, isto significa que a mera referência às relações tendenciais não consistirá *justificação suficiente* para a decisão relativa à intensidade do controle que será aplicado num caso concreto. Na prática, a "correção" ou "conveniência" de uma específica alternativa dependerá das circunstâncias mais variadas.

Por isso que "determinada solução até pode ser a ideal, mas apenas *relativamente à realização de uma dentre as finalidades específicas do direito administrativo*".

Mas o milagre de que trata Prosper Weil, a limitação do poder estatal pelo Direito, sempre encontrou resistência.[215] Como afirma Eduardo García de Enterría (2016, p. 22), a história da redução das imunidades e da permanente resistência que a Administração Pública opôs à exigência de um controle judicial pleno dos seus atos, mediante a constituição de redutos isentos e não sujeitos à fiscalização, é a história do próprio Direito Administrativo.

Por seu turno, como bem ressalta Gustavo Binenbojm (2008, p. 18):

> [...] a luta contra as arbitrariedades e imunidades do poder não se pode deixar converter em uma indesejável *judicialização* administrativa, meramente substitutiva da Administração, que não leva em conta a importante dimensão de *especialização técnico-funcional* do princípio da separação de poderes, nem tampouco os influxos do princípio democrático sobre a atuação do Poder Executivo.

Note-se que, a partir do momento em que se impõe à Administração Pública a observância, dentre outros, dos princípios da legalidade, finalidade, motivação, razoabilidade, proporcionalidade, moralidade, ampla defesa, contraditório, segurança jurídica, interesse público e eficiência (art. 2º da Lei nº 9.784/1999), muitos dos quais destituídos de rigidez conceitual, o controle dos seus atos se torna mais minucioso e aprofundado. Na verdade, não há em si um incremento da função judicial, mas apenas, em decorrência do aumento dos critérios a serem seguidos pelo Poder Público, o reflexo sobre a atividade de controle. Ao inserir a atividade estatal no centro da órbita em torno da qual giram múltiplos princípios, todos atuando simultaneamente e, não raro, colidindo entre si, os atos da Administração ganham em complexidade e, por conseguinte, passam a admitir controle mais denso, porém

---

[215] O Direito Administrativo só subsiste, destaca Prosper Weil (1977, p. 10), "por um prodígio cada dia renovado. Nenhuma força pode constranger *de fato* o executivo a submeter-se à norma de direito e à sentença do juiz, mas o Estado pode, pelo menos em teoria, por termo à norma de direito, quando o desejar, à autolimitação que consentiu. Para que o milagre se realize e se prolongue devem ser preenchidas diversas condições que dependem da forma do Estado, do prestígio do direito e dos juízes, do espírito do tempo. O direito administrativo não pode, pois, ser desligado da história, e especialmente da história política; é nela que encontra o seu fundamento, é a ela que deve a sua filosofia e os seus traços mais íntimos. Não se trata de relembrar o passado, mas sim de conhecer o próprio solo do qual o direito administrativo extraiu a seiva que ainda hoje o alimenta".

variável e instável. A lógica do controle de legalidade é substituída pelo controle de juridicidade; a subsunção pela ponderação. Acentua-se a tensão entre, de um lado, a inafastabilidade da jurisdição, a efetividade da tutela jurisdicional e a defesa dos direitos fundamentais, e, de outro, a separação de poderes e a legitimidade democrática dos representantes eleitos pela vontade popular.

Ganha relevo a intensidade do controle: exigir o máximo, a melhor opção possível, ou *apenas* o razoável?

Tomás-Ramón Fernández (2008, p. 85) sustenta que todo aquele que exerce uma função pública é obrigado a eleger a melhor solução.

Emerson Gabardo (2002, p. 135) argumenta que "o princípio da eficiência ultrapassa os limites do princípio da razoabilidade" e exige não apenas uma "atuação suficiente (razoável/racional), mas sim ótima (a melhor possível)".[216]

---

[216] Diogo de Figueiredo Moreira Neto (2014, p. 115) explica que "o conceito de *eficiência* foi elaborado fora da Ciência do Direito, a partir da Revolução Industrial, ocasião em que começou a ser definido como a *relação entre um produto útil e aquele teoricamente possível com os meios empregados*, daí passando à Economia, onde se aproximou e até certo ponto se confundiu com o conceito de *produtividade*, ou seja, *uma relação mensurável ou estimável entre produto e insumos*, daí passando à administração privada e à pública. [...] com o desenvolvimento dos conceitos da *administração pública gerencial*, que revelam grande influência do pragmatismo do direito público anglo-saxônico, passou-se a reconhecer não ser bastante a prática de atos que, simplesmente, estejam *aptos a produzir os resultados juridicamente dele esperados*, ou atendendo apenas ao conceito clássico de *eficácia*. Exigiu-se mais: que esses atos fossem praticados com tais *qualidades intrínsecas de excelência*, de modo a possibilitarem o *melhor atendimento possível* das *finalidades* para ele previstas em lei". Alexandre Santos Aragão (2004, p. 1-3) destaca que o princípio da eficiência não se resume à sua dimensão econômica e que ele reforça o viés teleológico da lei: "A eficiência não pode ser entendida apenas como maximização do lucro, mas sim como um melhor exercício das missões de interesse coletivo que incumbe ao Estado, que deve obter a maior realização prática possível das finalidades do ordenamento jurídico, com os menores ônus possíveis, tanto para o próprio Estado, especialmente de índole financeira, como para as liberdades dos cidadãos. [...] O Princípio da Eficiência de forma alguma visa mitigar ou ponderar o Princípio da Legalidade, mas sim embeber a legalidade de uma nova lógica, determinando a insurgência de uma legalidade finalística e material – dos resultados práticos alcançados –, e não mais uma legalidade meramente formal e abstrata". Acrescida ao texto constitucional pela EC nº 19/1998, o princípio da eficiência tem, no ordenamento jurídico brasileiro, suas raízes na reforma administrativa disciplinada pelo Decreto-lei nº 200/1967, que previa inúmeras medidas voltas ao implemento da eficiência na Administração Pública Federal. O art. 26, III, por exemplo, determinou que, em relação à Administração Indireta, a supervisão ministerial visaria a assegurar, dentre outros objetivos, a eficiência administrativa. O art. 100 impôs a instauração de processo administrativo para a demissão ou dispensa de servidor efetivo ou estável, comprovadamente ineficiente no desempenho dos encargos que lhe competem ou desidioso no cumprimento de seus deveres. O art. 116, I atribuiu ao Departamento Administrativo do Pessoal Civil (DASP), órgão central do sistema de pessoal, responsável pelo estudo, formulação de diretrizes, orientação, coordenação, supervisão e controle dos assuntos concernentes à administração do pessoal civil da União, cuidar dos assuntos referentes ao pessoal civil da União, adotando medidas visando ao seu

Onofre Alves Batista Júnior (2012, p. 313-322) segue idêntico raciocínio e defende que o princípio da eficiência[217] não é satisfeito com a simples "atuação razoável" ou com o "medianamente razoável". Ele exige a busca da "melhor maneira de atuar". Por isso, "impõe ao administrador o dever de buscar o máximo de vantagens e benefícios com o mínimo de sacrifício aos administrados".

Em sentido contrário, Irene Patrícia Nohara (2012, p. 217) sustenta que "a razoabilidade deve ser o limite para o controle dos atos administrativos"[218] e não a noção de ótimo.

---

aprimoramento e maior eficiência. Gabardo (*op. cit.*, p. 30) observa que, embora tenha se tornado comum a alusão à "eficiência jurídica", em geral não se sabe claramente "do que se está falando, pois várias são as conotações conferidas à expressão, que pode significar, exemplificativamente: eficácia jurídica (aptidão para produzir, em maior ou menor grau, efeitos jurídicos), eficácia social ou efetividade (efetiva conduta acorde com a prevista pela norma) ou ter um conceito próprio, referente ao sucesso da norma na obtenção dos resultados, nem só concretos e diretos, que se pretende alcançar com a sua edição (quem sabe, aqui, poder-se-ia falar em uma eficiência jurídica em sentido próprio)".

[217] Para o autor (*op. cit.*, p. 174) "o conteúdo da ideia de eficiência se altera no tempo e conforme o tipo de atuação administrativa considerada. Exatamente por esse matiz cambiante, a eficiência é um conceito que não admite uma quantificação ou qualificação rigorosa, mas se trata de um conceito jurídico indeterminado que permite sua precisão apenas no momento de sua aplicação aos casos concretos".

[218] Quanto ao controle pelo Poder Judiciário da razoabilidade dos atos editados pelo Poder Legislativo, Luís Roberto Barroso (2009, p. 237-239) recomenda "prudência e parcimônia", pois "em um Estado democrático, a definição das políticas públicas deve recair sobre os órgãos que têm o batismo da representação popular, o que não é o caso de juízes e tribunais. Mas, quando se trate de preservar a vontade do povo, isto é, do constituinte originário, contra os excessos de maiorias legislativas eventuais, não deve o juiz hesitar. O controle de constitucionalidade se exerce, precisamente, para assegurar a preservação dos valores permanentes sobre os ímpetos circunstanciais. Remarque-se, porque relevante, que a última palavra poderá ser sempre do Legislativo [recorde-se que a Constituição Federal de 1937 (outorgada), em seu art. 96, parágrafo único, previa que, no caso de ser declarada a inconstitucionalidade de uma lei que, a juízo do Presidente da República, seja necessária ao bem-estar do povo, à promoção ou defesa de interesse nacional de alta monta, poderá o Presidente da República submetê-la novamente ao exame do Parlamento: se este a confirmar por dois terços de votos em cada uma das Câmaras, ficará sem efeito a decisão do Tribunal. Essa disciplina vigorou até 1945, quando foi revogada pela Lei Constitucional nº 18]. É que, não concordando com a inteligência dada pelo Judiciário a um dispositivo constitucional, poderá ele, no exercício do poder constituinte derivado, emendar a norma constitucional e dar-lhe o sentido que desejar", como ocorreu por quatro vezes, em um intervalo de quase duzentos anos, nos Estados Unidos [às decisões Chisholm *vs.* Georgia (1793); Dred Scott *vs.* Sandford (1857); Pollock *vs.* Framer's Loan & Trust Co. (1895) e Oregon *vs.* Mitchell (1970) sobrevieram as emendas 11ª (1795); 14ª (1868); 16ª (1913) e 26ª (1971)]. No Brasil, segundo o autor, "o apego excessivo a certos dogmas da separação de Poderes impôs ao princípio da razoabilidade uma trajetória relativamente acanhada". Rodrigo Brandão (2018, p. 379) observa que "[...] há diferenças significativas com relação à reversão da jurisprudência do STF por emenda constitucional e por lei ordinária. Na primeira hipótese, há alteração formal da Constituição, de maneira que, ao alterar-se o dispositivo constitucional interpretado pelo STF, modifica-se também a sua interpretação final. [...] Já no caso de o Congresso Nacional ter aprovado lei ordinária superadora de

O Judiciário não poderá, a pretexto do controle de eficiência, exigir da Administração um 'agir perfeito' ou 'ótimo', sem o conhecimento dos inúmeros fatores que limitam a atuação administrativa no caso concreto, tais como: os recursos ao alcance ou a mão de obra disponível; sendo, repita-se, vedado determinar mais do que o razoável da Administração ou invalidar atos razoáveis sob a alegação de que eles não são 'perfeitos' ou 'ótimos', daí porque entendemos adequada a ideia de 'boa' administração.[219]

Lucas Rocha Furtado (2016, p. 922-923) também aponta o princípio da razoabilidade "como o principal instrumento para o exercício do controle da legitimidade da atuação administrativa discricionária" e rejeita a tese de que tal controle justificaria a imposição ao administrador público da adoção da melhor solução, sendo-lhe inconcebível a construção da tese do "administrador-Hércules".

O ponto crucial é saber se sempre é possível hierarquizar objetivamente as opções concretamente existentes e se a disparidade de valoração entre o agente competente que editou o ato e o órgão de controle autoriza a revisão.

Quando for possível a identificação clara e objetiva da melhor atuação, a questão não se reveste de complexidade, impondo-se ao administrador, na hipótese de escolha diversa, o ônus de justificá-la, a partir dos elementos de que dispunha ao tomar a decisão e dos objetivos que pretendia alcançar. No entanto, não sendo possível essa clara identificação, diante de opções equivalentes ou muito aproximadas

---

interpretação constitucional do STF, competirá ao primeiro trazer novas razões que convençam o STF do equívoco da sua orientação anterior ou da sua inadequação a um novo contexto fático, à luz do mesmo texto constitucional. A bem da verdade, *lei contrária à jurisprudência constitucional do STF nasce com uma presunção relativa de inconstitucionalidade*, já que o ônus de demonstrar, argumentativamente, que tal norma constitui a melhor forma de concretizar a Constituição, pesa sobre os ombros do legislador, por ele conflitar com o entendimento atual da Suprema Corte, a quem compete, segundo a Constituição de 1988, atuar como Guardião da Constituição, e apresenta, a princípio, maior capacidade institucional para fazê-lo com independência da política partidária".

[219] Nohara (2006, p. 104), abordou o tema com profundidade na obra *Limites à razoabilidade nos atos administrativos*. Para a autora a "razoabilidade está intrinsecamente relacionada com a eficiência" e seria vedado ao Judiciário exigir da Administração além do razoável: "A ampliação do controle jurisdicional por meio do princípio da eficiência não pode levar o Judiciário à prática de atos administrativos, na decisão da 'melhor maneira', isto é, da forma 'ótima' (em sua perspectiva valorativa) de administrar, pois esta sim é função típica da Administração. [...] Defende-se que o grau de perfeição da atuação administrativa deve ser analisado pelo Judiciário em função de parâmetros de razoabilidade. Primeiramente, porque não dá para o Judiciário exigir da Administração o 'agir perfeito' ou 'ótimo' sem o conhecimento de inúmeros fatores que limitam a atuação administrativa no caso concreto, tais como: os recursos ao alcance, a mão-de-obra, a verba disponível etc.".

entre si, o controle, sob o prisma da tripartição das funções estatais, deve ser deferente e se nortear pelo critério da razoabilidade, que transita sobre uma faixa que comporta, em geral, mais de uma escolha legítima. Disso difere da proporcionalidade,[220] que, após o percurso escalonado da adequação (ou idoneidade), da necessidade e da proporcionalidade em sentido estrito,[221] deságua tendencialmente em uma única resposta.

Cabe ressaltar, na linha do controle judicial restrito de que fala Eberhard Schmidt-Assmann (2003, p. 235-236), o modelo de decisão proposto por Michael Gerhadt, constituído de duas etapas, cada uma

---

[220] Carlos Bernal Pulido (2007, p. 43-57) explica que o princípio da proporcionalidade, cuja base epistemológica é a relação entre o meio e o fim, é conhecido da filosofia prática da Grécia clássica e do Direito Romano, no qual alcançou posição de destaque em diversos âmbitos do Direito Privado. Como conceito próprio do Direito Público europeu, o princípio da proporcionalidade tem suas bases no contratualismo jusnaturalista do Iluminismo. Seu desenvolvimento ocorre durante o Estado de Polícia prussiano, tendo se verificado sua notável difusão como barreira de proteção dos direitos individuais frente ao poder estatal. Não se cuida, portanto, de um conceito jurídico criado pela jurisprudência e pela doutrina na segunda metade do século XX, muito embora nesse período o princípio da proporcionalidade tenha sido alçado a um dos pilares do moderno Estado de Direito. Otto Mayer (1949, p. 33-35), no mesmo sentido, explica que o poder de polícia (*jus politiae*) parte da concepção de poderes ilimitados atribuídos ao monarca para cumprimento dos deveres de promoção da ordem pública e o bem-estar geral e passa progressivamente, pela ação dos tribunais, a se circunscrever aos limites do necessário, não se admitindo que prerrogativas se degenerem em "rigores inúteis", vedando-se, portanto, abusos, ou seja, a arbitrariedade. Merkl (1935, p. 326), discorrendo sobre o poder de polícia, comenta sobre a criação doutrinária de uma série de princípios concebidos para limitá-lo. Um deles, a proporcionalidade, que exige equilíbrio entre a ação e o resultado perseguido, impondo-se o dever de escolha dos meios que produzam menores danos aos direitos individuais. O princípio da proporcionalidade, nas palavras de Canotilho (2003, p. 266-267) assinala "dizia primitivamente respeito ao problema da limitação do poder executivo, sendo considerado como *medida* para as restrições administrativas da liberdade individual. É com este sentido que a teoria do estado o considera, já no séc. XVIII, como máxima suprapositiva, e que ele foi introduzido, no séc. XIX, no direito administrativo como princípio geral do direito de polícia". No mesmo sentido quanto à origem do princípio da proporcionalidade, como mecanismo de controle dos atos do Estado, a partir do direito administrativo, é a lição de Luís Roberto Barroso (2010, p. 256-258).

[221] Laura Clérico (2009, p. 25-26) noticia que é a partir da década de setenta do século XX que a jurisprudência do Tribunal Constitucional Federal alemão passa a adotar uma distinção clara dos três subprincípios da proporcionalidade em sentido amplo. Heleno Taveira Torres (2012, p. 654-655) defende a existência de diferença funcional entre a proporcionalidade em sentido estrito e o sopesamento (ou ponderação), que pode "ser vista como *processo* e como *produto*". Este seria "aplicável como medida para solução da *colisão de princípios*; diversamente, a *proporcionalidade* tem como finalidade servir à estabilidade do sistema jurídico e à realização do princípio de *segurança jurídica*, exclusivamente quando se esteja diante de restrição a direitos ou liberdades fundamentais, por leis ou atos de qualquer poder. A proporcionalidade, portanto, não se limita a servir como técnica de aplicação de princípios, mas pode ser empregada seja qual for o meio de restrição, veiculada por regra ou por outros princípios infraconstitucionais, sem exceções. O *sopesamento*, por sua vez, restringe-se à *colisão de princípios*".

com intensidade distinta: (i) pleno no exame dos pressupostos da competência discricionária (ii) restrito no exame da ponderação efetuada, que compreende três aspectos: (a) o controle da observância das diretrizes que devem guiá-la; (b) o controle do material fático ponderado e; (c) o controle da ponderação em si mesma. Ou seja, a razoabilidade aqui adotada como parâmetro de controle incide apenas na segunda etapa.

No sentido do aqui defendido, o Instituto Brasileiro de Direito Administrativo – IBDA, em seminário intitulado "Impactos da Lei nº 13.655/18 no Direito Administrativo", realizado na cidade de Tiradentes-MG no dia 14 de junho de 2019, aprovou os Enunciados nº 13 e nº 16, com o seguinte teor:

> Enunciado nº 13 – A competência para dizer qual é a melhor decisão administrativa é do gestor, não do controlador. O ônus argumentativo da ação controladora que imputa irregularidade ou ilegalidade à conduta é do controlador, estabelecendo-se diálogo necessário e completo com as razões aduzidas pelo gestor.
>
> Enunciado nº 16 – Diante da indeterminação ou amplitude dos conceitos empregados pela lei, se, no caso concreto, a decisão do administrador mostrar-se razoável e conforme o direito, o controlador e o juiz devem respeitá-la, ainda que suas conclusões ou preferências pudessem ser distintas caso estivessem no lugar do gestor.

Essa postura, sem abdicar do controle, confere certa deferência ao administrador e leva em consideração um efeito sistêmico nocivo: *a ênfase na tutela judicial constitui fator de enfraquecimento da função administrativa*.

Cláudio Pereira de Souza Neto e Daniel Sarmento (2017, p. 485-486) apontam que, embora a jurisprudência do STF trate como sinônimos os termos "princípio da proporcionalidade" e "princípio da razoabilidade", é comum a aplicação do segundo "sem realizar qualquer cogitação" acerca dos subprincípios que compõem a estrutura da proporcionalidade (adequação, necessidade e proporcionalidade em sentido estrito). Assim, no âmbito nacional, o conteúdo jurídico específico e a forma de operacionalização da razoabilidade ainda não foram definidos.

Na doutrina é prevalente a compreensão de que, tal como sustenta José Roberto Pimenta Oliveira (2006, p. 192-199), existe "fungibilidade material" entre o princípio da razoabilidade e o princípio da proporcionalidade, não sendo possível uma separação conceitual entre ambos, que comungariam de um mesmo "núcleo de *similaridade funcional e material*", o que resulta na "equivalência ou intercambialidade entre os dois conceitos".[222]

Sobre a origem histórica de ambos os princípios, Oliveira explica:

> É possível verificar que, do mesmo modo em que o "direito administrativo" existente no âmbito da *common law* desenvolveu historicamente a noção do *razoável*, enquanto *standard*, na sindicabilidade judicial da discrição administrativa nos quadros do *rule of law*, os sistemas da família jurídica *romano-germânica* (*civil law*) encontraram na noção do *proporcional* equivalente instrumental axiológico para promover a contenção da arbitrariedade no exercício dos poderes administrativos no seio do *Estado de Direito*.

Segundo J. J. Gomes Canotilho (2003, p. 268-273), o princípio da proporcionalidade ou proibição do excesso resulta de uma "convergência dos sistemas de *common law* e de direito administrativo" e sua dimensão material tem suas raízes nos séculos XVIII e XIX:

> [...] ela está presente na ideia britânica de *reasonableness* [razoabilidade], no conceito prussiano de *Verhältnismässigkeit* [proporcionalidade], na figura de *détournement du pouvoir* em França [desvio de poder ou desvio de finalidade] e na categoria italiana de *eccesso di potere* [excesso de poder].

Embora o sentido mais geral da proibição do excesso seja associado ao repúdio de cargas coativas excessivas ou atos de ingerência desmedidos, existe outra vertente da proteção que se relaciona não com o excesso, mas com a proibição por defeito (insuficiência de proteção).

---

[222] Nesse sentido: MENDES, Gilmar Ferreira. *Direitos fundamentais e controle de constitucionalidade*: estudos de direito constitucional. 4. ed., rev. e ampl. São Paulo: Saraiva, 2012, p. 76-79 e 162; BARROSO, Luís Roberto. *Curso de Direito Constitucional contemporâneo*: os conceitos fundamentais e a construção do novo modelo. 2. ed., São Paulo: Saraiva, 2010, p. 255-261 (embora admitindo que essa posição não é pacífica); na obra *Interpretação e aplicação da Constituição*: fundamentos de uma dogmática constitucional transformadora. 7. ed. rev. São Paulo: Saraiva, 2009, o autor (p. 374) trata ambos os princípios como fungíveis; MORAES, Alexandre de. *Constituição do Brasil interpretada e legislação constitucional*. 9. ed. atualizada até a EC nº 71/12, 2013. São Paulo: Atlas, p. 101, trata a razoabilidade como sinônimo do subprincípio da "proporcionalidade em sentido estrito" e também ora como "critério", ora como "princípio"; e NOHARA, Irene Patrícia. *Limites à razoabilidade nos atos administrativos*. São Paulo: Atlas, 2006. Defendendo a existência de conteúdos próprios em cada princípio: ÁVILA, Humberto. *Teoria dos princípios*. 15. ed. São Paulo: Malheiros, 2015, p. 201-204; SARLET, Ingo Wolfgang. *A eficácia dos direitos fundamentais*. 12ª ed. Porto Alegre: Livraria do Advogado, 2015, p. 419; e SILVA, Virgílio Afonso da. O proporcional e o razoável. *Revista dos Tribunais*, São Paulo, v. 798, 2002, p. 23-50.

Haverá defeito de proteção (insuficiência de juridicidade) "quando as entidades sobre quem recai um *dever de proteção (Schutzpflicht)* adotam medidas insuficientes para garantir uma proteção constitucionalmente adequada dos direitos fundamentais".

Para David M. Beatty (2014, p. 296), a proporcionalidade "é parte integrante e indispensável de toda Constituição", possuindo função estrutural e servindo "como princípio de otimização que faz com que cada Constituição seja a melhor dentro de suas possibilidades". Uma Constituição sem nenhum padrão de proporcionalidade seria, portanto, uma impossibilidade lógica.[223]

Interessante recordar que a Constituição do Império (1824), ao disciplinar os direitos civis e políticos (art. 179, VIII), já adotava uma vaga noção de "razoável" ao dispor que nos lugares remotos, dentro de um *prazo razoável*, que a lei marcará, atenta à extensão do território, "o juiz por uma nota, por ele assinada, fará constar ao réu o motivo da prisão, os nomes do seu acusador, e os das testemunhas, havendo-as". A Lei de 16 de dezembro de 1830, que instituiu o Código Criminal do Império, ao cuidar da reparação do dano provocado pelo delito, determinava, em seu art. 32, que o condenado, sem meios para satisfação da obrigação, poderia evitar a prisão "com trabalho pelo tempo necessário" para auferir a quantia devida se, entre outras hipóteses, prestasse "fiança idônea ao pagamento em *tempo razoável*".[224]

---

[223] O autor (*op. cit.*, p. 295-297) observa que, apesar de receber nomes diferentes, "'razoabilidade' na Índia e no Japão, 'tolerância' em Israel, 'análise escrita' ou 'exame rigoroso' (*strict scrutiny*) nos Estados Unidos, seu significado é sempre o mesmo". Interessante também a diversidade de explicações para justificar a origem da proporcionalidade: "Para o Tribunal Constitucional da Alemanha, a proporcionalidade é um princípio consagrado cujas raízes se fixam no próprio 'Estado de direito'. No Canadá, em Israel e na África do Sul, a proporcionalidade está incorporada nos valores do pluralismo e da tolerância, subjacentes ao entendimento mais elementar de 'democracia'. O Tribunal Europeu de Direitos Humanos descobriu a proporcionalidade nas normas da Convenção contra a discriminação e a desigualdade. Os juízes do Japão e os da Hungria encontraram o princípio nos direitos específicos à religião e à expressão, que são garantidos incondicionalmente; e a Alta Corte da Austrália extraiu o princípio de um direito de expressão política que nem sequer é mencionado no texto". Laura Clérico (2009, p. 26-29) aponta que o princípio da proporcionalidade pode ser invocado a partir de diferentes premissas, sendo justificado exemplificativamente: (i) pelo princípio da isonomia; (ii) como decorrência do Estado de Direito; (iii) pela essência dos direitos fundamentais [que podem, segundo a autora, ser interpretados como regras ou princípios]; (iv) pelo Estado de Direito combinado com a essência dos direitos fundamentais; (v) pela garantia do mínimo essencial; (vi) pelo direito constitucional; (vii) pela justiça. Alexy (2015, p. 116-120) fundamenta o princípio da proporcionalidade a partir da estrutura dos princípios fundamentais, mas ressalva que sua formulação não exclui as demais "que se baseiam no princípio do Estado de Direito, na prática jurisprudencial ou no conceito de justiça".

[224] Na jurisprudência do STF, ao menos desde o RE nº 20.593/DF, de relatoria do Ministro Luiz Gallotti, julgado em 04/08/1952, há referência à proporcionalidade. A razoabilidade

Do ponto de vista normativo, o legislador federal,²²⁵ como demonstram os artigos 2º da Lei nº 9.784/1999 e 8º do Código de Processo Civil, faz menção aos princípios da proporcionalidade e da razoabilidade como *institutos distintos*, posição que parecer ser a mais acertada, pois a regra da proporcionalidade diferencia-se da razoabilidade não só pela sua origem, mas também pela sua estrutura,²²⁶ embora ambas constituam, sob a vertente funcional, e aqui está o ponto de identidade, ferramentas de repúdio judicial do arbítrio e de moderação do poder estatal.²²⁷

é referida a partir do RE nº 57.534/SP, de relatoria do Ministro Victor Nunes, julgado em 15/10/ 1965. A noção de "razoável" pode ser encontrada na Rp 97-DF, da relatoria do Ministro Edgard Costa, julgada em 12/11/1947 ("A inconstitucionalidade só deverá ser decretada quando manifesta e evidente, acima de toda dúvida razoável").

²²⁵ O art. 111 da Constituição do Estado de São Paulo de 1989 determina que a Administração Pública direta, indireta ou fundacional, de qualquer dos Poderes do Estado, obedecerá aos princípios de legalidade, impessoalidade, moralidade, publicidade, *razoabilidade*, finalidade, motivação, interesse público e eficiência.

²²⁶ Germana de Oliveira Moraes (2004, p. 139), com aguda acuidade, faz irretocável exposição sobre o duplo significado do princípio da razoabilidade e sua conexão com a proporcionalidade: "Considerando que o princípio da razoabilidade, na trilha da construção jurisprudencial e doutrinária anglo-saxônica, tem dupla acepção, ora significando a referência à tomada em consideração, pela autoridade decisória, de elementos impertinentes, ou ao esquecimento de outros elementos pertinentes, ora compreendendo a proibição de conduta que contrarie, de forma manifesta, o senso comum, verifica-se que ele guarda correspondência com o conteúdo do princípio da proporcionalidade, quanto ao primeiro sentido enunciado, à medida que o chamado *teste de racionalidade* possa envolver o juízo de adequação e de exigibilidade. Por outro lado, por vezes (nem sempre), no *teste de razoabilidade*, em sentido estrito, pode haver justaposição do mesmo raciocínio concernente à ideia de proporcionalidade em sentido estrito, à medida que a valoração dos interesses em conflito possa ter por fonte o consenso popular, e não o juízo do aplicador da norma jurídica. Os conteúdos dos princípios da proporcionalidade e da razoabilidade guardam conexão, detectando-se um ponto comum entre a razoabilidade, na acepção de racionalidade, com o princípio da proporcionalidade, sob as vertentes da adequação e da necessidade, mas nem sempre alcança o princípio da razoabilidade em sua segunda acepção, traduzido pela regra do "consenso popular", que nem sempre abrange a noção de proporcionalidade. Essa segunda acepção da razoabilidade conduz ao recurso da técnica dos *standards* jurídicos, a qual pode fornecer valiosos subsídios ao controle jurisdicional da aplicação dos conceitos indeterminados, sobretudo quando envolve valorações administrativas. A ideia de proporcionalidade, em sua tríplice manifestação, coincide com a noção de racionalidade, isto é, com a primeira acepção do princípio da razoabilidade. No entanto, não se confunde com a noção de razoabilidade em sentido estrito. O *teste de racionalidade* envolve a adoção dos critérios de proporcionalidade – adequação e exigibilidade, enquanto o *teste de razoabilidade*, relacionado à questão da proporcionalidade em sentido estrito, configura um método de obtenção do equilíbrio entre os interesses em conflito [...]".

²²⁷ Ingo Wolfgang Sarlet (2015, p. 419) critica a confusão entre os dois princípios: "[...] parece evidente que a utilização indistinta das expressões proporcionalidade e razoabilidade não se justifica pelo simples fato (portanto, por si só) de que isto corresponde a uma prática usual, especialmente entre nós, visto que a reiterada prática de um equívoco não o torna necessariamente menos equivocado. Com efeito, o uso equivalente dos termos apenas encontraria explicação eficiente se de fato existisse a – por alguns – reclamada equivalência

É dentro desse debate que, criticando a insegurança e a qualidade jurídica das decisões públicas e de seu controle, em especial o externo, Carlos Ari Sundfeld e Floriano de Azevedo Marques Neto (2017, p. 278-279) identificam e denunciam um curioso paradoxo: "quanto mais se avança na produção de normas disciplinadoras da ação da Administração, mais se aprofunda a precarização da segurança jurídica. Quanto mais crescem processos e controles, maiores a imprevisibilidade e a incerteza". Os conceituados administrativistas apontam o "alto grau de indeterminação de grande parte das normas públicas", a "relativa incerteza, inerente ao Direito, quanto ao verdadeiro conteúdo de cada norma" e a "tendência à superficialidade na formação do juízo sobre complexas questões jurídico-públicas" como principais fatores de distorção da atividade jurídico-decisória pública.

Ao apresentarem as diretrizes que orientam as propostas para enfrentamento do problema (anteprojeto que deu origem ao PLS nº 349/2015), os citados autores argumentam:

> Como é amplo e crescente o grau de indeterminação das normas, em especial as de direito público, é preciso impedir que as autoridades, ao delas extraírem consequências concretas – criando direitos, deveres e proibições específicas para sujeitos certos –, o façam de modo superficial. É possível combater a tendência à superficialidade na formação do juízo sobre questões jurídico-públicas pela adoção do paradigma de que as autoridades não podem tomar decisões desconectadas do mundo real; de que elas têm o dever de medir consequências, de considerar alternativas, de analisar a necessidade e a adequação das soluções cogitadas, de pesar os obstáculos e circunstâncias da vida prática etc. [...].

Percebe-se que entre o avanço do controle dos atos estatais e a correspondente resistência a ele há um movimento pendular, que parte da insindicabilidade absoluta dos atos discricionários da Administração

---

substancial entre os dois princípios. O que de fato ocorre, e a jurisprudência brasileira bem o atesta, é que em muitos casos, por não ser aplicada a análise trifásica exigida pela proporcionalidade, a ponderação ocorre essencialmente no plano da 'mera' razoabilidade, o que justamente constitui prova evidente de que, a despeito do importante elo comum (razoabilidade e proporcionalidade em sentido estrito) não se trata de grandezas idênticas em toda sua extensão". Irene Patrícia Nohara (2006, p. 94), entretanto, de modo enfático, afirma tratar-se de "uma falácia supor que os elementos da proporcionalidade são intuídos de forma predefinida pelo operador jurídico, isto é, que o intérprete efetivamente identifique uma violação à regra da proporcionalidade a partir e uma ordem que perpassa inicialmente pelo juízo de adequação, em seguida, pelo de necessidade e, por fim, pela proporcionalidade em sentido estrito".

para um progressivo e sofisticado controle,[228] até chegar ao momento atual, no qual a intensidade e a extensão desse controle, resvalando no próprio desenho institucional originalmente idealizado pela tripartição das funções estatais, passam a ser duramente questionadas e reclamam por uma sistematização clara e adequada às atribuições de uma Administração Pública crescentemente complexa.

É nessa realidade que a Lei nº 13.655/2018, objetivando elevar o nível de segurança jurídica[229] e de eficiência na criação e na aplicação do Direito Público e oferecer um ponto de equilíbrio, introduziu uma série de condições a serem observadas pelas esferas administrativa, controladora e judicial.[230]

---

[228] Confirmam essa escalada os seguintes julgados do Conselho de Estado francês: (i) aresto Gomel (1914) passa a admitir o controle da qualificação jurídica dos fatos (anulou-se o ato que havia denegado a licença de construção, pois o motivo alegado, suposto prejuízo para a Praça Beauvais de Paris, então reconhecida como conjunto monumental, era incorreto, uma vez que a praça não ostentava a condição de parte integrante de conjunto monumental); (ii) aresto Camino (1916) inaugura o controle da existência material dos próprios fatos que motivaram o ato administrativo (anulou-se por excesso de poder a sanção aplicada ao prefeito da comuna de Hendaya, uma vez que os fatos imputados não eram materialmente exatos e não constituam infração disciplinar); (iii) aresto Barrel (1954) examina a decisão discricionária sob a luz dos princípios gerais de Direito (a exclusão de candidato a ingresso à Escola Nacional de Administração, por motivo político, é arbitrária por violação do princípio da igualdade de acesso de todos os franceses às funções e empregos públicos); (iv) aresto Ville Nouvelle Est (1971) promove a avaliação da relação custo-benefício, ou seja, um juízo de proporcionalidade (firmou-se o entendimento de que um ato ou operação não pode ser declarado de utilidade pública quando as ingerências na propriedade privada, os custos econômicos e, de um modo geral, os inconvenientes de ordem social sejam excessivos em contraste com o interesse que se pretende fomentar).

[229] Fábio Martins de Andrade (2019, p. 494) aponta o que considera "ambiguidades" da Lei nº 13.655/2018: "A 'segurança jurídica' pareceu servir como pretexto motivador para a edição da nova lei, tendo aparecido por nove vezes quando a buscamos no texto (tanto aprovado como naqueles dispositivos que ao final foram vetados pelo Presidente da República). Curiosamente, no texto final aprovado e publicado, consta apenas e tão-somente na ementa e no art. 30, o qual dispõe que as autoridades públicas devem atuar para aumentar a segurança jurídica, na aplicação das normas, inclusive por meio de regulamentos, súmulas administrativas e respostas a consultas. Ademais, cabe registrar que o art. 30 não constava inicialmente no anteprojeto apresentado pelos Professores responsáveis pela sua elaboração, tendo sido acrescentado durante o processo legislativo que tramitou no Congresso Nacional. [...] De igual modo, cuidando-se de 'eficiência' e 'eficiente', além de constar na ementa da legislação, consta também apenas e tão somente no art. 23 e no art. 26, §1º, I, sendo as demais referências constantes na Mensagem que motivou as razões dos vetos opostos pelo Presidente da República".

[230] Odilon Cavallari de Oliveira (2018, p. 25-27) reclama do que denominou "déficit de legitimidade democrática da Lei nº 13.655/2018" diante da exclusão dos órgãos de controle dos debates antes e depois da chegada do PLS nº 349/2015 ao Congresso: "Não se pode partir da premissa de que os autores da Lei nº 13.655/2018 estão absolutamente corretos em suas análises sobre a realidade, sobre os problemas da Administração Pública e sobre as soluções mais adequadas para resolvê-los. Adotar esse comportamento seria ignorar toda uma compreensão não apenas filosófica, mas também prática da democracia e da construção

4.2 Uma questão delicada: o âmbito de incidência da Lei nº 13.655/2018 e o pacto federativo

O parecer da Comissão de Constituição, Justiça e Cidadania, em decisão terminativa sobre o Projeto de Lei do Senado (PLS) nº 349/2015, reconhece que no ordenamento jurídico as normas gerais de Direito Público estão dispersas e que inexiste no Brasil um Código de Direito Administrativo, o que se deve a dois fatores: (i) nossa tradição de abordar temas dessa disciplina de forma isolada (com leis específicas sobre licitações, servidores públicos e processo administrativo, por exemplo) e; (ii) também ao fato de que *legislar sobre normas administrativas cabe a todos os entes da federação*. Assim, prossegue o parecer, as alterações

---

de soluções que se pretendem justas. Nas democracias, a construção de qualquer solução, seja legislativa, administrativa ou judicial, ocorre por meio do debate franco, aberto e participativo, de modo que a solução final possa desfrutar da mais ampla legitimidade democrática. [...] a sociedade não teve a oportunidade de testar as premissas sustentadas por esses estudos [desenvolvidos no âmbito da Sociedade Brasileira de Direito Público em parceria com a Escola de Direito de São Paulo da Fundação Getúlio Vargas], de ouvir os órgãos de controle, de conhecer os dados relativos ao desempenho desses órgãos, de saber quais as suas práticas atuais para promover a segurança jurídica e evitar o arbítrio. Nada disso foi perscrutado. As premissas adotadas pelos autores da Le nº 13.655/2018 prevaleceram sem controvérsias, de modo apodítico". A respeito da tramitação do PLS nº 349/2015 (Senado Federal), convertido no PL nº 7.448/2017 (Câmara dos Deputados), Fábio Martins de Andrade (2019, 110-116), depois de apresentar minuciosa descrição do seu antecedente teórico, do seu processo legislativo e do debate corporativo e doutrinário que o cercou, acentua: "Sem qualquer desmerecimento ao anteprojeto apresentado inicialmente pelos Professores responsáveis pela sua elaboração, importa assinalar que faltou o debate aberto e permanente com diversos outros órgãos diretamente afetados pelas mudanças, para que colocassem suas principais objeções e sugestões sobre o texto, como o TCU, o MPF, a AJUFE, a ANAMATRA, e outros. A participação de tais órgãos e entidades certamente colaboraria para o aprimoramento do texto e a eliminação de suas ambiguidades. [...] parece ter sido pertinente a crítica de que maior debate político e público, inclusive com diferentes setores e segmentos da sociedade, poderia eventualmente esclarecer o sentido e o significado de alguns dos seus dispositivos, a exemplo do que ocorreu quando da aprovação do Parecer no âmbito da Comissão de Constituição, Justiça e Cidadania do Senado Federal. Todavia, se não ocorreu no passado durante o processo legislativo, releva assinalar a importância de que tal debate se concretize o quanto antes, com o objetivo de esclarecer e direcionar potenciais rumos que serão destinados ao novel diploma legal". No mesmo sentido, Ricardo Marcondes Martins (2019, p. 44) assinala: "Ao contrário do que afirmam os autores do anteprojeto, houve pouquíssimo debate com a comunidade jurídica" durante a sua elaboração e tramitação. Esse quadro evidencia uma grave incoerência: louva-se a administração consensual, alardeia-se, com razão, a necessidade de realização e aperfeiçoamento dos estudos de impactos regulatórios, inclusive com a consulta aos agentes regulados, no entanto, justamente quando se edita uma lei para aprimorar o controle, tais diretrizes são solenemente desprezadas. Consigne-se que, no ano de 2015, durante a fase de tramitação do PLS 349/2015, foi publicada, sob a coordenação de Flávio Henrique Unes Pereira, a obra *Segurança jurídica e qualidade das decisões públicas*: desafios de uma sociedade democrática, contendo comentários dos artigos que viriam a ser acrescidos à LINDB. Com tiragem de 5.000 exemplares, o conteúdo também ficou disponível para download.

promovidas na LINDB permitirão equacionar essa situação e oferecerão "maior coerência sistêmica, unificando conceitos desde o direito penal até o direito administrativo (sancionador ou não), passando até pelo direito processual (penal, civil, trabalhista e eleitoral)".

De acordo com o Enunciado nº 18 do IBDA as disposições introduzidas pela Lei nº 13.655/2018 na LINDB impactariam "todas as regras de direito público". Por esse entendimento, todas as administrações públicas, de todos os níveis, deveriam observá-las. A conclusão é coerente com a nítida intenção do legislador, pois, ao inserir disposições normativas na LINDB, diploma que condensa normas de sobredireito, a irradiação dos seus efeitos é a mais ampla possível. Nesse particular, cumpre recordar que, em razão da alteração da sua ementa, promovida pela Lei nº 12.376, de 30 de dezembro de 2010, o Decreto-lei nº 4.657, de 4 de setembro de 1942, conhecido como "Lei de Introdução ao Código Civil" ou apenas "LICC", passou a designar-se "Lei de Introdução às Normas do Direito Brasileiro". Os efeitos dessa modificação ficaram restritos à esfera da formalidade, pois a "LICC" sempre foi considerada materialmente como "Lei de Introdução às Normas do Direito Brasileiro".

De modo convergente, Floriano de Azevedo Marques Neto (2018, p. 99-100) afirma:

> Os artigos incluídos à LINDB pela Lei nº 13.655/18 introduzem uma dimensão de incidência da norma bastante alargada. Em tese isso sequer seria necessário haja vista que sendo a LINDB uma lei continente de comandos hermenêuticos aplicáveis a todas as normas do nosso ordenamento jurídico, resultaria já óbvio que ela se aplica a todas as esferas de seu emprego, no âmbito público e privado.
> [...]
> A fórmula redacional adotada pelo legislador aos definir estas três esferas [administrativa, controladora e judicial] deixa fora de dúvidas que estes artigos da LINDB são de observância obrigatória por qualquer agente, órgão ou ente que integre o aparelho do Estado ou que se equipare ao aparato estatal no exercício do poder extroverso delegado.

Carlos Ari Sundfeld e Alice Voronoff (2018, p. 182) igualmente asseveram que a LINDB reformada deve ser observada "por todas as autoridades em quaisquer procedimentos administrativos".

Note-se que no plano da Administração Pública federal e no processual, a União possui competência privativa e plena para legislar. Nesse sentido, a Lei nº 9.784/1999, que regula o processo administrativo no âmbito da Administração Pública Federal direta e indireta, e o

CPC, como será visto, reúnem um fecho de disposições que muito se assemelham aos novos dispositivos da Lei nº 13.655/2018, sendo, por conseguinte, bastante duvidoso o incremento da segurança jurídica. O grande e verdadeiro impacto da Lei nº 13.655/2018 recairá nos âmbitos administrativo e de controle dos Municípios, Estados, Distrito Federal e suas respectivas autarquias, fundações, empresas públicas e sociedades de economia mista. E aqui surge uma grave indagação: o conteúdo dos novos dispositivos da LINDB diz respeito apenas à simples interpretação das normas em geral ou possui natureza material de Direito Administrativo?[231]

Nesse passo, convém pontuar que o regime federalista, adotado no Brasil a partir da Constituição de 1891 e mantido até os dias atuais, se baseia na distribuição e preservação de competências legislativas, método de equilíbrio entre os diversos centros de poder, que se revela especialmente sensível em um Estado Democrático de Direito. A propósito, são lúcidas as palavras de Carlos Mário Velloso (1992, p. 4): "A combinação da descentralização funcional do poder com a descentralização geográfica ou territorial deste, amplia, significativamente, o sistema de proteção à liberdade e propicia a prática da democracia".

Se a República Federativa do Brasil é formada pela união indissolúvel dos Estados e Municípios e do Distrito Federal (art. 1º, *caput*, da CF), e se a forma federativa constitui cláusula pétrea (art. 60, §4º, I, da CF), temos, de um lado, a sua intangibilidade como valor nuclear do ordenamento jurídico, e, de outro, a necessidade de sua adequada compreensão, sob pena de deturpação do seu significado e violação da soberana vontade exprimida pelo constituinte originário.

Por isso que a distribuição e a fixação de competências legislativas e administrativas entre União, Estados, Distrito Federal e Municípios é matéria sensível e da maior envergadura, o que levou José Afonso da Silva (2018, p. 631) a asseverar: "Não existe autonomia federativa sem capacidade normativa sobre determinada área de competência". Igualmente, *não existe autonomia federativa quando a capacidade normativa é usurpada ou gravemente enfraquecida.*

---

[231] Diante dessa questão, Fábio Martins de Andrade (2019, 127-133) propõe a interpretação conforme à Constituição dos dispositivos da Lei nº 13.655/2018 e apresenta o seguinte modelo de sistematização: (i) normas gerais para o Direito – arts. 20, *caput*, 23, 29 e 30; (ii) normas gerais de Direito Administrativo – arts. 20, parágrafo único, 21, 22, 24 e 28 ("a LINDB não é o melhor lugar para situá-las"); (iii) normas específicas de Direito Administrativo – arts. 26 e 27 ("o melhor lugar no ordenamento jurídico [para inseri-las] poderia ser em leis esparsas que hoje regulam tópicos específicos, como por exemplo, a Lei de Improbidade Administrativa – LIA (Lei nº 8.429/92) ou a Lei Ambiental (Lei nº 9.605/98, especificamente no Capítulo VI").

A violação da competência legislativa não só ofende o equilíbrio das relações políticas entre as pessoas estatais que integram a tríplice estrutura da federação brasileira, como, pela via reflexa, torna letra morta uma cláusula pétrea. Nessa matéria a regra motora é a de que ao poder central devem ser reservadas competências suficientes para a manutenção da União e da coesão do país.[232] Todos os demais assuntos devem preferencialmente ser disciplinados regional ou localmente.

Algumas normas da Lei nº 13.655/2018, no entanto, claramente interferem e restringem o poder político-administrativo dos Municípios, Estados e do Distrito Federal e, portanto, comprimem sua autonomia.

Quando se determina que "nas esferas administrativa, controladora e judicial, não se decidirá com base em valores jurídicos abstratos sem que sejam consideradas as consequências práticas da decisão" (art. 20), a ingerência é mínima, pois se relaciona mais com o *procedimento decisório* e não com o seu conteúdo em si. Não há, entretanto, invasão de autonomia, posto que compete à União, aos Estados e ao Distrito Federal legislar concorrentemente sobre procedimentos em matéria processual, o que inclui modelos decisórios e critérios de motivação, não se podendo olvidar que: (i) no âmbito da legislação concorrente, a competência da União limitar-se-á a estabelecer normas gerais;[233] (ii) a

---

[232] No O Federalista IX, Hamilton (1959, p. 36-39) define bem as finalidades da federação: (i) preservar a paz interna e externa e a liberdade dos Estados, e; (ii) servir de barreira contra facções domésticas e insurreições. Nessa concepção, o poder central reserva para si atribuições bem específicas e respeita os amplos campos de autonomia dos seus membros.

[233] Manoel Gonçalves Ferreira Filho (1990, p. 9) admite não ser fácil "conceituar 'normas gerais', pelo ângulo positivo. Pode-se afirmar, e corretamente, que 'normas gerais' são princípios, bases, diretrizes, que hão de presidir todo um subsistema jurídico. Sempre haverá, no entanto, em face de casos concretos, dúvida até onde a norma será efetivamente geral, a partir de onde ela estará particularizando. Mais fácil é determinar o que sejam 'normas gerais', pelo ângulo negativo. Quer dizer, indicar os caracteres de uma norma que não é 'geral', é complementar, é particularizante". No mesmo sentido, Fernanda Dias Menezes de Almeida (2000, p. 145-151) explica que, embora a categoria "normas gerais" tenha sido introduzida ao ordenamento jurídico com a Constituição de 1934, ela só passou a ser objeto de maior interesse a partir da Constituição de 1946, cujo art. 6º, XV, "b", dispunha sobre a competência para a edição de normas gerais de Direito Financeiro. Para Almeida é um grande problema a "formulação de um conceito de normas gerais que permita reconhecê-las, na prática, com razoável segurança, já que a separação entre normas gerais e normas que não tenham esse caráter é fundamental". Tal questão, por se sujeitar a uma inevitável "dose de subjetivismo [...] sempre acabará suscitando conflitos de competência". Ao abordar o tema das competências administrativas dos estados e municípios, Lucia Valle Figueiredo (1994, p. 709-710), discorrendo sobre a noção de normas gerais, propõe a seguinte sistematização: "a) disciplinam, de forma homogênea, para as pessoas políticas federativas, nas matérias constitucionalmente permitidas, para garantia da segurança e certeza jurídicas; b) não podem ter conteúdo particularizante que afete a autonomia dos entes federados, assim não pode dispor de maneira a ofender o conteúdo da federação, tal seja, não podem se imiscuir em assuntos que devam ser trabalhados exclusivamente

competência da União para legislar sobre normas gerais não exclui a competência suplementar dos Estados (art. 24, XI, e §§1º e 2º, da CF).

Nada obstante, há outras situações nas quais as normas ultrapassam os limites procedimentais e *invadem o campo da autoadministração e da autotutela*, mitigando-os severamente.

É o que ocorre: (i) quando se cria o *princípio da preservação* do ato, do contrato, do ajuste, do processo ou da norma administrativa, que somente podem ser invalidados diante da ausência de *possíveis alternativas* (art. 20, parágrafo único); (ii) quando se determina, na interpretação das normas sobre gestão pública, que sejam *considerados os obstáculos e as dificuldades reais* do gestor e as exigências das políticas públicas a seu cargo, sem prejuízo dos direitos dos administrados (art. 22, *caput*); (iii) quando se determina que em decisão sobre regularidade de conduta ou validade de ato, contrato, ajuste, processo ou norma administrativa, sejam *consideradas as circunstâncias práticas que houverem imposto, limitado ou condicionado a ação do agente* (art. 22, §1º); (iv) quando se impõe que a decisão administrativa, controladora ou judicial que estabelecer interpretação ou orientação nova sobre norma de conteúdo indeterminado, impondo novo dever ou novo condicionamento de direito, *deverá prever regime de transição* quando indispensável para que o novo dever ou condicionamento de direito seja cumprido de modo proporcional, equânime e eficiente e sem prejuízo aos interesses gerais (art. 23); (v) quando se veda que, com base em mudança posterior de orientação geral, se declarem inválidas situações plenamente constituídas (art. 24, *caput*); (vi) quando se estabelece que a decisão do processo, nas esferas administrativa, controladora ou judicial, *poderá impor compensação* por benefícios indevidos ou prejuízos anormais ou injustos resultantes do processo ou da conduta dos envolvidos (art. 27, *caput*); (vii) quando se fixa que apenas nos casos de dolo ou erro grosseiro o agente público responderá pessoalmente por suas decisões ou opiniões técnicas (art. 28).

Em todos esses casos, em graus distintos, atinge-se a capacidade de autoadministração e o dever-poder de autotutela, expressões

---

pelos Estado e Municípios; c) estabelecem diretrizes sobre o cumprimento dos princípios constitucionais expressos e implícitos. Sintetizando podemos afirmar: normas gerais, no ordenamento brasileiro, têm características diferenciadas das normas (classicamente também denominadas de gerais), dispõem de forma homogênea para determinadas situações para garantia e certeza jurídicas, estabelecem diretrizes para o cumprimento dos princípios constitucionais expressos e implícitos, sem se imiscuírem no âmbito de competência específicas dos outros entes federativos. [...] As normas gerais serão constitucionais se e na medida em que não invadam a autonomia dos entes federativos, com particularizações indevidas".

fundamentais da autonomia político-administrativa. Daí porque se afigura imprescindível conciliar tais normas com a disciplina da competência comum e privativa dos entes federados (arts. 23, 25, §1º, 30, I e 32, §1º, da CF). Assim, e sem perder de vista que a competência administrativa é correlata à competência legislativa, quando as citadas disposições da Lei nº 13.655/2018 incidirem sobre matérias contidas nessas competências (comum e privativa) deve ser respeitada a parcela de autonomia do ente subnacional.

Que fique claro, a padronização é muito bem-vinda. Todavia, ela não encontra respaldo normativo expresso no texto constitucional e não houve preocupação na elaboração de argumentos que deem sustentação a ela. O assunto foi praticamente ignorado. E só não o foi inteiramente porque na Comissão de Constituição, Justiça e de Cidadania da Câmara dos Deputados, do parecer do Sr. Relator a respeito da constitucionalidade, juridicidade e técnica legislativa do Projeto de Lei do Senado (PLS) nº 349/2015, então convertido no Projeto de Lei nº 7.448/2017, constou que a proposição atendia aos preceitos constitucionais formais concernentes à competência legislativa da União, "nos exatos termos do artigo 22, inciso I". Ocorre que o referido artigo trata da competência privativa da União para legislar sobre Direito Civil, Comercial, Penal, Processual, Eleitoral, Agrário, Marítimo, Aeronáutico, Espacial e do Trabalho. Não está nesse rol a competência para legislar sobre Direito Administrativo ou editar normas gerais de Direito Público para todos os entes da federação.

Embora deva ser enaltecido o esforço para uniformizar em todos os níveis da organização estatal a interpretação das normas de Direito Público, é preciso não perder de vista que a forma federativa impõe, ressalvadas as matérias expressamente designadas pelo texto constitucional, o convívio com as legislações estaduais e municipais, e veda a exacerbada centralização.

Cumpre rememorar que, em se tratando de matéria relativa ao Direito Administrativo, todos os entes políticos possuem competência legislativa plena (arts. 25, §1º, 30, I e V, e 32, §1º, da CF), que somente pode ser mitigada pela União nas hipóteses expressamente previstas no próprio texto constitucional, como é o caso específico da edição das normas gerais de licitação e contratação, em todas as modalidades, para todas as administrações públicas (art. 22, XXVII, da CF).[234] Esse quadro

---

[234] Geraldo Ataliba (1980, p. 58-73), em clássico estudo sobre leis nacionais e federais, partindo da premissa de que a federação implica a igualdade jurídica entre seus entes, os quais mantêm entre si relação de coordenação, sustenta que "não há hierarquia de leis", mas

normativo justifica o fato de inexistir no ordenamento uma "Lei de Introdução às Normas do Direito Público".

Assim, à luz da autonomia garantida aos Estados, ao Distrito Federal e aos Municípios (art. 18, *caput*, da CF), há séria dúvida a respeito da constitucionalidade das inovações da Lei nº 13.655/2018 que restringem a capacidade de autoadministração e o dever-poder de autotutela dos Estados e Municípios.

Não cabe invocar, em sentido contrário, a jurisprudência do STJ quanto à aplicação da Lei nº 9.784/1999, que regula o processo administrativo no âmbito da Administração Pública Federal direta e indireta, de forma subsidiária às esferas estadual ou municipal, *quando ausente lei específica*,[235] pois a questão é de índole constitucional (pacto

---

apenas "repartição (constitucional) de áreas de competências", de modo que, no plano legiferante, União, Estados, Distrito Federal e Municípios extraem da Constituição, à qual estão todos subordinados, o pressuposto de validade dos seus atos. A confusão sobre uma pretensa superioridade da União decorreria do fato do Congresso Nacional exercer a "dupla qualidade de Legislativo federal e Legislativo nacional" e atuar concomitantemente como órgão do Estado federal brasileiro e da União, incumbindo-lhe "editar leis nacionais e leis federais, cumulativamente. Embora sejam estas essencialmente distintas e inconfundíveis, dotadas que são de naturezas jurídicas diversas – o que as coloca em campos e níveis diferentes – difícil parece, muita vez, discerni-las, principalmente em razão da circunstância de formalmente se assemelharem e, sobretudo, originarem-se, por processos semelhantes, do mesmo órgão". Disso resulta o nivelamento jurídico das pessoas político-administrativas, pelo qual o Direito Administrativo do Município "tem a mesma força e qualidade que o federal ou estadual". Fernanda Dias Menezes de Almeida (2000, p. 103) defende maior "descentralização das competências legislativas" e que, portanto, a União não deveria ditar regras relativas à licitação e à contratação para os demais entes federativos: "Já há um grande número de princípios e regras condicionadores da Administração Pública em geral, assentados pelo próprio constituinte nos artigos 37 a 41. Inclusive a submissão das contratações à prévia licitação é uma exigência do inciso XXI do artigo 37. Pode-se dizer, assim, que o norte já está na Constituição e a partir dele deveria cada entidade de política cuidar dos seus assuntos administrativos, não tendo cabimento a interferência do legislador federal nesse processo".

[235] A jurisprudência resultou na recente edição da Súmula 633, cujo enunciado é o seguinte: "A lei nº 9.784/1999, especialmente no que diz respeito ao prazo decadencial para a revisão de atos administrativos no âmbito da Administração Pública federal, pode ser aplicada, de forma subsidiária, aos estados e municípios, se inexistente norma local e específica que regule a matéria" (Primeira Seção, julgado em 12/06/2019, *DJe* 18/06/2019). De um modo geral, o entendimento da Corte sustenta-se no raciocínio de que os princípios da razoabilidade e da proporcionalidade autorizam "a aplicação, por analogia integrativa, da Lei Federal nº 9.784/1999, que disciplina a decadência quinquenal para revisão de atos administrativos no âmbito da administração pública federal, aos Estados e Municípios, quando ausente norma específica, não obstante a autonomia legislativa destes para regular a matéria em seus territórios" (REsp nº 1.251.769/SC, relator Ministro. Mauro Campbell Marques, Segunda Turma, *DJe* 14/9/2011). No mesmo sentido: MS 18338 DF, relator Ministro Benedito Gonçalves, 1ª Seção, *DJe* 21/06/2017; REsp nº 1666687 SP, relator Ministro Herman Benjamin, 2ª T., *DJe* 19/06/2017; AgRg no REsp nº 1083566 RJ, relator Ministro Sérgio Kukina, 1ª T., *DJe* 24/06/2016; AgRg no AREspnº 345831 PR, relatora Ministra Assusete Magalhães, 2ª T., *DJe* 21/06/2016; RMS Nº 46160 PR, relator Ministro Og

federativo e partilha de competências) e, portanto, é do STF a atribuição de dar a palavra final.

A propósito, a partilha de competências entre os entes federados é especialmente controversa em matéria de processo administrativo, havendo forte dissenso, por fundamentos variados, sobre a aplicabilidade da Lei nº 9.874/1999 aos Estados, Distrito Federal e Municípios.

Cármen Lúcia Antunes Rocha (1997, p. 196-198), interpretando o disposto nos arts. 22, I [competência privativa da União para legislar sobre direito processual] e 24, XI, [competência concorrente da União, dos Estados e do Distrito Federal para legislar sobre procedimentos em matéria processual] da CF, afirma:

> Se o processo administrativo, instrumentalizador das condutas administrativas e somente utilizado para a garantia dos direitos subjetivos do cidadão e do administrado em geral, não fosse inserido no espaço de competência própria e autônoma de cada entidade federada, como se ter que a autoadministração dessa pessoa estaria garantida? Como dizer autônoma para organizar a sua própria administração quem não dispõe de autonomia política para legislar sequer sobre o processo a ser seguido no exercício dessa matéria? Assim, tanto o processo administrativo quanto os procedimentos que lhe são inerentes são objetos precípuos de tratamento autônomo de cada qual das entidades da federação brasileira e a referência à legislação processual que compete privativamente à União, por definição constitucional expressa, é tão-somente aquela correspectiva à unidade do direito processual judicial (civil ou penal).

No mesmo sentido manifesta-se José Cretella Júnior (1991, p. 1466-1468):

> Nenhuma competência tem o *poder legislativo central*, exclusivamente, para editar *leis processuais* que realizem o *direito material*, quando este é da competência do Estado-membro, como ocorre, por exemplo, com o *direito administrativo*, ou com o *direito financeiro*. Se o Estado-membro tem competência para promulgar leis de *direito material*, tem também competência para, igualmente, realizá-lo, efetivá-lo, concretizá-lo, editando leis correspondentes de *direito formal*. Assim, não tem competência o *poder legislativo central* para legislar sobre o *processo* correspondente ao *direito administrativo material*, que é da competência do Estado-membro. Não legislando a União sobre *direito administrativo*

Fernandes, 2ª T., *DJe* 18/09/2015; AgRg no AREspnº 393378 DF, relator Ministro Arnaldo Esteves Lima, 1ª T., *DJe* 18/02/2014.

material, não tem competência, *ipso facto*, para legislar sobre a *parte processual do direito administrativo*, correspondente àquele.

Irene Patrícia Nohara (2018, p. 80-83) explica que a competência constitucional da União é para editar "normas gerais" em matéria de procedimentos (art. 24, XI e §1º, da CF). Assim, como a Lei nº 9.784/1999 institui "normas básicas" sobre processo administrativo, conforme expressamente declara seu art. 1º, suas disposições não incidiriam no âmbito estadual.

Marçal Justen Filho (2013, p. 348), com apoio no que dispõe o art. 24, XI, e §2º, da CF, argumenta:

> [...] as normas gerais e os princípios fundamentais contemplados na Lei 9.784 são de observância obrigatória para todos os entes federativos. Não se contraponha que essa lei explicitamente determinou que suas regras seriam aplicáveis apenas aos processos administrativos no âmbito da atividade administrativa da União. Essa solução seria inconstitucional, pois a competência para editar normas gerais obriga a formalização de soluções gerais aplicáveis a todas as órbitas federativas. Por isso, os demais entes federativos podem, se o desejarem, produzir a edição de lei local, veiculando normas específicas. Mas deverão, de todo modo, respeitar as normas gerais federais.

A questão é que, embora tenha competência para editar normas gerais, a União não a exerceu. Limitou-se, de modo textual, a editar "normas básicas sobre o processo administrativo no âmbito da Administração Federal direta e indireta". Bem por isso Marcos Augusto Perez (2020, p. 186-187) fala de uma "certa timidez" da Lei nº 9.784/1999 pelo fato de "autolimitar a sua aplicação à esfera da Administração federal", mas defende, porém, que suas disposições, regulamentadoras dos direitos fundamentais previstos no art. 5º, LIV e LV, da CF, "sejam consideradas de vigência nacional sempre que inexistir lei local que preencha essa lacuna de regulamentação".

Sérgio Ferraz e Adilson Abreu Dallari (2012, p. 36-37), de modo diverso, propugnam o seguinte entendimento:

> [...] é palmar que todas as pessoas jurídicas de direito público, dotadas de competência normativa na Lei Maior, podem regular, exaurientemente até, seus processos (e procedimentos) administrativos. O que há de comando normativo *nacional, aplicável a toda a arquitetura federal brasileira*, é a pauta principiológica, figurando a consagrada na Constituição Federal do Brasil como um patamar mínimo indeclinável, de obrigatória observância para a União, Estados, Municípios e Distrito Federal. Mas

há que se compatibilizar inteiramente os comandos constitucionais dos arts. 22, I (competência privativa da União para legislar sobre direito 'processual', sem qualquer especificação), e 24, XI (competência concorrente da União, Estados e Distrito federal para legislar sobre 'procedimentos'). [...] se verdade é que, na província do direito *material* administrativo, a competência legislativa, por decorrência dos princípios federativo e republicano, se distribui ilimitadamente pelas pessoas jurídicas de capacidade política, identicamente não se deu com a produção normativa atinente ao *processo* (inclusive o administrativo): no ponto, a Constituição optou por um regime uniforme, por fatal emanação da consagração da ideia de devido processo legal. Outra foi, contudo, a opção do constituinte no atinente aos *'procedimentos* em matéria processual' (art. 24 e seu inciso XI): aqui se adotou o esquema da *competência concorrente*, com o quê a atuação normativa da União ficou limitada ao estabelecimento de normas gerais, assim mesmo com as restrições estatuídas nos §§2º e 4º do mencionado art. 24. E mais: sem prejuízo da atuação dos Municípios, fundada no art. 30, II.

Para Bruno Santos Cunha (2017, p. 176-178) a processualidade administrativa, ao ter por fundamento "uma pauta constitucional comum e geral de atuação administrativa, vislumbrada em decorrência da densificação principiológica e normativa (princípios e regras basilares) que a própria Constituição traz sobre o tema", autoriza a União a editar normas gerais a serem observadas por todos os demais entes da federação.[236] Cunha sustenta:

> Isso não afeta, por certo, a autonomia federativa, que é trilhada no mesmo patamar constitucional. Assim, ainda que seja notória a possibilidade legislativa acerca da matéria processual administrativa por todos os entes federados, não é possível que se negue a existência de uma parametrização constitucional de tal competência. [...] se vislumbra

---

[236] Em sentido similar é o argumento de Edilson Pereira Nobre Júnior (2019, p. 30-31) na defesa da aplicabilidade das normas da Lei nº 13.655/2018 a todos os entes da federação: "Considerando-se que inexiste monopólio da União para estabelecer normas gerais sobre o Direito Administrativo, à míngua de autorização do art. 22 da Constituição Federal, bem como frente ao reconhecimento da autonomia a todos os entes políticos da federação, a convicção sobre a aplicação além da esfera federal dos arts. 21 a 30 da LINDB somente se sustenta pela singularidade de conterem o desenvolvimento de princípios que a Lei Maior consagrou para a regência da Administração Pública, fazendo em Títulos que se impõe à observância também pelo Distrito Federal, Estados e Municípios. Ademais, tais normas veiculam conteúdo que se encontra conexo aos princípios fundamentais que representam a pedra de toque do nosso Estado Democrático de Direito (Título I), bem assim dos direitos e garantias fundamentais (Título II) e, por isso, o legislador, quando dispõe sobre o tema, elabora obra que se impõe à República Federativa do Brasil e não para um ente político específico".

a possibilidade de a LPAF, enquanto fonte normativa, informar o quadro de normas gerais nacionais inerentes ao núcleo comum constitucional de realização da função administrativa. [...] De plano, importa destacar que o quadro de normas gerais ora tratado não é aquele tecnicamente trilhado a partir da conjugação dos artigos 22 e 24 da Constituição, que servem à repartição de competências classicamente estudada. É, sim, um quadro que deriva da pauta constitucional unitária e que não pode ser relativizado e flexibilizado, em seus parâmetros gerais, em nome do princípio federativo, eis que assentado na Constituição como todo orgânico (sistema). Por isso sustenta que a Lei nº 9.874/1999: (i) aplica-se aos entes subnacionais que não possuam legislação local e (ii) aqueles que possuem referida legislação, devem conformá-la com o que denomina de 'quadro geral nacional de processualidade e atuação administrativa'.

O raciocínio, sofisticado e embora sólido, com a devida vênia, merece um reparo. A competência da União para legislar sobre "direito processual" está umbilicalmente conectada e limitada às matérias sobre as quais lhe é assegurada a competência privativa para editar normas de direito material. Permitir que a União edite normas, ainda que gerais, sobre processo que tenha por fundamento norma de direito material de competência reservada aos Estados, Municípios e Distrito Federal (arts. 25, §1º, 30, I e 32, §1º, da CF) significa clara e injustificada *concentração de poder no governo central em detrimento da autonomia dos entes subnacionais*. Parece, aliás, ser essa a compreensão do próprio legislador federal, que, ao identificar e delimitar o objeto da Lei nº 9.784/1999, assim redigiu a sua ementa: "Regula o processo administrativo no âmbito da Administração Pública Federal". Tal intenção é reforçada na parte normativa da Lei, cujos art. 1º, *caput*, e §1º, dispõem que os seus preceitos, normas básicas sobre o processo administrativo no âmbito da Administração Federal direta e indireta, "também se aplicam aos órgãos dos Poderes Legislativo e Judiciário da União, quando no desempenho de função administrativa".

No que tange ao conflito pertinente à partilha de competência, a compreensão do órgão de cúpula do Poder Judiciário é a de que *havendo dúvida deve ser respeitada a autonomia do ente federativo*. Nesse sentido, colhe-se o seguinte excerto do voto proferido pelo Ministro Alexandre de Moraes, relator da ADI nº 4.173/DF (*DJe* 25/02/2019):[237]

---

[237] O relator bem sintetizou a preocupação do constituinte originário com a descentralização das competências legislativas diante da notória tendência centralizadora brasileira: "Durante a evolução do federalismo, passou-se da ideia de três campos de poder mutuamente exclusivos e limitadores, segundo a qual a União, os Estados e os Municípios teriam suas

Nos regimes federalistas, respeitadas as opções realizadas pelo legislador constituinte e previamente estabelecidas no próprio texto constitucional, quando surgem dúvidas sobre a distribuição de competências e, consequentemente, a necessidade de definição do ente federativo competente para legislar sobre determinado e específico assunto, que engloba uma ou várias matérias com previsão ou reflexos em diversos ramos do Direito, caberá ao intérprete priorizar o fortalecimento das autonomias locais[238] e o respeito às suas diversidades como pontos caracterizadores e asseguradores do convívio no Estado Federal, que garantam o imprescindível equilíbrio federativo.

Um bom exemplo da deferência à autonomia dos entes federativos poderá ser extraído do futuro julgamento da ADI nº 5.492-DF, de relatoria do Ministro Dias Toffoli, proposta em 01/04/2016 pelo Governador do Estado do Rio de Janeiro questionando, entre outros

---

áreas exclusivas de autoridade, para um novo modelo federal baseado principalmente na cooperação, como salientado por KARL LOEWENSTEIN (*Teoria de la Constitución*. Barcelona: Ariel, 1962. p. 362). O legislador constituinte de 1988, atento a essa evolução, bem como sabedor da tradição centralizadora brasileira, tanto obviamente nas diversas ditaduras que sofremos, quanto nos momentos de normalidade democrática, instituiu novas regras descentralizadoras na distribuição formal de competências legislativas, com base no princípio da predominância do interesse, e ampliou as hipóteses de competências concorrentes, além de fortalecer o Município como polo gerador de normas de interesse local. [...] A própria Constituição Federal, presumindo de forma absoluta para algumas matérias a presença do princípio da predominância do interesse, estabeleceu, *a priori*, diversas competências para cada um dos entes federativos, União, Estados-Membros, Distrito Federal e Municípios, e, a partir dessas opções, pode ora acentuar maior centralização de poder, principalmente na própria União (art. 22 da CF), ora permitir uma maior descentralização nos Estados-Membros e nos Municípios (arts. 24 e 30, I, da CF). Atuando dessa maneira, se, na distribuição formal de competências, houve um maior afastamento do federalismo centrípeto que sempre caracterizou a república brasileira, na distribuição material, nossas tradições históricas, político-econômicas e culturais, somadas ao próprio interesse do legislador constituinte, que permaneceria como poder constituído (Congresso Nacional), após a edição da Constituição de 1988, produziram grande generosidade do texto constitucional na previsão dos poderes enumerados da União, com a fixação de competência privativa para a maioria dos assuntos de maior importância legislativa".

[238] É o que, ao analisar os limites à auto-organização dos estados-membros, defende Manoel Gonçalves Ferreira Filho (1990, p. 3-5): "Na Constituição Federal em vigor, a limitação ao Poder Constituinte dos estados-membros transparece já do *caput* do art. 25. Este manda que os estados observem os 'princípios' que ela própria estabelece. Volta à inspiração de 1891 que, sem dúvida, é a mais consentânea com o espírito do federalismo, na medida em que favorece a variedade dentro da unidade. A variedade de formulações institucionais, com o respeito de pontos fundamentais que assegurem a unidade do todo". Fixada essa premissa, o autor sustenta que os princípios constitucionais implícitos não podem ser invocados como limitadores da autonomia dos estados: "Se a Constituição explicitamente enumera limitações, se estas limitações, como exceções que são, devem ser interpretadas restritivamente, é descabido pretender que outros princípios também sejam imperativos para os estados-membros".

dispositivos, o teor do art. 15 do CPC, que determina, na ausência de normas específicas, a aplicação supletiva e subsidiária das suas disposições aos processos administrativos em geral. A tese defendida é a de que a imposição, por lei federal ("de cima para baixo"), do CPC como fonte normativa para processos administrativos dos entes subnacionais ofenderia a autonomia federativa. Postula-se que se dê interpretação conforme à Constituição[239] para a expressão "processos administrativos" restringir-se ao âmbito federal.

Outro julgamento que poderá balizar melhor a questão é o da ADI nº 6.019-DF, ajuizada em 12/09/2018 pela Associação Brasileira de Concessionárias de Rodovias – ABCR, cujo objeto é a declaração de inconstitucionalidade do art. 10, I, da Lei Estadual nº 10.177/1998, que regula o processo administrativo no âmbito da Administração Pública do Estado de São Paulo, e permite a anulação dos atos inválidos, de ofício ou por provocação de pessoa interessada, no prazo de dez anos de sua produção.

Da petição inicial extrai-se a seguinte argumentação:

> [...] a norma citada invade a competência legislativa privativa da União (art. 22, I, CRFB), por disciplinar tema (*i.e.*, decadência) de Direito Civil; [...] o prazo decadencial de dez anos previsto na lei paulista não se coaduna com os preceitos constitucionais da segurança jurídica (art. 1º, *caput* e 5º, *caput*, CRFB), da razoabilidade (art. 1º, *caput* e 5º, LIV, CRFB), da isonomia (art. 5º, *caput* e art. 37, *caput*, CRFB) e da proporcionalidade (art. 1º, *caput* e 5º, LIV, CRFB). Isso porque a interpretação sistemática do ordenamento jurídico brasileiro, no que concerne ao relacionamento entre a Administração Pública em seus diferentes níveis e os particulares, aponta para a utilização uniforme do prazo (prescricional ou decadencial, conforme o caso) de cinco anos para a anulação

---

[239] Como lembra Gilmar Ferreira Mendes (2001, p. 301), embora se reconheça a proximidade entre a declaração de inconstitucionalidade sem redução de texto e a interpretação conforme à Constituição, ambas as categorias não se confundem, pois "enquanto na interpretação conforme à Constituição se tem, dogmaticamente, a declaração de que uma lei é inconstitucional com a interpretação que lhe é conferida pelo órgão judicial, constata-se, na *declaração de nulidade sem redução de texto*, a expressa exclusão, por inconstitucionalidade, de determinadas *hipóteses de aplicação* (*Anwendungsfälle*) do *programa normativo* sem que se produza alteração expressa do texto legal. Assim, se se pretende realçar que determinada aplicação do texto normativo é inconstitucional, dispõe o Tribunal da *declaração de inconstitucionalidade sem redução de texto*, que, além de mostrar-se tecnicamente adequada para essas situações, tem a virtude de ser dotada de maior clareza e segurança jurídica expressa na parte dispositiva da decisão (*a lei X é inconstitucional se aplicável a tal hipótese; a lei Y é inconstitucional se autorizativa da cobrança do tributo em determinado exercício financeiro*)". Adotada a distinção proposta, conclui-se, diante da relevância da questão, ser hipótese de declaração de inconstitucionalidade sem redução de texto do art. 15 do CPC.

de atos administrativos. Tal disciplina se evidencia, *e.g.*, em inúmeras leis federais, como a Lei de Ação Popular (art. 21, Lei nº 4.717/1965), o Código Tributário Nacional (art. 173) e o Decreto nº 20.910/1932 (art. 1º). Trata-se de uniformidade legislativa que sedimenta, na legislação ordinária, o prazo quinquenal como um marco nacional da segurança jurídica no que tange à estabilidade das relações dos particulares com o Poder Público.

O conflito é evidente: (i) se é necessário garantir coerência ao sistema normativo, o que recomenda a uniformização entre as diversas instâncias administrativas, fator de densificação da segurança jurídica e da racionalidade administrativa; (ii) por outro lado, é inarredável o respeito pelo pacto federativo e pela autonomia político-administrativa outorgada pelo constituinte originário aos diferentes entes da federação. O julgamento das ADIs nºs 5.492-DF[240] e 6.019-DF[241] poderá indicar critérios mais nítidos para o equacionamento dessa grave tensão.[242]

---

[240] A Advocacia-Geral da União, apoiando-se na jurisprudência do STJ, sustentou que o artigo 15 do CPC "compatibiliza-se com a autonomia administrativa dos demais entes políticos, haja vista que somente terá incidência quando não existirem normas estaduais, distritais ou municipais sobre determinado aspecto do processo administrativo". A Procuradoria-Geral da República, em igual sentido, apresentou parecer defendendo a constitucionalidade do art. 15 do CPC, sob o argumento de que não haveria afronta à autonomia dos estados-membros para dispor acerca do processo administrativo, "uma vez que não se afasta vigência de legislação regional e local" e a norma em questão poderia ser aplicada "em caso de inexistência de lei estadual ou municipal disciplinadora do tema". Após a liberação do processo para inclusão em pauta de julgamento foram apresentados pedidos de admissão de *amici curiae*, pendentes de decisão.

[241] A Advocacia-Geral da União manifestou-se pelo não conhecimento da ação direta de inconstitucionalidade e, no mérito, pela rejeição do pedido. A Procuradoria-Geral da República ofereceu parecer também pelo não conhecimento da ação, porém no mérito pugnou pela procedência. Desde 16/06/2020 os autos estão conclusos ao relator.

[242] A violação do compromisso federativo, do qual a repartição de competências constitui peça fundamental, não é novidade na história brasileira. Ela se insere no que Raul Machado Horta (1996, p. 210-217) denomina de "oscilação pendular", que caracteriza a evolução do federalismo constitucional brasileiro, "marcada por fases de plenitude e períodos de queda e de negação, de alternância do federalismo hegemônico e centrípeto e do federalismo centrífugo e dualista". Horta, aliás, sustenta que, indo além do binômio (centrípedo x centrífugo), o poder constituinte originário acolheu o modelo de federalismo de equilíbrio: "A repartição de competências poderá acentuar a centralização, concentrando na União a maior soma dos poderes e competências, como se fez na Constituição Federal de 1967, ou consagrar a descentralização, reduzindo os poderes centrais e ampliando os poderes estaduais, ou ainda, afastando-se de soluções extremas, operar a dosagem das competências federais, estaduais e municipais, de modo a instaurar o equilíbrio entre o ordenamento central da Federação e os ordenamentos parciais, como me parece ser a tendência dominante na Constituição Federal de 1988. No primeiro caso, a centralização de poderes gera o federalismo centrípeto; no segundo, a descentralização conduz ao federalismo centrífugo e, no terceiro, implanta-se o federalismo de equilíbrio, que identifica modelo contemporâneo da forma federal de Estado".

A partir do próximo item serão analisados os reflexos da Lei nº 13.655/2018 sobre a discricionariedade judicial.

4.3 A vedação de decisão baseada em valores jurídicos abstratos e o dever de indicação expressa das consequências práticas, jurídicas e administrativas da decisão das esferas administrativa, controladora e judicial (arts. 20 e 21 da LINDB)

O art. 20 da LINDB determina que nas esferas administrativa, controladora e judicial, não se decidirá com base em valores jurídicos abstratos sem que sejam consideradas as consequências práticas da decisão.

Carlos Ari Sundfeld e Bruno Meyerhof Salama (2015, p. 14), ainda na fase de tramitação do Projeto de Lei nº 349/2015, comentaram o propósito do art. 20:

> O projeto de lei sugere um art. 20 para a LICC. Ele trataria das decisões judiciais, administrativas e controladoras (dos Tribunais de Contas, hoje ativos e interventivos) que se baseiem em "valores jurídicos abstratos" (que podem ser entendidos como princípios)[243]. É fácil entender a importância de uma norma desse tipo. Como hoje se acredita cada vez mais que os princípios podem ter força normativa – não só nas omissões legais, mas em qualquer caso – o mínimo que se pode exigir é que juízes e controladores (assim como os administradores) pensem como políticos. Por isso, a proposta é que eles tenham de ponderar sobre "as consequências práticas da decisão" e considerar as "possíveis alternativas" (art. 20, *caput* e §único).

---

[243] Carlos Ari Sundfeld (2013, p. 277-282 e 297) critica severamente o manejo irrestrito dos princípios: "Na emoção dos hiperprincípios livrescos, descritos de modo tão bonito e fácil nos manuais, os profissionais do direito administrativo brasileiro estão ignorando o direito positivo, desprezando o direito positivo, substituindo-se a ele. [...] No mundo jurídico prático, citar hiperprincípios é, em geral, o melhor modo possível de trapacear. Um truque para esconder a falta de fundamento dos pedidos, o puro voluntarismo na tomada de decisões e até a mais descarada violação de normas". A seguir, o autor faz um apelo: "quero que os profissionais de direito administrativo parem de usar hiperprincípios de origem e conteúdo duvidosos e, na solução de problemas jurídicos, usem o óbvio e o justo: o direito positivo". Para André Karam Trindade (2012, p. 118) "os princípios tornaram-se uma espécie de *máscara da subjetividade*, na medida em que passaram a ser aplicados como enunciados performativos que se encontram à disposição dos intérpretes, permitindo que os juízes, ao final, decidam como quiserem". Em posição diametralmente oposta, Lenio Luiz Streck (2012, p. 86) sustenta que "os princípios são o modo concreto de enfrentamento da discricionariedade judicial".

Aqui uma ressalva é necessária: os princípios possuem força normativa porque *como qualquer norma jurídica* não são mero adereço ou objeto de decoração e se destinam a produzir efeitos.[244] Não precisa

---

[244] José Afonso da Silva (2015, p. 81-135), em obra originalmente publicada no ano de 1968, ao classificar as normas constitucionais sob tríplice característica (eficácia plena, contida e limitada) é categórico: "não há norma constitucional destituída de eficácia. Todas elas irradiam efeitos jurídicos, importando sempre uma inovação da ordem jurídica preexistente à entrada em vigor da constituição a que aderem e a nova ordenação instaurada. O que se pode admitir é que a eficácia de certas normas constitucionais não se manifesta na plenitude dos efeitos jurídicos pretendidos pelo constituinte enquanto não se emitir uma normação jurídica ordinária ou complementar executória, prevista ou requerida". Observou, porém, que muitas normas "são traduzidas no texto supremo apenas *em princípio*, como esquemas genéricos, simples programas a serem desenvolvidos ulteriormente pela atividade dos legisladores ordinários". Essas seriam as *normas constitucionais de princípio programático, definidas como* "[...] normas constitucionais através das quais o constituinte, em vez de regular, direta e imediatamente, determinados interesses, limitou-se a traçar-lhes os princípios para serem cumpridos pelos órgãos (legislativos, executivos, jurisdicionais e administrativos), como programas das respectivas atividades, visando à realização dos fins sociais do Estado". As normas constitucionais garantidoras de direitos sociais seriam dotadas de eficácia limitada (*simples programas a serem desenvolvidos ulteriormente pela atividade dos legisladores ordinários*). Virgílio Afonso da Silva (2014, p. 255) reconhece o mérito da classificação por *"romper com a concepção de norma constitucional despida de qualquer eficácia"*, mas, de modo crítico, observa que ela "acabou por gerar, com o passar do tempo, uma situação que impede um maior desenvolvimento da eficácia dos direitos fundamentais", pois a *"a crença na eficácia plena* de algumas normas, sobretudo no âmbito dos direitos fundamentais, solidificou a ideia de que não é nem necessário nem possível agir, nesse âmbito, para desenvolver essa eficácia". Para Virgílio (p. 2014, 232) "qualquer direito implica custos". Isso significa que "não são apenas aqueles direitos garantidos pelo que se convencionou chamar de 'norma de eficácia limitada' que exigem uma ação onerosa do Estado, mas também as liberdades públicas e os direitos políticos (e todos os outros direitos)". Constata-se, portanto, que *"a limitação da eficácia de determinadas normas não é algo intrínseco a elas"*. Uma norma não é de eficácia limitada por uma questão meramente textual ou 'estritamente jurídica'". Essa limitação – e aqui o autor desloca o eixo de interpretação – "depende muito mais de opções político-ideológicas que não têm necessária relação com o texto constitucional". Em sentido similar, discorrendo exatamente sobre a eficácia das normas constitucionais e os direitos sociais, Celso Antônio Bandeira de Mello (2015, p. 11-14) destaca que o traço característico do Direito é precisamente o de ser disciplina obrigatória de condutas: "A Constituição não é um simples ideário. Não é apenas uma expressão de anseios, de aspirações, de propósitos. É a transformação de um ideário, é a conversão de anseios e aspirações em regras impositivas. Em comandos. Em preceitos obrigatórios para todos: órgãos do Poder e cidadãos". Significa dizer, que "não há norma constitucional alguma destituída de eficácia. Todas elas irradiam efeitos jurídicos, importando sempre numa inovação da ordem jurídica preexistente a entrada em vigor da Constituição a que aderem e a ordenação instaurada". Em igual sentido, Sérgio Ferraz e Adilson Abreu Dallari (2012, p. 79) asseveram: "é preciso deixar ainda mais claro que os princípios não são meras declarações de sentimento ou de intenção, desprovidos de positividade. Princípios são 'normas', ou seja, são dotados de positividade, determinam condutas obrigatórias ou, pelo menos, impedem a adoção de comportamentos com eles incompatíveis. Além disso, os princípios são vetores interpretativos; servem para orientar a correta interpretação das normas isoladas. É pacífico na doutrina que as normas jurídicas podem comportar uma pluralidade de interpretações; os princípios servem exatamente

ir longe para convencer mesmo os críticos a respeito dessa conclusão. Basta indagá-los se os princípios constitucionais[245] da isonomia (art. 5º, *caput* e I), da legalidade (art. 5º, II), da inviolabilidade da liberdade de consciência e de crença (art. 5º, VI), da inviolabilidade da intimidade, da vida privada, da honra e da imagem das pessoas (art. 5º, X), da inviolabilidade da casa (art. 5º, XI), da inviolabilidade do sigilo da correspondência e das comunicações (art. 5º, XII), da liberdade de exercício de qualquer trabalho, ofício ou profissão, atendidas as qualificações profissionais que a lei estabelecer (art. 5º, XIII), de que não há crime sem lei anterior que o defina, nem pena sem prévia cominação legal (art. 5º, XXXIX) e os que regem a ordem econômica, entre eles (i) propriedade privada e (ii) livre concorrência (art. 170, II e IV, respectivamente[246]) possuem ou não normatividade.

O que não se mostra coerente é uma espécie de seletividade aleatória que pinça princípios do agrado do intérprete e os protege com

---

para indicar, dentre as interpretações possíveis diante do caso concreto, qual deve ser obrigatoriamente adotada pelo aplicador da norma, em face dos valores consagrados pelo sistema jurídico. Diante de uma lacuna normativa, diante da falta de normação expressa para determinada situação, diante de uma dúvida interpretativa, deve-se decidir o caso concreto à luz dos princípios, de maneira mais condizente com o significado do princípio ou dos princípios aplicáveis à questão específica em exame". O STF tem posição no sentido de que o caráter programático "não pode converter-se em promessa constitucional inconsequente, sob pena de o Poder Público, fraudando justas expectativas nele depositadas pela coletividade, substituir, de maneira ilegítima, o cumprimento de seu impostergável dever, por um gesto irresponsável de infidelidade governamental ao que determina a própria Lei Fundamental do Estado" (RTJ 175/1212-1213, relator Ministro Celso de Mello).

[245] Jorge Miranda (2015, p. 303-304) atribui aos princípios constitucionais as funções (i) ordenadora ("particularmente significativa e forte em momentos revolucionários [...] quando é nos princípios – nos quais se traduz uma nova ideia de Direito – então nos poucos e precários preceitos escritos, que assenta diretamente a vida jurídico-política do país"); (ii) de servir de critério de interpretação e de integração ("são eles que dão a coerência geral do sistema"); (iii) de servir de elementos de construção e qualificação ("os conceitos básicos de estruturação do sistema constitucional aparecem estreitamente conexos com os princípios ou através da prescrição de princípios"); (iv) prospectiva ("dinamizadora e transformadora, em virtude da sua maior generalidade ou relativa indeterminação e da força expansiva que possuem").

[246] Ao lado da propriedade privada e da livre concorrência (não acima ou abaixo), a ordem econômica, fundada na valorização do trabalho humano e na livre iniciativa, tem por fim assegurar a todos existência digna, conforme os ditames da justiça social, rege-se também pelos seguintes princípios (i) da soberania nacional; (ii) da função social da propriedade; (iii) da defesa do consumidor; (iv) da defesa do meio ambiente, inclusive mediante tratamento diferenciado conforme o impacto ambiental dos produtos e serviços e de seus processos de elaboração e prestação; (v) da redução das desigualdades regionais e sociais; (vi) da busca do pleno emprego; (vii) do tratamento favorecido para as empresas de pequeno porte constituídas sob as leis brasileiras e que tenham sua sede e administração no País (art. 170, I, III, V, VI, VII, VIII e IX, da CF).

o manto da intangibilidade e, sem justificação idônea, nega conteúdo jurídico a outros, que não desfrutam da simpatia e do apreço desse mesmo intérprete. Por exemplo, defende-se de forma candente a propriedade privada, mas se esquece de que ela deve cumprir sua função social (art. 170, III, da CF). Apesar de sua banalização no discurso jurídico, causa intriga a repulsa que parte da doutrina tem, por exemplo, pelo princípio da dignidade da pessoa humana,[247] muito surrado como recurso retórico, é verdade, mas longe de ser implementado, um dos fundamentos e, portanto, pilares da República Federativa do Brasil (art. 1º, III, da CF). Naturalmente que os princípios possuem *densidades distintas e variáveis*, sobretudo quando colidem entre si, mas, assim como é reprovável o seu emprego genérico, superficial e generalizado, como se fossem panaceia para todos os males jurídicos, sociais e econômicos, igualmente reprovável é a tentativa de negar-lhes normatividade ou, pior, selecionar casuisticamente, de acordo com a conveniência do intérprete, aquele apto ou não para produzir efeitos jurídicos.

A conexão entre a aplicação de princípios e a exigência de que juízes e controladores "pensem como políticos" parece ser uma tentativa de mitigar ou até mesmo mutilar a autonomia do Direito e atenuar a sua normatividade, subordinando-a à conveniência dos governantes de plantão. A aplicação de princípios, ao menos nas instâncias controladora e judicial, não é regida por juízo político, mas por critério jurídico.[248] O conteúdo da norma independe da qualidade do intérprete ou da

---

[247] Ingo Wolfgang Sarlet (2015, p. 368) adverte que "[...] se é verdade que a dignidade e o mínimo existencial são seguidamente invocados quase que em abstrato, como razão de decidir desacompanhada de um exame detalhado das circunstâncias do caso e do que efetivamente constitui uma violação da dignidade, isso não significa – como seguimos esgrimindo enfaticamente! – que tanto a dignidade da pessoa humana quanto a dimensão mais concreta (mas sempre ainda aberta) do mínimo existencial – não sigam sendo critérios materiais cogentes, desde que devidamente contextualizados e justificados, a serem considerados no processo (também judicial) decisório, envolvendo direitos sociais e políticas públicas".

[248] Fábio Martins de Andrade (2019, 115-116) argumenta que "decidir com os olhos voltados ao arcabouço consequencial é tarefa predominantemente do gestor ou administrador, daquele que cria, instala ou executa políticas públicas, bem como do legislador, além de também observar aos parâmetros constitucionais. Disso decorre, com absoluta naturalidade, que um projeto de lei (no âmbito do Congresso Nacional) ou um projeto de medida provisória ou decreto (no âmbito da Presidência da República) necessariamente depende de considerações sobre conveniência e oportunidade para ser levado adiante. Isso envolve uma série de colocações que fazem com que a decisão seja predominantemente política. Nem por isso deve (ou pode) contrariar a Constituição. Ao contrário, a decisão judicial, tomada no processo, deve partir necessariamente dos parâmetros constitucionais, com a máxima eficácia e maior concretude de cada um dos seus preceitos, sob pena de esvaziar a sua força normativa. Daí porque a lógica de tomada de decisão é diferente em relação aos órgãos administrativos e aqueles julgadores revisores)".

natureza do cargo por ele ocupado. Fosse assim teríamos um Direito para cada nicho ideológico, filosófico, religioso, social e profissional, o que, sabemos, violaria o princípio da isonomia, bem como a integridade e a coerência do ordenamento.

Ademais, impor o dever "de ponderar sobre as consequências práticas da decisão" não necessariamente fomentará a previsibilidade, pois a ponderação é *personalizada*, isto é, leva sempre em consideração as singularidades fáticas e jurídicas do caso concreto, sendo, portanto, ajustável e variável de caso para caso, o que obsta para as partes atingidas pela invalidação do ato, contrato, ajuste, processo ou norma administrativa a prévia cognoscibilidade ou mensuração dos inconvenientes decorrentes do desfazimento.

Nada obstante, a finalidade almejada com o art. 20, *caput*, da LINDB é exatamente reduzir o subjetivismo e a superficialidade de decisões. Marçal Justen Filho (2018, p. 16-19), entretanto, adotando uma concepção não idealizada da atividade de aplicação do Direito e das dificuldades a ela inerentes, admite que "é muito problemático determinar, em cada caso, qual seria a solução mais satisfatória", pois "a norma geral e abstrata produzirá apenas balizas delimitadoras da autonomia do titular da função decisória". Quanto mais específica uma norma, ressalta, "tanto maior é a possibilidade de sua inadequação para solucionar novos problemas produzidos pela realidade dos fatos". Por isso a adoção de normas gerais e abstratas (ao menos nos degraus mais elevados da hierarquia normativa) constitui uma técnica para "reduzir o risco da obsolescência do direito".

À crítica de que a própria Lei nº 13.655/2018 havia empregado inúmeros conceitos indeterminados (tais como "valores jurídicos abstratos", "possíveis alternativas", "regularização proporcional e equânime", "obstáculos e dificuldades reais do gestor" e "prejuízos anormais ou injustos"[249]), que poderiam ensejar ainda mais insegurança na aplicação das normas de Direito Público,[250] alega-se que a "LINDB existe há

---

[249] Mesmo Dworkin (2014, p. 419) admite que, diante do emprego no texto legal das expressões "razoável" ou "equitativo", é "lícito esperar" que as pessoas divirjam quanto a saber se um ato ou decisão atende à norma que o termo abstrato é utilizado para especificar.

[250] Fábio Martins de Andrade (2019, p. 493-494) aponta o "exagerado uso de conceitos vagos e valores indeterminados no teor de diversos dispositivos constantes no diploma legal", dos quais seriam exemplos: "'valores jurídicos abstratos' e 'consequências práticas da decisão' (art. 20), 'possíveis alternativas' (art. 20, parágrafo único), 'consequências jurídicas e administrativas' (art. 21), 'de modo proporcional e equânime e sem prejuízo aos interesses gerais' e 'ônus e perdas (...) anormais ou excessivos' (art. 21, parágrafo único), 'aos obstáculos e as dificuldades reais do gestor' (art. 22), 'circunstâncias práticas' (art. 22, §1º), 'de modo proporcional, equânime e eficiente e sem prejuízo aos interesses gerais' (art. 23), 'orientações

quase um século e não se argumenta que ela traz insegurança, embora do seu texto constem prescrições como 'fins sociais e bem comum' (art. 5º) e 'bons costumes' (art. 17)" (MARQUES NETO, 2018, p. 98). Deve ser levado em conta, porém, que a vetusta Lei de Introdução ao Código Civil, inserida no ordenamento jurídico pelo Decreto-lei nº 4.657, de 4 de setembro de 1942, em tempos de menor complexidade normativa e socioeconômica, tinha por escopo apenas nortear a interpretação e a aplicação das normas em geral, não tendo a preocupação e a pretensão de servir de ferramenta protagonista de fomento de segurança jurídica. Essa finalidade específica quem se propõe a atingir é a Lei nº 13.655/2018, o que, portanto, justifica a crítica quanto à imprecisão e vaguidade de sua redação.

Não deixa de ser uma ironia que, passadas sete décadas, a despeito do propósito de aclarar e densificar as normas da LINDB, a indeterminação e a fluidez linguística não só persistam, como se acentuam. Mais interessante é constatar que embora se queira restringir o julgamento com base em valores jurídicos abstratos, o legislador contraditoriamente insiste em editar normas com base em valores jurídicos abstratos e introduz no sistema mais normas polissêmicas, que ampliam as possibilidades combinatórias e aumentam a imprevisibilidade.

É irretocável, a respeito, a advertência de Maria del Carmen Barranco Avilés (2011, p. 130): "no Estado constitucional, mais do que nunca, é necessário insistir na teoria da legislação. As boas sentenças dependem de que antes tenham sido editadas boas leis".[251]

---

gerais da época' e 'situações plenamente constituídas' (art. 24), 'jurisprudência (...) majoritária' (art. 24, parágrafo único), 'razões de relevante interesse geral' (art. 26) 'solução jurídica proporcional, equânime, eficiente e compatível com os interesses gerais' (art. 26, §1º, I), 'orientação geral' (art. 26, §1º, III) e 'benefícios indevidos ou prejuízos anormais ou injustos' (art. 27)". Tal exagero fica mais evidente se considerarmos que em apenas dez artigos há, ao menos, dezesseis expressões fluidas e polissêmicas, as quais naturalmente caminham no sentido inverso da objetividade a que se propõe fomentar. Nessa esteira, discorrendo sobre os reflexos das alterações da LINDB no processo administrativo, Marcelo Paulo Wacheleski (2019, p. 186) adverte: "É inegável o impacto operado pela Lei de Introdução às Normas de Direito, com a redação dada pela Lei nº 13.655, de 25 de abril de 2018, na atuação da Administração Pública, sobretudo pelo risco de insegurança jurídica resultante da utilização de conceitos jurídicos abertos. Se por um lado, o ordenamento jurídico carecia de densidade normativa estabelecendo limites e critérios para atuação do agente público, por outro, a imprecisão da redação legislativa parece não ter colaborado para superação desse vácuo". Para Fernando Facury Scaff (2019, p. 19) a Lei nº 13.655/2018 "mantém diversos conceitos jurídicos indeterminados" e "sua redação poderia ser mais precisa", mesmo assim seus preceitos seriam hábeis para promover mais a segurança jurídica.

[251] No mesmo sentido, Manuel Atienza (1989) vincula a racionalidade da argumentação jurídica a um mínimo de racionalidade legislativa e propõe uma teoria da legislação, concebida como parte da Teoria do Direito, composta por cinco níveis de racionalidade: (i) linguística, (ii) jurídico-formal, (iii) pragmática; (iv) teleológica e (v) ética.

Se a "utilização de conceitos abstratos pode importar decisões subjetivas e arbitrárias, pois que a indeterminação de sua significação pode ocultar interesses escusos veiculados por seu intermédio", como corretamente afirmam Floriano Azevedo Marques Neto e Rafael Véras de Freitas (2019, p. 22), por outro lado, não se pode perder de vista que o Direito em si é uma abstração (não tem local nem momento), o que enseja a seguinte indagação: existem valores jurídicos concretos? Os valores são intangíveis fisicamente, não podendo, ao contrário dos entes concretos, serem percebidos sensorialmente.[252] A expressão não é feliz. Nesse sentido, Marçal Justen Filho (2018, p. 27) reconhece que "toda decisão a um caso concreto resulta de um processo de aplicação de valores abstratos". O problema seria de *outra natureza*, relacionado à "ausência de exposição clara e evidente do processo e concretização dos valores realizada pela autoridade competente".[253]

O art. 3º, §1º, do Decreto nº 9.830/2019, refere-se a "valores jurídicos abstratos" como aqueles previstos em normas jurídicas com alto grau de indeterminação e abstração. Por sua vez, o Enunciado nº 6 do IBDA considera que a noção de "valores jurídicos abstratos" prevista na LINDB "não se restringe à interpretação e aplicação de princípios, abrangendo regras e outras normas que contenham conceitos jurídicos indeterminados".

Ambos os dispositivos dão adequada compreensão à expressão "valores jurídicos abstratos", pois inexiste a *pretensa invariável* de que princípios frente às regras[254] são necessariamente portadores de menor

---

[252] Tercio Sampaio Ferraz Jr. (1994, p. 114) ensina que valores são "símbolos de preferência para ações indeterminadamente permanentes, ou ainda, fórmulas integradoras e sintéticas para a representação do sentido de consenso social". Como aduz Miguel Reale (2015, p. 185), eles são sempre bipolares porque a um valor sempre se contrapõe um desvalor (p. ex.: lícito e ilícito; nobre e vil). Disso decorre que eles se "*implicam reciprocamente*, no sentido de que nenhum deles se realiza sem influir, direta ou indiretamente, na realização dos demais". Sobre a relação entre valores e ideologia, o autor explica: "[...] sendo os valores núcleos significativos muito abstratos, é preciso ainda outro mecanismo integrador, capaz de conferir-lhes um mínimo de consistência concreta ainda que genérica, isto é a função das *ideologias*. Estas são conjuntos mais ou menos consistentes, últimos e globais de avaliação dos próprios valores. Assim, enquanto os valores, por sua abstração, são expressões abertas e flexíveis, as ideologias são rígidas e limitadas".

[253] Na realidade, explica Marinoni (2011, p. 97), "as decisões que afirmam princípios ou direitos fundamentais podem ser vistas como construtivistas ou interpretativas, dependendo do lugar de onde se parte ao analisá-las. Ora, ao se partir da premissa de que não se podem tomar em conta os princípios para afirmar um direito não expresso, a decisão que assim o fizer logicamente será vista como criadora do direito, mas, ao se admitir que o juiz deve considerar princípios e concretizar direitos, a decisão será compreendida como interpretativa".

[254] As normas que obrigam ou proíbem condutas podem ser regras ou princípios. Na classificação proposta por Manuel Atienza e Juan Ruiz Manero (2006, p. 25-126), a violação

densidade, notadamente porque a indeterminação semântica, agravada por eventual atecnia legislativa, pode atingir qualquer espécie de norma.

De outra parte, embora a pretensão seja audaciosa, obstar, *sem nenhuma ressalva*, decisão com base em valores jurídicos abstratos sem que sejam consideradas as consequências práticas da decisão, é preciso delimitar sua aplicação, restringindo-a àqueles valores jurídicos albergados pela legislação ordinária, posto que a preferência das regras sobre os princípios pressupõe que as normas em cotejo tenham igual hierarquia. Dessa forma, não poderia, respeitada a hierarquia prevista no texto constitucional, uma lei ordinária interditar inteiramente os efeitos normativos dos valores acolhidos pela Carta Magna, os quais desfrutam de plena força normativa e atuam como norma direta e habilitante de competência administrativa e como critério imediato de decisão administrativa.

Na forma do art. 21 da LINDB, a decisão que, nas esferas administrativa, controladora ou judicial, decretar a invalidação de ato, contrato, ajuste, processo ou norma administrativa deverá indicar de modo expresso suas consequências jurídicas e administrativas. Percebe-se uma clara aproximação com o teor do art. 20, mas de acordo com Floriano Azevedo Marques Neto e Rafael Véras de Freitas (2019, p. 43), há duas diferenças:

> O art. 21 não se aplica apenas às decisões tomadas com base em valores abstratos, mas a qualquer decisão, mesmo as fundamentadas em expressa disposição contida em norma. De outro lado, enquanto o art. 20 se aplica a qualquer decisão, com quaisquer efeitos, a norma contida o art. 21 cinge-se às decisões que invalidam ato, contrato, processo ou norma.

A inflação legislativa poderia ter sido evitada e ambos os textos reunidos em um único artigo, que poderia ser assim redigido: "nas esferas administrativa, controladora e judicial, não se decidirá [seja com base em valores abstratos ou em regras] sem que sejam consideradas as consequências jurídicas e administrativas [da invalidação de ato, do contrato, do ajuste, do processo ou da norma administrativa]".

A invalidade, cumpre recordar, assenta-se no dever-poder da Administração, diante da constatação de antijuridicidade, de anular

---

das regras constituiria os chamados ilícitos típicos e a violação dos princípios constituiria os ilícitos atípicos, dos quais são exemplos o abuso de Direito, a fraude à lei e o desvio de poder. Todos os ordenamentos evoluídos, para evitar o formalismo extremo na aplicação do direito, o que conduziria à incoerência valorativas das decisões jurídicas, admitem a categoria dos ilícitos atípicos.

seus próprios atos, sem que isso, *a priori*, importe em desrespeito ao princípio da segurança jurídica ou da confiança.

Nesse sentido, as Súmulas nºs 346 e 473 do STF estabelecem, respectivamente: "A Administração Pública pode declarar a nulidade dos seus próprios atos" (aprovada na sessão plenária de 13/12/1963) e "A Administração pode anular seus próprios atos, quando eivados de vícios que os tornam ilegais, porque deles não se originam direitos; ou revogá-los, por motivo de conveniência ou oportunidade, respeitados os direitos adquiridos, e ressalvada, em todos os casos, a apreciação judicial" (aprovada na sessão plenária de 03/12/1969).

No plano normativo federal, em sentido muito similar à construção jurisprudencial, a anulação e a revogação são disciplinadas pelos arts. 53 (a Administração deve anular seus próprios atos, quando eivados de vício de legalidade, e pode revogá-los por motivo de conveniência ou oportunidade, respeitados os direitos adquiridos) e 54, *caput* (o direito da Administração de anular os atos administrativos de que decorram efeitos favoráveis para os destinatários decai em cinco anos, contados da data em que foram praticados, salvo comprovada má-fé) da Lei nº 9.784/1999.

Ao tratar do Tema 138, o STF, no regime de repercussão geral, fixou a tese de que "ao Estado é facultada a revogação de atos que repute ilegalmente praticados; porém, se de tais atos já decorreram efeitos concretos, seu desfazimento deve ser precedido de regular processo administrativo" (tese definida no RE nº 594.296-MG, relator Ministro Dias Toffoli, *DJe* 30/09/2011). Desse modo, dá-se efetividade à garantia do contraditório e da ampla defesa (art. 5.º, LV, da CF) e à proteção da confiança legítima, viés subjetivo da segurança jurídica, mitigando-se o poder do administrador, que em hipótese alguma é absoluto,[255] e assegura-se que o atingido pela invalidação tenha ciência da instauração do processo administrativo, dele participe, produza provas e tenha reais possibilidades de influenciar o órgão julgador na

---

[255] É paradigmático a respeito o julgamento da ACO nº 79/MT, de relatoria do Ministro Cezar Peluso (*DJe* 28/05/12), oportunidade em que o STF assentou que, sob pena de ofensa aos princípios constitucionais da segurança jurídica e da proteção à confiança legítima, não podem ser anuladas, meio século depois, a despeito da reconhecida ofensa ao art. 156, §2º, da Constituição Federal de 1946, que impunha a autorização prévia do Senado, concessões de domínio de terras públicas (cuja área é superior a 10.000 hectares), celebradas para fins de colonização, quando esta, sob absoluta boa-fé e convicção de validez dos negócios por parte dos adquirentes e sucessores, se consolidou, ao longo do tempo, com criação de cidades, fixação de famílias, construção de hospitais, estradas, aeroportos, residências, estabelecimentos comerciais, industriais e de serviços.

formação do juízo de mérito acerca do caso analisado. Dito de outro modo, com a mesma intensidade com que a Constituição Federal impõe ao Estado a observância da legalidade, conferindo-lhe o dever-poder de autotutela, lhe impõe também o dever de assegurar aos litigantes em geral, seja em processos judiciais ou administrativos, a garantia fundamental do contraditório e da ampla defesa.

Feitas essas considerações, passamos à análise da necessidade de avaliação das consequências práticas da invalidação de ato, contrato, ajuste, processo ou norma administrativa.

Egon Bockmann Moreira (2015, p. 34), em comentário ao então art. 26 do Projeto de Lei nº 349/2015, convertido no vigente art. 21 da LINDB, destacou:

> O artigo 26 é norma objetivamente geral, que subordina a aplicação de todas as demais normas jurídicas do sistema. Ela parametriza e estabelece como devem ser os atos que pretendam decretar invalidações. [...] De igual modo, é subjetivamente geral, porque se aplica à generalidade das pessoas político-administrativas, em todos os poderes do Estado. Não há exceção: para que seja aplicada, basta haver a possibilidade de ser praticada "decisão que [...] decretar a invalidação", pouco importa o agente/ órgão que a aplique.

No âmbito da Administração Pública federal, o art. 50, *caput*, e §1º, da Lei nº 9.784/1999, determinam que os atos administrativos deverão ser motivados, de modo explícito, claro e congruente, com indicação dos fatos e dos fundamentos jurídicos, quando (I) neguem, limitem ou afetem direitos ou interesses; (II) imponham ou agravem deveres, encargos ou sanções; (III) decidam processos administrativos de concurso ou seleção pública; (IV) dispensem ou declarem a inexigibilidade de processo licitatório; (V) decidam recursos administrativos; (VI) decorram de reexame de ofício; (VII) deixem de aplicar jurisprudência firmada sobre a questão ou discrepem de pareceres, laudos, propostas e relatórios oficiais; (VIII) importem anulação, revogação, suspensão ou convalidação de ato administrativo.

O art. 20, parágrafo único, da LINDB, porém, ao estabelecer que a motivação demonstrará a necessidade e a adequação da medida imposta ou da invalidação de ato, contrato, ajuste, processo ou norma administrativa, inclusive em face das possíveis alternativas, segundo Floriano Azevedo Marques Neto e Rafael Véras de Freitas (2019, p. 07-37), seria mais sofisticado do que a prescrição do art. 50 da Lei nº 9.784/1999, pois impõe aos órgãos decisórios o dever de explicitar se:

[...] (i) dispõem de capacidade institucional para tanto, ou se, excepcionalmente, estão exercendo uma função que lhe é atípica, mas por uma necessidade pragmática, porém controlável; (ii) a decisão que será proferida é a mais adequada, considerando as possíveis alternativas e o seu viés intrusivo; e (iii) se as consequências de suas decisões são predicadoras de medidas compensadoras, ou de um regime de transição.[256]

Os argumentos comportam algumas ressalvas.

Quanto à instância judicial, o CPC, em seu art. 8º, determina que, ao aplicar o ordenamento jurídico, o juiz atenderá aos fins sociais e às exigências do bem comum, resguardando e promovendo a dignidade da pessoa humana e observando a proporcionalidade, a razoabilidade, a legalidade, a publicidade e a eficiência, o que impõe rigorosa análise do equilíbrio na relação entre os meios e os fins. Ademais, o seu art. 489, §§1º e 2º exigem minuciosa fundamentação, não se considerando fundamentada *qualquer decisão judicial*, seja ela interlocutória, sentença ou acórdão, que (i) se limitar à indicação, à reprodução ou à paráfrase de ato normativo, sem explicar sua relação com a causa ou a questão decidida; (ii) empregar conceitos jurídicos indeterminados, sem explicar o motivo concreto de sua incidência no caso; (iii) invocar motivos que se prestariam a justificar qualquer outra decisão; (iv) não enfrentar todos os argumentos deduzidos no processo capazes de, em tese, infirmar a conclusão adotada pelo julgador; (v) se limitar a invocar precedente ou enunciado de súmula, sem identificar seus fundamentos determinantes nem demonstrar que o caso sob julgamento se ajusta àqueles fundamentos; (vi) deixar de seguir enunciado de súmula, jurisprudência ou precedente invocado pela parte, sem demonstrar a existência de distinção no caso em julgamento ou a superação do entendimento. Por

---

[256] Na mesma direção, Rodrigo Pagani de Souza e Letícia Lins de Alencar (2019, p. 54-55), cotejando a vigente disciplina do dever de motivação prevista na Lei nº 9.784/1999 com as atuais exigências da LINDB, defendem que os novos dispositivos são sim "oportunos e necessários, sobretudo ao constituírem uma precisa estipulação legal de duas coisas: primeiro, do que exatamente se deve fazer no processo de interpretação e aplicação das normas publicísticas e explicitar na motivação da decisão resultante; segundo, do tipo de congruência a ser explicitado com clareza. Assim, mais do que apontar as razões de fato e de direito que fundamentam uma decisão administrativa, é preciso articulá-la de maneira a refletir um esforço de mensuração da relação entre meios e fins, de ponderação de soluções possíveis perante as consequências almejadas. Querendo-se, pode-se resumir dizendo que a motivação deve demonstrar uma decisão responsável do agente público. Afinal, decidir com responsabilidade é medir as consequências do que se pretende fazer. Administração responsável é administração ponderada, que mede consequências, que busca ótima congruência entre meios e fins".

último, no caso de colisão entre normas, deve-se justificar o objeto e os critérios gerais da ponderação efetuada, enunciando as razões que autorizam a interferência na norma afastada e as premissas fáticas que fundamentam a conclusão.

Diante desse detalhamento, não se identifica efetivo incremento dos arts. 20 e 21 da LINDB ao dever de fundamentação e no aperfeiçoamento do controle,[257] valendo registrar que na ausência de normas que regulem os processos eleitorais, trabalhistas ou administrativos toda essa rigorosa disciplina é aplicada supletiva e subsidiariamente (art. 15 do CPC).[258]

---

[257] A propósito, Marcos Augusto Perez (2020, p. 223-279) propõe "*testes de legalidade*", que são métodos ou técnicas de controle da juridicidade das competências vinculada e discricionária, compostos por tópicos ou quesitos, que incidem sobre (1) a competência; (2) a forma; (3) o conteúdo (ou objeto); (4) a instauração efetiva do processo; (5) a instrução completa e isenta do processo; (6) a existência material e correção dos motivos e a qualificação jurídica dos fatos, e; (7) o desvio de poder, os quais, além de "servir para que a Administração amolde suas escolhas discricionárias à legalidade também deveriam servir ao controle jurisdicional da discricionariedade administrativa". O grande mérito da proposta é instituir a parametrização do controle, permitindo, portanto, o prévio conhecimento da natureza e da intensidade da revisão e a realização de juízos de prognose mais seguros. O Direito Administrativo, destaca Perez, "não pode admitir ou condescender com uma licença tão larga, concedida, no atual estágio de desenvolvimento do tema, para que o juiz deixe de julgar a *conveniência e oportunidade* do ato administrativo quando bem lhe aprouver ou para que, em posição diametralmente oposta, julgue as decisões discricionárias concretas unicamente com base nas convicções que possui (convicções muitas das vezes subjetivas) a respeito dos princípios gerais de direito administrativo. [...] a imposição de limites diretos para o exercício da jurisdição da discricionariedade administrativa tornou-se menos importante do que a fixação de limites indiretos por meio da criação de métodos e técnicas que devem ser aplicadas a esse controle". Todos esses testes, prossegue, "a partir das normas atualmente existentes e, em especial, a partir dos princípios encontrados na Constituição e na legislação infraconstitucional", podem ser aplicados independente de inovação legislativa, embora ressalve que "a edição de normas mais claras, mais concretas e objetivas" possa contribuir para dissipar "as incertezas e a insegurança jurídica [...] que pairam atualmente sobre a teoria e a prática do controle jurisdicional da discricionariedade administrativa". Discorrendo precisamente sobre as disposições da Lei nº 13.655/2018, Edilson Pereira Nobre Júnior (2019, p. 31), reconhece que elas "não representam novidade em nosso sistema jurídico", mas, nada obstante, enxerga-as como ferramentas aptas a oportunizar "uma mudança de cultura na análise da Administração Pública", o que, no seu entender, seria "mais do que bastante para justificá-las". Fernando Facury Scaff (2019, p. 13) em sentido parecido, aduz: "Se houvesse uma verdadeira *cultura constitucional* em nosso país, a alteração efetuada seria desnecessária, pois redundante. Registra-se certo *mal-estar civilizacional* na leitura do texto, pois, subjacente a ele, identifica-se um país conflagrado, onde não mais se respeita a autoridade administrativa, e no qual *todos são culpados até prova em contrário*. As normas aprovadas apontam fórmulas para dar mais segurança jurídica à sociedade, no meio de toda essa conflagração. Em um país onde fossem respeitadas as leis e os atos administrativos, essa alteração normativa seria desnecessária. Mas o direito é um produto cultural e labora sobre a realidade existente, o que torna a alteração efetuada não só relevante, como também necessária".

[258] Luis Manuel Fonseca Pires (2017, p. 211-217) defende a integração de cada microssistema processual dos diversos entes da federação ao sistema processual geral (Teoria Geral do

No plano administrativo federal a situação não é diferente. O artigo 2º, *caput* e parágrafo único, VI e VII, da Lei nº 9.784/1999, determinam que a Administração Pública obedecerá, entre outros, aos princípios da motivação, da razoabilidade, da proporcionalidade, da segurança jurídica, e nos processos administrativos observará (i) a adequação entre meios e fins, vedada a imposição de obrigações, restrições e sanções em medida superior àquelas estritamente necessárias ao atendimento do interesse público; e (ii) a indicação dos pressupostos de fato e de direito que determinarem a decisão.

Ao se prever indistintamente, que *todas as decisões*, baseadas em regras ou em princípios, observem a razoabilidade, a proporcionalidade, a segurança jurídica e notadamente "a adequação entre meios e fins, vedada a imposição de obrigações, restrições e sanções em medida superior àquelas estritamente necessárias ao atendimento do interesse público", claramente se está impondo o dever de considerar as consequências práticas, jurídicas e administrativas. Temos, portanto, há pelo menos duas décadas, tratamento normativo adequado para interditar excessos, arbitrariedades e abusos em geral. Se a previsão legislativa, por si só, não é garantia suficiente, é um excelente começo, que deve ser complementado com a cobrança diuturna de sua observância, visando promover concretamente a mudança de mentalidade e de postura objetivadas pela legislação. O empenho para reforçar e reavivar a efetividade desses dispositivos é louvável, mas, todavia, acreditar que, como em um passe de mágica, dessa vez, o acréscimo de mais um artigo no colossal arcabouço jurídico brasileiro irá, de uma

---

Processo) e faz importante distinção entre as expressões "supletiva" e "subsidiária": "[...] a palavra *subsidiária* comumente é adotada pela jurisprudência como sinônimo de *supletiva*, mas diante da redação do art. 15 do CPC (sem referência com o código anterior) na qual estes termos passam a ser sequencialmente alinhavados – supletiva e subsidiariamente –, é provável que as práticas judiciais orientem-se por um dentre dois principais caminhos: ou se continuará a referência a estes termos com o mesmo sentido, sob a compreensão de que se trata de um recurso retórico desta norma (art. 15) para enfatizar a necessidade de integração dos microssistemas processuais administrativos com o sistema geral do processo representado pelo CPC na perspectiva do Direito enquanto *sistema aberto*; ou à palavra *subsidiária*, conforme referência lexical igualmente legítima, reconhecer-se-á que representa algo mais, um reforço, uma escora, amparo do próprio Estado de Direito. Prefiro a segunda alternativa. Diviso na *subsidiariedade* posta ao lado da palavra 'supletiva' outra dimensão de sentidos. Acredito ser possível extrair do art. 15 do CPC, ao invocar o subsídio do sistema geral processual a outros microssistemas processuais, tanto um *fundamento jusfilosófico* (a) quanto a natureza jurídica do processo como *norma fundamental* (b)". Recorde-se que, conforme anteriormente referido no item 4.2, tal artigo é objeto da ADI Nº 5.492-DF, proposta pelo Governador do Estado do Rio de Janeiro, de relatoria do Ministro Dias Toffoli.

vez por todas, corrigir excessos, é de um otimismo irreal, que poderá ter como efeito adverso o agravamento da frustração e do ceticismo.[259]

Marçal Justen Filho (2018, p. 37), embora admita essa constatação e reconheça que o CPC/2015 já apresenta norma específica "*com exigências muito mais detalhadas*", argumenta que a alusão do art. 20 da LINDB à decisão judicial não é um defeito de técnica legislativa, pois "o eventual silêncio da LINDB à esfera judicial poderia ser invocado como uma demonstração de limitação da aplicabilidade dos seus dispositivos". Tratou-se, portanto, apenas de um zelo a fim de evitar controvérsias desnecessárias.

Ao comentar a motivação dos atos administrativos no âmbito da Lei nº 9.784/1999 e confrontar o teor do art. 20 da LINDB com o do art. 489,§§1º e 2º, do CPC em vigor, Irene Patrícia Nohara (2018, p. 411-412) tece pertinente crítica à vedação *tout court* de decisões baseadas em valores jurídicos abstratos sem a consideração das respectivas consequências:

> O problema de se barrar o argumento valorativo, supostamente apoiado em valores abstratos, é que cada caso concreto possui suas particularidades e, portanto, nada obsta também que haja freios éticos, baseados, por exemplo, na moralidade administrativa ou na dignidade humana.
>
> Os critérios tópicos de decidibilidade não funcionam da mesma maneira em todos os contextos. Assim, a depender das circunstâncias, ora a decisão deve barrar imediatamente determinada conduta, como a exploração de trabalho escravo, com base na dignidade humana, sem que mensure impactos econômicos, por exemplo, dessa decisão, ora deve focar em análise pragmática, tomando decisão menos gravosa aos interesses envolvidos no sopesamento.
>
> [...] é inviável decidir-se apenas quando se puder mensurar todas as consequências práticas da decisão.

---

[259] José Carlos Barbosa Moreira (1995, p. 170), em conferência proferida sobre *Efetividade do processo e técnica processual*, faz um chamado à lucidez quanto aos limites do que o processo pode oferecer. Suas precisas palavras aplicam-se perfeitamente às ilusórias expectativas de segurança jurídica, que, se já existiu tal como almejada, não mais será encontrada na modernidade líquida (Bauman). Confira-se: "O que não podemos é ser desmedidamente ambiciosos. Acalentar expectativas altas demais expõe-nos ao perigo de cair com facilidade em negativismo extremado. Nutre-se o pessimismo, com frequência, da amargura causada pela decepção: convencidos de ser inatingível o ideal, que ingenuamente suséramos ao alcance da nossa mão, passamos a descrer da possibilidade de dar quaisquer passos, pequenos que sejam, na direção daquele. A ilusão de onipotência torna-se a véspera do cepticismo integral. Destarte, não poucas vezes, o talento do progressista desencantado acaba paradoxalmente posto a serviço do mais empedernido conservadorismo".

Ao utilizarmos esse raciocínio para o texto normativo, focado na avaliação de impacto como o mais relevante, o que, enfatize-se, é uma tendência, não haverá possibilidade de se analisar situações em que o aplicador deve também considerar um valor, como a dignidade, enquanto limite de *per se* de certas condutas.

Por isso Nohara considera mais adequado o teor do art. 489, §1º, II, do CPC, que condiciona o emprego de conceitos jurídicos indeterminados à explicação do motivo concreto de sua incidência no caso.

A propósito, o Ministro Herman Benjamin, ao discursar no encerramento do Seminário Lei de Introdução às Normas do Direito Brasileiro, realizado pelo Superior Tribunal de Justiça no dia 10/04/2019, mostrou perplexidade ao indagar: "Como é possível uma Lei de Introdução às Normas não mencionar em nenhum momento o princípio da dignidade humana?". Também observou a deficiência na redação, que classificou de "genérica" e "repetitiva" em alguns artigos. Referindo-se precisamente ao art. 20, o Ministro destacou que ele "não pode ser cumprido sem negar vigência aos artigos 4º e 5º da mesma lei. É um exemplo de comando que, se for cumprido, pode gerar um retrocesso na pauta da cidadania brasileira".

4.3.1 Consequencialismo e sua inadequação para combater o decisionismo e reforçar a previsibilidade

A vertente consequencialista é um referencial relevante da Lei nº 13.655/2018: o *caput* e o parágrafo único do art. 20 da LINDB determinam que nas esferas administrativa, controladora e judicial sejam consideradas (i) as consequências práticas da decisão e (ii) possíveis alternativas à invalidação de ato, contrato, ajuste, processo ou norma administrativa.

Por seu turno, o art. 21 da LINDB impõe, no caso de decretação da invalidação de ato, contrato, ajuste, processo ou norma administrativa, a (iii) indicação de modo expresso das suas consequências jurídicas e administrativas.

Na interpretação do IBDA (Enunciado nº 5), a avaliação das consequências práticas, jurídicas e administrativas é indispensável às decisões nas esferas administrativa, controladora e judicial, *embora não possa ser utilizada como único fundamento da decisão ou opinião*.

Fernando Leal (2016a, p. 28-29), criticando a genérica alusão "às consequências" contida nos artigos 20 e 26 do PLS nº 349/2015, correspondentes aos artigos 20 e 21 da Lei nº 13.655/2018, argumenta que *não há necessária correlação entre o aumento quantitativo de referências de argumentação e o aumento da qualidade da justificação*, podendo ocorrer até mesmo a ampliação dos níveis de incerteza nos processos de tomada de decisão jurídica. Por isso sugeriu:

> [...] o PL 349 poderia, por exemplo, exigir que tomadores de decisão recorressem, sempre que possível, a dados ou juízos técnicos para sustentar as suas prognoses [...] estabelecer regras de ônus de prova e determinar que resultado deveria ser privilegiado em cenários de plena incerteza ou ignorância sobre o futuro (regras de deferência institucional ou de manutenção do mundo "como está", por exemplo); obrigar o tomador de decisão a selecionar critérios jurídicos para a ordenação de consequências e a justificar sua preferência por certa alternativa decisória em casos em que critérios diferentes possam ser aplicáveis; impor o ônus de determinação do sentido dos critérios de valoração utilizados para ordenar estados do mundo; criar regras de parada para a consideração de cadeias de consequências, ou argumentos do tipo "efeito dominó", e prever mecanismos de vinculação para a solução de casos futuros.

Todas essas medidas permitiriam a melhor identificação dos critérios a serem levados em consideração pelos tomadores de decisão, tornando possível precisar a partir de qual deles o resultado mudou de direção, aumentando, portanto, o nível de objetividade do procedimento de tomada de decisão e garantindo, de modo efetivo, mais calculabilidade aos administradores e administrados. O fato é que sem um procedimento racional de mensuração das consequências todo resultado perde um importante fator de legitimação. Se o procedimento por si só não garante a legitimidade do resultado, a sua ausência potencializa a irresignação contra o conteúdo de toda decisão que, aos olhos da parte cujos interesses não foram atendidos, será sempre visto como aleatório e subjetivo.

No entanto, por não ter estabelecido que a avaliação dos efeitos determinará a solução a ser adotada, mas apenas que eles sejam levados em consideração no processo decisório, Marçal Justen Filho (2018, p. 38) entende que não se "impôs a preponderância de uma concepção consequencialista do direito".

José Vicente Santos de Mendonça (2018a, p. 45) bem observa que o consequencialismo[260] chegou ao Direito Público brasileiro "de

---

[260] Tercio Sampaio Ferraz Jr. (1994, p. 24-29) faz interesse conexão entre a superação do *homo faber* pelo *animal laborans* e a lógica da sociedade de consumo, que reduz tudo à sua

modo que nos é bem característico: reagindo, por artigo de lei, a algo". Esse algo seria o hipercontrole e a imprevisibilidade das decisões das instâncias controladora e judicial.

O propalado hipercontrole, quando confrontado com uma série de tragédias recentes, se mostra, no mínimo, duvidoso e aparentemente é usado como *hábil estratégia retórica* de resistência ao controle em si.[261] Na verdade, a ordenação e o controle em múltiplas áreas são precários, quando não meramente simbólicos. Alguns fatos recentes comprovam essa constatação. O rompimento da barragem de Brumadinho, ocorrido em 25/01/2019, pouco mais de três anos depois do rompimento da barragem de Mariana, ocorrido em 05/11/2015, resultou em mais de 200 mortes. Ambas as barragens são de propriedade da Companhia

---

utilidade, inclusive em relação ao pensamento, que só tem valor na exata medida do que é capaz de prever consequências. Para o autor, a partir da Era Moderna, a supremacia do *homo faber* na concepção do homem e do mundo faz com que "as coisas percam o seu significado", que passam a ter um caráter essencialmente instrumental. O resultado é que o "*homo faber* de certo modo degrada o mundo, porque transforma o significado de todas as coisas numa relação meio/fim, portanto, numa relação pragmática. Com isto, torna-se impossível para ele descobrir que as coisas possam ser valiosas por elas mesmas e não simplesmente enquanto instrumentos, enquanto meios. [...] Na sociedade dominada pela concepção do *homo faber* a troca de produtos se transforma na principal atividade política. Nela os homens começam a ser julgados não como pessoas, como seres que agem, que falam, que julgam, mas como produtores e segundo a utilidade dos seus produtos". Essa concepção antropológica é sucedida pela do *animal laborans*. "[...] enquanto na sociedade do *homo faber* o centro dos cuidados humanos era a propriedade e o mundo se dividia em propriedades, já numa sociedade dominada pela ideia do *animal laborans*, ou seja, na sociedade de operários ou sociedade de consumo, o centro não é mais o mundo, construído pelo homem, mas a mera necessidade da vida, a pura sobrevivência. Como o *animal laborans*, o homem que labora, ou *lato sensu*, o operário, está no mundo, mas é indiferente ao mundo [...]. Na sociedade de operários somos todos equalizados pela necessidade e voltados para nós mesmos. Somos todos força de trabalho e nesse sentido, um produto eminentemente fungível. [...] Na lógica da sociedade de consumo, tudo que não serve ao processo vital é destituído de significado. Até o pensamento torna-se mero ato de prever consequências e só nesta medida é valorizado. [...] E no direito esta lógica da sociedade de consumo torna-o mero instrumento de atuação, de controle, de planejamento, tornando-se a ciência jurídica um verdadeiro saber tecnológico".

[261] Para Odilon Cavallari de Oliveira (2018, p. 29-33) "as premissas dos autores da Lei nº 13.655/2018 sobre a Administração Pública não estão fundamentadas em pesquisas empíricas sobre a Administração Pública, mas sim em análises pontuais e subjetivas sobre decisões do STF, do CADE e do TCU, nas quais os autores externam as suas divergências em relação às decisões tomadas por esses órgãos. Ou seja, não houve um único diagnóstico da Administração Pública respaldado em pesquisas empíricas que fundamente as premissas adotadas pelos autores da Lei nº 13.655/2018 quanto à insegurança jurídica e ineficiência, com a decorrente paralisia da Administração Pública (o denominado 'apagão das canetas'). De igual modo, não houve um único diagnóstico, extraído de pesquisas empíricas que tenha demonstrado de modo consistente que a causa dessa insegurança jurídica ou da ineficiência (paralisia da Administração Pública e 'apagão das canetas') seja, de algum modo, a atuação dos Tribunais de Contas, do Ministério Público ou do Poder Judiciário".

Vale do Rio Doce, uma das maiores mineradoras multinacionais e uma gigante operadora de logística do país. Isso mostra que mesmo em um setor altamente moderno, sofisticado, lucrativo e supostamente fiscalizado (pela Agência Nacional de Mineração, criada pela MP nº 791, de 25/07/2017, convertida na Lei nº 13.575/2017, que extinguiu o Departamento Nacional de Produção Mineral – DNMP) não se consegue observar padrões adequados de segurança.

No dia 08/02/2019, um incêndio no alojamento situado no centro de treinamento do Clube de Regatas Flamengo, um dos mais tradicionais clubes de futebol do país, provocou a morte de 10 jovens atletas das categorias de base. O local funcionava sem alvará e o clube já havia sito notificado diversas vezes sobre a irregularidade.

O desabamento de dois prédios localizados na Favela da Muzema, no Itanhangá, zona oeste da cidade do Rio de Janeiro, matou 24 moradores. As apurações iniciais indicaram que as edificações foram construídas pela milícia que atua no local, sem aprovação de projeto, e ocupados sem a obtenção do "habite-se".

Esses três exemplos não deixam dúvidas de que há uma cultura de desrespeito às normas de ordenação e o controle, em muitas áreas, longe de ser demasiado, é incapaz de impedir sucessivas tragédias.

Assim como os casos mencionados, tristes episódios que geraram grave comoção não podem servir para generalizações e muito menos para parametrizar a edição de atos normativos destinados à ordenação e controle, excessos e distorções pontuais das instâncias controladora e judicial; também não servem para orientar o aprimoramento das instituições. *Visões caricaturizadas não são premissas mais adequadas para promover um debate maduro, capaz de conciliar e atender de modo equilibrado interesses gerais e particulares.* Ao contrário, atentam contra a eficiência normativa, a racionalidade e a coerência do sistema a edição de normas gerais, de ampla aplicação, a partir de casos isolados, atípicos ou extravagantes, selecionados justamente para, de modo sensacionalista, chocar e pretensamente comprovar a tese defendida, mas que estão longe de representar o *standard* decisório, ou de um número reduzido deles, sem o devido dimensionamento e contextualização com a totalidade das decisões acerca da matéria a ser disciplinada.

No que tange às consequências práticas, temos um aspecto essencial a ser considerado: por vezes, elas decorrem de expressa escolha (i) do legislador ou (ii) dos contratantes, que atribuem um resultado específico para uma conduta previamente descrita. Nesse caso, a instância revisora, salvo em caso de evidente abusividade, deve adotar uma postura de contenção e respeitar tais escolhas, sob pena de, a pretexto de minimizar danos a uma das partes de uma relação jurídica, surpreender a outra, privando-a da obtenção da reparação validamente pactuada ou legitimamente esperada, além de estimular comportamentos transgressores de normas e contratos.

Na indicação das consequências práticas da decisão, o decisor apresentará apenas aquelas que, no exercício diligente de sua atuação, consiga vislumbrar diante dos fatos e fundamentos de mérito e jurídicos, devendo a motivação demonstrar a necessidade e a adequação da medida imposta, inclusive consideradas as possíveis alternativas e observados os critérios de adequação, proporcionalidade e de razoabilidade (art. 3º, §§2º e 3º, do Decreto nº 9.830/2019)[262].

Para José Vicente Santos de Mendonça (2018a, p. 48-50) as consequências jurídicas *"são estados imediatos e imediatamente futuros associados à interpretação ou à aplicação do Direito e que, certos ou prováveis, sejam exequíveis e admissíveis pela Constituição de 1988"*. Por sua vez, consequências administrativas *"são estados imediatos e imediatamente futuros, associado à atuação pública e que, certos ou prováveis, sejam igualmente exequíveis e admissíveis por nossa Constituição"*. As consequências jurídicas e administrativas a serem indicadas devem ser: (i) admissíveis pela Constituição de 1988 e exequíveis;[263] (ii) certas e prováveis (e não apenas plausíveis); (iii) imediatas e imediatamente futuras. Segundo Mendonça, do art. 21 poderia ser extraída a seguinte norma: *"o julgador não poderá invalidar o ato, negócio ou norma administrativa quando, disso, decorrerem estados jurídicos ou administrativos inconstitucionais e/ou inexequíveis"*.

O Enunciado nº 8 do IBDA dispõe que a expressão "equânime", contida no parágrafo único do art. 21 da LINDB, "não transmite conceito novo que não esteja previsto no ordenamento jurídico, remetendo às ideias de isonomia, razoabilidade, proporcionalidade, equidade e ponderação dos múltiplos interesses em jogo". Já o enunciado nº 10 do IBDA compreende a expressão "ônus e perdas anormais e excessivos", constante do parágrafo único do art. 21 da LINDB, como a "imposição de obrigações de fazer ou não fazer (ônus) e a qualquer tipo de dano,

---

[262] O art. 4º do Decreto nº 9.830/2019, ao disciplinar a invalidação de atos, contratos, ajustes, processos ou normas administrativos, adota prescrições semelhantes em seus §§1º ("A consideração das consequências jurídicas e administrativas é limitada aos fatos e fundamentos de mérito e jurídicos que se espera do decisor no exercício diligente de sua atuação") e 2º ("A motivação demonstrará a necessidade e a adequação da medida imposta, consideradas as possíveis alternativas e observados os critérios de proporcionalidade e de razoabilidade").

[263] Recorde-se que a obrigação impossível física ou juridicamente torna: (i) nula a própria obrigação ou (ii) inexistente a condição resolutiva (arts. 104, II, 123, I e II e 124, do CC).

a exemplo dos danos materiais, morais, emergentes e lucros cessantes (perdas), que não se mostrem razoáveis e proporcionais no caso concreto".

A noção consequencialista adotada pela Lei nº 13.655/2018, vinculada à ideia de eficiência e otimização na divisão de utilidades, isto é, de racionalidade econômica, foi desenvolvida pela Análise Econômica do Direito (*Law and Economics*).[264]

Essa concepção é inspirada na filosofia pragmatista, cujas características essenciais são o antifundacionalismo, o contextualismo e o consequencialismo.[265] Desenvolvida a partir da década de 1870 por

---

[264] Corrente de pensamento desenvolvida a partir das obras *The Problem of Social Cost*, de Ronald Cose (1960), *Some Thoughts on Risk Distribution and the Law of Torts*, de Guido Calabresi (1961) e *Economic Analysis of Law*, de Richard Posner (1973). Como explica Thiago Cardoso Araújo (2016, p. 60-124), sob o rótulo de Análise Econômica do Direito – AED, movimento surgido com o propósito de "cientificar o Direito", são identificadas ao menos quatro escolas: Escola de Chicago, Escola da Virgínia (*Public Choice*), Escola de New Haven e Escola Neoinstitucional, que transitam ideologicamente do campo conservador, neoliberal e economicista ao progressista. Tais Escolas gravitam, cada uma seu modo, em torno de temas comuns, como: (i) visão do indivíduo como agente racional-maximizador do seu bem-estar; (ii) resposta dos indivíduos aos incentivos advindos do Direito; (iii) ética consequencialista (não deontológica); (iv) papel da eficiência como parâmetro de aferição da Justiça; (v) discussão a respeito da distributividade da Justiça; (vi) mercado como modelo de eficiência a ser mimetizado nos julgamentos; (vii) emprego de métodos empíricos e estatísticos; (viii) capacidade de previsão das consequências das leis e das decisões; (ix) âmbito de incidência (todos os ramos do direito ou apenas alguns) e se apenas o direito criado pelos juízes ou todas as normas gerais elaboradas pelo poderes. Resumidamente, cada Escola possui os seguintes traços básicos: (i) Escola de Chicago: o indivíduo age racionalmente objetivando maximizar a sua satisfação, que não é uma grandeza totalmente monetária, mesmo em áreas não relacionadas ao mercado, funcionando as normas "de forma análoga aos preços, isto é, como incentivos"; (ii) Escola da Virgínia (*Public Choice – Teoria da Escolha Pública*): aplica a metodologia econômica ao estudo da ciência política e foca em questões relacionadas à tomada de decisões políticas. Se Chicago tem como objeto principal a "compreensão da atividade do Judiciário e na forma de funcionamento da *common law*", Virgínia volta-se para a "criação e implementação das leis e normas jurídicas pelo processo político"; (iii) Escola de New Haven: aproxima-se da Escola de Virgínia quanto ao seu objeto, mas mantém um forte antagonismo em relação à Escola de Chicago, pois defende que "não somente a eficiência deve ser considerada, mas também a consistência com objetivos distributivos que prevalecem numa sociedade"; (iv) Escola Neoinstitucional (NEI): se vale de abordagem "fortemente interdisciplinar" e enxerga o indivíduo como detentor de uma racionalidade limitada por motivos cognitivos, o que coloca a questão da assimetria de informação, e pela existência e definição dos custos de transação e direito de propriedade. Na perspectiva da NEI, explica Araújo, "os agentes econômicos depois de, por exemplo, assinar um contrato, poderão descumpri-lo se isso lhe trouxer ganhos maiores que os prejuízos estimados – o que envolve uma ponderação sobre grandezas não imediatamente pecuniárias, como os efeitos em relações de longo prazo (contratos sucessivos), remédios contratuais, impacto negativo da perda de reputação, entre outros". Bem por isso, quando se trata de AED a primeira coisa a ser esclarecida é: "de qual das suas vertentes estamos falando"?

[265] Gustavo Binenbojm (2017, p. 37-65) aponta a incidência sobre o Direito Administrativo de dois giros: (1) *um democrático-constitucional*, consistente em "um processo multifário

Charles Sanders Peirce, tal escola de pensamento ganhou impulso com a formação em Cambridge (Massachussets) do *Metaphysical Club*, que teve como outros dois expoentes William James e Oliver Wendell Holmes Jr. Esse grupo de especulação filosófica norteou seus estudos (i) pelo empirismo[266] pluralista, que propõe a aceitação da complexidade da experiência e a necessidade de se adotar diversos pontos de vista;

---

e pluridimensional, que opera por dois caminhos distintos, porém complementares: (i) a disciplina da organização e funcionamento de inúmeros setores da Administração Pública em norma do próprio Texto Constitucional; e (ii) a eficácia *irradiante* dos sistemas democráticos e de direitos fundamentais, como elementos estruturantes e fundamentos de legitimidade do Estado democrático de direito – e, por conseguinte, também do Estado Administrativo – nos termos delineados pela Constituição. Na primeira vertente, o giro segue uma *espiral ascendente*, por via da elevação dos grandes princípios e de diversas regras da disciplina administrativa ao plano da supremacia constitucional. Já na segunda vertente, o giro perfaz uma *espiral descendente*, com a *impregnação* da dogmática do Direito Administrativo pela normatividade constitucional, influenciando a releitura de seus institutos, categorias e formas organizacionais"; (2) *outro pragmático*, baseado no (i) *antifundacionalismo*: que refuta a ideia de que "o pensamento tenha algum ponto de partida ou fundação estática, perpétua, imutável, abstrata e atemporal"; (ii) *contextualismo*: que "consiste na postura de valorizar a experiência prática – social, política, histórica, econômica e cultural – na investigação filosófica, como método que nos liberta de abstrações atemporais, senão porque extraídas de alguma doutrina fundacional, então porque elas costumam situar-se em algum *ponto arquimediano* a-histórico, desenraizado das circunstâncias inerentes ao contexto"; e (iii) *consequencialismo*: segundo o qual qualquer investigação deve sempre ser conduzida "com os olhos para o futuro, por meio de alguma antecipação prognóstica". A postura pragmática é "essencialmente crítica e experimental, sempre aberta a novas possibilidades que possam *falsear* as hipóteses até então descritas como verdadeiras. [...] Isso conduz o pragmatista a uma atitude marcadamente *empiricista* e *experimentalista*, caracterizando o pragmatismo mais como um método, uma atitude ou uma postura diante der questões concretas. [...] O pragmatismo surge, nesse sentido, como uma espécie de *metateoria* auxiliar ao constitucionalismo democrático, contribuindo com seu desassombro diante de dogmas *fundacionalistas* tradicionais, seu viés empiricista e contextual, e seu olhar para as consequências práticas das decisões, para o enfrentamento dos problemas concretos do nosso tempo de maneira mais esclarecida, informada e, pretensamente, também mais inteligente".

[266] Sobre os empiristas, Miguel Reale (2015, p. 312-315 e 345) observa que eles "pretendem partir dos fatos jurídicos para atingir leis e princípios e, no fundo, pensam poder também seguir os mesmos fatos para alcançar o conceito universal do Direito. Ora, não resta dúvida que se deve partir da experiência para se atingir um conhecimento científico, mas os empiristas, quando partem de um fato que declaram *jurídico*, já estão dando como resolvido aquilo mesmo que se propunham a resolver. [...] Sendo o fato sempre condicionado, espacial e temporalmente, é sempre *particular* e *contingente*. Se é assim, retrucam os críticos do empirismo, seria necessário saber como é possível partir de fatos particulares e contingentes e até mesmo contraditórios, para se atingir aquilo que é necessário e universal. Estabelecer algo como necessário e universal é superar o contingente e o particular, razão pela qual não é legítimo afirmar-se que podemos estabelecer as estruturas lógicas fundamentais da juridicidade só com os elementos fornecidos pela experiência". Para o autor, o empirismo não consegue "superar a contingência dos fatos particulares" e se limita a oferecer "um conceito de Direito puramente nominal (uma síntese estatística ou probabilística de fatos contingentes), contentando-se com um conceito de Direito flutuante ao sabor dos acontecimentos históricos".

(ii) pelo relativismo, derivado da interdependência entre os objetos de conhecimento e os modos de aproximar-se deles; (iii) pela contingência, que implica a consciência da precariedade da interação entre a mente humana e o ambiente físico e social. Como espécie de resposta ao formalismo, surge um pensamento jurídico pragmático,[267] baseado na concepção funcional ou instrumental do Direito.[268]

Oliver Wendell Holmes Jr. (1967, p. 29), o maior representante do realismo jurídico norte-americano, levaria o pragmatismo jurídico para a Suprema Corte, onde atuou como juiz de 1902 a 1932. O trecho a seguir transcrito bem demonstra sua compreensão do Direito:

---

[267] Alinha-se ao pensamento de José Vicente Santos de Mendonça (2018b, p. 43-45), para quem as expressões "argumento pragmático" e "argumento consequencialista" são consideradas fungíveis.

[268] Se é natural que a visão instrumentalista seja adotada por um órgão eminentemente político, como o Legislativo, Noel Struchiner (2011, p. 120) destaca a surpresa de "que o direito seja encarado como um receptáculo vazio a ser preenchido por qualquer conteúdo também por parte dos acadêmicos e juízes". Por sua vez, Matheus de Mendonça Gonçalves Leite (2014, p. 63-66) propugna pela adoção do experimentalismo e do consequencialismo como instrumentos adequados para a superação do "método da autoridade" no ensino jurídico, que seria um fator de estratificação do direito e de alienação do intérprete da realidade. O autor argumenta: "O fracasso do direito brasileiro em orientar as mais diferentes atividades humanas, para a satisfação das necessidades vitais de que é um instrumento de efetivação no contexto em que se desenvolvem a vida humana, pode ser explicado, dentre outras causas, pela prevalência do método da autoridade no ensino do direito e nas práticas jurídicas, que se desenvolvem nas diferentes instituições incumbidas da tarefa de aplicação e desenvolvimento do direito. Pois, o ensino jurídico e as práticas jurídicas predominantes se caracterizam por aceitar a verdade de uma afirmação sobre o que é o direito, com base na demonstração de que essa afirmação e compatível com a opinião adotada por alguma autoridade estatal (tribunais, conselhos administrativos etc.) ou doutrinador, independentemente das consequências práticas, efetivas ou concebíveis, que decorrem de um significado que se atribui ao direito para regular as atividades humanas. Dessa forma, nas faculdades de direito no Brasil, é geralmente ensinado que toda e qualquer afirmação sobre o direito deve ser justificada com a citação da opinião de alguma autoridade, que fora expressa em algum julgamento proferido por um tribunal; e/ou por citações da opinião de doutrinadores, que são reconhecidos, por uma restrita e pretensiosa classe social que se apresenta socialmente como detentora do saber jurídico, como pessoas autorizadas a emitir uma opinião final sobre uma questão jurídica. E, para deteriorar ainda mais a cientificidade do direito, o ensino jurídico e a prática jurídica consideram que a mera opinião de autoridades estatais (juízes, promotores de justiça, administradores públicos etc.) e/ou de doutrinadores do direito é o fundamento incontestável da verdade/falsidade de uma afirmação sobre o que é o direito, independentemente das consequências práticas decorrentes dessa forma de interpretação do direito. [...] A prevalência do método da autoridade representa, na verdade, um impedimento para que o direito se ajuste constantemente a realidade a ser normatizada, de modo a orientar as mais diversas atividades humanas, na satisfação bem-sucedida das necessidades vitais a que serve o direito. Pois, não estando baseado na observação das consequências práticas decorrentes da regulação das atividades humanas, o método da autoridade inviabiliza que a percepção da realidade possa ser utilizada para corrigir o conteúdo das crenças sobre o que é o direito".

A vida do direito não foi a lógica; foi a experiência. As necessidades sentidas em cada época, as teorias morais e políticas predominantes, intuições de ordem pública declaradas ou inconscientes, até os preconceitos que os juízes compartilham com os seus semelhantes, tiveram participação bem maior que o silogismo na determinação das normas que deveriam dirigir os homens. O direito incorpora a história do desenvolvimento de uma nação no curso de muitos séculos, e não pode ser tratado como se apenas contivesse axiomas e corolários de um livro de matemática. Para saber o que é o direito, temos de saber o que foi e o que tende a ser. Devemos consultar, alternativamente, a história e as teorias existentes sobre legislação. O mais difícil, porém, será compreender a junção desses dois elementos em novos produtos, a cada estágio.

Richard Posner (2009, p. 5-21), destacado teórico da Análise Econômica do Direito da Escola de Chicago, faz eloquente defesa do pragmatismo:[269]

> A atitude pragmática [...] rejeita tanto o conselho do conservador segundo o qual tudo o que já existe é melhor quanto o conselho fatalista de que todas as consequências são imprevistas. O pragmatista crê no progresso sem fingir-se capaz de defini-lo e acredita na possibilidade de alcançá-lo através da ação humana calculada. Essas crenças estão ligadas ao caráter instrumental do pragmatismo, que é uma filosofia da ação e do aperfeiçoamento, embora isso não signifique que o *juiz* pragmatista seja necessariamente um ativista.
> [...]
> O pragmatista duvida sobretudo da capacidade da filosofia analítica e de seu irmão gêmeo, o raciocínio jurídico, para a determinação de deveres morais e direitos legais.
> [...]
> Os pragmatistas querem um direito mais empírico, mais realista, mais sintonizado com as necessidades reais de pessoas reais.

Posner, entretanto, nega que deseje "substituir o estado de direito pelo império dos economistas ou de quaisquer outros especialistas",[270]

---

[269] Matthew H. Kramer, citado por Richard Posner (2012, p. 357) identifica três sentidos principais para a expressão pragmatismo: "O pragmatismo metafísico ou filosófico é uma posição relativista que nega que o conhecimento possa assentar-se sobre fundamentos absolutos. O pragmatismo metodológico ou intelectual é uma posição que atribui grande importância às discussões animadas, a uma atitude aberta e à flexibilidade nas ciências, nas humanidades e nas artes. O pragmatismo político é uma posição que atribui grande importância às liberdades civis, à tolerância e à experimentação flexível nas discussões e instituições que moldam os arranjos da interação humana [...] [E]sses três modos de pragmatismo não implicam uns nos outros".

[270] Nada obstante, na introdução da obra Fronteiras da Teoria do Direito, Posner (2011, p. XIII-XIV) reconhece que o "aspecto *teórico* mais ambicioso da abordagem econômica do

mas assinala que a análise econômica do direito (também conhecida como teoria econômica do direito), cujo objetivo primordial é a maximização da eficiência econômica, quase por definição, rechaça a autonomia [autossuficiência] do direito, que seria resultado das interações entre as pressões políticas e econômicas.[271] Sua proposta é a de um pragmatismo empírico, interessado nos "efeitos prováveis dos diferentes planos de ação", e ao mesmo tempo cético[272] quanto a qualquer afirmação peremptória na "obtenção da verdade final sobre qualquer coisa".[273]

---

direito é a proposta de uma teoria econômica unificada do direito, no âmbito da qual se considera que a função deste é a de facilitar a operação do livre-mercado e nas áreas em que os custos das transações mercadológicas são proibitivos, a de 'mimetizar o mercado' por meio da determinação, mediante decisão judicial, do desfecho que seria mais provável caso as transações de mercado fossem viáveis".

[271] Posner (*ibidem*) acentua que enquanto "a história convencional do direito narra de que modo as doutrinas jurídicas modernas evoluíram a partir das antigas", é omitido o fato de que "as doutrinas jurídicas, em cada etapa da história, foram moldadas pelas necessidades da sociedade ou pela pressão dos grupos sociais poderosos". Ronald Dworkin (2010, p. 104) acusa o experimentalismo de Posner de desaguar "em um dos absolutismos mais ambiciosos e tecnocráticos jamais concebidos pelos filósofos, que é o consequencialismo utilitarista".

[272] Como explica Miguel Reale (2015, p. 159-160), "o dogmatismo afirma a possibilidade de atingir-se a verdade com certeza e sem limites *a priori*, o ceticismo implica uma constante atitude dubitativa ou em todos os graus e forma de conhecimento, convertendo a 'incerteza' em característica essencial dos enunciados tanto da Ciência como da Filosofia". Por sua vez, "[...] o relativismo baliza o conhecimento humano, excluindo 'de suas possibilidades a esfera do absoluto, mas daí não resulta que o relativismo possa ser considerado cético. Os relativistas declaram que se conhece parcialmente, mas sustentam a certeza objetiva do pouco que se conhece, até que se não prove a sua invalidade. O ceticismo, ao contrário, distingue-se por sua posição de reserva e de desconfiança, mesmo quando acolhe em caráter provisório certas explicações da realidade. Há, portanto, uma profunda diferença de atitude espiritual entre o relativista e o cético, entre o espírito crítico e o espírito cético: um duvida para certificar-se da verdade; o outro duvida por descrer dela, pela *equivalência de todas as respostas possíveis*".

[273] Bruno Meyerhof Salama (2012, p. 285-321), em artigo sobre o declínio e queda do eficientismo na obra de Richard Posner, destaca que o autor não é universalista: "Seus escritos discutem institutos da *Common Law*, e da *Common Law* norte-americana em particular". Salama explica que a diferença entre o eficientismo de Posner e o utilitarismo de Bentham é que "a medida de riqueza adotada por Posner é 'valor econômico', enquanto a medida de utilidade adotada por Bentham é 'felicidade'". As principais críticas à ideia de maximização da riqueza são: (a) o valor intrínseco dos direitos individuais, que não podem ser reduzidos a instrumentos de maximização monetária; (b) a distribuição inicial de direitos na sociedade, desigual e injusta, é ignorada pela maximização da riqueza; (c) a maximização da riqueza "trata as pessoas como se fossem células de um único organismo, e o bem-estar da célula é importante apenas na medida em que promova o bem-estar de todo o organismo"; (d) a ciência econômica seria ineficiente para, a partir do critério de maximização da riqueza, produzir resultados satisfatórios no mundo jurídico; (e) o sistema jurídico assenta-se sobre valores e a eficiência não é um valor. Frente a tais críticas, em 1990, com a publicação da obra "Problemas de Filosofia do Direito", Posner, nas palavras de Salama, "definitivamente abandonou a defesa da maximização de riqueza como fundação ética do direito". Em seu lugar, Posner passou a defender um pragmatismo jurídico fundado

A teoria de Posner (2010, p. XI-XV) não elimina a discricionariedade judicial e não é essa a sua intenção. Na verdade, seu propósito é superar os dois extremos da controvérsia acerca da discricionariedade judicial, que seriam o positivismo jurídico estrito e a livre interpretação constitucional. Para isso defende uma posição intermediária: o emprego da sua teoria econômica, segundo a qual "os juízes exercem e devem exercer a discricionariedade", no entanto, ao seguirem "os ditames de uma teoria econômica aplicada ao direito: a chamada 'análise econômica do direito' ou 'direito e economia' (*law and economics*)", estreitariam o campo decisório.

Para além do estudo de fenômenos econômicos particulares, tal teoria tem por objeto o estudo das escolhas racionais, isto é, "como os seres racionais moldam seu comportamento em face dos incentivos e restrições com que se defrontam, incentivos e restrições que nem sempre têm uma dimensão monetária". Sob essa perspectiva, a maximização da riqueza seria a nomenclatura da "doutrina que usa a análise de custo-benefício para orientar a decisão judicial". Mas, ao contrário do que a expressão pode sugerir:

> [...] a essência dessa abordagem está em insistir que todos os custos e benefícios, inclusive os não pecuniários, sejam levados em conta para decidir o que é uma norma ou prática eficiente; e que sejam pecuniarizados – apenas para possibilitar uma comparação entre eles, traduzindo-os numa unidade comum, o dinheiro.

Por isso, a novidade do movimento Direito e Economia, nas próprias palavras de Posner, "está simplesmente em insistir que os juízes, ao tomar decisões, exerçam sua ampla discricionariedade de modo que se produzam resultados eficientes, entendidos no sentido de resultados que evitem o desperdício social [...]".[274]

---

em uma espécie de "praticalismo", que seria a "'arte' de aplicar e formular o direito sem fundações filosóficas".

[274] Quanto às críticas à *performance* do Poder Judiciário, notadamente ao conteúdo supostamente imprevisível de suas decisões e a irrelevância dada às suas consequências, Joaquim Falcão, Luís Fernando Schuartz e Diego Werneck Arguelhes (2006, p. 80-89) diagnosticam uma espécie de incerteza, que denominam de estrutural, inerente ao normal funcionamento de um sistema jurídico moderno e, portanto, que deve ser tolerado. O raciocínio dos autores merece ser transcrito: "Boa parte deste clamor para que os juízes sejam mais 'esclarecidos' – em outras palavras, para que pensem corretamente nas consequências econômicas de suas decisões que desconfirmem as expectativas de determinadas categorias de agentes econômicos – é, pode-se dizer sem injustiça, fruto de desconhecimento quanto à realidade institucional e às restrições de natureza cognitiva que, *estruturalmente*,

Ao defender o pragmatismo, David M. Beatty (2014, p. 131-132) ressalta: "Arregaçar as mangas e trabalhar com as histórias concretas das pessoas que se sentem lesadas pelo Estado é uma maneira mais honesta, mais eficiente e mais direta de resolver conflitos do que se perder em áridos jogos de palavras". Para Beatty, embora o predomínio dos pragmáticos sobre os interpretacionistas seja um fato da jurisprudência, "para muitos isso é difícil de reconhecer".

André Portugal e Érico Klein (2019, p. 414-419) alertam que o consequencialismo pode levar à substituição do império do Direito pelo "império do *status quo*" e converter os direitos fundamentais "em meros custos de transação, em obstáculos à eficiência do agir estatal". Além disso, a antiteoria de Posner implicaria duas questões bastante problemáticas:

> *Primeira:* a definição mesma de "melhores consequências" não consegue escapar da emissão de juízos de valor; afinal de contas, haverá divergências, não raras vezes de ordem moral, sobre quais os critérios para se definir o que significa "melhor consequência" [...]. *Segunda*: o juiz pragmático, na medida em que deve decidir tendo em conta muito mais o futuro do que o passado, tende a, na melhor das hipóteses, pôr em risco qualquer pretensão séria de segurança jurídica. Os magistrados, intérpretes oficiais do direito, deveriam ser transformados em especuladores, frequentemente imprecisos, das consequências de suas decisões. Eles se tornariam uma nova espécie de videntes, com poucas chances de entregar o que promete, como costuma acontecer com qualquer vidente. [...] O pragmatismo de Posner, numa palavra, aposta no esfacelamento do uso de referenciais teóricos e do dever de respeito aos precedentes e ao texto legal, e em uma perspectiva segundo a qual os direitos fundamentais não passam de abstrações teóricas e obstáculos "formalistas" ao princípio fundamental que deve orientar a decisão judicial, a saber, a obtenção dos melhores resultados práticos. [...] Em suma: a aposta no

---

afetam o ofício do juiz. O ideal de atuação jurisdicional pressuposto por um subconjunto considerável dos críticos ignora as complexidades que os agentes envolvidos em um processo de argumentação jurídica enfrentam para aplicar normas gerais a casos particulares. A ideia é a de que nem toda decisão judicial que contraria as expectativas dos agentes privados pode ser validamente apontada como algo negativo, em particular, como fator de insegurança jurídica. Dadas certas características estruturais do tipo de raciocínio envolvido na aplicação do Direito, em muitas situações o juiz se vê diante de um conjunto não unitário de decisões para o caso concreto que são compatíveis com o Direito vigente. Mesmo que a escolha por uma dessas respostas frustre expectativas subjetivas das partes – e ela quase sempre frustrará a da parte perdedora –, estaremos diante de uma incerteza de um tipo que chamaremos de *estrutural,* no sentido de ser inerente ao normal funcionamento de um sistema jurídico moderno. Apenas a insegurança jurídica gerada por um tipo de incerteza que qualificaremos, em contraposição à estrutural, de *patológica* é que pode e deve ser combatida".

consequencialismo como aliado da segurança jurídica não se justifica senão como autoengano.

Embora o consequencialismo seja apresentado como se fosse uma ferramenta inédita, importada da *common law*, é preciso recordar um dado histórico: a descoberta, há mais de dois mil anos, de que o Direito deve ter um limite (*summum jus summa injuria*), conforme feliz expressão de Cícero (*De officiis*, I, 10, a.C. 44), mostra que os julgadores, antes mesmo da formação do Estado Contemporâneo, do surgimento da função judicial e do desenvolvimento dos conceitos de razoabilidade e de proporcionalidade, passaram a considerar, de modo prudente, as consequências de suas decisões. Todavia, sempre o fizeram com contenção, adotando como referência os critérios internos do próprio Direito e, na medida do possível, os parâmetros avaliados pelo legislador no texto legal. Em qualquer hipótese, portanto, julgando com base em "texto expresso", "regras", "normas de conteúdo determinado" ou em "valores jurídicos abstratos", o magistrado não está exonerado de avaliar as potenciais consequências de sua decisão, às quais, entretanto, não se subordina de modo rígido e inflexível, notadamente porque esse olhar prospectivo não é da essência da função judicial e *inexiste método para comparar consequências heterogêneas entre si*.

Na tradição da *civil law* as consequências do litígio, reitere-se, são decorrência exclusiva das condutas das partes e do tratamento normativo preexistente incidente sobre elas. Atribuir ao julgador, de modo amplo e genérico, a responsabilidade pelas "consequências práticas da decisão" é introduzir no ordenamento jurídico um novo fator de atenuação da força vinculante das normas, o que, ao invés de promover segurança jurídica, provocará mais variabilidade e instabilidade do direito positivado, com evidente debilidade da legalidade e desprestígio da atividade legiferante. Na *common law*, de modo bem diverso, como espécie de direito dominantemente jurisprudencial, que reserva à lei uma função secundária, é natural que a *ratio decidendi*, isto é a regra de direito extraída da decisão sobre os fatos específicos do litígio e que regulará casos futuros, leve em consideração os seus efeitos supervenientes e acolha melhor o consequencialismo. Entretanto, na *civil law*, cujo centro motor das normas é a lei, exige-se autocontenção e comedimento da função judicial na substituição das ponderações democraticamente realizadas pelo Legislativo, sob pena de grave usurpação de atribuições e subversão do arranjo institucional que garante o equilíbrio desse modelo de estrutura jurídica.

Vale apontar que enquanto o consequencialismo desmedido pode turbinar os poderes judiciais, em sentido contrário, a vedação absoluta da consideração das consequências e a imposição da aplicação mecânica do Direito, como observa Luís Fernando Schuartz (2011, p. 396-397), é uma nítida estratégia de concentração de poder:

> Exigir dos juízes que se abstenham, na justificação das suas decisões, de considerar as consequências associadas a ela e às suas alternativas, significa reservar exclusivamente aos órgãos do Poder Legislativo e do Poder Executivo essa possibilidade. Dependendo da concepção que se tenha acerca da função ou das funções que deveriam caber ao sistema jurídico na sociedade moderna (p. ex., estabilização de expectativas normativas generalizadas) e dos obstáculos específicos ao desempenho de tais funções em países nos quais a ideia de Estado de Direito não fincou raízes profundas na realidade institucional, há algo de tentador na proposta de uma divisão radical do poder do Estado na qual o papel do juiz é reduzido ao de um aplicador inflexível e intransigente de programas condicionais (regras) de conteúdo semântico pré-fixado no que se refere às opções interpretativas.

A grande novidade dos arts. 20 e 21 da LINDB é o reforço do consequencialismo[275] e a tentativa de realçar sua vertente econômica, abrindo, portanto, uma brecha para (i) decisões alternativas às que seriam as mais prováveis, sob a perspectiva ontológica, de acordo com a aplicação das normas jurídicas e (ii) para que a decisão tomada seja escrutinada à luz de critérios extrajurídicos. Permite-se, além da desidratação da normatividade, a perda da autonomia do Direito e sua captura por outras áreas do conhecimento, em especial a Economia, cuja tendência atual à hegemonia é de todos conhecida.[276]

---

[275] Comentando o art. 20 da LINDB, Irene Patrícia Nohara (2019, p. 18), com razão, assinala: "[...] quando o dispositivo fala em consequências, ele abre flanco para uma interpretação equivocada no sentido de se estabelecer uma escala de hierarquia entre dois tipos de decisões que são igualmente relevantes: (1) a decisão utilitária e consequencialista, que não pode ser *a priori* estabelecida como superior em relação à (2); decisão pautada com base em argumentos ético-valorativos. Muitas vezes a decisão adequada do ponto de vista do ordenamento não se pauta simplesmente na precedência do argumento de maximização de utilidades, mas deriva de aplicação que se dá independentemente do cálculo das consequências, sendo que somente o bom senso do intérprete irá saber distinguir qual o tipo de argumentação que gerará uma solução mais equânime para o caso concreto, não sendo possível, portanto, afirmar que existe superioridade da decisão motivada exclusivamente com base em critérios utilitários-consequencialistas".

[276] Sobre a necessidade de preservação da autonomia do Direito frente às exigências de sua adequação social, são lúcidas as palavras de Marcelo Neves (2019, p. 189-225): "Em uma ordem jurídica diferenciada da política, da economia e de outras esferas sociais, o direito e a Constituição (em sentido jurídico) mantêm certa 'distância da realidade'. Isso se

Nesse sentido, Lenio Streck (2016, p. 128-129) alerta para os riscos que o pragmatismo oferece para a hermenêutica e para o próprio Estado de Direito:

> O pragmatismo e suas variantes guardam estreita relação com a sua origem "pragmaticista" de Peirce ["o significado de uma ideia virá determinado unicamente por suas consequências práticas"], isto é, uma "filosofia sem fundamentos ontológicos *a priori*"[277] [...] O pragmatismo pode ser considerado como uma teoria ou postura que aposta em um constante "estado de exceção hermenêutico" para o direito; o juiz é o protagonista, que "'resolverá" os casos a partir de raciocínios e argumentos finalísticos. Trata-se, pois, de uma tese anti-hermenêutica e que coloca em segundo plano a produção democrática do direito.

Liberto de qualquer fundacionalismo e preocupado apenas com as consequências de suas decisões, o juiz pragmatista se vê livre para se converter, sem quaisquer amarras, de acordo com cada contexto, em *criador pleno* do Direito, sacrificando, portanto, a previsibilidade. É o que afirmam José Eisenberg e Thamy Pogrebinschi (2002, p. 112):

> A certeza do direito não é um dogma para esse juiz: ele constantemente se vale de recursos não-jurídicos para produzir decisões jurídicas que repercutam, invariavelmente, em um contexto político. À diferença do positivismo jurídico, o pragmatismo reserva um alto grau de imprevisibilidade à prática jurídica, caracterizando-a por extrema flexibilidade.

---

relaciona com a autonomia do direito perante outras variáveis sociais. Quando o direito e a Constituição ficam imediatamente subordinados aos particularismos de fatores sociais diversos, as regras e princípios jurídicos perdem o seu significado prático para a garantia dos direitos e o controle do poder: ou há autocracia (autoritarismo e totalitarismo), ou, apesar de haver Constituições cujo modelo textual corresponde ao Estado constitucional, impõem-se bloqueios difusos (econômicos, políticos, relacionais, familiares etc.) contra a sua satisfatória concretização e realização. [...] O excesso de ênfase na consistência jurídico-constitucional pode levar a graves problemas de inadequação social do direito, que perde, então, sua capacidade de reorientar as expectativas normativas e, portanto, de legitimar-se socialmente. Por outro lado, um modelo de mera adequação social leva a um realismo juridicamente inconsistente. Na falta de valores, de morais e de interesses partilhados congruentemente na sociedade moderna supercomplexa, a ênfase excessiva na adequação social tende a levar à subordinação do direito a projetos particulares com pretensão de hegemonia absoluta". Thiago Cardoso Araújo (2016, p. 149) aponta que a Análise Econômica do Direito "tem o potencial de transformar a prática acadêmica, capacitando o jurista a imaginar novas formas de abordar um problema, até então 'investigável' de maneira dogmática". De modo cauteloso, arremata: "a AED não surge para acabar com o Direito, tornando-o feudo da Economia. Mas também não é a solução para todas as questões, se adequadamente enquadrado".

[277] O que é confirmado por Richard Posner (2009, p. 30) ao declarar que "o pragmatismo é a filosofia do viver sem fundamentos".

Assim é que o juiz pragmatista tem no ordenamento jurídico, na norma positiva, apenas uma de suas muitas fontes. Às fontes autorizadoras somam-se todos os recursos extrajurídicos que auxiliarão o intérprete pragmatista a formar uma base empírica e bem-informada sobre qual decisão melhor responderá às necessidades humanas e sociais e se adequará ao seu contexto.[278]

Sobre a Análise Econômica do Direito, Ronaldo Porto Macedo Junior (2012, p. 279) põe em relevo "os seus nada inocentes ou triviais compromissos e promessas cautelosas de abandono da teoria em benefício de uma posição de bom senso, comprometida 'com o que funciona'", e indaga:

> [...] Funciona para quê? Para garantir direitos? Para a realização da Justiça? Ou para a realização de um tipo de EAD? Em outras palavras, o pragmatismo posneriano ao apresentar-se como uma abordagem não teórica apenas camufla, frouxamente, os seus pressupostos teóricos e metodológicos que julga serem menos importantes. Ao fazê-lo, ao invés de pragmaticamente escapar da necessidade de fundamentação teórica, esconde a sua deficiente teoria acerca da finalidade e natureza do direito.

---

[278] Eisenberg e Pogrebinschi (*op. cit.*, p. 119-120) fazem interessante comparação entre o pragmatismo jurídico, o positivismo de Hans Kelsen e Herbert Hart e a hermenêutica de Ronald Dworkin: "No positivismo jurídico não é possível encontrar sustentação para um antifundacionalismo, já que ele é essencialmente fundacionalista ao apoiar a unidade do sistema jurídico em uma única fonte: a norma fundamental, no caso de Kelsen, e a regra de reconhecimento, no caso de Hart. Não há também como falar em consequencialismo no positivismo: o mais próximo a essa ocorrência é a possibilidade de um juiz agir de maneira consequencialista em caso de lacunas legais, quando se abre espaço para o uso de sua discricionariedade. Já o contextualismo só poderia ser pensado no âmbito do positivismo ao considerarmos a fonte de validade das normas desse sistema, isto é, o processo pelo qual as normas inferiores retiram sua validade das normas superiores, até esgotar-se na norma fundamental hipotética. Mas nem isso seria suficiente para que pudéssemos classificar o positivismo como uma doutrina contextualista. Ao considerarmos Dworkin, podemos perceber que o conceito de comunidade de princípios opera, certamente, como uma fundação em seu pensamento. Quanto ao consequencialismo, vimos que o papel da história na teoria dworkiniana impede o seu desenlace. No entanto, há uma hipótese na qual o Juiz Hércules julga de forma consequencialista: trata-se dos julgamentos de "casos difíceis", que apenas podem ser decididos com base em precedentes. O contextualismo apenas funcionaria no caso do conceito dworkiniano de "romance encadeado", no qual as decisões judiciais formam uma narrativa". Enquanto o positivismo funda a validade na norma fundamental hipotética de Kelsen ou na regra de reconhecimento de Hart; para Dworkin a validade emerge a partir do conceito idealizado de comunidade de princípios; "o pragmatismo considera válidas as normas a partir de sua instrumentalidade, ou seja, de acordo com a sua contestabilidade, revisabilidade e mutabilidade".

Alain Supiot (2007, p. 134-135) é certeiro na crítica:

> Reportar toda regra a um cálculo de utilidade,[279] que seria o mesmo tempo a fonte e a medida da sua legitimidade, leva realmente a considerar que aquele que assumiu um compromisso tem o direito de não o respeitar se, tudo ponderado, essa violação é mais vantajosa para ele.[280]

Dentro da ideia de alocação ótima dos recursos, não haveria diferença entre honrar os compromissos e reparar a sua violação. O resultado é que "um mundo onde cada qual só se acha responsável por seus compromissos na medida em que isso lhe convém é um mundo onde a palavra já não vale nada". Ou seja, teremos mais incerteza e, por conseguinte, mais insegurança e conflitos.

Esse quadro parece dar razão à preocupação de Alejandro Nieto (2017, p. 378-379) quando diz que abandonamos a idade da razão e ingressamos na da eficácia prática, com a economia dirigindo com protagonismo todas as relações sociais.

O consequencialismo adotado pela Lei nº 13.655/2018, ao contrário do que uma compreensão precipitada pode fazer crer, não se restringe exclusivamente ao aspecto econômico e nada há no texto legal que permita essa conclusão. Ele é muito mais abrangente e inclui o dimensionamento das projeções da decisão sobre diversas áreas, como a ordem social e pública, a saúde, a segurança[281] e os direitos fundamentais, que ocupam a centralidade de todo o ordenamento jurídico.

---

[279] Aristóteles (2009, p. 117), por sua concepção, exposta na obra A Política, do que seria o melhor governo, é apontado como o fundador do utilitarismo: "Dissemos que existem três bons governos; o melhor é forçosamente aquele que é administrado pelos melhores chefes. Tal é o Estado no qual se encontra um só indivíduo sobre toda a massa dos cidadãos, ou a família inteira, ou mesmo um povo inteiro que seja dotado de uma virtude superior, uns sabendo obedecer, outros mandar com vista à maior soma de felicidade possível".

[280] É exatamente o que Holmes, dentro do seu pragmatismo normativo, defende em matéria contratual, como assinala Arnaldo Sampaio de Moraes Godoy (2006, p. 93-94): "Não há, para Holmes, obrigação absoluta e potestativa de o contratante cumprir o pactuado, no que se refere a seus elementos intrínsecos. Dado que contratos fazem previsão de perdas e danos, além de cláusulas que estipulam multas e penalidades pela não adimplência do pactuado, o recolhimento de valores, para Holmes, pura e simplesmente, anula qualquer obrigação moral subjacente. [...] Nesse sentido, o de interpretação do direito à luz de opções que possibilitem a maximização da riqueza, é que Holmes é reputado como o antecessor mais ilustre do movimento *law and economics*, direito e economia".

[281] O art. 4º da Lei nº 8.437/1992, ao dispor que compete ao presidente do tribunal, ao qual couber o conhecimento do recurso interposto contra a tutela provisória deferida em desfavor do Poder Público ou de seus agentes, suspender, em despacho fundamentado, a execução da liminar, a requerimento do Ministério Público ou da pessoa jurídica de direito público interessada, em caso de manifesto interesse público ou de flagrante ilegitimidade, e *para evitar grave lesão à ordem, à saúde, à segurança e à economia públicas*; e o art. 27 da Lei

Esse o desafio a ser superado: considerar as consequências, mas compreender que elas não se resumem aos desdobramentos econômicos e vão além deles, ou seja, o valor eficiência econômica não é absoluto e deve ser compatibilizado com a constelação de valores albergados pela Constituição. Bem por isso Phillip Gil França (2014, p. 464) acentua que a adequada gestão da coisa pública pressupõe considerar que os efeitos das decisões "são tão importantes quanto as suas causas e fundamentos".

Diante dessa amplitude é que Ricardo Lobo Torres (2010b, p. 440-441), por exemplo, defende que o consequencialismo ganha expressão no plano da argumentação jurídica "quando sinaliza no sentido da proteção dos direitos fundamentais e, entre estes, do mínimo existencial, que constitui o conteúdo essencial irredutível e intangível da dignidade humana". No entanto, adverte que o uso deturpado do *argumentum ad consequentiam* "leva à falácia, como acontece no exagero na alegação do risco de esgotamento de recursos públicos para o atendimento de condenações judiciais".

Para Luiz Sergio Fernandes de Souza (2018, p. 127-132) o pragmatismo da Lei nº 13.655/2018 "mal esconde uma certa forma de idealismo" e "uma compreensão ingênua do processo hermenêutico":

> Por exemplo, o legislador dispõe, na regra do artigo 21, como se ao juiz (e também ao administrador) fosse dado vislumbrar, no momento da decisão, um leque completo das consequências possíveis. Mais que isto, as regras da ponderação – a que o legislador parece remeter no parágrafo único – são portadoras de "valores jurídicos abstratos", no que se identifica a existência de uma contradição em termos, considerada a previsão do artigo 20 da LINDB.
>
> [...] a Lei Federal nº 13.655/18, traindo seus objetivos, poderá legitimar o exercício do controle jurisdicional sobre o mérito do ato administrativo, atividade que o juiz desenvolverá de acordo com a norma (ao observar o dever de motivação acerca das consequências de sua decisão), mas, ao mesmo tempo, afastando-se da norma (ao dizer, por hipótese, que as consequências do ato administrativo recomendam solução diversa daquela encontrada pelo administrador). Enfim, trata-se de uma consequência que certamente não estava na linha das considerações

---

nº 9.868/1999, ao facultar ao STF, no caso de declaração da inconstitucionalidade de lei ou ato normativo, tendo em vista *razões de segurança jurídica* ou de *excepcional interesse social*, por maioria de dois terços de seus membros, restringir os efeitos daquela declaração ou decidir que ela só tenha eficácia a partir de seu trânsito em julgado ou de outro momento que venha a ser fixado, bem demonstram a larga e plural abrangência da noção de consequencialismo vigente no ordenamento jurídico.

do legislador, podendo-se dizer que a tentativa de manter o ativismo judicial sob o domínio da lei, na base de conceitos que têm sempre algum de imprecisão, revela uma compreensão ingênua do processo hermenêutico.

Afinal, com a Lei nº 13.655/2018 teremos mais ou menos ativismo?[282]

---

[282] Elival da Silva Ramos (2015, p. 131) o conceitua como "o exercício da função jurisdicional para além dos limites impostos pelo próprio ordenamento que incumbe, institucionalmente, ao Poder Judiciário fazer atuar, resolvendo litígios de feições subjetivas (conflitos de interesses) e controvérsias jurídicas de natureza objetiva (conflitos normativos)". Lenio Streck (2016, p. 129) fala em "loteria do protagonismo judicial" e adverte que ele "pode ser destrutivo, uma vez que permite substituir os juízos morais e políticos institucionalizados no direito produzido democraticamente pela opção 'pessoal' dos juízes". Silvio Luís Ferreira da Rocha (2012, p. 64), de modo um pouco mais restrito, conceitua o ativismo judicial como o exercício da atividade jurisdicional "para além dos limites impostos pelo próprio ordenamento, em detrimento da função legislativa e executiva mediante a incursão sobre o núcleo essencial delas". Ao fazer alusão a "núcleo essencial" o autor, no âmbito da função administrativa, quer referir-se à reserva da administração, que seria a existência de um campo de decisão protegido contra a ingerência de outros poderes. Como explica Eberhard Schmidt-Assmann (2003, p. 217-218), salvo diante da existência de normas especiais, como ocorre no caso do âmbito de autonomia administrativa constitucionalmente reconhecida (estados membros, municípios e universidades – arts. 18 e 207 da CF), tal reserva tem como fundamento "a ideia da existência dentro de cada poder de um *âmbito nuclear*, inerente à teoria da separação de poderes". De acordo com essa concepção a nenhum poder é permitido penetrar nos âmbitos centrais de conformação de outro poder. Embora seja frequentemente criticada por sua imprecisão, a ideia relativa à existência de um *âmbito nuclear* insindicável proporciona uma valiosa ajuda interpretativa imprescindível para a compreensão do esquema da separação de poderes. Nesse sentido, Ricardo Marcondes Martins (2013, p. 370-371), admitindo a existência de um núcleo essencial às funções legislativa, administrativa e jurisdicional, defende que *"legislar é, essencialmente, realizar ponderações autônomas no plano abstrato*, em prognose do caso concreto, levando em consideração as ponderações constitucionais; *administrar é realizar ponderações no plano concreto*, tendo em vistas as ponderações constitucionais e legislativas; *julgar* é verificar, quando houver provocação, o acerto ou o desacerto das ponderações efetuadas pelo legislativo, pelo executivo e pelos particulares". Nesse quadro, o conteúdo da *reserva de administração*, tema negligenciado pela doutrina brasileira, corresponderia às "matérias que não podem ser veiculadas em lei porque próprias do exercício da *função administrativa*; a *ponderação no plano concreto* é ínsita à função administrativa; não cabe ao legislador efetuá-la". Germana de Oliveira Moraes (2004, p. 110) também reconhece que "há uma área de atuação exclusiva de cada poder, cujos excessos se resolvem em termos de responsabilidade política". O STF, ao julgar os embargos de declaração opostos no Recurso Extraordinário 427.574-MG, da relatoria do Ministro Celso de Mello (*DJe* 13/02/2012), assim se expressou: "O princípio constitucional da reserva de administração impede a ingerência normativa do Poder Legislativo em matérias sujeitas à exclusiva competência administrativa do Poder Executivo. É que, em tais matérias, o Legislativo não se qualifica como instância de revisão dos atos administrativos emanados do Poder Executivo. Precedentes. Não cabe, desse modo, ao Poder Legislativo, sob pena de grave desrespeito ao postulado da separação de poderes, desconstituir, por lei, atos de caráter administrativo que tenham sido editados pelo Poder Executivo, no estrito desempenho de suas privativas atribuições institucionais. Essa prática legislativa, quando efetivada, subverte a função primária da lei, transgride o princípio da divisão funcional do poder,

Dworkin (2014, p. 451-452) tece severa crítica ao ativismo e o atribui ao pragmatismo jurídico.[283]

> O ativismo é uma forma virulenta de pragmatismo jurídico. Um juiz ativista ignoraria o texto da Constituição, a história de sua promulgação, as decisões anteriores da Suprema Corte que buscaram interpretá-la e as duradouras tradições de nossa cultura política. O ativista ignoraria tudo isso para impor a outros poderes do Estado seu próprio ponto de vista sobre o que a justiça exige. O direito como integridade condena o ativismo e qualquer prática de jurisdição constitucional que lhe esteja próxima. Insiste em que os juízes apliquem a Constituição por meio da interpretação, e não por *fiat*, querendo com isso dizer que suas decisões devem ajustar-se à prática constitucional, e não ignorá-la. Um julgamento interpretativo envolve a moral política, e o faz de maneira complexa que estudamos em vários capítulos. Mas põe em prática não apenas a justiça, mas uma variedade de virtudes políticas que às vezes entram em conflito e questionam umas às outras. Uma delas

---

representa comportamento heterodoxo da instituição parlamentar e importa em atuação "ultra vires" do Poder Legislativo, que não pode, em sua atuação político-jurídica, exorbitar dos limites que definem o exercício de suas prerrogativas institucionais". Marcos Augusto Perez (2020, p. 140-141) acentua que "a amplitude do controle jurisdicional no Brasil é inquestionavelmente uma conquista democrática. Muitos, durante anos e anos de escuridão e ditadura, militaram em favor da ampla acessibilidade jurisdicional da qual hoje em grande medida se desfruta. A opção feita pelo constituinte de 1988, por seu turno, foi expressamente a de construir uma constituição principiológica e programática à qual é obviamente necessário conferir efetividade. O propalado *ativismo judicial* deriva, no caso brasileiro, do fato de que a ampliação dos controles jurisdicionais não se concilia harmonicamente com uma postura excessivamente tímida, para não dizer omissa, do Legislativo e do Executivo na concretização dos programas constitucionais. Assim, a tentativa de antecipação, pela via judicial, da agenda política contida na Constituição torna-se quase um imperativo em face da inércia ou dos desvios frequentes de atuação do Legislativo e do Executivo. Há, portanto, uma diferença entre o decantado *ativismo*, no ambiente brasileiro e seu congênere norte-americano. Aqui, se o que se chama de *ativismo* também gera a sensação de certa inversão de papéis entre o Legislativo e o Judiciário, ou entre a Administração e o Judiciário, não se pode, a bem da verdade, atribuir aos juízes, na maioria das vezes, a tentativa de antecipar certas causas políticas, pois a grande maioria dos programas políticos cuja reivindicação de concretização desaguam no Judiciário já foi definida há certo tempo pela Constituição".

[283] Para José Juan Moreso (2010, p. 20-21) o próprio Dworkin adota o pragmatismo, dos quais são variantes o realismo jurídico americano e a Análise Econômica do Direito, ao colocar ênfase não nas intenções do constituinte, mas nas consequências de se adotar uma ou outra via interpretativa. Moreso tece a seguinte crítica: a teoria de Dworkin é vazia, posto que é incapaz de delimitar quais devem ser os fins que o Direito deve perseguir. A associação não se mostra correta, pois, afora o excerto supratranscrito, que fala por si, Dworkin (2014, p. 119 e 293) aponta que o "pragmatismo rejeita a ideia de direito e de pretensões juridicamente protegidas" por ele desenvolvida. Em outra passagem, de modo peremptório, o autor afirma que o idealizado juiz Hércules ["juiz imaginário, de capacidade e paciência sobre-humanas, que aceita o direito como integridade"] "rejeita o pragmatismo".

é a equidade: o direito como integridade é sensível às tradições e à cultura política de uma nação, e, portanto, também a uma concepção de equidade que convém a uma Constituição. A alternativa ao passivismo não é um ativismo tosco, atrelado apenas ao senso de justiça de um juiz, mas um julgamento muito mais apurado e discriminatório, caso por caso, que dá lugar a muitas virtudes políticas, mas, ao contrário tanto do ativismo quanto do passivismo, não cede espaço à tirania.

Uma vertente do pragmatismo jurídico seria o neoconstitucionalismo, cuja vocação, nas palavras de Jorge Octávio Lavocat Galvão (2014, p. 200-205), "é ser uma teoria transformadora, voltada para a reforma da sociedade, valorizando o ativismo judicial e a mudança social em detrimento dos valores da democracia e da segurança jurídica",[284] portadora de um inerente "viés redistributivo e emancipatório", que faz com que "as decisões políticas passadas consagradoras de direitos possam ser ignoradas em uma disputa jurídica se contrárias às metas coletivas endossadas pelo juiz". A possibilidade de ponderação amparada pela compreensão das normas constitucionais como valores, assim como o foco concentrado nas consequências, "é a porta de entrada para os argumentos pragmáticos", que enfraquecem o ideal de Estado de Direito. Para Galvão:

> [...] há uma moralidade intrínseca na ideia de vincular de antemão os resultados das causas levadas ao Poder Judiciário que se perde quando os juízes julgam com base nas próprias razões. [...] A limitação da atividade estatal (o que inclui a judicial) por meio do estabelecimento prévio de razões legais excludentes é um ideal político venerado nas sociedades contemporâneas. Ao incitar os intérpretes a rediscutirem judicialmente os méritos dos compromissos políticos assumidos pela sociedade, o Neoconstitucionalismo está em constante tensão com esse

---

[284] A descrição do juiz pragmatista que Richard Posner (2012, p. 382-392) apresenta confirma sua desvinculação das fontes do Direito: "[...] o juiz pragmatista encara a jurisprudência, a legislação e o texto constitucional sob dois aspectos: como fontes de informações potencialmente úteis sobre o provável melhor resultado no caso sob exame e como marcos que ele deve ter o cuidado de não obliterar nem obscurecer gratuitamente, pois as pessoas os tomam como pontos de referência. Porém, como vê essas "fontes" somente como fontes de informação e como restrições parciais à sua liberdade de decisão, ele não depende delas para encontrar o princípio que lhe permite decidir um caso verdadeiramente inusitado. Recorre, antes, a fontes que tenham relação direta com a sabedoria da norma que se pede que ele confirme ou modifique. [...] tanto o positivista como o pragmatista se interessam tanto pelas fontes do direito como pelos fatos, o positivista parte das fontes e atribui-lhes um peso maior [...] o juiz pragmático acredita que o futuro não deve ser escravo do passado, mas não está obrigado a encarar determinados conjuntos de dados como diretrizes para a tomada da decisão que terá melhores efeitos para o futuro".

ideal político em dois sentidos: primeiro, ao colocar em xeque a validade de todas as normas jurídicas, deixando os cidadãos desorientados sobre como agir; segundo, ao pulverizar o critério normativo mediante os quais os litígios sobre a aplicação dessas mesmas serão decididos.

José Vicente Santos de Mendonça (2018a, p. 54) salienta que "boa parte do ativismo – que não é só judicial, mas é de todas as instituições de controle – funda-se numa postura consequencialista". A análise está correta. O consequencialismo simplesmente priva os contratantes, administrados e administradores de conhecerem previamente as implicações jurídicas e administrativas da invalidação de ato, de contrato, de ajuste, de processo ou de norma administrativa. Essas consequências dependerão exclusivamente da avaliação do aplicador final da norma, que passa a desfrutar de ampla margem de decisão e certamente injetará na sua apreciação considerável dose de subjetivismo, notadamente porque *inexistem parâmetros normativos para nortear a definição e a escolha das consequências jurídicas e administrativas consideradas adequadas*.

Sobre a genérica e vazia retórica das consequências, incapaz de oferecer parâmetros de mensuração, de comparação e de justificação, Mendonça (2016, p. 33-34), de forma aguda e desconcertante, argumenta que ela responde a uma espécie de necessidade "por novidades irrelevantes",[285] típicas da prática do Direito, que, fiel ao sincretismo

---

[285] Ao examinar a teoria do ato administrativo sob o enfoque das alterações da LINDB, Ricardo Marcondes Martins (2019, p. 21-34) faz crítica similar ao asseverar que "as inovações da Lei nº 13.655/18 não configuram, em absolutamente nada, verdadeiras 'inovações'". Especificamente sobre o art. 20, *caput*, da Lei 13.655/2018, Martins afirma: "A regra é um desdobramento óbvio da evolução científica do Direito: nenhuma norma pode ser editada sem prévia ponderação dos princípios constitucionais, a ponderação não prescinde da análise das consequências das medidas de concretização adotadas, as referidas consequências é que indicarão se a restrição a um princípio é proporcional e, assim, admitida pela Constituição. Vigora, no presente momento histórico, uma concepção concretista do fenômeno jurídico, vale dizer, prevalece o entendimento de que as decisões jurídicas devem partir dos problemas concretos, levando em consideração as particularidades do problema. O que o Legislador fez foi tão somente consagrar no texto legislativo uma visão do fenômeno jurídico corrente na atualidade". Trata-se, segundo Martins, de uma tentativa de superação da denominada "crise do ato administrativo" e a imposição, pela via legislativa, dos avanços científicos nessa área. A respeito, o autor faz a seguinte síntese: "Mais e mais juristas deixaram de se preocupar com uma análise científica do Direito Administrativo e voltaram sua atenção para os assuntos de interesse do poder econômico, todos relacionados com as parcerias com a iniciativa privada: infraestrutura, concessões, contratos, licitações, terceiro setor. Consequentemente, temas como norma jurídica, existência, validade e eficácia normativas, deixaram de ser objeto central de estudos. Do mesmo modo, tornaram-se cada vez mais raros estudos sobre a teoria do ato administrativo. O resultado foi desastroso: os avanços científicos implicaram profunda reformulação na teoria da validade do ato administrativo e, pois, a extinção e modificação do ato, mas esses avanços não foram assimilados pela comunidade jurídica".

nacional, pouca ou nenhuma atenção dá à origem da teoria importada, seja ela pertencente ao sistema de *civil law* ou de *common law*, e sua compatibilidade com o Direito brasileiro. Somente nessas condições é possível transitar livremente entre um sistema e outro, o que leva ao fenômeno tão agudamente descrito pelo autor: "Se, ontem, a tendência era a ponderação, a proporcionalidade, Alexy e a Alemanha, hoje, talvez, o *must* seja o pragmatismo, o consequencialismo, Posner e os Estados Unidos. Vai-se a ponderação, entra o pragmatismo; fica, em todo caso, o decisionismo".

4.3.2 A invalidação judicial de ato, contrato, ajuste, processo ou norma administrativa e a obrigatoriedade de consideração de possíveis alternativas e de indicação de consequências jurídicas

O art. 20, parágrafo único, da LINDB, determina que, nas esferas administrativa, controladora e judicial, a motivação demonstrará a necessidade e a adequação da medida imposta ou da invalidação de ato, contrato, ajuste, processo ou norma administrativa, *inclusive em face das possíveis alternativas.*

Por sua vez, o Enunciado nº 3 do IBDA dispõe:

> A abertura a distintas "possíveis alternativas", prevista no parágrafo único do art. 20, é imposta a todos os destinatários da LINDB. Os controles administrativo e judicial devem considerar o cenário vivenciado pela Administração ao tempo da decisão ou opinião, reservando-se a possibilidade de indicação pelo controlador, sem juízo de invalidação ou reprovação, de alternativas administrativas mais adequadas para o futuro.

Para Marçal Justen Filho (2018, p. 32-33) "somente se admite a ausência de avaliação das diversas alternativas quando se configurar uma única solução cabível no caso concreto".

Mas o que são possíveis alternativas? Cabe à função judicial considerá-las?

Possíveis alternativas são aquelas diversas da simples invalidação do ato, contrato, ajuste, processo ou norma administrativa. Pelo texto e seu claro viés consequencialista, se extrai que essas alternativas podem ser aferidas e descobertas diretamente pela esfera competente para a tomada de decisão, que não estaria subordinada aos limites das pretensões dos interessados e atingidos pelo ato, contrato, ajuste, processo ou norma administrativa em discussão. Possíveis alternativas, portanto, são outras além daquelas inicialmente adotadas ou propostas pelos interessados. Por exemplo, um dos contratantes, alegando o não cumprimento de cláusulas contratuais, especificações, projetos ou prazos (art. 78, I, da Lei nº 8.666/1993), poderia formular pedido de rescisão contratual; a parte contrária, em resposta, poderia simplesmente negar a existência de causa justificadora da medida pretendida e a instância competente para dirimir a controvérsia, apesar de reconhecer como verdadeiros os fatos constitutivos do direito do demandante, poderia determinar outra providência que não o desfazimento do vínculo negocial. Nesse cenário, se verdadeiramente cada parte estiver convicta da tese sustentada, não teremos uma, mas ambas insatisfeitas.[286]

No "Parecer sobre o PL nº 7.448/2017, apresentado em face do parecer-resposta dos autores do PL e de outros juristas" (TC-012.028/2018-5), em sua página 14, a Consultoria do TCU, em manifestação da lavra de Odilon Cavallari de Oliveira, refutando a versão dos autores de que o art. 20, parágrafo único não exigiria "conhecimento extraprocessual do julgador", salientou que o texto do referido dispositivo "não diz '*inclusive em face das possíveis alternativas constantes dos autos do processo*'" (destaque no original). Logo, a ideia transmitida pela redação proposta é ampla e irrestrita, abrangendo quaisquer "possíveis alternativas", mesmo que não suscitadas pelos interessados. O raciocínio da Consultoria mostra-se correto, pois diante do preexistente dever de apreciar todas as teses e alternativas apresentadas pelos litigantes, careceria de logicidade a introdução no ordenamento jurídico de artigo específico com o único condão de promover redundância. Talvez não fosse a intenção dos autores do PL, mas o fato é que a única interpretação possível é exatamente a apontada e por isso a necessidade de sua restrição para alinhar-se aos fundamentos da função judicial.

André Guskow Cardoso (2019, p. 98) sustenta corretamente que "não cabe ao Judiciário formular ou investigar *sponte própria* as possíveis alternativas", as quais deverão ser expostas, em pedido específico, pelas

---

[286] Não diria surpresa, pois, ao menos no âmbito judicial, nos termos do art. 10 do CPC, é vedado decidir, em grau algum de jurisdição, com base em fundamento a respeito do qual não se tenha dado às partes oportunidade de se manifestar, ainda que se trate de matéria sobre a qual deva decidir de ofício. Tal dispositivo, cumpre recordar, é aplicável supletiva e subsidiariamente, na ausência de normas, aos processos eleitorais, trabalhistas ou administrativos (art. 15 do CPC).

próprias partes, afinal, a sentença é a resposta ao pedido. Em relação à Administração Pública, que tem o dever de atuar de ofício, a situação é distinta e estaria obrigada a considerar e a ponderar as possíveis alternativas ao ato praticado ou objeto de fiscalização. Exemplo de exceção ao princípio da congruência na via administrativa é o art. 687 da Instrução Normativa nº 77, de 21 de janeiro de 2015, que impõe ao INSS o deve de conceder o melhor benefício a que o segurado fizer *jus*, cabendo ao servidor orientá-lo nesse sentido.

Essa abertura introduzida pelo art. 20, parágrafo único, da LINDB, toca na essência da função judicial, cujos pilares são a inércia da jurisdição e a estrita observância dos limites do pedido (arts. 2º, 141, 490 e 492 do CPC), examinados no tópico 3.2.1.

Além do já exposto sobre esses temas, cumpre acrescentar que a função judicial se sujeita às ponderações e escolhas legislativas e à autonomia da vontade dos litigantes,[287] cabendo-lhe definir qual entre as opções previamente apresentadas deve ser acolhida. Tanto é assim que o art. 141 do CPC estabelece que o juiz decidirá o mérito *nos limites propostos pelas partes*, sendo-lhe vedado conhecer de questões não suscitadas a cujo respeito a lei exige iniciativa da parte (exceções em sentido estrito, ou seja, matéria de defesa – fatos constitutivos, impeditivos, extintivos e modificativos, cuja arguição e conhecimento estão condicionados à iniciativa do réu).

A correlação entre a tutela jurisdicional e a demanda é inerente ao processo civil moderno dos países de cultura romano-germânica. Na lição de Cândido Rangel Dinamarco (2017b, p. 325-328), a norma exige:

> [...] a vinculação do juiz aos limites da demanda, sem lhe ser lícito prover para sujeitos diferentes daqueles que figuram na petição inicial (parte da demanda) ou por fundamentos diferentes dos que houverem sido regularmente alegados (causa de pedir) ou impondo soluções não pedidas ou referentes a bens da vida que não coincidam com o que na petição inicial estiver indicado (*petitum*). [...] *Decidir nos limites da demanda proposta* (art. 141) significa não ir *além* ou *fora* deles nem ficar *aquém*. [...] por severíssimas razões sistemáticas e político-constitucionais, a norma

---

[287] No âmbito processual a autonomia da vontade tem sido incrementada a ponto de se permitir que, versando o processo sobre direitos que admitam autocomposição, é lícito às partes plenamente capazes estipular mudanças no procedimento para ajustá-lo às especificidades da causa e convencionar sobre os seus ônus, poderes, faculdades e deveres processuais, antes ou durante o processo (art. 190 do CPC). Trata-se de uma espécie de *contratualização do devido processo legal*. Tais negócios jurídicos processuais, porém, ainda que em menor extensão, já eram admitidos pelo CPC/1973, por exemplo, no foro de eleição e na suspensão do processo para negociação de transação.

da correlação entre a tutela jurisdicional e a demanda desdobra-se (a) no veto a sentenças que, no todo ou em parte, apoiem-se em elementos não constantes da demandada proposta e (b) na exigência de que todos os elementos subjetivos e objetivos desta sejam exauridos.

Não é da essência da função judicial investigar e impor o que é melhor para a parte fora dessas balizas. Pelo contrário, as ideias que moldam a natureza da função judicial são a de comedimento e auto-contenção, sintetizadas na compreensão de que o mundo processual tem suas fronteiras determinadas pela iniciativa das partes. De modo direto: *Quod non est in actis non est in mundo*. Mostra-se bastante contraditório pretender aumentar os níveis de segurança jurídica e, ao mesmo tempo, municiar a instância judicial do *superpoder* de definir, sem nenhum vínculo com as causas de pedir e de resistir, a solução que lhe parecer melhor. Ultrapassa-se a fronteira da imprescindível equidistância e neutralidade que caracteriza a função judicial nas democracias contemporâneas, impelindo-a a se imiscuir, de modo paternalista e intervencionista, nas opções livremente eleitas pelas partes. Uma coisa é, em um ambiente de conciliação, o julgador apresentar uma *proposta* de solução não inicialmente imaginada ou desejada e que venha a contar com a aceitação. Outra, bem distinta, é a imposição dessa mesma proposta.

Vale lembrar, conforme lição de Sérgio Cruz Arenhart (2006, p. 598-601), que o princípio da inércia da jurisdição apoia-se em duplo fundamento: (i) a natureza disponível dos direitos envolvidos no processo civil e (ii) a preservação da imparcialidade do juiz.[288] O primeiro argumento é questionado, pois o processo civil também pode envolver interesses indisponíveis, sejam eles particulares ou públicos, e ainda assim não se confere iniciativa ao Estado-juiz para dar início a um processo. De outra parte, mesmo diante de interesses disponíveis "há o manifesto interesse do Estado (de cunho nitidamente indisponível) de aplicar o direito objetivo e manter a paz social". A nosso ver, o melhor seria adotar como primeiro fundamento a autonomia da vontade,[289]

---

[288] Humberto Theodoro Júnior (2005, p. 468) associa o princípio da demanda apenas na exigência de imparcialidade, "atributo inafastável da figura do juiz natural". No mesmo sentido: Cassio Scapinella Bueno (2012, p. 298).

[289] Sobre a questão, são precisas as palavras de Ovídio Araújo Baptista da Silva (2000, p. 64-65): "A compulsoriedade de exercício de uma faculdade legal ou de um direito subjetivo contradiz o próprio conceito de direito. Ninguém pode ser obrigado a exercer os direitos que porventura lhe caibam, assim como ninguém deve ser compelido, contra a própria vontade, defendê-los em juízo". Por isso, só muito raramente o princípio da demanda comporta exceções ou temperamentos.

pois, a despeito da indisponibilidade, circunstâncias estratégicas e de conveniência aferíveis unicamente pelos titulares dos direitos violados, podem justificar a opção pela não judicialização ou por seu adiamento. Dessa forma, dá-se efetividade ao que Antônio Carlos de Araújo Cintra, Ada Pellegrini Grinover e Cândido Rangel Dinamarco (2015, p. 84), no clássico *Teoria Geral do Processo*, denominam de poder dispositivo, ou seja, a liberdade que as pessoas têm de exercer ou não seus direitos. No plano processual civil, essa liberdade recebe o nome de princípio da disponibilidade processual.

Quanto ao segundo argumento, Arenhart defende que, em "casos excepcionais", como a deficiência da assistência jurídica, poderia haver o abrandamento do princípio da demanda, mas desde que preservada a imparcialidade do juiz e se o objetivo for bem definido: "oferecer melhor prestação jurisdicional, mais adequada satisfação dos escopos da jurisdição, mais exata realização dos direitos ou mais precisa execução dos objetivos almejados pelo Estado brasileiro (arts. 1º e 3º da CF)", ressalvado, porém, que "todo afastamento do princípio da demanda recomenda previsão expressa em lei".

José Carlos Barbosa Moreira (1996, p. 53), adotando postura mais cautelosa, destaca que a proibição de o juiz agir de ofício subsiste mesmo nas hipóteses que versem sobre direito indisponível. Trata-se, sem dúvida, da postura que melhor assegura a imparcialidade. Isso porque o propósito de suprir, como acima aludido, "deficiência da assistência jurídica", inevitavelmente desequilibrará a atuação do julgador,[290] que se tornará mais tolerante e receptivo em relação a uma das partes, beneficiando-a, portanto.[291] Se há deficiência da assistência jurídica ela deve ser sanada pela substituição do profissional ou pela sua responsabilização pelos danos a que tiver dado causa.

Sobre o comprometimento da isenção judicial, Antônio Carlos de Araújo Cintra, Ada Pellegrini Grinover e Cândido Rangel Dinamarco (2015, p. 82) fazem o seguinte alerta:

---

[290] BRASIL. Lei nº 13.105, de 16 de março de 2015 – Código de Processo Civil: "Art. 7º. É assegurada às partes *paridade de tratamento* em relação ao exercício de direitos e faculdades processuais, aos meios de defesa, aos ônus, aos deveres e à aplicação de sanções processuais, competindo ao juiz zelar pelo efetivo contraditório".

[291] O Código de Ética da Magistratura, em seu art. 8º, estipula que o magistrado imparcial é aquele que busca nas provas a verdade dos fatos, com objetividade e fundamento, mantendo ao longo de todo o processo uma distância equivalente das partes, e *evita todo o tipo de comportamento que possa refletir favoritismo, predisposição ou preconceito*.

Tanto no processo penal como no civil a experiência mostra que o juiz que instaurasse o processo por iniciativa própria acabaria ligado psicologicamente à pretensão, colocando-se em posição propensa a julgar favoravelmente a ela. Trata-se do denominado processo inquisitivo, que se mostrou sumamente inconveniente, pela constante ausência de imparcialidade do juiz.

O mesmo raciocínio dos eminentes processualistas vale para a questão *das possíveis alternativas*. Assim como a inobservância do princípio da inércia da jurisdição compromete a imparcialidade, na relação endoprocessual o dever de buscar soluções não aventadas ou desejadas pelos litigantes, ou seja, *espécie de atuação de ofício*, poderá exacerbar a *criatividade judicial* e levar o envolvimento do juiz com suas soluções a tal ponto que ele deixe de considerar os argumentos dos litigantes e, movido por uma espécie de cegueira ou de intransigência mesmo, passe apenas a buscar um indevido protagonismo.

Não cabe também ao Judiciário, ao contrário do que uma interpretação elástica do art. 21 da LINDB pode levar a crer, indicar consequências jurídicas e administrativas para além daquelas diretamente emanadas das causas de pedir e de resistir. É regra basilar do direito processual civil moderno que às partes incumbe trazer ao juiz suas alegações e suas provas, restringindo-se a atuação judicial estritamente ao que consta dos autos, pois as decisões judiciais não são divagações acadêmicas ou metafísicas.

O universo da relação jurídico-processual tem seus limites bem definidos e eles são intransponíveis: os autos e somente o que estiver no seu interior. A violação dessa fronteira tende a converter o Judiciário em uma espécie de "órgão de consulta subjetiva", função que refoge inteiramente à atuação institucional dos Tribunais e revela-se incompatível com a própria natureza da atividade jurisdicional, conforme uníssono entendimento do STF,[292] *ressalvada exclusivamente* a competência da Justiça Eleitoral para, por meio do TSE e dos TREs, responder, sobre matéria eleitoral, às consultas que lhe forem feitas, em tese, por

---

[292] Nesse sentido: Emb. Decl. no Ag. Reg. no RMS Nº 26.332-DF, relator Ministro Edson Fachin, 2ª T., *DJe* 24/08/2018; Emb. Decl. na ADPF Nº 378-DF, relator Ministro Roberto Barroso, Pleno, *DJe* 04/08/2016; ARE nº 745693 AgR-AgR-ED-ES, relatora Ministra Rosa Weber, 1ª T., *DJe* 10/09/2015; Emb. Decl. no Emb. Decl. no AgR no AI 257.205-PE, relator Ministro Cezar Peluso, 1ª T., *DJe* 24/10/2008; Emb. Decl. no RE nº 569.019-SP, relatora Ministra Cármen Lúcia, 1ª T., *DJe* 01/10/2010; Emb. Decl. no RE nº 434.640-CE, relator Ministro Celso de Mello, 2ª T., *DJe* 09/06/2006; Emb. Decl. no RE nº 255.785, relator Ministro Moreira Alves, 1ª T., DJ 28/03/2003.

autoridade pública ou partido político (arts. 23, XII, e 30, VIII, da Lei nº 4.737/1965 – Código Eleitoral).

Não se ignora que o ordenamento prevê hipótese na qual o juiz está autorizado a transpor os limites da congruência. Trata-se da situação descrita no art. 757 do CPC, segundo a qual a autoridade do curador estende-se à pessoa e aos bens do incapaz que se encontrar sob a guarda e a responsabilidade do curatelado ao tempo da interdição, *salvo se o juiz considerar outra solução como mais conveniente aos interesses do incapaz*. A exceção, entretanto, é pontual e justificada em face da natureza do interesse tutelado. Coisa muito diversa é a banalização do que é excepcional e sua conversão em regra para todos os casos de invalidação de ato, contrato, ajuste, processo ou norma administrativa.

Não passa despercebida a clara e diria incompreensiva incongruência da atividade legislativa. Edita-se um novo CPC alicerçado em três pilares fundamentais: (i) *respeito pela autonomia da vontade e autocontenção da atividade jurisdicional*: do entrelaçamento dos arts. 2º, 3º, §3º, 141, 190, 490 e 492 extrai-se a regra de que o processo começa por iniciativa da parte, sendo lícito aos litigantes, se frustrada a conciliação e a mediação, nas ações que admitam autocomposição, estipular, por meio de negócio jurídico processual, mudanças no procedimento, que de legal passa a ser convencional (fala-se em devido processo negociado), para ajustá-lo, customizando-o às especificidades da causa e convencionar sobre os seus ônus, poderes, faculdades e deveres processuais, antes ou durante o processo, cabendo ao juiz decidir o mérito única e exclusivamente nos exatos e precisos limites propostos pelas partes, sendo-lhe vedado conhecer de questões não suscitadas a cujo respeito a lei exige iniciativa da parte; (ii) *racionalidade da atividade decisória*: seu eixo central é o resultado da conjugação do art. 8º, pelo qual o juiz, ao aplicar o ordenamento jurídico, atenderá aos fins sociais e às exigências do bem comum, resguardando e promovendo a dignidade da pessoa humana e observando a proporcionalidade, a razoabilidade, a legalidade, a publicidade e a eficiência, com o art. 489, que exige apurada fundamentação, inclusive com expressa determinação de, no caso de colisão entre normas, justificação do objeto e dos critérios gerais da ponderação efetuada, enunciação das razões que autorizam a interferência na norma afastada e das premissas fáticas que fundamentam a conclusão; (iii) *harmonização e integridade da jurisprudência e vinculação aos precedentes*: o dever imposto aos tribunais de uniformização da jurisprudência e de manutenção de sua estabilidade, integridade e coerência (art. 926) e complementado pelo dever de observação das decisões do Supremo Tribunal Federal em controle concentrado de constitucionalidade; dos enunciados de súmula vinculante; dos acórdãos em incidente de assunção de competência ou de resolução de demandas repetitivas e em julgamento de recursos extraordinário e especial repetitivos; dos enunciados das súmulas do Supremo Tribunal Federal em matéria constitucional e do Superior Tribunal de Justiça em matéria infraconstitucional; e da orientação do plenário ou do órgão especial aos quais estiverem vinculados (art. 927). Três anos depois, altera-se profundamente a LINDB e agridem-se tais pilares do processo civil, substituindo-se o respeito pela autonomia da vontade, a autocontenção da atividade jurisdicional e a harmonização e integridade da jurisprudência pela atribuição de superpoderes ao juiz, que estaria legitimado a buscar *possíveis alternativas* e a *indicar consequências práticas e jurídicas* para além daquelas diretamente emanadas das causas de pedir e de resistir, injetando-se no sistema jurídico forte carga de consequencialismo, que naturalmente fomenta casuísmos[293] e atenta contra a integridade e coerência das decisões.

Cláudio Pereira de Souza Neto e Daniel Sarmento (2017, p. 231-233) reconhecem que o pragmatismo, ao destacar a preocupação com o mundo real e com as consequências práticas das decisões, oferece relevante contribuição para o debate jurídico. Apesar disso, ponderam que "concepções que atribuam aos juízes um poder, quase sem amarras, de decidirem de acordo com a sua avaliação das consequências, em detrimento da sua vinculação ao direito vigente" podem (i) usurpar parcela da função legislativa e erodir a autoridade dos legisladores, provocando uma crise quanto à legitimidade democrática da função

---

[293] Discorrendo sobre a motivação das decisões judiciais e a uniformização da jurisprudência no novo Código de Processo Civil à luz da análise econômica do Direito, Luiz Fux e Bruno Bodart (2017, p. 422) asseveram: "Sob a perspectiva da análise econômica do Direito, o respeito aos precedentes é extremamente valioso, seja porque elabora um arcabouço informativo destinado a diminuir a possibilidade de erros judiciários, reduzindo ônus ligados a limitações de tempo e de *expertise* dos aplicadores do direito, seja porque os agentes econômicos valorizam a segurança jurídica decorrente de um sistema de precedentes vinculantes. Ao passo que esses agentes são estimulados a se dedicarem a atividades mais produtivas quando seus direitos estão bem delineados e seguros, tem-se ainda o efeito desejável de redução no número de litígios. Tudo isso apenas é possível à medida em que as decisões judiciais sejam motivadas em conformidade com o ordenamento jurídico, conferida primazia de incidência a jurisprudência já firmada em detrimento das impressões pessoais dos julgadores em casos subsequentes". André Portugal e Érico Klein (2019, p. 423-429) destacam que "[...] o ativismo judicial, indispensável ao magistrado consequencialista, move o julgador a contornar eventuais precedentes, caso ele julgue que as consequências são melhores, ou que os ônus e perdas são anormais ou excessivos, assim tornando praticamente impossível o sucesso da pretensão do legislador ao tentar conciliar os referidos conceitos". Por isso, comentando entrevista concedida por um dos autores do anteprojeto da Lei nº 13.655/2018, na qual ele externava preocupação com a segurança jurídica, identificam "certa esquizofrenia" desse discurso com o conjunto de artigos acrescidos à LINDB.

judicial; (ii) superestimar as capacidades institucionais do Poder Judiciário e produzir decisões ineficientes; (iii) gerar o paradoxo de que, a despeito da pouca importância atribuída à argumentação moral, os juízos morais são inevitáveis para a simples definição e escolha das consequências mais desejáveis.

Enfim, mais sopesamento, mais consequencialismo, maior margem de manipulação dos resultados pelo intérprete, menos previsibilidade, ingredientes que corroem a essência do ideal do Estado de Direito (GALVÃO, 2014, p. 307-313).

4.3.3 A regularização proporcional e equânime de contrato, ajuste, processo ou norma administrativa e a vedação de imposição de ônus ou perdas anormais ou excessivas (art. 21, parágrafo único, da LINDB)

O art. 21, parágrafo único, da LINDB dispõe que diante da decretação da invalidação de ato, contrato, ajuste, processo ou norma administrativa, *quando for o caso*, devem ser indicadas as condições para que a regularização ocorra de modo proporcional e equânime e sem prejuízo aos interesses gerais, não se podendo impor aos sujeitos atingidos ônus ou perdas que, em função das peculiaridades do caso, sejam anormais ou excessivos.[294]

Os arts. 4º, §§3º, 4º e 5º do Decreto nº 9.830/2019 determinam que, quando cabível a modulação, o decisor, na busca pela mitigação dos ônus ou das perdas dos administrados ou da Administração Pública que sejam anormais ou excessivos em função das peculiaridades do caso, poderá, consideradas as consequências jurídicas e administrativas

---

[294] Interessante observar que pelo Código Civil a desproporção das prestações em si não é causa de anulabilidade ou de revisão do contrato. Para que isso ocorra o Código Civil exige, por exemplo: (i) na lesão, que a pessoa tenha agido sob *premente necessidade ou por inexperiência* (art. 157); (ii) que por *motivos imprevisíveis* sobrevenha a desproporção manifesta entre o valor da prestação devida e o do momento de sua execução, hipótese em que poderá o juiz corrigi-lo, *a pedido da parte*, de modo que assegure, quanto possível, o valor real da prestação (art. 317); (iii) na resolução por onerosidade excessiva (cláusula *rebus sic stantibus*), que no contrato de execução continuada ou diferida, a prestação de uma das partes tenha se tornado excessivamente onerosa, com extrema vantagem para a outra, *em virtude de acontecimentos extraordinários e imprevisíveis*, retroagindo os efeitos da resolução à data da citação (art. 478). No que tange à responsabilidade civil, a busca pela proporcionalidade, guiada pela ideia de justa medida, atinge até a indenização, que, em regra, mede-se pela extensão do dano, mas, se houver *excessiva desproporção* em relação à gravidade da culpa, poderá o juiz reduzi-la, equitativamente (art. 944, parágrafo único).

da invalidação para a Administração Pública e para o administrado, (i) restringir os efeitos da declaração; ou (ii) decidir que sua eficácia se iniciará em momento posteriormente definido.[295]

A regularização, espécie de convalidação, ato pelo qual a Administração Pública sana vícios e resguarda os efeitos anteriormente produzidos pelo ato, possui íntima conexão com o princípio da juridicidade e o dever-poder de autotutela. A respeito da matéria, Weida Zancaner (1996, p. 55-98) recorda que o princípio da juridicidade não impõe à Administração Pública, em todos os casos, a compulsória invalidação do ato ilegal: "a restauração da ordem jurídica tanto se faz pela fulminação de um ato viciado quanto pela correção de seu vício. Em uma e outra atividade a legalidade se recompõe".[296]

Nos termos formulados pelo art. 55 da Lei nº 9.784/1999, a convalidação constitui uma faculdade:[297] "Em decisão na qual se evidencie não acarretarem lesão ao interesse público nem prejuízo a terceiros, os atos que apresentarem defeitos sanáveis *poderão* ser convalidados pela própria Administração".

A convalidação depende da sanabilidade do vício. A respeito, Zancaner propõe a seguinte classificação: (i) atos absolutamente sanáveis são os portadores de vícios irrelevantes; (ii) atos sanáveis são aqueles convalidáveis por ato do particular afetado ou em razão do decurso do tempo; (iii) atos relativamente sanáveis, embora devam ser invalidados, admitem estabilização "após o decurso de cinco anos, se se tratar de ato ampliativo de direito de sujeito de boa-fé em cujo favor se possa invocar regra jurídica apta a proteger dita situação, pois servir-lhe-ia de respaldo original se houvesse sido corretamente praticado o ato"; (iv) atos absolutamente insanáveis devem ser invalidados e são insuscetíveis de estabilização pelo decurso do tempo ou qualquer outro fator.

---

[295] Sobre os efeitos da invalidação, Celso Antônio Bandeira de Mello (2016, p. 496) formula o seguinte raciocínio: "[...] nos atos unilaterais *restritivos* da esfera jurídica dos administrados, se eram inválidos, todas as razões concorrem para que sua fulminação produza efeitos *ex nunc*, exonerando por inteiro quem fora indevidamente agravado pelo Poder Público das consequências onerosas. Pelo contrário, nos atos unilaterais *ampliativos* da esfera jurídica do administrado, se este não concorreu para o vício do ato, estando de boa-fé, sua fulminação só deve produzir efeitos *ex nunc*, ou seja, depois de pronunciada".

[296] Bem por isso, conforme explica Ricardo Marcondes Martins (2008, p. 406-429), a possibilidade de invalidação é dinâmica e comporta diversas combinações: (i) *ex tunc* e *ab initio*; (ii) *ex nunc* e não *ab initio* e (iii) *ex nunc* ou *pro futuro*.

[297] Registre a posição em sentido contrário de Weida Zancaner (1996, p. 55-57), de Celso Antônio Bandeira de Mello (2016, p. 491-492) e de Sérgio Ferraz e Adilson Abreu Dallari (2012, p. 320), que consideram inexistir discrição na invalidação ou na convalidação, ressalvando os dois primeiros o caso de ato discricionário praticado por autoridade incompetente.

Onofre Alves Batista Júnior (2012, p. 412-413), tratando do controle judicial sob a perspectiva da eficiência administrativa, ressalta que por vezes a "pura e simples demolição do ato questionado" pode dar lugar à "necessária verificação da possível melhor alternativa da convalidação".

Isso ocorre porque não é possível, de antemão, de forma abstrata e peremptória, identificar quais vícios necessariamente acarretarão a invalidação. Tal como defende Ricardo Marcondes Martins (2008, p. 283-336), somente a avaliação do caso concreto e a ponderação das normas sobre ele incidentes permitirão essa apuração. É também o que sustenta Almiro do Couto e Silva (2004, p. 32-33):

> É importante que se deixe bem claro, entretanto, que o dever (e não o poder) de anular os atos administrativos inválidos só existe, quando no confronto entre o princípio da legalidade e o da segurança jurídica o interesse público recomende que aquele seja aplicado e este não. Todavia, se a hipótese inversa verificar-se, isto é, se o interesse público maior for de que o princípio aplicável é o da segurança jurídica e não o da legalidade da Administração Pública, então a autoridade competente terá o dever (e não o poder) de não anular porque se deu a sanatória do inválido, pela conjunção da boa fé dos interessados com a tolerância da Administração e com o razoável lapso de tempo transcorrido. [...] A dificuldade no desempenho da atividade jurídica consiste muitas vezes em saber o exato ponto em que certos princípios deixam de ser aplicáveis, cedendo lugar a outros.

Há casos, e eles são admitidos apenas em caráter excepcional, nos quais a restauração da legalidade, que deve ser preservada sempre que possível, pode provocar mais danos do que a manutenção da situação consolidada pelo decurso do tempo. Exemplo clássico é a formalização de matrícula por força de liminar, com posterior conclusão do curso e obtenção do diploma antes do trânsito em julgado. A jurisprudência, diante dessa situação, norteada pelo critério da razoabilidade e pelo princípio da segurança jurídica, sopesando a natureza e a intensidade das consequências gravosas de eventual revogação da liminar, aplica, há mais de 50 anos,[298] a teoria do fato consumado e preserva o ato jurídico impugnado, independentemente da sua perfeita conformidade com a ordem jurídica. Tal teoria, entretanto, exige prudência no seu manejo, *não prescindindo da análise das singularidades de cada caso*, podendo

---

[298] O RMS nº 14.017, da relatoria do Ministro Antônio Villas Boas (DJ 22/03/1965) é apontado como o primeiro processo no qual o fato consumado foi adotado como razão de decidir.

inclusive ser afastada por imposição do princípio da boa-fé objetiva.[299] Afinal, se o Direito não pode premiar a torpeza, não se poderia, por exemplo, considerar consolidada uma situação de fato resultado de conduta antijurídica premeditada.[300]

Note-se que mesmo a invalidação não importa necessariamente a cessação dos efeitos do ato, do contrato, do ajuste, do processo ou da norma administrativa, os quais, em face de terceiros de boa-fé, poderão ser preservados (art. 61 da Lei nº 10.177/1998 do Estado de São Paulo). A propósito, relevante rememorar que o contrato administrativo declarado nulo não exonera a Administração do dever de indenizar o contratado pelo que este houver executado até a data em que a nulidade for declarada e por outros prejuízos regularmente comprovados, contanto que não lhe seja imputável, promovendo-se a responsabilidade de quem lhe deu causa (art. 59 da Lei nº 8.666/1993)[301].

---

[299] Tratando-se do acesso a cargo público efetivo por decorrência de liminar, o STF ao julgar o Tema 476, da ponderação entre os princípios da obrigatoriedade do concurso público e da proteção da confiança, decidiu: "1. Não é compatível com o regime constitucional de acesso aos cargos públicos a manutenção no cargo, sob fundamento de fato consumado, de candidato não aprovado que nele tomou posse em decorrência de execução provisória de medida liminar ou outro provimento judicial de natureza precária, supervenientemente revogado ou modificado. 2. Igualmente incabível, em casos tais, invocar o princípio da segurança jurídica ou o da proteção da confiança legítima. É que, por imposição do sistema normativo, a execução provisória das decisões judiciais, fundadas que são em títulos de natureza precária e revogável, se dá, invariavelmente, sob a inteira responsabilidade de quem a requer, sendo certo que a sua revogação acarreta efeito ex tunc, circunstâncias que evidenciam sua inaptidão para conferir segurança ou estabilidade à situação jurídica a que se refere. 3. Recurso extraordinário provido" (RE nº 608.482-RN, relator Ministro Teori Zavascki, Plenário, DJE 30/10/2014). Outro exemplo de como o Judiciário trata com cautela a teoria do fato consumado é a Súmula 613 do STJ, cujo enunciado dispõe: "Não se admite a aplicação da teoria do fato consumado em tema de Direito Ambiental" (DJe 14/05/2018). O fundamento, em síntese, é o de que a teoria do fato consumado em matéria ambiental equivaleria à perpetuação de um suposto direito de poluir, que seria incompatível com o postulado do meio ambiente equilibrado como bem de uso comum do povo essencial à sadia qualidade de vida.

[300] REsp nº 1.130.985/PR, relator Ministro Humberto Martins, 2ª T., DJe 19/02/2010.

[301] O quadro descrito demonstra que o exame da invalidade não prescinde do sopesamento de todas as circunstâncias de fato e de direito que circundam o vício no caso concreto, de modo que a vedação do locupletamento indevido, a interdição do arbítrio e a proteção da confiança legítima são suficientes para o abrandamento do eventual rigor excessivo da literalidade do texto normativo e amoldá-lo às especificidades da realidade. Por isso não se reconhece relevância e originalidade ao disposto no art. 21 da LINDB. Em sentido contrário, Edilson Pereira Nobre Júnior (2019, p. 68-69) defende que o preceito do art. 21 da LINDB "repercute com grande intensidade na disciplina atual da invalidade dos contratos administrativos, constantes dos arts. 49 e 59 da Lei nº 8.666/93. O primeiro deles, logo no seu *caput*, diz que a autoridade competente deverá invalidar a licitação em razão de ilegalidade, dispondo, no seu §2º, que a anulação do procedimento licitatório se estende ao contrato administrativo. Agora não mais. Necessário, antes, o sopesar das consequências que tal medida será capaz de acarretar no caso concreto, inclusive quanto ao direito à

Egon Bockmann Moreira (2015, p. 34), comentando o art. 26 do Projeto de Lei nº 349/2015, que viria a se converter no art. 21 da Lei nº 13.655/18, destacou:

> Veja-se bem: se a antiga Lei de Introdução visava a preservar a codificação passada e circunscrever os efeitos da legislação futura (em vista de interesses privados disponíveis); o artigo 26 busca proteger o futuro, exigindo que se tenha de saber e demonstrar o que acontecerá no dia seguinte ao da decisão invalidante (em vista de questões sociais). Mas não apenas isso: necessário se faz, para além de detectar o problema, apresentar também a solução proporcional, equânime e eficiente.

Para José Vicente Santos de Mendonça (2018a, p. 52) o parágrafo único do art. 21 da LINDB permite a construção de duas normas: "a primeira, – tal como no *caput* –, norma que impõe dever formal, incidente sobre a fundamentação de certas decisões administrativas ou judiciais; a segunda, norma material, que incide sobre o conteúdo dessas decisões".

O conteúdo material da decisão divide-se em dois eixos centrais: (i) a regularização proporcional e equânime, sem imposição de ônus ou perdas aos atingidos, que sejam *anormais ou excessivos*; e (ii) preservação dos interesses gerais. Estamos diante de conceitos jurídicos indeterminados, de densidade imprecisa e que, no caso concreto, sobretudo a depender do substrato fático e suas particularidades, podem resultar na impossibilidade de identificação de uma única resposta correta.

O dever de "indicar as condições" para a regularização pode ser atendido de duas formas: (i) prioritariamente, a concessão de prazo para a sanação do vício, quando admissível, nos termos dos requisitos e formalidades originalmente previstos para a prática do ato invalidado; (ii) não sendo possível a sanação e impondo-se o desfazimento do ato, do contrato, do ajuste, do processo ou da norma administrativa, é o caso de admitir-se a "regularização indireta ou atípica", mediante indenização de perdas e danos, à semelhança do que ocorre na inexecução contratual em geral (arts. 402 e 403 do CC) e na frustração das

---

indenização pelo que tiver prestado o contratado. Ao agente competente para deliberar pela invalidação se impõe, inicialmente, decidir se esta é a opção mais condizente com o interesse público, pois somente assim poderá ter lugar. De mais a mais, em havendo a nova lei se reportado para que o agente competente para decidir explicite as correspondências inerentes à invalidação, segue-se, em princípio, que não mais se poderá, pura e simplesmente, cogitar-se de não produção de qualquer efeito jurídico, os quais seriam integralmente desconstituídos".

execuções para a entrega de coisa certa e de obrigação de fazer (arts. 809 e 816 do CPC).

Note-se que o art. 21, parágrafo único, da LINDB faz alusão a *interesses gerais* e não a interesse público.[302] A locução "interesse geral", no entanto, já consta dos arts. 2º, II, e 31 da Lei nº 9.784/1999.[303]

Jean Rivero (1981, p. 14-15), com apoio na doutrina de J. Chevallier, afirma que o motor da ação administrativa "é a prossecução do interesse geral, ou ainda da utilidade pública, ou, numa perspectiva mais filosófica, do bem comum". São equiparadas, portanto, os três conceitos, conforme podemos observar da seguinte transcrição:

> [As necessidades] "a que a iniciativa privada não pode responder e que são vitais para a comunidade como um todo e para cada um dos seus membros constituem o domínio próprio da Administração; é a esfera do *interesse público*.
>
> [...]
>
> O interesse geral não é, portanto, o interesse da comunidade considerada como uma entidade distinta dos que a compõem e superior a eles; é muito mais simplesmente, um conjunto de necessidades humanas – aquelas a que o jogo das liberdades não provê de maneira adequada e cuja satisfação, todavia, condiciona a realização dos destinos individuais. A delimitação do que entra no interesse geral varia com as épocas, as formas sociais, os dados psicológicos, as técnicas; mas se o conteúdo varia, o fim continua o mesmo: *a ação administrativa tende à satisfação do interesse geral*.

Paulo Otero (2014, p. 82-84) propõe a prevalência absoluta do núcleo essencial da dignidade da pessoa humana sobre qualquer prossecução do interesse público, mesmo em situação de emergência econômica: "se o interesse público é o fundamento, o critério e o limite da atuação administrativa, o respeito pela dignidade humana é o parâmetro de relevância jurídica do interesse público ou bem comum".

---

[302] "Verdadeiro norte para o direito administrativo", Sérgio Ferraz e Adilson Abreu Dallari (2012, p. 120) bem ressaltam que "'interesse público' não é expressão mágica, capaz de justificar todo e qualquer comportamento administrativo. Tampouco é expressão oca, destituída de conteúdo, comportando seja lá o que for que se lhe queira inserir". Para os autores "*interesse público* é o interesse comum da coletividade, do conjunto dos cidadãos".

[303] BRASIL. Lei nº 9.784, de 29 de janeiro de 1999 – Regula o processo administrativo no âmbito da Administração Pública Federal: "Art. 2º – [...] Parágrafo único. Nos processos administrativos serão observados, entre outros, os critérios de: [...] II – atendimento a fins de interesse geral, vedada a renúncia total ou parcial de poderes ou competências, salvo autorização em lei [...]; "Art. 31. Quando a matéria do processo envolver assunto de interesse geral, o órgão competente poderá, mediante despacho motivado, abrir período de consulta pública para manifestação de terceiros, antes da decisão do pedido, se não houver prejuízo para a parte interessada. [...]".

Mas, afinal, interesse geral é uma expressão verdadeiramente mais densa semanticamente do que interesse público? Trata da mesma coisa ou possui conteúdo diverso? É só um nome novo para empacotar o velho? Os mesmos abusos que podem ser cometidos sob a justificava de exigência do interesse público não podem ser praticados sob o manto do interesse geral? Aliás, existe interesse geral? Ou o mais adequado seria falar de interesses gerais, múltiplos, fragmentados, variados e concorrentes? É um sinônimo de bem comum?[304] É possível falar de "generalidade" em uma sociedade plural, pluriclasse e notoriamente fragmentada?

A respeito dessa questão, Floriano Azevedo Marques Neto e Rafael Véras de Freitas (2019, p. 86) sustentam:

> [...] o legislador foi preciso, ao evitar a fórmula interesse público. E o fez, seja pela insuficiência epistemológica dessa locução, seja porque o que aqui se quer demarcar são os interesses amplos, da coletividade (e não a abstração hegeliana de um interesse transcendente, porquanto público) em oposição aos interesses específicos dos diretamente alcançados pela nova interpretação.

Nada obstante, a nosso ver as expressões são equiparadas e fungíveis entre si, pois buscam exprimir a noção tão bem exposta por Celso Antônio Bandeira de Mello (2016, p. 60-62) de *"interesse do todo"*, de *"dimensão pública dos interesses individuais"* ou, ainda, de interesse singular da pessoa ou grupo de pessoas *"enquanto partícipes de uma coletividade maior"*. Enfim, de "interesse resultante do conjunto de interesses" dos membros da sociedade *"pelo simples fato de o serem"*. A determinação do seu conteúdo, no entanto, somente é alcançada ao longo do processo de produção e aplicação do Direito,[305] havendo antes disso apenas uma *manifestação abstrata e insuficiente para determinar uma solução definida*. Bem por isso, o princípio da indisponibilidade dos interesses públicos, entendido no sentido de que esses interesses não se encontram à livre disposição de quem seja, por inapropriáveis,

---

[304] A defesa do bem comum, "enquanto finalidade básica da atuação da Administração Pública, decorre da própria razão de existência do Estado" (MORAES, 2006, p. 23).

[305] Alejandro Nieto (2017, p. 366-367), demonstrando desilusão, diz que interesse geral é o declarado por quem tem o poder de fazê-lo: "Quem tem potestade para declarar o interesse geral, é dono da lei e todos são legitimados quando tocados por essa varinha mágica. Para os juristas ortodoxos isso basta; para mim é uma manobra tosca que, se satisfaz o sentido jurídico, não, desde logo, o sentido comum. O interesse geral (ou bem comum) não é suficiente para cobrir a descarada vontade do soberano ou, em outras palavras, não legitimam a lei por tratar-se de uma simples pseudolegitimação".

não significa a absoluta intransacionabilidade, como demonstram a anistia de devedores, a prescrição, a decadência e a alienação de bens, mas uma transacionabilidade relativa, permitida nos exatos limites do interesse público a ser aferido no caso concreto. *A negociação não é, portanto, do interesse público em si, mas do modo de atingi-lo, posto que a indisponibilidade se refere aos fins, não aos meios.* Rejeitam-se, portanto, alegações mecânicas e apodíticas quanto à absoluta intangibilidade de um interesse público abstratamente considerado, sem conexão concreta com uma situação específica da realidade, que se imporia soberana e indistintamente sobre todos os demais.

Nesse sentido, é o Enunciado nº 9 do IBDA, "A expressão 'interesse geral' prevista na LINDB significa 'interesse público', conceito que deve ser extraído do ordenamento jurídico".

Sobre as consequências da decisão invalidadora, do modo como redigido o texto, dá-se a impressão de que, até sua edição, admitia-se, ou ao menos era praticada largamente e por isso devia ser combatida, a imposição de ônus ou perdas anormais ou excessivos aos sujeitos atingidos pela decretação da invalidação de ato, contrato, ajuste, processo ou norma administrativa. As instâncias controladora e judicial, nessa ótica, agiriam de modo implacável e com absoluta indiferença quanto às consequências do desfazimento do ato impugnado, impondo ônus ou perdas anormais ou excessivos.

Daí a indagação: antes da nova Lei nº 13.655/2018 era lícito agir dessa forma? O ordenamento oferecia ferramentas para coibir e corrigir tais desvios? Não havia razoabilidade e proporcionalidade? Havia. Não bastasse a Constituição Federal, no plano da legislação ordinária federal, repita-se, o artigo 2º, *caput* e parágrafo único I, IV e VI, da Lei 9.784/1999, já determinava a obediência da Administração Pública aos princípios da razoabilidade, da proporcionalidade e da segurança jurídica, devendo nos processos administrativos observar, entre outros, os critérios de atuação conforme a lei e o Direito, a atuação segundo padrões éticos de probidade, decoro e boa-fé[306] e a adequação entre

---

[306] Para Egon Bockmann Moreira (2010, p. 125-126) do princípio da boa-fé, que deve permear as condutas de todos os envolvidos na relação jurídico-processual, decorrem: "a) interdição ao abuso de direito (excesso no exercício de prerrogativas legítimas); b) proibição ao *vinere contra factum proprium* (conduta contraditória, dissonante do anteriormente assumido, ao qual se havia adaptado a outra parte e que tinha gerado legítimas expectativas); c) proibição à inação inexplicável e desarrazoada, vinculada a exercício de direito, que gera legítima confiança da outra parte envolvida (a conduta contraditória é uma omissão); d) vedação à defesa de nulidades puramente formais (supervalorização da forma dos atos, em detrimento de seu conteúdo perfeito); e) inaplicação do *tu quoque* (não se pode,

meios e fins, vedada a imposição de obrigações, restrições e sanções em medida superior àquelas estritamente necessárias ao atendimento do interesse público. Por seu turno, a Constituição do Estado de São Paulo, em seu art. 111, estabelece que a Administração Pública direta, indireta ou fundacional, de qualquer dos Poderes do Estado, obedecerá aos princípios da legalidade, da impessoalidade, da moralidade, da publicidade, da razoabilidade, da finalidade, da motivação, do interesse público e da eficiência.

Da conjugação e interpretação dos textos positivados aludidos é perfeitamente possível extrair a seguinte norma: "Em decisão [*motivada, que observe os princípios da razoabilidade, da proporcionalidade e da segurança jurídica*], na qual se evidencie [*a adequação entre meios e fins*] e não acarretarem lesão ao interesse público nem prejuízo a terceiros [*em medida superior àquelas estritamente necessárias*], os atos que apresentarem defeitos sanáveis poderão ser convalidados pela própria Administração".

Do ponto de vista funcional e teleológico, tal norma é fungível em relação ao texto do art. 21, parágrafo único, da LINDB.

Na função judicial, por seu turno, da interação sistemática dos arts. 8º e 489, §2º do CPC, pode ser extraída a seguinte norma: "Em decisão [*motivada, que observe os princípios da razoabilidade, da proporcionalidade e da segurança jurídica*] na qual se evidencie [*os critérios gerais da ponderação efetuada, enunciando as razões que autorizam a interferência na norma afastada e as premissas fáticas que fundamentam a conclusão*] e não acarretarem lesão [*às exigências do bem comum*] nem prejuízo a terceiros,

---

simultaneamente, violar normas e exigir de terceiros o seu cumprimento, pois somente a fidelidade jurídica pode exigir fidelidade jurídica); f) aplicação da máxima ídolo *agit qui petit quod statim redditurus est* (negativa ao exercício inútil de direitos e deveres, sem respeito, consideração e efeitos práticos, de molde a não obter qualquer resultado proveitoso, mas causar dano considerável a terceiro); g) impossibilidade do *inciviliter agere* (condutas egocêntricas, brutais e cegas aos direitos de terceiros, violadoras da dignidade humana); h) dever do *favor acti* (dever de conservação dos atos administrativos, explorando-se ao máximo a convalidação); i) lealdade no fator *tempo* (proibição ao exercício prematuro de direito ou dever, ao retardamento desleal do ato e à fixação de prazos inadequados); j) respeito aos motivos determinantes do ato (imutabilidade das razões que efetivamente o geraram); k) indevida utilização ou participação no processo (proibição de que a Administração ou particulares aproveitem-se da relação processual para atingir finalidade extraordinária, fraudulenta ou contrária ao objeto do processo – seja para causar dano a terceiro, seja para gerar ganho prescindível à satisfação do interesse público); l) dever de sinceridade objetiva (não só dizer o que é verdade, mas não omitir qualquer fato ou conduta relevante ao caso concreto, nem tampouco se valer de argumentos genéricos ou confusos); m) restrição às provas desnecessárias e atos inúteis à solução da questão processual; n) dever de colaboração recíproca das partes envolvidas na relação jurídico-processual, bem como de terceiros que possam contribuir para a solução da controvérsia; o) dever de informação, no sentido de não omitir qualquer dado relevante na descrição da questão controversa e/ou que possa auxiliar sua resolução".

os atos que apresentarem defeitos sanáveis poderão ser convalidados pela própria Administração".

O novel dispositivo não traz, portanto, além da redundância, autêntica novidade ao ordenamento jurídico.

Um critério especialmente relevante a ser considerado para a fixação das condições para que a regularização ocorra de modo proporcional, sem a imposição aos sujeitos atingidos de ônus ou perdas anormais ou excessivos, é o oferecido pela teoria do adimplemento substancial. Trata-se de instituto de origem doutrinária, que pode, em casos específicos, restringir o direito do credor à resolução contratual (arts. 475 do CC e 77 da Lei nº 8.666/93). Não prevista textualmente no ordenamento jurídico, a teoria, com apoio na conjunção dos princípios da boa-fé objetiva (art. 422 do CC), da função social do contrato (art. 421 do CC), da vedação ao abuso de direito (art. 187 do CC) e do enriquecimento sem causa (art. 884 do CC), defende a preservação do vínculo contratual quando, apesar de não ter havido o cumprimento integral da prestação, tiver havido satisfação majoritária do convencionado e aproximar-se do seu resultado final. Noutras palavras, há adimplemento substancial quando a desconformidade entre a conduta do devedor e a prestação devida é insuficiente, em face das circunstâncias e singularidades do contexto contratual, de comprometer a produção do resultado útil convencionado e de objetivamente afastar o interesse do credor na prestação.

Como aduzem Aline de Miranda Valverde Terra e Gisela Sampaio da Cruz Guedes (2017, p. 104-105), a teoria tornou possível "avaliar se o sacrifício imposto ao devedor pelo remédio requerido pelo credor é proporcional ao sacrifício causado pelo descumprimento da prestação ao seu interesse".

> Nessa direção, a Teoria do Adimplemento Substancial permite, por exemplo, afastar a prorrogação da responsabilidade do devedor pelo fortuito, nos termos do artigo 399 do Código Civil, quando a repercussão da mora sobre o resultado útil perseguido pelo credor for de pouca monta, sob pena de lhe ser imposto sacrifício desproporcional.
> [...]
> No entanto, não encerra salvo-conduto para que o devedor se exima das obrigações contratualmente assumidas, afinal, pacta sunt servanda. O credor sempre poderá exigir o cumprimento da prestação devida; os demais efeitos da mora, no entanto, só serão aplicáveis se proporcionais àquele desacordo.

A respeito, o STJ,[307] no julgamento do REsp nº 1.581.505/SC (*DJe* 28/09/2016), de relatoria do Ministro Antonio Carlos Ferreira,[308] decidiu que a teoria do adimplemento substancial não se prende ao exclusivo exame do "critério quantitativo", impondo-se o cotejo dos demais elementos que envolvem a contratação, um "exame qualitativo", que não pode, por outro lado, vulnerar os interesses do credor. Partindo dessa premissa, a Corte definiu os seguintes requisitos para a aplicação da referida teoria: (i) a existência de expectativas legítimas geradas pelo comportamento das partes; (ii) o pagamento faltante há de ser ínfimo em se considerando o total do negócio,[309] e; (iii) deve ser possível a conservação da eficácia do negócio sem prejuízo ao direito do credor de pleitear a quantia devida pelos meios ordinários.

4.4 A interpretação de normas sobre gestão pública e os obstáculos e as dificuldades reais do gestor e as exigências das políticas públicas a seu cargo (art. 22 da LINDB)

Reza o art. 22 da LINDB que na interpretação de normas sobre gestão pública, serão considerados os obstáculos e as dificuldades

---

[307] A jurisprudência do STJ é rica em casos relacionados ao tema: (i) REsp nº 76.362/MT: atraso da última parcela; (ii) REsp nº 912.697/GO: inadimplemento de duas parcelas; (iii) AgRg. no AgREsp nº 155.885/MS: inadimplemento de 10% do valor total do bem; (iv) REsp nº 1.051.270/RS: inadimplemento de 14% do total devido; (v) REsp nº 469.577/SC: inadimplemento de 20% do valor total do bem.

[308] O relator fez em seu voto interessante exposição sobre a origem da teoria: "A doutrina do adimplemento substancial é construção do Direito inglês que remonta ao Século XVIII e nasce a partir da observação, pelas Cortes de *Equity*, da desproporcionalidade que poderia resultar da resolução contratual incondicionalmente aplicada em determinadas situações, em especial aquelas nas quais a obrigação havia sido cumprida pelo devedor de modo praticamente integral, evidenciando a pouca importância do inadimplemento. Como exemplo paradigmático de situação apta a impulsionar a aplicação da '*substantial performance*' no Direito inglês é frequente na literatura jurídica a citação do caso Boone vs. Eyre (1777), relatado por Lord Mansfield, que teve por objeto um contrato no qual o autor (Boone) entregaria uma fazenda e seus escravos, ao passo em que o réu (Eyre) pagaria o preço de 500 libras, bem assim prestações anuais de 160 libras, em caráter perpétuo. Boone alienou a propriedade, mas não tinha direitos de transferir os escravos. Eyre, em um típico caso de *exceptio non adimpleti contractus*, sobrestou o pagamento das prestações anuais. Ao decidir o caso, Lord Mansfield entendeu que o comprador não poderia deixar de pagar a prestação avençada, pois a obrigação de dar a coisa (os escravos) não seria uma condição precedente em face da obrigação de pagar as prestações anuais perpétuas. Em suma, a entrega dos escravos qualificava obrigação secundária, não podendo ensejar a resolução do contrato, cabendo-lhe apenas reivindicar a reparação por perdas e danos".

[309] Apesar disso, no julgamento do REsp nº 1.622.555/MG, relator Ministro Marco Buzzi, relator para acórdão Ministro Marco Aurélio Bellizze (*DJe* de 16/03/2017), decidiu-se pela impossibilidade de aplicação da teoria do adimplemento substancial aos contratos firmados com base no Decreto-lei nº 911/1969, o que afastou sua incidência do caso em que o fiduciante havia pagado o equivalente a 91,66% do contrato (AgInt no REsp nº 1.711.391/PR, *DJe* 30/04/2018).

reais do gestor e as exigências das políticas públicas a seu cargo, sem prejuízo dos direitos dos administrados. Seu §1º, voltado para a esfera controladora e judicial, determina que em decisão sobre regularidade de conduta ou validade de ato, contrato, ajuste, processo ou norma administrativa, serão consideradas as circunstâncias práticas que houverem imposto, limitado ou condicionado a ação do agente.

Segundo Eduardo Jordão (2018, p. 66-72), a Lei nº 13.655/2018 pretende combater duas teorias românticas (ou idealistas): "(i) a suposta completude e determinação do direito; (ii) a presunção e existência de um cenário fático ideal para a concretização dos ambiciosos objetivos do direito público nacional". A primeira idealiza o direito, a outra, os fatos. A exigência de contextualização consagraria uma espécie de "primado da realidade", produzindo "um 'pedido de empatia' com o gestor público e com suas dificuldades",[310] a quem caberia, no entanto, "apresentar à sociedade e aos controladores o contexto em que tomou a sua decisão, inclusive no que concerne a apresentação das alternativas que estavam à sua disposição e as razões das opções realizadas".

Carlos Ari Sundfeld e Bruno Meyerhof Salama (2015, p. 14), durante a tramitação do Projeto de Lei nº 349/2015, ao analisarem o teor do então art. 21, correspondente ao art. 22 da lei aprovada, assinalaram que ele "traz uma medida de prudência básica: lembrar que os recursos do mundo são finitos (chamamos isso também de 'reserva do possível')".

A noção de "dificuldades reais" é ampla e não se limita à finitude dos recursos, conforme bem dispõe o Enunciado nº 11 do IBDA:

> Na expressão "dificuldades reais" constante do art. 22 da LINDB estão compreendidas carências materiais, deficiências estruturais, físicas, orçamentárias, temporais, de recursos humanos (incluída a qualificação dos agentes) e as circunstâncias jurídicas complexas, a exemplo da atecnia da legislação, as quais não podem paralisar o gestor.

---

[310] Alexandre Santos de Aragão (2015, p. 20) aponta que a dinâmica enfrentada pelo administrador pode exigir-lhe certa heterodoxia na efetivação das normas abstratas, o que deve ser compreendido pelos órgãos de controle: "No Direito Administrativo, muitas vezes as previsões abstratas das normas, e a interpretação que delas fazem alguns órgãos de controle, não possuem maleabilidade suficiente para dar conta de todos os casos concretos com os quais o administrador público se depara em seu dia a dia, colocando-o diante de um difícil dilema: cumprir cegamente a letra da lei e deixar perecer alguma necessidade pública premente ou a implementação eficiente da política pública a seu encargo; ou interpretá-la inteligentemente, à luz dos seus fins sociais, atendendo aos objetivos públicos que estão ao seu encargo, mas não a sua letra fria e isolada, sujeitando-se, por essa razão, a sanções. Sua grande falta teria sido realizar materialmente os objetivos da norma e do direito, mas não cumprido a sua regra abstrata e isolada tal como interpretada, mais ortodoxamente, por alguns órgãos de controle".

Aliás, por "reais" devem ser consideradas também as "dificuldades putativas",[311] ou seja, aquelas que, embora objetivamente inexistentes, o administrador sinceramente, dentro de um juízo guiado por padrões razoáveis de avaliação e de boa-fé, acreditava ser existentes e impeditivas da adoção da ação considerada adequada.

Mas, se por um lado devem ser considerados os obstáculos e as dificuldades reais do gestor e as exigências das políticas públicas a seu cargo, por outro, fixa-se um limite bem claro: a não imposição de prejuízo aos direitos dos administrados. Ou seja, a interpretação deve nortear-se pela primazia dos direitos dos administrados.[312]

Todavia, *a equação para atingir esse ponto de equilíbrio é delicada e complexa*. Isso porque, se é certo que as milhares de administrações públicas existentes no Brasil, país de dimensões continentais, apresentam realidades econômicas, sociais e políticas completamente díspares, ou seja, cada administrador se depara com condições específicas em relação aos demais; também é certo que os administrados, destinatários da políticas públicas e usuários de serviços públicos, têm direito a receber, de modo isonômico, serviço adequado, entendido como tal o que satisfaz as condições de regularidade, continuidade, eficiência, segurança, atualidade, generalidade, cortesia na sua prestação e modicidade das tarifas (arts. 6º, §1º, e 7º, I, da Lei nº 8.987/1995).

É inconteste que as realidades administrativas são variáveis, mas tal circunstância não constitui absoluta causa eximente do dever de

---

[311] Que podem ser de natureza jurídica. Como explica Eduardo Jordão (2018, p. 77), não é negligenciável "a dificuldade de interpretar a legislação relevante para entender o que ela determina, veda ou possibilita. [...] Ela decorre da complexidade em si da legislação, às vezes intrincada, cheia de detalhes, às vezes continente de termos com alto grau de indeterminação. Mas resulta também da tradição jurídico-cultural brasileira, em especial no que concerne ao manejo de princípios".

[312] Registre-se que a Lei nº 13.460, de 26 de junho de 2017, dispõe sobre a participação, a proteção e a defesa dos direitos do usuário dos serviços públicos da Administração Pública e indireta da União, dos Estados, do Distrito Federal e dos Municípios. Seu art. 5º determina que o usuário de serviço público tem direito à adequada prestação dos serviços, devendo os agentes públicos e prestadores de serviços públicos observar, dentre outras, as seguintes diretrizes: (i) presunção de boa-fé do usuário; (ii) adequação entre meios e fins, vedada a imposição de exigências, obrigações, restrições e sanções não previstas na legislação; (iii) igualdade no tratamento aos usuários, vedado qualquer tipo de discriminação; (iv) cumprimento de prazos e normas procedimentais; (v) adoção de medidas visando a proteção à saúde e a segurança dos usuários; (vi) eliminação de formalidades e de exigências cujo custo econômico ou social seja superior ao risco envolvido; (vii) utilização de linguagem simples e compreensível, evitando o uso de siglas, jargões e estrangeirismos. No Estado de São Paulo, a Lei nº 10.294, de 20 de abril de 1999, dispõe sobre a proteção e defesa do usuário do serviço público e seu art. 7º possui redação muito similar ao do art. 5º da lei federal referida. Tais diplomas fixam o núcleo essencial das características mínimas dos serviços públicos e estabelecem os direitos básicos dos seus usuários.

oferecer serviço público adequado, do contrário estar-se-á não apenas admitindo *cidadanias de categorias diversas*, correlacionadas à realidade econômica e administrativa, como também, e aqui há um ponto fulcral, violando-se dois dos objetivos fundamentais da República Federativa do Brasil: (i) construir uma sociedade livre, justa e solidária, e; (ii) erradicar a pobreza e a marginalização e reduzir as desigualdades sociais e regionais (art. 3º, I e III, da CF).

O propósito do texto constitucional é exatamente o de interferir na realidade, transformando-a e aperfeiçoando-a, de modo a não eliminar, mas atenuar os contrastes sociais e regionais, o que reforça o dever de boa administração exatamente onde há mais carência. A complacência com os "obstáculos e as dificuldades reais do gestor" pode constituir fator de perpetuação de um *status quo* inconstitucional. Se obviamente não está obrigado, no breve espaço de um mandado eletivo, a realizar o impossível e a modificar estruturas e deficiências seculares, tais variáveis não justificam a tolerância com a estratificação de realidades arcaicas e constrangedoras do ponto de vista civilizatório.

Nesse sentido, o STF tem atuado fortemente para instar os agentes públicos e retirá-los do patológico estado inercial de duradouro desrespeito aos direitos fundamentais. Bem demonstra o emblemático julgamento da ADPF nº 347 MC-DF (*DJe* 14/09/2015). Nessa oportunidade, o Tribunal acolheu a teoria do "estado de coisas inconstitucional", cujos principais pressupostos são: (i) situação de violação generalizada de direitos fundamentais; (ii) inércia ou incapacidade reiterada e persistente das autoridades públicas em modificar a situação, e; (iii) a superação das transgressões exigir a atuação não apenas de um órgão, e sim de uma pluralidade de autoridades. A Corte, ao reconhecer a "violação massiva e persistente de direitos fundamentais, decorrente de falhas estruturais e falência de políticas públicas", cuja "modificação depende de medidas abrangentes de natureza normativa, administrativa e orçamentária", declarou que o sistema penitenciário nacional se enquadra no conceito de estado de coisas inconstitucional. Diante disso, determinou (i) a liberação das verbas do Fundo Penitenciário Nacional e (ii) a implantação, no prazo de noventa dias, das audiências de custódia para apresentação do preso perante a autoridade judiciária, no prazo máximo de 24 horas, contado do momento da prisão.[313]

---

[313] Do voto do Ministro relator, Marco Aurélio Mello, extrai-se o seguinte excerto: "[...] não seria possível indicar, com segurança, entre os muitos problemas de direitos enfrentados no Brasil, como saneamento básico, saúde pública, violência urbana, todos que se encaixariam nesse conceito [de estado de coisas inconstitucional]. Todavia, as dificuldades em

Aqui temos um tormentoso dilema: heterogêneo *versus* homogêneo. Os deveres do administrador e os direitos dos administrados são semelhantes em todo o território nacional; porém, as deficiências estruturais, orçamentárias, temporais e de recursos humanos são completamente díspares.[314] Coloca-se, portanto, o problema da reserva do possível,[315]

---

se definir o alcance maior do termo não impedem, tendo em conta o quadro relatado, seja consignada uma zona de certeza positiva: o sistema carcerário brasileiro enquadra-se na denominação de "estado de coisas inconstitucional. [...] Há dificuldades, no entanto, quanto à necessidade de o Supremo exercer função atípica, excepcional, que é a de interferir em políticas públicas e escolhas orçamentárias. Controvérsias teóricas não são aptas a afastar o convencimento no sentido de que o reconhecimento de estarem atendidos os pressupostos do estado de coisas inconstitucional resulta na possibilidade de o Tribunal tomar parte, na adequada medida, em decisões primariamente políticas sem que se possa cogitar de afronta ao princípio democrático e da separação de poderes. A forte violação de direitos fundamentais, alcançando a transgressão à dignidade da pessoa humana e ao próprio mínimo existencial justifica a atuação mais assertiva do Tribunal. Trata-se de entendimento pacificado, como revelado no julgamento do aludido Recurso Extraordinário nº 592.581/RS, da relatoria do Ministro Ricardo Lewandowski, no qual assentada a viabilidade de o Poder Judiciário obrigar a União e estados a realizarem obras em presídios para garantir a integridade física dos presos, independentemente de dotação orçamentária. Inequivocamente, a realização efetiva desse direito é elemento de legitimidade do Poder Público em geral. Há mais: apenas o Supremo revela-se capaz, ante a situação descrita, de superar os bloqueios políticos e institucionais que vêm impedindo o avanço de soluções, o que significa cumprir ao Tribunal o papel de retirar os demais Poderes da inércia, catalisar os debates e novas políticas públicas, coordenar as ações e monitorar os resultados. Isso é o que se aguarda deste Tribunal e não se pode exigir que se abstenha de intervir, em nome do princípio democrático, quando os canais políticos se apresentem obstruídos, sob pena de chegar-se a um somatório de inércias injustificadas. Bloqueios da espécie traduzem-se em barreiras à efetividade da própria Constituição e dos Tratados Internacionais sobre Direitos Humanos". Na doutrina, Luis Manuel Fonseca Pires (2013, p. 277-278) defende que toda política pública submete-se ao controle judicial inclusive quanto ao espaço legítimo da competência discricionária administrativa, que deve ser confirmado ou infirmado "pelo *procedimento de ponderação* da teoria dos princípios com o fim de cotejar, no caso concreto, os argumentos da teoria das reservas do possível com os argumentos do *mínimo existencial* dos direitos fundamentais de modo a conferir a estes a *máxima efetividade* possível". Na formulação de Pires o "*tempo de omissão administrativa*" é um dos fatores a ser avaliado, pois o seu prolongamento e a ausência de perspectiva da sua superação tornam ainda mais grave a ofensa aos direitos fundamentais atingidos.

[314] Eduardo Jordão (2018, p. 76) argumenta: "As normas nacionais parecem pressupor que os diferentes níveis da administração pública, em diferentes localizações geográficas, teriam as mesmas condições para implantação do direito. Mas a verdade é que as condições orçamentárias, materiais e de pessoal variam grandemente dentro do país. A atenção a estas disparidades é relevante para interpretar adequadamente a legislação administrativa no tocante a pequenos municípios do interior do país. E não faz sentido aplicar e interpretar a legislação relevante aos seus gestores da mesma forma que a um gestor de uma grande e rica capital brasileira".

[315] É paradigmático para a compreensão da reserva do possível o julgamento do Tribunal Constitucional alemão, de 1972 [BVerfG 33, 303 (caso *numerus clausus*)], em que se discutia a possibilidade de restrição de acesso nas faculdades de medicina das universidades de Munique e de Hamburgo, pela limitação da quantidade de vagas. A regra constitucional (arts. 3º, I c.c 12, I) garantia a todos os alemães o direito de eleger livremente a sua profissão,

limite fático ou jurídico que diz respeito ao que racional e razoavelmente o indivíduo pode exigir da sociedade.[316]

Embora habitualmente suscitada para justificar a restrição a direito fundamental individual ou social, a reserva do possível pode inclusive ser invocada para resguardá-lo. É o que afirma Ingo Wolfgang Sarlet (2015, p. 298):

> [...] não nos parece correta a afirmação de que a reserva do possível seja elemento integrante dos direitos fundamentais, como se fosse parte do seu núcleo essencial ou mesmo com se estivesse enquadrada no âmbito do que se convencionou denominar de limites imanentes dos direitos fundamentais. A reserva do possível constitui, em verdade (considerada toda a sua complexidade), espécie de limite jurídico e fático dos direitos fundamentais, mas também poderá atuar, em determinadas circunstâncias, como garantia dos direitos fundamentais, por exemplo, na hipótese de conflitos de direitos, quando se cuidar da invocação – observados sempre os critérios da proporcionalidade e da garantia do mínimo existencial em relação a todos os direitos – da indisponibilidade de recursos com o intuito de salvaguardar o núcleo essencial de outro direito fundamental.[317]

---

o lugar de trabalho e o de aprendizagem, ressalvando que o exercício da profissão poderia ser regulamentado por lei ou em virtude de lei. A fixação de uma determinada quantidade de vagas, por conseguinte, embora imposta pelo exaurimento da capacidade das instalações acadêmicas existentes e pela impossibilidade de sua ampliação, contrariava o acesso universal, de acordo com o qual quem concluísse o ensino médio teria o direito de cursar o ensino superior, impondo-se a correspondente disponibilização das vagas necessárias. A Corte decidiu pela admissão da limitação, pois, diante da insuficiência de laboratórios para atender à demanda, tal limitação fática a justificava, com a recomendação de que, na medida do possível, as universidades ampliassem o número de vagas. Pela primeira vez o Tribunal Constitucional alemão admitiu que os direitos fundamentais a prestações positivas resultantes diretamente da Constituição poderiam ser limitados, desde que por meio de lei ou com base em uma lei, respeitado o que racional e razoavelmente pode ser exigido da sociedade, a fim de preservar o equilíbrio econômico global, e nos limites do estritamente necessário, preservando-os, assim, o máximo possível. Fernando Facury Scaff (2010, p. 151) identifica a origem da reserva do possível no "limite do orçamento", conceito das ciências econômicas, e sustenta que ambos possuem o mesmo significado: *"todo orçamento possui um limite que deve ser utilizado de acordo com exigências de harmonização econômica geral"*. Jorge Reis Novais (2010, p. 91) defende que "mesmo quando a pretensão é razoável, o Estado só está obrigado a realizá-la se dispuser dos necessários recursos". J. J. Gomes Canotilho (2003, p. 481), de outra parte, faz importante ressalva sobre a relação entre direitos sociais e reserva do possível: "Um direito social sob 'reserva dos cofres cheios' equivale, na prática, a nenhuma vinculação jurídica". Robert Alexy (2015, p. 512) salienta, ainda, que a força do princípio da competência orçamentária do legislador não é ilimitada ou absoluta. Diante de recursos limitados e da diversidade de investimentos possíveis, Silvio Luís Ferreira da Rocha (2013, p. 597) defende que se deve conceder primazia àqueles relacionados à satisfação do mínimo existencial.

[316] *BVerfGE* 43, 291 (314); 33, 303 (333), citado por Alexy (2015, p. 515).

[317] Para Elival da Silva Ramos (2015, p. 287) o mínimo existencial está "delimitado pela própria Constituição Federal, não ficando na dependência de construções doutrinárias

Ricardo Lobo Torres (2010a, p. 74) defende que o mínimo existencial, entendido como as condições materiais mínimas imprescindíveis para uma vida condigna, ao contrário do que acontece com os direitos sociais, "não se encontra sob a *reserva do possível*, pois a sua fruição não depende do orçamento nem de políticas públicas".[318]

Essa é a posição acolhida pelo STF, que tem na decisão monocrática proferida na ADPF 45 nº MC/DF (*DJe* 29/04/2004), de relatoria do Ministro Celso de Mello, um dos seus paradigmas. Nessa ocasião, ficou assentado que:

> [...] a realização dos direitos econômicos, sociais e culturais – além de caracterizar-se pela gradualidade de seu processo de concretização – depende, em grande medida, de um inescapável vínculo financeiro subordinado às possibilidades orçamentárias do Estado, de tal modo que, comprovada, objetivamente, a incapacidade econômico-financeira da pessoa estatal, desta não se poderá razoavelmente exigir, considerada a limitação material referida, a imediata efetivação do comando fundado no texto da Carta Política. Não se mostrará lícito, no entanto, ao Poder Público, em tal hipótese – mediante indevida manipulação de sua atividade financeira e/ou político-administrativa – criar obstáculo artificial

---

e jurisprudenciais impregnadas de acentuada dose de subjetivismo". O autor extrai os contornos das condições materiais mínimas dos artigos 7º, IV, 196, 201, §2º, 203, V e 208, I, da Constituição Federal.

[318] O autor (*op. cit.*, p. 74-76) acrescenta que "[...] o Judiciário pode determinar a entrega das prestações positivas, eis que tais direitos fundamentais não se encontram sob a discricionariedade da Administração ou do Legislativo, mas se compreendem nas *garantias institucionais da liberdade*, na estrutura dos serviços públicos essenciais e na organização de estabelecimentos públicos (hospitais, clínicas, escolas primárias, etc.)", mas ressalva que no direito positivo brasileiro falta "instrumento semelhante ao do *mandado de injunção americano*, que permita ao Judiciário vincular o Legislativo na feitura do orçamento do ano seguinte, em homenagem a direitos fundamentais sociais (=mínimo existencial), que necessitam de controle jurisdicional contramajoritário típico dos direitos essencialmente constitucionais". No mesmo sentido, Kazuo Watanabe (2013, p. 219) afirma que o mínimo existencial, "conceito dinâmico e evolutivo", ligado a variáveis históricas e geográficas, é imune à invocação da cláusula da reserva do possível. Osvaldo Canela Junior (2013, p. 232) ressalta: "O postulado de estabilidade de inação, carga ideológica flagrantemente extraída da teoria da 'reserva do possível', é característico do Estado liberal. Não se coaduna, nesta perspectiva, com os ideais de programação e de intervenção estatal, ínsitos ao Estado social". Luis Manuel Fonseca Pires (2013, p. 277-278) atenta para o risco do núcleo essencial de um direito à prestação ser solapado se, a despeito da existência de política pública específica, o Poder Público desconsiderar: "*a*) que deve ampliar a sua disponibilidade, *universalizá-la* de modo a alcançar senão todos, ao menos a maioria dos potenciais usuários; *b*) que deve mantê-la *atualizada*, compatível com o avanço tecnológico e/ou científico que permita melhores condições de fruição pelos administrados". Ada Pellegrini Grinover (2013, p. 138) observa que "frequentemente a 'reserva do possível' pode levar o Judiciário à condenação da Administração a duas obrigações: de fazer a inclusão no orçamento da verba necessária ao adimplemento da obrigação; e a obrigação de aplicar a verba para o adimplemento da obrigação".

que revele o ilegítimo, arbitrário e censurável propósito de fraudar, de frustrar e de inviabilizar o estabelecimento e a preservação, em favor da pessoa e dos cidadãos, de condições materiais mínimas de existência. Cumpre advertir, desse modo, que a cláusula da "reserva do possível" – ressalvada a ocorrência de justo motivo objetivamente aferível – não pode ser invocada, pelo Estado, com a finalidade de exonerar-se do cumprimento de suas obrigações constitucionais, notadamente quando, dessa conduta governamental negativa, puder resultar nulificação ou, até mesmo, aniquilação de direitos constitucionais impregnados de um sentido de essencial fundamentalidade.

O ponto fulcral da escassez moderada, como muito bem sintetizou Daniel Wei Liang Wang (2010, p. 349), é que ela "exige que o Estado faça escolhas, o que pressupõe preferências e que, por sua vez, pressupõem preteridos".[319]

Nesse contexto, o controle judicial de políticas públicas, sob uma perspectiva preponderantemente individualista, pode provocar resultados perversos, como adverte Jorge Reis Novais (2010, p. 27). Tratando especificamente do direito à saúde, o autor chama a atenção para o fato de que o "desvio de verbas" para o atendimento de ordens judiciais concretas pode provocar a inflexão ou mesmo o retrocesso nas políticas de saúde planejadas visando exatamente a melhoria das condições de saúde dos setores mais desfavorecidos:[320]

---

[319] Ao estudar a escassez de recursos, os custos dos direitos e a reserva do possível na jurisprudência do STF, o autor constatou que essas questões ganham envergadura nos julgamentos de controle concentrado de constitucionalidade e possuem pesos variáveis se abordados, no controle difuso de constitucionalidade, em ações relativas a direitos à educação e à saúde, quando são mitigados, ou em pedidos de intervenção federal por não pagamento de precatórios, quando são preponderantes para o resultado.

[320] Em sentido similar manifesta-se Fernando Facury Scaff (2010, p. 137 e 152-153). Destacando a necessidade de contenção, aos limites da lei, das chamadas sentenças aditivas (que acarretam para o erário o aumento de custos não previstos originalmente no orçamento), o autor tece a seguinte crítica: "Julgar que uma única pessoa tem direito à saúde, conforme prescrito na Constituição, e determinar que o Estado despenda vários milhões em seu tratamento não implementa este direito social, mas apenas o atribui a uma pessoa, ou grupo de pessoas, que teve acesso àquele magistrado e àquela decisão. O exercício de um direito *social* que gera benefícios apenas a *um indivíduo* ou a um *pequeno grupo* certamente não foi aplicado de forma adequada. É confundir o sentido do que é um *direito social*, tratando-o como um direito que possa ser fruído de forma *individual* ou *coletiva*, e não pelo conjunto dos cidadãos que dele necessitem. [...] *O papel do Poder Judiciário não é o de substituir o Poder legislativo*, não é o de transformar "*discricionariedade legislativa*" em "*discricionariedade judicial*", mas o de dirimir conflitos nos termos da lei". Na mesma linha, José Reinaldo de Lima Lopes (2010, p. 171) assevera que o debate na esfera orçamentária tem, como uma das vantagens, minimizar os tratamentos desiguais: "Não se pode pedir e não se deve dar a uma pessoa em particular algo que se sabe de antemão que não pode ser dado a todos os que se encontram na mesma situação. Se for dado, trata-se de uma concessão segundo a caridade, não segundo a justiça e nossos tribunais são tribunais de justiça e direito, não tribunais de

[...] no final percebe-se que, na prática, quem beneficia das estratégias maximalistas de realização dos direitos sociais no plano jurídico não é a grande massa de excluídos, em nome dos quais se desenvolvera a estratégia política de otimização dos direitos sociais. É que, quase por definição, essa massa de excluídos não vem ao sistema, não recorre aos tribunais, não podem fazer um "uso alternativo do Direito" porque nem sequer tem condições subjetivas e objetivas para tanto. Quem, à primeira vista, beneficia da redistribuição dos fundos públicos assim operada é antes uma camada social instruída, organizada sindicalmente ou economicamente mais forte, que pode pagar a advogados que dominam as habilidades do sistema e que pode pagar uma justiça que não está ao alcance de todos.

Mais, verifica-se que mesmo quando o poder político está empenhado numa atuação dirigida à proteção social dos mais desfavorecidos, pode ver essas políticas decisivamente comprometidas pela pressão desordenada e não programada das imposições de prestação concreta e pontual que o poder judicial lhe impõe a partir do deferimento de queixas e ações individuais multiplicadas por todo o país e que exigem a mobilização não negligenciável dos recursos afetados à prossecução de uma política de realização dos direitos sociais no seu conjunto.

A consideração dos obstáculos e das dificuldades reais do gestor e das exigências das políticas públicas a seu cargo não será adequada se não se revestir de parâmetros controláveis intersubjetivamente, exigindo-se, portanto, racional argumentação jurídica. É o que dispõe o Enunciado nº 12 do IBDA: "No exercício da atividade de controle, a análise dos obstáculos e dificuldades reais do gestor, nos termos do art. 22 da LINDB, deve ser feita também mediante a utilização de critérios jurídicos, sem interpretações pautadas em mera subjetividade".

Para Eduardo Jordão (2018, p. 78), em um contexto de indeterminação jurídica real, o art. 22 da LINDB impõe que:

> [...] o controlador se limite a avaliar a *razoabilidade* da escolha interpretativa realizada pelo administrador público. O controlador, portanto,

---

caridade". Maria Sylvia Zanella di Pietro (2016, p. 190) adverte: "Se existe inércia da Administração Pública na consecução dos seus deveres na área social, o ideal é que essa inércia seja corrigida por ações coletivas, que produzam efeitos *erga omnes* e, portanto, beneficiem toda a coletividade que se encontra em igualdade de situações, com observância inclusive, do princípio da justiça distributiva. O grande risco da concessão judicial indiscriminada na área dos direitos sociais é que o *summum jus* (concessão de um direito individual mal investigado) se transforme em *summa injuria* (interesse coletivo desprotegido). Isto sem falar que o juiz se substitui ao Legislativo e ao Executivo na implementação de políticas públicas, concentrando em suas mãos uma parcela de cada um dos três Poderes do Estado, com sérios riscos para o Estado de Direito e para a segurança jurídica".

deverá *prestar deferência* a esta escolha interpretativa *razoável*[321] da administração, mesmo que ela não corresponda à escolha interpretativa específica que ele próprio (controlador) faria, se coubesse a ele a interpretação em primeira mão.
Isso significa que o art. 22 pode ser entendido como o fundamento normativo *específico*, no nosso direito, para a adoção da deferência judicial (ou, mais amplamente, deferência do controlador) às interpretações razoáveis da administração pública.

Por isso, seria o fundamento explícito para a adoção de uma teoria semelhante à *doutrina Chevron* do direito americano.[322] Essa

---

[321] Manuel Atienza (1989, p. 94-97) distingue o duplo significado da "decisão razoável": "se pode falar de decisões jurídicas razoáveis em dois sentidos distintos: em um sentido amplo, poderia dizer-se que todas as decisões jurídicas devem ser razoáveis; isto é, a racionalidade operaria como um critério ou limite geral de raciocínio jurídico; em sentido estrito, a razoabilidade designa unicamente certo tipo de decisão jurídica: as que não poderiam (ou não deveriam) adotar-se seguindo critérios de estrita racionalidade. Tal situação se configura, em geral, diante da contraposição entre valores ou princípios. Neste contexto, surge a contraposição entre racional e razoável, entre decisão jurídica racional e decisão jurídica razoável. Por sua vez, a decisão razoável reveste-se de subsidiariedade frente às decisões racionais, ou seja, somente na insuficiência dos critérios de racionalidade e na medida da insuficiência dos critérios de racionalidade é que se admite o recurso à razoabilidade".

[322] A doutrina americana, explica o autor, "faz referência aos 'dois passos' da formulação mais básica de Chevron: no primeiro, o controlador verifica se há indeterminação ou ambiguidade legislativa a propósito de uma questão específica; no segundo, havendo esta indeterminação, o controlador se limita a verificar a razoabilidade ou 'permissibilidade' da interpretação adotada pela administração pública. É exatamente o procedimento sugerido acima, em interpretação ao art. 22. Num primeiro passo, o controlador verifica se a 'dificuldade jurídica' é real. No segundo passo, sendo real esta dificuldade jurídica, o controlador se limita a verificar a razoabilidade da escolha interpretativa realizada pela administração pública". A propósito da incorporação da doutrina Chevron, André Bueno da Silveira (2017, p. 129-144) pondera que a sua mera importação "sem atenção para a condição específica do Brasil é absolutamente sem sentido". Até que se promova o fortalecimento institucional da administração pública, cujas deficiências estruturais são notórias, a qualidade da atuação dos órgãos estatais não é compatível com a valorização almejada frente ao controle judicial. Nessas circunstâncias "a deferência judicial a decisões administrativas pode significar apenas o retrocesso no controle da administração pública". Silveira, inspirado no caso *Barnhart v. Walton*, 535 U.S. 212 (2002), quando prevaleceu o entendimento de que a regra geral de deferência deveria ceder frente a uma abordagem contextual, mais adequada para, no caso concreto, se confirmar a deferência às interpretações de lei pelas agências, propõe o seguinte modelo de controle, que muito se aproxima do propugnado pelo Enunciado nº 16 do IBDA: "no caso de uma decisão proferida por uma agência reguladora ou outro órgão ou entidade da administração pública em que houve o efetivo respeito ao contraditório e à ampla defesa, e a decisão (ato administrativo) é razoável ou admissível, o juiz deve manter a decisão tomada na esfera administrativa, que muitas vezes é fruto de conhecimento altamente especializado, de pessoas experientes na área, *ainda que ele (juiz) entenda que não se trate da melhor interpretação*". Eduardo Fortunato Bim (2012, p. 133) é bastante cauteloso ao delimitar o que seria o campo ideal para a aplicação da doutrina Chevron: o das questões científicas ou técnicas. A justificativa é que "por diversos motivos são intermináveis as disputas entre cientistas e/ou metodologias

orientação alinha-se: (I) com os Enunciados nº 13 e nº 16 do IBDA, anteriormente aludidos, os quais propugnam (a) pelo reconhecimento de que a competência para dizer qual é a melhor decisão administrativa é do gestor[323] (e não do controlador), cabendo ao controlador o ônus argumentativo quanto à imputação de irregularidade ou ilegalidade da conduta do controlado, e; (b) em face da indeterminação ou amplitude dos conceitos empregados pela lei, se, no caso concreto, a decisão do administrador mostrar-se razoável e conforme ao Direito, o controlador e o juiz devem respeitá-la, mesmo que suas conclusões ou preferências pudessem ser distintas caso estivessem no lugar do gestor; (II) com o art. 13 do Decreto nº 9.830/2019, de acordo com o qual a análise da regularidade da decisão não poderá substituir a atribuição do agente público, dos órgãos ou das entidades da Administração Pública no exercício de suas atribuições e competências, inclusive quanto à definição de políticas públicas.

4.4.1 A decisão sobre regularidade de conduta ou validade de ato, contrato, ajuste, processo ou norma administrativa e as circunstâncias práticas que houverem imposto, limitado ou condicionado a ação do agente (art. 22, §1º, da LINDB): o fim das regras de Direito Público?

A imposição de que (i) na interpretação de normas sobre gestão pública sejam considerados os obstáculos e as dificuldades reais do gestor e as exigências das políticas públicas a seu cargo, e de (ii) em decisão sobre regularidade de conduta ou validade de ato, contrato, ajuste, processo ou norma administrativa, sejam consideradas as circunstâncias práticas que houverem imposto, limitado ou condicionado a ação do agente, suscita a questão quanto à conversão em princípios de todas as regras de Direito Público. Isso porque, a partir do momento em que o parâmetro a ser adotado é a contextualização fática que tem o condão de isentar do cumprimento de quaisquer normas, sem exceção,

---

científicas, bem como as alterações de decisões embasadas nessa dinâmica". Nessas hipóteses, excepcionadas as escolhas regulamentares ou casos concretos desarrazoados, deve ser prestigiada a decisão administrativa, defende Bim.

[323] Cabe ressaltar que não se pode, *a priori*, generalizar de modo absoluto a presunção de *expertise* do ente controlado e sua superioridade em face do controlador, que pode se valer de múltiplos meios de prova, inclusive ouvir especialistas e produzir perícia.

mesmo as cogentes, dá-se, na concepção alexyana, a transformação de todas as regras de Direito Público em princípio, posto que *realizáveis na medida do possível*.

A incongruência é evidente. Se a intenção é reforçar os níveis de segurança jurídica, notadamente da previsibilidade, com a restrição do emprego de "valores jurídicos abstratos", dentro da matriz interpretativa adotada pelo legislador, de prestígio das regras, a difusão de princípios constitui um grande embaraço quanto à coerência. Se é certo que a subsunção é tendencialmente mais precisa, revestindo-se de maior grau de determinação, e a ponderação é tendencialmente menos precisa, caracterizando-se por apresentar maior indeterminação e variabilidade, além de reforçar o papel da instância revisora, uma vez que somente depois do processo de ponderação é que se saberá o que antes deveria ter sido feito, o consequencialismo, ao contrário do alardeado, não produzirá o efeito almejado.

Não que hoje já não sejam consideradas as circunstâncias práticas que houverem imposto, limitado ou condicionado a ação do agente público. Isso já ocorre como decorrência natural da aplicação da razoabilidade, mas se impõe todo o ônus argumentativo e probatório sobre aquele que não executou integralmente a norma de direito público que deveria observar. A questão é que com a imperatividade ("serão consideradas") e a amplitude (quaisquer "circunstâncias práticas que houverem imposto, limitado ou condicionado a ação do agente") do art. 22 da LINDB abre-se a oportunidade para toda sorte de alegações, parecendo haver mesmo uma equiparação entre a intensidade do dever a ser cumprido e a força das circunstâncias práticas adversas.

A opção pela atipicidade das circunstâncias práticas[324] que houverem imposto, limitado ou condicionado a ação do agente, sem a fixação de um rol, ainda que exemplificativo, cria um ambiente propício para a criação de uma *cultura de justificação*, quando o mais apropriado é o reforço da normatividade e a criação de ferramentas para tornar

---

[324] Veja-se que o Código Civil apresenta uma relação das causas de anulabilidade do negócio jurídico (incapacidade relativa do agente; vício resultante de erro, dolo, coação, estado de perigo, lesão ou fraude contra credores – art. 171, I e II) e de exclusão de ilicitude (atos praticados em legítima defesa ou no exercício regular de um direito reconhecido e a deterioração ou destruição da coisa alheia, ou a lesão a pessoa, a fim de remover perigo iminente – art. 188, I e II). O Código Penal, na mesma linha, possui uma relação das causas de exclusão da ilicitude (em estado de necessidade; legítima defesa e estrito cumprimento de dever legal ou no exercício regular de direito – art. 23, I, II e III) e de culpabilidade (descriminantes putativas – art. 20, *caput* e §1º; e coação irresistível e obediência hierárquica – art. 22). Discute-se, ainda, a admissibilidade de causas supralegais de exclusão da ilicitude (o consentimento do ofendido) e da culpabilidade (inexigibilidade de conduta diversa).

sua concretização possível. Ao voltar-se para o inadimplemento e a atenuação das consequências da ação transgressora, o recado que se dá é preocupante: ao invés de se fomentar um ambiente norteado pela eficiência e voltado para a superação de obstáculos e transformação da realidade, nos termos da vontade expressada pelo poder constituinte originário, esses mesmos obstáculos podem ser usados para justificar a conservação de um estado de coisas flagrantemente inconstitucional.

Pode-se argumentar exatamente o contrário: a certeza de que a decisão sobre a regularidade da conduta ou a validade de ato, contrato, ajuste, processo ou norma administrativa considerará as circunstâncias práticas que houverem imposto, limitado ou condicionado a ação do agente, reforçará a segurança e o estímulo ao experimentalismo e a novas iniciativas. Não parece ser bem assim. Se o "hipercontrole" e a "hipercobrança" não conseguem inibir a patológica ineficiência e o endividamento das administrações públicas,[325] não será a simples ampliação da margem de liberdade, espécie de passe de mágica, que converterá todo administrador em dedicado, diligente, proativo e probo agente público.

As normas influenciam sim o comportamento, mas não são determinantes, como demonstram o rosário de promessas constitucionais não cumpridas. Apesar disso, como destaca Lenio Streck (2016, p. 139), ao fazer promessas de mudança da realidade (prospectividade), por exemplo, a construção de uma sociedade livre, justa e solidária (art. 3º, I, da CF), pode-se dizer que "o direito não vem a reboque dos 'fatos sociais' e, sim, aponta para a reconstrução da sociedade".

Em um ambiente regido pela lógica política populista, cuja preocupação maior, muitas vezes a única, é a manutenção do poder pelo grupo que a ele teve acesso, os interesses dos cidadãos são relegados ao segundo plano e a melhoria dos serviços públicos somente ocorre na exata medida dos benefícios eleitorais que ela pode proporcionar. Esse breve diagnóstico recomenda o reforço da cobrança do cumprimento das normas de Direito Público e não o seu afrouxamento.

---

[325] Flávio da Cunha Rezende (2002, p. 65) aponta o que denomina "dilema do controle" entre a busca do ajuste ou equilíbrio fiscal e a mudança institucional (elevação da *performance*) propostos pela reforma gerencial: "O ajuste fiscal demanda mais controle sobre a burocracia e suas organizações, no sentido de promover o uso devido de recursos, bem como a prestação de contas e o controle orçamentário. Por outro lado, a mudança institucional, especialmente aquela que pretende ampliar o escopo da descentralização, autonomia e responsabilidade, passa por uma necessidade de 'descontrolar' a burocracia, dotando-a de maior autonomia gerencial e de maior responsabilidade".

4.5 A mudança de interpretação ou orientação sobre norma de conteúdo indeterminado e o dever de fixação de regime de transição (art. 23 da LINDB)

Na forma do art. 23 da LINDB, a decisão administrativa, controladora ou judicial que estabelecer interpretação ou orientação[326] nova sobre norma de conteúdo indeterminado, impondo novo dever ou novo condicionamento de direito, deverá prever regime de transição quando indispensável para que o novo dever ou condicionamento de direito seja cumprido de modo proporcional, equânime e eficiente e sem prejuízo aos interesses gerais.[327]

O referido artigo é fruto da percepção do seguinte quadro descrito por Floriano Azevedo Marques Neto e Rafael Véras de Freitas (2019, p. 71):

> É constante a Administração Pública, o Poder Judiciário ou a esfera de controle reverem posicionamentos ou atos jurídicos perfeitos sob alegação da prevalência do interesse público ou de outros valores abstratos. O que criou para nós um sistema um tanto estranho: a CRFB veda que a lei retroaja (art. 5º, XXXVI), mas o ato administrativo e, pior, a interpretação da lei, pelo Executivo, pelo Judiciário ou pelos meros órgãos auxiliares do Legislativo podem retroagir, desconsiderando o que já se perfez juridicamente.

---

[326] Carlos Alberto Lúcio Bittencourt (1943, p. 11-14), discorrendo sobre o dinamismo da interpretação e sua ligação inseparável e complementar do processo legislativo: afirma: "[...] as leis uma vez redigidas permanecem como foram escritas, enquanto os homens, ao contrário, não repousam nunca e da sua atuação constante surgem novos efeitos, diversamente modificados pelas circunstâncias, que produzem a cada instante novas combinações, novos fatos, novos resultados. [...] Não se argumente que o intérprete *não cria a lei*, porque a sua opinião está presa a um preceito do qual dimana e a cujo espírito se deve limitar e circunscrever. A isso objetaremos que também o legislador *não cria o direito*, mas apenas o fotografa na realidade social, para colocar-lhe a moldura da lei. O papel do intérprete é, também, *mutatis mutandis*, o mesmo: um interpreta o fenômeno jurídico na objetividade de suas manifestações, na realidade viva dos fatos sociais – *ex facto jus oritur*; o outro interpreta o espírito da norma, em face do sistema jurídico total e sem perder de vista a sociedade em que o preceito deve atuar. A lei, enquanto não interpretada pela autoridade competente é um organismo sem vida. O sopro divino do intérprete é que transmite à argila das palavras a força e o poder, o pensamento, o espírito, enfim, que vivifica e anima".

[327] O Decreto nº 9.830/2019, em seu art. 5º, praticamente repete a redação do art. 23 da LINDB: "Art. 5º. A decisão que determinar a revisão quanto à validade de atos, contratos, ajustes, processos ou normas administrativos cuja produção de efeitos esteja em curso ou que tenha sido concluída levará em consideração as orientações gerais da época. §1º É vedado declarar inválida situação plenamente constituída devido à mudança posterior de orientação geral. §2º O disposto no §1º não exclui a possibilidade de suspensão de efeitos futuros de relação em curso. §3º Para fins do disposto neste artigo, consideram-se orientações gerais as interpretações e as especificações contidas em atos públicos de caráter geral ou em jurisprudência judicial ou administrativa majoritária e as adotadas por prática administrativa reiterada e de amplo conhecimento público".

A respeito, o Enunciado nº 17 do IBDA dispõe:

É imprescindível, a partir da ideia de confiança legítima, considerar a expectativa de direito como juridicamente relevante diante do comportamento inovador da Administração Pública, preservando-se o máximo possível as relações jurídicas em andamento. Neste contexto, torna-se obrigatória, sempre para evitar consequências desproporcionais, a criação de regime de transição, com vigência ou modulação para o futuro dos efeitos de novas disposições ou orientações administrativas.

Duas observações iniciais são obrigatórias. A primeira é a de que, embora o legislador não tenha explicitado, o fundamentado do regime de transição é a proteção da confiança, viés subjetivo do princípio da segurança jurídica, indiretamente referida no texto constitucional pela EC nº 45/04, ao tratar da súmula vinculante (art. 103-A[328]). Antes disso, porém, no plano infraconstitucional o art. 2º da Lei nº 9.784/1999 já fazia referência expressa à segurança jurídica[329] como um dos princípios, para Celso Antônio Bandeira de Mello (2016, p 89-90) "o maior de todos", a serem obedecidos pela Administração Pública.

A segunda é no sentido de que a nova interpretação ou orientação pode versar *sobre qualquer norma* e não apenas sobre a de conteúdo indeterminado. Assim, seja qual for a espécie da norma, se se impuser, em razão de nova interpretação, novo dever ou novo condicionamento de direito, também deverá ser previsto regime de transição, sob pena de vulneração do bem jurídico tutelado pela norma, a segurança jurídica.

---

[328] BRASIL. Constituição da República Federativa do Brasil, de 5 de outubro de 1988: "Art. 103-A. O Supremo Tribunal Federal poderá, de ofício ou por provocação, mediante decisão de dois terços dos seus membros, após reiteradas decisões sobre matéria constitucional, aprovar súmula que, a partir de sua publicação na imprensa oficial, terá efeito vinculante em relação aos demais órgãos do Poder Judiciário e à Administração Pública direta e indireta, nas esferas federal, estadual e municipal, bem como proceder à sua revisão ou cancelamento, na forma estabelecida em lei. §1º A súmula terá por objetivo a validade, a interpretação e a eficácia de normas determinadas, acerca das quais haja controvérsia atual entre órgãos judiciários ou entre esses e a Administração Pública *que acarrete grave insegurança jurídica* e relevante multiplicação de processos sobre questão idêntica".

[329] Para Sérgio Ferraz e Adilson Abreu Dallari (2012, p. 116-117) o conteúdo da segurança jurídica biparte-se nos vetores (i) certeza e (ii) estabilidade: "No ângulo da *certeza* ingressam as preocupações referentes à vigência, á eficácia e à irretroatividade das normas jurídicas. Na perspectiva da *estabilidade* instalam-se os questionamentos alusivos à intangibilidade das situações jurídicas anteriores (direito adquirido, ato jurídico perfeito, coisa julgada), à invalidação e à convalidação dos atos administrativos e à incidência concreta de circunstâncias determinantes do reconhecimento de prescrição, decadência e preclusão".

A omissão do legislador certamente não teve o propósito de excluir o regime de transição a nova interpretação ou orientação que tiver por objeto normas de conteúdo determinado, mas sim, ainda que implicitamente, revelar uma crença há muito superada: a de que normas de conteúdo determinado são sempre claras e insuscetíveis de sofrer mutação interpretativa.[330] Tal compreensão tenta negar o dinamismo da interação entre as múltiplas variáveis do mundo jurídico e a indeterminação dela decorrente. É por isso que "respeito aos contratos e proteção aos direitos de propriedade", fórmula aparentemente objetiva, torna-se vazia "quando confrontada com a realidade dos contratos incompletos e carentes de interpretação e com os atributos da sobre e subinclusividade que caracterizam as situações de aplicação de regras simples a casos concretos" (SCHUARTZ, 2011, p. 403).

No mais, a figura do regime de transição somente pode ser interpretada como "modulação", pois é pacífico que o Judiciário, sob pena de afronta à tripartição das funções estatais, está legitimado a atuar unicamente como legislador negativo e não tem o poder de agir como legislador positivo, para criar norma jurídica diversa da instituída pelo Poder Legislativo.[331]

Fixada essa compreensão, observa-se que a modulação não constitui nenhuma novidade. O art. 27 da Lei nº 9.868/1999[332] há mais de vinte anos determina que, ao declarar a inconstitucionalidade de lei ou ato normativo, e tendo em vista razões de segurança jurídica ou de excepcional interesse social, *poderá* o Supremo Tribunal Federal, por maioria de dois terços de seus membros, restringir os efeitos daquela

---

[330] Essa parece ser implicitamente a compreensão de Bernardo Strobel Guimarães (2019, p. 349) quando afirma: "Normas que assumem a estrutura diversa de regra comportam mais de uma interpretação".

[331] Nesse sentido: RE nº 918.815 AgR-SP, relator Ministro Gilmar Mendes, 2ª T., *DJe* 28/02/2019; AI 801087 AgR-SP, relatora Ministra Rosa Weber, 1ª T., *DJe* 11/03/2019; ARE nº 905685 AgR-GO, relator Ministro Roberto Barroso, 1ª T., *DJe* 08/11/2018; RE nº 645145 AgR-RJ, relator Ministro Alexandre de Moraes, 1ª T., *DJe* 25/09/2018; RE nº 1052420 AgR-SP, relator Ministro Edson Fachin, 2ª T., *DJe* 05/12/2017; RE nº 933051 AgR-RS, relator Ministro Ricardo Lewandovski, 2ª T., *DJe* 26/09/2017; ARE nº 986252 AgR-SP, relator Ministro Celso de Mello, 2ª T., *DJe* 21/02/2017.

[332] A constitucionalidade desse dispositivo é objeto da ADI Nº 2154/DF, ajuizada pela Confederação Nacional das Profissões Liberais – CNPL, atualmente da relatoria do Ministro Dias Toffolli, que sucedeu nessa função o Ministro Sepúlveda Pertence. À referida ação foi apensada a ADI Nº 2258/DF, proposta pelo Conselho Federal da Ordem dos Advogados do Brasil.

declaração ou decidir que ela só tenha eficácia a partir de seu trânsito em julgado ou de outro momento[333] que venha a ser fixado.[334]

Naturalmente que a *ratio* autorizadora do regime de transição na declaração de inconstitucionalidade, a vedação da surpresa e proteção da confiança, aplica-se a toda situação similar, inclusive à decisão administrativa, controladora ou judicial que estabelece interpretação ou orientação nova e impõe novo dever ou novo condicionamento de direito.

Ressalte-se que a modulação de efeitos é medida extraordinária que exige: (i) a presença de razões de segurança jurídica ou de excepcional interesse social, e; (ii) quórum qualificado de dois terços dos membros do STF. O rigor se justifica, pois a inconstitucionalidade é tratada como nulidade (a lei inconstitucional seria uma *contradictio in terminis*, pela simples razão de que lei inconstitucional lei não é) e, portanto, a sua declaração, em regra, possui efeitos *ex tunc*.[335] Exige-se, portanto, uma delicada ponderação de princípios constitucionais: de um lado, a proteção da confiança, que impõe o respeito às opções feitas pelo titular de um direito a partir do texto legal e da orientação jurisprudencial vigentes; de outro, três dos pilares do Estado Contemporâneo: a supremacia da Constituição, a legalidade e a isonomia. Com efeito, a nova interpretação ou orientação significa que o entendimento anterior

---

[333] O RE nº 197.917-8/SP, de relatoria do Ministro Maurício Corrêa (*DJe* 24/03/2004), é um exemplo de modulação *pro futuro* no controle difuso de constitucionalidade. Apreciando a conexão entre o número de vereadores e a população (art. 29, IV, alíneas a, b e c, da CF), o STF assinalou que a aprovação de norma municipal que estabelece a composição da Câmara Municipal sem a observância da "relação cogente de proporção" com a respectiva população configura "excesso do poder de legislar", não encontrando eco no sistema constitucional vigente. Declarada a inconstitucionalidade *incidenter tantun* da lei municipal (que fixou em onze o número de vereadores, quando a população de dois mil e seiscentos habitantes admitiria apenas nove representantes), a Corte, a fim de evitar "grave ameaça a todo o sistema legislativo vigente", em caráter excepcional, acolhendo a proposta do Ministro Gilmar Mendes, atribuiu-lhe efeitos *pro futuro* (a modificação da composição da Câmara foi postergada para a eleição subsequente).

[334] Em sentido idêntico é o art. 11 da Lei nº 9.882/99, que dispõe sobre o processo de arguição de descumprimento de preceito fundamental: "Ao declarar a inconstitucionalidade de lei ou ato normativo, no processo de arguição de descumprimento de preceito fundamental, e tendo em vista razões de segurança jurídica ou de excepcional interesse social, poderá o Supremo Tribunal Federal, por maioria de dois terços de seus membros, restringir os efeitos daquela declaração ou decidir que ela só tenha eficácia a partir de seu trânsito em julgado ou de outro momento que venha a ser fixado".

[335] Nesse sentido: "A proposição nuclear, em sede de fiscalização de constitucionalidade, é a da nulidade das leis e demais atos do Poder Público, eventualmente contrários à normatividade constitucional. Todavia, situações há que demandam uma decisão judicial excepcional ou de efeitos limitados ou restritos, porque somente assim é que se preservam princípios constitucionais outros, também revestidos de superlativa importância sistêmica" (Emb. Decl. na ADI Nº 2.797-DF, relator do acórdão Ministro Ayres Britto, *DJe* 16/05/2012).

não correspondia à vontade da lei. Logo, o regime de transição com a validação das situações constituídas ao arrepio da correta interpretação, em certa medida agride a legalidade, viola a supremacia da Constituição e pode ensejar tratamentos injustificadamente díspares. A explicação é necessária para que fique clara a exata extensão do instituto e suas implicações, evitando-se a adoção de posições extremadas quanto a tornar absoluto e inafastável, sempre e em todo caso, o regime de transição.[336]

Humberto Ávila (2014, p. 580) também defende que a modulação eficacial deve ser excepcional e o faz com um argumento de viés consequencialista: a transgressão constitucional seria, "ainda que indiretamente, incentivada, pela ausência de consequências decorrentes da violação". Isso ocorreria porque:

> [...] toda manutenção de efeitos de leis inconstitucionais envolve um conflito interno entre as dimensões temporais da própria segurança jurídica: mantém-se a segurança jurídica no passado, pela preservação da intangibilidade dos atos praticados ou dos efeitos produzidos, mas, ao mesmo tempo, restringe-se a segurança jurídica no futuro, pelo incentivo à prática de novo ato inconstitucional.

A visão de Ávila compreende bem a complexidade da questão em sua inteireza: *o custo da segurança jurídica no passado não pode ser o da segurança jurídica no futuro*. Eis o ponto de equilíbrio a ser buscado, que não se coaduna com a pretensão irrealista de respostas prontas e definitivas, como faz o art. 23 da LINDB.

Nesse sentido, o STF, nos Emb. Decl. no RE nº 643.247-SP (*DJe* 28/06/2019), por seu Tribunal Pleno, proclamou:

> Conquanto se imponha parcimônia no manejo do instituto da modulação de efeitos de decisões, a alteração de jurisprudência consolidada há quase duas décadas justifica a eficácia prospectiva do novo pronunciamento, em atenção à segurança jurídica e ao interesse social, nos termos do artigo 927, §3º, do Código de Processo Civil.

Do voto do senhor relator, Ministro Marco Aurélio, extrai-se o seguinte excerto:

---

[336] Igualmente inconcebível seria um regime que vedasse, de forma rígida e absoluta, a modulação, situação que, conforme assinala Gilmar Ferreira Mendes (2001, p. 318), "acaba por obrigar os Tribunais, muitas vezes, a se abster de emitir um juízo de censura, declarando a constitucionalidade de leis manifestamente inconstitucionais", o que configura grave deturpação da função precípua da Corte Constitucional.

Tenho votado sistematicamente contra a modulação dos efeitos de decisões declaratórias de inconstitucionalidade de leis. Adotar essa providência de forma imoderada implica tornar a própria Constituição Federal flexível, não um documento rígido a ser observado por todos. Ante o princípio da supremacia da Lei Maior, a inconstitucionalidade é vício congênito, a lei inconstitucional é natimorta. A prática continuada do Supremo de diferir no tempo a eficácia dos pronunciamentos estimula a inaceitável figura da inconstitucionalidade útil: governantes e legisladores não receiam editar leis inconstitucionais, porque fiam-se na futura modulação de efeitos.

O argumento é consistente: a banalização da modulação enfraquece os mecanismos de controle de introdução de novos atos ou normas no ordenamento jurídico, estimulando a sua precarização,[337] podendo gerar comportamentos temerários e estrategicamente oportunistas,[338] como o lançamento de tributos sabidamente inconstitucionais, que poderiam gerar arrecadação por determinado período sem risco de restituição, o que caracterizaria evidente enriquecimento ilícito e notória burla da segurança jurídica.[339]

---

[337] Cumpre lembrar que o raciocínio consequencialista, como observam Mariana Pargendler e Bruno Meyerhof Salama (2013, p. 125-126), "é muitas vezes econômico em um sentido bem específico, a saber, no sentido de que os precedentes judiciais criam incentivos", que podem provocar efeitos sistêmicos estruturais nocivos à segurança jurídica.

[338] É o caso do desvirtuamento do Programa de Recuperação Fiscal – Refis. Planejado e desenvolvido para promover a regularização de créditos da União, decorrentes de débitos de pessoas jurídicas, relativos a tributos e contribuições, administrados pela Secretaria da Receita Federal e pelo Instituto Nacional do Seguro Social – INSS em condições consideradas suaves, tem sido usado como mecanismo de planejamento e elisão tributária. O contribuinte deixa de recolher o tributo devido na expectativa de futuramente ser beneficiado com a instituição de nova versão do programa que lhe seja mais vantajosa. Cria-se um círculo vicioso: deixa-se de pagar, a União sofre perda de receita e se vê compelida a lançar novo programa de recuperação fiscal. A constatação de que já foram lançados quatro programas de regularização de créditos: (i) Refis (Lei nº 9.964/2000); (ii) Paes (Lei nº 10.684/2003); (iii) Paex (MP nº 303/2006) e (iv) Refis da Crise (Lei nº 11.941/2009), bem demonstram o efeito sistêmico adverso não previsto: a perspectiva de não responder pelo inadimplemento ou mesmo de dele extrair benefícios reduz a força coativa da legislação tributária. A atratividade das condições de adesão pode ser constada, por exemplo, pelo disposto no art. 1º, §3º, V, da Lei nº 11.941/2009, que autoriza o parcelamento em até 180 (cento e oitenta) prestações mensais, com redução de 60% (sessenta por cento) das multas de mora e de ofício, de 20% (vinte por cento) das isoladas, de 25% (vinte e cinco por cento) dos juros de mora e de 100% (cem por cento) sobre o valor do encargo legal.

[339] Nesse sentido, Heleno Taveira Torres (2012, p. 364) sustenta que o consequencialismo jurídico, entendido como "a possibilidade de acomodação do julgamento de certa matéria com o exame das questões materiais e repercussões concretas, com vistas a restringir os efeitos da declaração de inconstitucionalidade", não se aplica à matéria tributária, sobre a qual "prevalece a certeza jurídica, e todo o plexo de normas volta-se para garantir, a partir de um estado de normalidade, a estabilidade do ordenamento e a confiança legítima dos contribuintes. Por conseguinte, não há oportunidade, no modelo de Sistema Constitucional

O CPC ampliou as hipóteses de modulação:

I – No cumprimento definitivo da sentença que reconhece a exigibilidade de obrigação de pagar quantia certa contra o particular (art. 525, §§12 e 13) e contra a Fazenda Pública (art. 535, §§5º e 6º):

> Art. 525 [...]
> §12. Para efeito do disposto no inciso III do §1º deste artigo, considera-se também inexigível a obrigação reconhecida em título executivo judicial fundado em lei ou ato normativo considerado inconstitucional pelo Supremo Tribunal Federal, ou fundado em aplicação ou interpretação da lei ou do ato normativo tido pelo Supremo Tribunal Federal como incompatível com a Constituição Federal, em controle de constitucionalidade concentrado ou difuso.
> §13. No caso do §12, os efeitos da decisão do Supremo Tribunal Federal *poderão ser modulados no tempo, em atenção à segurança jurídica*.
> Art. 535 [...]
> §5º Para efeito do disposto no inciso III do *caput* deste artigo, considera-se também inexigível a obrigação reconhecida em título executivo judicial fundado em lei ou ato normativo considerado inconstitucional pelo Supremo Tribunal Federal, ou fundado em aplicação ou interpretação da lei ou do ato normativo tido pelo Supremo Tribunal Federal como incompatível com a Constituição Federal, em controle de constitucionalidade concentrado ou difuso.
> §6º No caso do §5º, os efeitos da decisão do Supremo Tribunal Federal *poderão ser modulados no tempo, de modo a favorecer a segurança jurídica*.

II – Na mudança de jurisprudência dominante no STF e nos tribunais superiores:

> Art. 927 [...]
> §3º Na hipótese de alteração de jurisprudência dominante do Supremo Tribunal Federal e dos tribunais superiores ou daquela oriunda de julgamento de casos repetitivos, *pode haver modulação dos efeitos da alteração no interesse social e no da segurança jurídica*.
> §4º A modificação de enunciado de súmula, de jurisprudência pacificada ou de tese adotada em julgamento de casos repetitivos *observará a necessidade de fundamentação adequada e específica, considerando os princípios da segurança jurídica, da proteção da confiança e da isonomia*.

Tributário brasileiro, para argumentos consequencialistas, à exemplo de 'quebra do erário', 'dificuldades de caixa' ou 'crises econômicas' como pretexto para descumprir a Constituição".

Uma medida antecedente à modulação é, após a instauração do incidente de resolução de demandas repetitivas, que exige simultaneamente (i) a efetiva repetição de processos que contenham controvérsia sobre a mesma questão unicamente de Direito, e; (ii) o risco de ofensa à isonomia e à segurança jurídica (art. 976, I e II, do CPC), a suspensão dos processos pendentes, individuais ou coletivos, que tramitam sob a jurisdição da respectiva Corte que o admitiu (arts. 982, I e 1.029, §4º, do CPC).

Todos esses textos referem-se à possibilidade ("poderá") de modulação, não a impondo de modo cogente. Agiu bem o legislador. A modulação depende sempre e inevitavelmente, no caso concreto, de uma ponderação entre os princípios e valores em conflito, não se podendo apoditicamente determinar de modo absoluto a sua aplicação, o que importaria na privação da função judicial de uma de suas atividades primordiais: a de declarar a invalidade de ato, negócio ou norma e extirpá-la do mundo jurídico.[340]

Com efeito, a modulação a torto e a direito, notadamente no controle abstrato de constitucionalidade, pode levar a um gravíssimo paradoxo: o demandante, irresignado com o que entende ser uma inconstitucionalidade ou interpretação incorreta de uma norma, provoca a jurisdição, prova que tem razão, vence o litígio, mas, em razão da modulação com efeitos prospectivos, não obter nenhum efeito prático, o que, a toda evidência, além de ofender a noção mais elementar de justiça, desestimula o legítimo exercício do direito de ação, ofende a efetividade da jurisdição e acaba por prolongar a preservação de ato, contrato, ajuste, processo ou norma administrativa viciados. A noção de processo justo e de tutela jurisdicional adequada, que busca, em prazo razoável, a solução integral do mérito por meio de decisão de mérito justa e efetiva (arts. 4º e 6º, do CPC), é incompatível com essa realidade. A opção é, no controle difuso de constitucionalidade, atribuir efeitos *ex tunc* à decisão judicial[341] em relação ao caso concreto e estendê-los às demais ações pendentes de julgamento.

---

[340] Registre-se, em sentido contrário, a posição de Floriano de Azevedo Marques Neto (2018, p. 111-112) para quem, nos termos do art. 23 da LINDB, a fixação do regime de transição é um dever inafastável, cuja violação é causa de nulidade.

[341] Exemplo disso ocorreu no RE nº 556.664/RS, da relatoria do Ministro Gilmar Mendes (*DJe* 14/11/2008), quando o STF, por seu pleno, declarou incidentalmente a inconstitucionalidade dos arts. 45 e 46 da Lei nº 8.212/91, por violação do art. 146, III, da Constituição de 1988, e do parágrafo único do art. 5º do Decreto-lei nº 1.569/77, em face do §1º do art. 18 da Constituição de 1967/69, porém, ao modular os efeitos da decisão afirmou a legitimidade dos recolhimentos efetuados nos prazos previstos nos arts. 45 e 46 da Lei 8.212/91 e não impugnados antes da data de conclusão do aludido julgamento.

Quanto à modificação da jurisprudência dominante dos tribunais superiores ou de entendimento adotado em julgamento de casos repetitivos, Pedro José Costa Melo (p. 1.058-1.063), na esteira do Enunciado nº 55 da Carta de Belo Horizonte, elaborada no IV Encontro do Fórum Permanente de Processualistas Civis,[342] realizado entre os dias 05 e 07 de dezembro de 2014, defende que a nova disciplina processual substitui a regra geral de que as decisões judiciais produzem efeitos *ex tunc*, aplicando-se irrestritamente a fatos pretéritos, pela aplicação prospectiva.

Para dirimir o aparente conflito entre as disposições do art. 27 da Lei nº 9.868/1999 e as do art. 927, §§3º e 4º, do CPC, Melo, adotando o critério cronológico, que privilegia "os valores mais atuais da sociedade", propõe a seguinte solução:

> A nova norma cria uma espécie de presunção de que as razões de segurança jurídica impõem a modulação de efeitos temporais, sempre que houver a mudança jurisprudência dominante de tribunais superiores ou de entendimento adotado em julgamento de casos repetitivos. Isto significa que quando nesses casos os órgãos jurisdicionais declararem a inconstitucionalidade de norma jurídica, deverá ser aplicada preferencialmente a nova regra, tendo a decisão judicial efeitos prospectivos. Poderá o órgão judiciário, no entanto, conferir efeitos retroativos à decisão, dispensando-se um quórum especial para tanto.
> Nos casos em que não haja interseção entre as normas, no entanto, aplicam-se cada uma delas sem qualquer novidade. Isto é, a declaração de inconstitucionalidade que não implique mudança de jurisprudência dominante de tribunais superiores ou de entendimento adotado em julgamento de casos repetitivos terá, em regra, efeitos retroativos, podendo haver modulação de efeitos temporais por decisão de dois terços dos integrantes do órgão colegiado. No entanto, quando houver a modificação do entendimento dos tribunais naquelas hipóteses, sem que haja o reconhecimento de inconstitucionalidade, a decisão terá, em regra, efeitos prospectivos, podendo a modulação ser realizada por maioria simples do órgão judiciário.

Alexandre Freitas Câmara (2017, p. 313-315) distingue (i) a alteração (ou cancelamento) do enunciado de súmula em razão da revogação ou modificação de sua base normativa, (ii) da alteração (ou cancelamento) em razão do surgimento de nova interpretação do

---

[342] BRASIL. Enunciado do Fórum Permanente de Processualistas Civil: "Enunciado 55: Pelos pressupostos do §3º do art. 927, a modificação do precedente tem, como regra, eficácia temporal prospectiva. No entanto, pode haver modulação temporal, no caso concreto".

texto normativo, sem que este tenha sido alterado. No primeiro caso, a superação do entendimento é meramente declaratória e teria efeitos temporais *ex tunc*, "alcançando o momento em se operou a modificação da base normativa". No segundo, a modificação da interpretação promoverá "o estabelecimento de uma *nova norma* jurídica" e, portanto, como regra geral, submete-se ao princípio da irretroatividade.

Esse meticuloso sistema de modulação é mais sofisticado e exigente do que o instituído pela LINDB. Além disso, o art. 2º, parágrafo único, XIII, da Lei nº 9.784/1999, é expresso ao determinar que, no processo administrativo no âmbito da Administração Pública federal, deverá ser observada a interpretação da norma administrativa da forma que melhor garanta o atendimento do fim público a que se dirige, *vedada aplicação retroativa de nova interpretação*. Por isso diverge-se de Floriano Azevedo Marques Neto e Rafael Véras de Freitas (2019, p. 83) quando atribuem ao art. 23 da LINDB a ampliação do dever de transição em favor da segurança jurídica, evitando o que chamaram de "surpresas, mudanças drásticas, 'cavalos de pau hermenêuticos'".

Redundante dizer que o regime de transição deve assegurar que o novo dever ou condicionamento de direito seja cumprido de modo proporcional, equânime e eficiente e sem prejuízo aos interesses gerais.[343] A arbitrariedade e o excesso não se coadunam com o Estado de Direito e o desprezo pelos interesses da coletividade, os quais devem ser harmonizados com os interesses individuais.

4.6 A intangibilidade das situações plenamente constituídas (art. 24 da LINDB)

O art. 24 da LINDB determina que a revisão, nas esferas administrativa, controladora ou judicial, quanto à validade de ato, contrato, ajuste, processo ou norma administrativa cuja produção já se houver completado levará em conta as orientações gerais da época, sendo vedado que, com base em mudança posterior de orientação geral, se declarem inválidas situações plenamente constituídas. É nítida a aproximação com o art. 23, mas eles não se confundem: enquanto

---

[343] O art. 7º, I, II e III, do Decreto nº 9.830/2019, dispõe que, quando cabível, o regime de transição preverá (i) os órgãos e as entidades da Administração Pública e os terceiros destinatários; (ii) as medidas administrativas a serem adotadas para adequação à interpretação ou à nova orientação sobre norma de conteúdo indeterminado; e (iii) o prazo e o modo para que o novo dever ou novo condicionamento de direito seja cumprido.

esse atinge relações jurídicas em curso, que vem a experimentar novo dever ou condicionamento, em razão de mudança de interpretação ou orientação; aquele visa proteger "situações plenamente constituídas".

O disposto no art. 5º, §1º, do Decreto nº 9.830/2019 praticamente repete o teor do referido art. 24:

> Art. 5º A decisão que determinar a revisão quanto à validade de atos, contratos, ajustes, processos ou normas administrativos cuja produção de efeitos esteja em curso ou que tenha sido concluída levará em consideração as orientações gerais da época.
> §1º É vedado declarar inválida situação plenamente constituída devido à mudança posterior de orientação geral.

De modo didático, Fernando Dias Menezes de Almeida (2019, p. 266-269) explica que na aplicação do art. 24 da LINDB está em questão a lógica de que:

> (i) exista uma "orientação geral", enquanto entendimento licitamente resultante de um processo de interpretação do direito; (ii) não configurem "orientação geral" interpretações que transbordem a moldura das interpretações licitamente cabíveis do direito – ou seja, levando a práticas ou decisões ilícitas, o que cabe ser detectado pelos órgãos competentes e segundo os meios previstos no ordenamento jurídico; (iii) a opção posterior por outra interpretação lícita, a gerar a uma nova orientação geral, não possa ser fundamentado para invalidação de atos praticados sob a inspiração da orientação geral original.

Almeida critica a expressão "situações plenamente constituídas" ao argumento de que "não se declararam 'inválidas' 'situações plenamente constituídas'; não é a 'situação jurídica' que será válida ou inválida, mas sim o ato jurídico (que, em essência, é norma jurídica) do qual decorre uma situação jurídica".

Percebe-se evidente aproximação com o art. 2º, parágrafo único, XIII, da Lei nº 9.784/1999, que veda, no processo administrativo no âmbito da Administração Pública federal, a aplicação retroativa de nova interpretação. Para Floriano Azevedo Marques Neto e Rafael Véras de Freitas (2019, p. 92), entretanto, o art. 24 da LINDB "vai além, pois que serve de limite para anulação de atos, com lastro nos efeitos retroativos das novas interpretações". Não há, porém, diferença substancial. Se a lei, sem fazer qualquer distinção ou ressalva, veda a aplicação retroativa de nova interpretação, não há dúvida de que tal regra imuniza amplamente, ou ao menos assim pretende, os atos pretéritos, seus efeitos e aqueles que deles tomaram parte.[344]

A propósito, pertinente citar o comentário de Gustavo Marinho de Carvalho à parte final do inciso referido:

> [...] fixada a interpretação de determinada norma jurídica, o que se dá, também, através de sua aplicação em um caso concreto, eventual mudança de entendimento não poderá produzir efeitos retroativos, ou seja, vale apenas para as situações jurídicas formadas após a mudança de interpretação. Isto porque, reforce-se, *a nova interpretação equivale à edição de uma nova norma jurídica*.
>
> A nosso ver, quando o inciso XIII, veda a possibilidade da eficácia retroativa da mudança de interpretação, está ele a estabelecer que a superação de um determinado precedente terá *eficácia prospectiva pura* [...] extremamente protetiva ao administrado e estabelece os efeitos da nova decisão (= nova interpretação de uma mesma norma jurídica) valem apenas para casos futuros, ou seja, não atinge a parte envolvida, tampouco os fatos ocorridos antes da decisão e que ainda serão regidos pela interpretação anterior.

Para Jacintho Arruda Câmara (2018, p. 116-125) a ideia por trás do art. 24 é o da irretroatividade da norma, que tem como um dos seus antecedentes normativos a regra do art. 146 do CTN, cujo texto dispõe:

> Art. 146. A modificação introduzida, de ofício ou em consequência de decisão administrativa ou judicial, nos critérios jurídicos adotados pela autoridade administrativa no exercício do lançamento somente pode ser efetivada, em relação a um mesmo sujeito passivo, quanto a fato gerador ocorrido posteriormente à sua introdução.

De fato, o dispositivo transcrito consagra uma das garantias tributárias de maior relevo, a irretroatividade, que se conecta diretamente com o princípio da imodificabilidade do lançamento previsto no art. 145 do CTN, podendo servir de inspiração para outros ramos do ordenamento. Todavia, necessário não perder de vista que a tributação é uma

---

[344] Em sentido diverso, adotando posição restritiva, Elival da Silva Ramos (2006, p. 91) argumenta: "Em nosso entendimento, o que está proibido é a aplicação dos novos padrões interpretativos a efeitos jurídicos passados de atos pretéritos, praticados em consonância com interpretação administrativa assente ao tempo de sua edição e que se revelem viciados à luz de intelecção superveniente do texto-base. Não nos parece, contudo, obstada a invalidação em si desses atos, até porque, de outro modo, ficará coarctada a possibilidade de plena vigência dos novos padrões interpretativos legitimamente adotados pela Administração, com inaceitável ofensa aos princípios constitucionais da legalidade e da isonomia".

das atividades estatais mais rigorosamente limitada, afinal "o poder de tributar envolve o poder de destruir" (McCulloch *v.* Maryland), por isso mesmo regida por garantias como a anualidade, a anterioridade e a noventalidade, de modo que a transposição dos seus institutos, assim como daqueles originários de outras tradições jurídicas, exige detida análise sobre seus impactos, sob pena de deturpação ou aniquilamento das especificidades de cada ramo do Direito.

Karl Larenz (1989, p. 525-526) observa que uma jurisprudência constante pode adquirir vinculatividade e se converter em base de um direito consuetudinário. Assim, "se a jurisprudência muda, sem que tal fosse previsível", podem advir para os particulares sérios inconvenientes. Por isso a Corte Constitucional alemã (BGHZ 58, 355, 363) considerou que "uma mudança da jurisprudência pode dar lugar ao desaparecimento da base do negócio, quando as partes de um acordo partiram, em consonância, da situação jurídica que resultava da jurisprudência anterior". Diante dessa constatação, devem ser aplicadas, por analogia, as mesmas regras relativas às leis retroativas. Decidiu-se, porém, que o princípio da irretroatividade das leis[345] não poderia incidir inteiramente sobre a atividade judicial, pois isso significaria a vinculação a uma jurisprudência superada, mesmo quando ela se revelasse "insustentável à luz do conhecimento apurado ou em vista da mudança das relações sociais e políticas".[346]

Cândido Rangel Dinamarco e Bruno Vasconcelos Carrilho Lopes (2016, p. 43-44) sustentam que, a jurisprudência, ao deixar de "exercer mera *influência* no espírito dos aplicadores da lei" e passar, por força do art. 926 do CPC, a integrar o conjunto normativo a ser considerado nos julgamentos, aproxima-se da lei. Desse modo, sua eficácia normativa submete-se "às limitações temporais ditadas pela Constituição Federal em relação a fatos pretéritos ou situações jurídicas consumadas".

> Tanto quanto a lei, a jurisprudência não pode projetar essa eficácia ao passado, a ponto de se impor sobre essas situações, sem guardar o respeito ao direito adquirido, ao ato jurídico perfeito ou à coisa julgada (Const., art. 5º, inc. XXXVI). O próprio substrato constitucional da aceitabilidade da jurisprudência como fonte do direito, ou seja, a

---

[345] J. J. Gomes Canotilho (2003, p. 262) distingue duas espécies de retroatividade: (i) autêntica: a norma pretende produzir efeitos sobre atos e fatos pretéritos; (ii) inautêntica (ou retrospectividade): a norma jurídica incide sobre situações ou relações jurídicas já existentes, mas a nova disciplina produz efeitos apenas para o futuro.

[346] Por isso Rafael Valim (2013, p. 65) afirma que *"segurança jurídica não é sinônimo de imutabilidade do Direito"*, mas uma garantia contra mudanças inopinadas e traumáticas.

oferta de *segurança jurídica* à população mediante a previsibilidade dos julgamentos do Poder Judiciário, impõe essa limitação temporal da eficácia normativa da jurisprudência – porque seria uma *traição* o Poder Judiciário proferir reiteradas decisões em determinado sentido, induzindo as pessoas e as empresas a pautarem suas vidas, seus negócios e seu planejamento de acordo com uma jurisprudência que acreditaram ser firme, e depois virem os próprios juízes com uma outra linha de decisões, castigando quem confiou nessa firmeza.

"Situações plenamente constituídas" ou "ato ou norma jurídicos plenamente constituídos" são atos jurídicos perfeitos e direitos adquiridos. Ato jurídico perfeito é aquele já consumado segundo a lei vigente ao tempo em que se efetuou; por sua vez, consideram-se adquiridos os direitos que o seu titular, ou alguém por ele, possa exercer, como aqueles cujo começo do exercício tenha termo pré-fixo, ou condição pré-estabelecida inalterável, a arbítrio de outrem (art. 6º, §§1º e 2º, da LINDB). Ambos constituem garantias fundamentais (art. 5º, XXXVI, da CF).[347]

O ponto polêmico é a pretensa intangibilidade integral e absoluta[348] discrepante do tratamento dado à outra garantia fundamental, a coisa julgada, e à compreensão do STF quanto à parcimônia no emprego da modulação.

No primeiro caso, como visto no item 3.2.4, foram julgados constitucionais (Tema 360) os dispositivos (arts. 525, §12 e 535, §5º, do CPC) que, na fase de cumprimento, declaram inexigível a obrigação reconhecida em título executivo judicial fundado em lei ou ato normativo

---

[347] Nos termos da Súmula 654 do STF, a garantia da irretroatividade da lei, prevista no art. 5º, XXXVI, da Constituição da República, não é invocável pela entidade estatal que a tenha editado. Ravi Peixoto (2015, p. 394) defende que a referida súmula não se aplica à hipótese de modulação de efeitos na superação de precedentes. Enquanto no plano legislativo o ente estatal teria "domínio da situação" e, portanto, não poderia ser surpreendido; no caso da modulação o fundamento da "utilização da segurança jurídica não é o texto normativo editado pelo ente público, mas sim uma decisão que aponta a interpretação a ser adotada pelos jurisdicionados". Nesse caso, além da ausência de qualquer "relação de causalidade entre o seu comportamento e a mudança ocorrida", verifica-se "surpresa para o ente estatal, que confiou no sentido do posicionamento jurisprudencial para adotar suas condutas". A súmula merece ser criticada, pois confunde as distintas funções do Estado-legislador e Estado-administrador e ignora que o processo legislativo não conta necessariamente com a comunhão de interesses entre as funções legislativa e executiva, podendo inclusive ocorrer a rejeição do veto do chefe do Poder Executivo.
[348] Floriano Azevedo Marques Neto e Rafael Véras de Freitas (2019, p. 94) defendem que o art. 24 da LINDB "criaria o ônus para o decisor" de analisar a validade do negócio nos "quadrantes das interpretações gerais da época de sua consumação, interditando-se a declaração de sua invalidade, com base na nova interpretação".

considerado inconstitucional pelo STF, ou fundado em aplicação ou interpretação da lei ou do ato normativo tido pelo STF como incompatível com a Constituição Federal, em controle de constitucionalidade concentrado ou difuso. Ou seja, há inegável fragilização da coisa julgada (art. 5º, XXXVI, da CF).[349] Coloca-se, portanto, a seguinte indagação: faz sentido admitir a relativização da coisa e defender a absoluta intangibilidade do direito adquirido e do ato jurídico perfeito?[350]

Quanto ao segundo ponto, tratado no item 4.5, o STF adota postura de parcimônia na modulação de efeitos de decisões, com vista a desestimular a denominada "inconstitucionalidade útil" (ou pragmática), permitindo, portanto, como regra, a desconstituição de quaisquer atos, normas ou decisões quando conflitantes com a decisão declaratória de inconstitucionalidade.

Assim, cotejando a jurisprudência do STF com o teor do art. 24 da LINDB, constata-se que, do ponto de vista constitucional, o novel dispositivo dificilmente será mantido no ordenamento jurídico, por criar blindagem incompatível com o tratamento consolidado quanto ao desfazimento de atos pretéritos quando eivados de inconstitucionalidade.

De acordo com o parágrafo único do art. 24 da LINDB consideram-se orientações gerais[351] as interpretações e especificações contidas em atos públicos de caráter geral[352] ou em jurisprudência judicial ou

---

[349] Por isso a defesa de Floriano Azevedo Marques Neto e Rafael Véras de Freitas (2019, p. 93) de uma espécie de "direito adquirido" à aferição da validade do negócio jurídico que de acordo com a interpretação vigente na data da sua celebração não significa reforço algum da segurança jurídica.

[350] A proximidade entre ambos os institutos é tal que José Afonso da Silva (2018, p. 439) chega a afirmar que, "em certo sentido", a coisa julgada é um ato jurídico perfeito.

[351] O Decreto nº 9.830/2019 autoriza a autoridade que representa órgão central de sistema a editar orientações normativas ou enunciados que vincularão os órgãos setoriais e seccionais e faculta a submissão das controvérsias jurídicas sobre a interpretação de norma, instrução ou orientação de órgão central de sistema à Advocacia-Geral da União, que deverá ser instruída com a posição do órgão jurídico do órgão central de sistema, do órgão jurídico que divergiu e dos outros órgãos que se pronunciaram sobre o caso (art. 22, §§1º e 2º). A autoridade máxima de órgão ou da entidade da Administração Pública poderá editar enunciados que vinculem o próprio órgão ou a entidade e os seus órgãos subordinados (art. 23).

[352] A LC nº 73/1993 estabelece que o parecer do Advogado-Geral da União ou emitido pela Consultoria-Geral da União, aprovado e publicado juntamente com o despacho presidencial, vincula a Administração Federal, cujos órgãos e entidades ficam obrigados a lhe dar fiel cumprimento. O parecer aprovado, mas não publicado, obriga apenas as repartições interessadas, a partir do momento em que dele tenham ciência. Por sua vez, os pareceres das Consultorias Jurídicas, aprovados pelo Ministro de Estado, pelo Secretário-Geral e pelos titulares das demais Secretarias da Presidência da República ou pelo Chefe do Estado-Maior das Forças Armadas, obrigam, também, os respectivos órgãos autônomos e entidades vinculadas. (arts. 40, §§1º e 2º, 41 e 42). O art. 20, §2º, do Decreto nº 9.830/2019

administrativa majoritária, e ainda as adotadas por prática administrativa reiterada e de amplo conhecimento público.[353]

No lugar da expressão "jurisprudência majoritária" o CPC adota "jurisprudência dominante", referida em seus arts. 926, §1º, 927, §3º e 1.035, §3º, I.[354] Trata-se de expressão que, nas palavras de Rodolfo de Camargo Mancuso (2015, p. 400), é "resistente aos esforços doutrinários" e, "por sua própria vagueza" integra a categoria dos conceitos abertos ou indeterminados. Em um esforço para emprestar-lhe densificação, compreende-se jurisprudência dominante como a linha de interpretação prevalente, contínua e reiterada, sobre determinada norma.

Nem sempre, porém, será fácil identificar a jurisprudência dominante em uma estrutura composta por 91 (noventa e um) tribunais[355] e mais de 18.000 (dezoito mil) magistrados. Além da possibilidade de profunda divisão sobre temas controversos e da formação de correntes antagônicas acirradas, a superação de um entendimento reputado consolidado é um processo gradual e lento, que se protrai no tempo, não permitindo, muitas vezes, identificar exatamente o momento da sua ocorrência. Evidente que (i) a decisão do Supremo Tribunal Federal em controle concentrado de constitucionalidade, (ii) a aprovação e enunciados de súmula vinculante, (iii) os acórdãos em incidente de assunção de competência ou de resolução de demandas repetitivas e em julgamento de recursos extraordinário e especial repetitivos, e (iv) os enunciados

---

determina que os pareceres de questões submetidas pelo Presidente da República ao exame do Advogado-Geral da União, quando aprovados, têm prevalência sobre outros mecanismos de uniformização de entendimento.

[353] Fernando Dias Menezes de Almeida (2019, p. 270) argumenta que "a simples prática administrativa não contestada, adotada por certo órgão ou por certa autoridade, porém não consistindo em prática geral da administração, nem confirmada por órgãos com competência para fixar interpretações jurídicas, não configura 'orientação geral' no sentido da lei".

[354] BRASIL. Lei nº 13.105, de 16 de março de 2015 – Código de Processo Civil: "Art. 926. Os tribunais devem uniformizar sua jurisprudência e mantê-la estável, íntegra e coerente. §1º Na forma estabelecida e segundo os pressupostos fixados no regimento interno, os tribunais editarão enunciados de súmula correspondentes a sua jurisprudência dominante; Art. 927. Os juízes e os tribunais observarão: [...] §3º Na hipótese de alteração de jurisprudência dominante do Supremo Tribunal Federal e dos tribunais superiores ou daquela oriunda de julgamento de casos repetitivos, pode haver modulação dos efeitos da alteração no interesse social e no da segurança jurídica; Art. 1.035. O Supremo Tribunal Federal, em decisão irrecorrível, não conhecerá do recurso extraordinário quando a questão constitucional nele versada não tiver repercussão geral, nos termos deste artigo. [...] §3º Haverá repercussão geral sempre que o recurso impugnar acórdão que: I – contrarie súmula ou jurisprudência dominante do Supremo Tribunal Federal".

[355] O Poder Judiciário brasileiro, cujos órgãos são previstos no art. 92 da Constituição Federal, é formado: (i) pelo STF; (ii) quatro Tribunais Superiores (STJ, TST, STE e STM); (iii) vinte e sete TRE's; (iv) vinte e quatro TRT's; (v) cinco TRFs; (vi) vinte e sete Tribunais de Justiça, e; (vii) três Tribunais de Justiça Militar estaduais (SP, MG e RS).

das súmulas do Supremo Tribunal Federal em matéria constitucional e do Superior Tribunal de Justiça em matéria infraconstitucional (art. 927, I a IV, do CPC) não deixam dúvida do termo inicial a partir do qual determinada interpretação deve ser aplicada. Mas tais situações ocupam o ponto culminante de um longo processo de discussão até a consolidação do entendimento prevalente.

A questão é peculiarmente intrincada quando há sinais de superação, integral ou parcial, de entendimento considerado dominante. Como saber o momento a partir do qual, a despeito do teor de uma súmula, o volume de julgados indicando a sua superação deve ser considerado materialmente dominante?[356] Existirão, portanto, zonas cinzentas, nas quais condutas díspares poderão ser idoneamente baseadas em decisões conflitantes.

4.7 A ADI nº 6.146-DF e a impugnação pela ANAMATRA dos arts. 20 a 23 da LINDB

A Associação Nacional dos Magistrados da Justiça do Trabalho – ANAMATRA propôs ação direta de inconstitucionalidade (ADI nº 6.146-DF, distribuída em 23/05/2019), de relatoria do Ministro Nunes Marques, insurgindo-se contra os artigos 20 a 23 da LINDB, por exigirem, como condição de validade de determinadas decisões judiciais, a indicação (a) das suas consequências práticas; (b) das alternativas existentes; (c) dos obstáculos e dificuldades ao cumprimento por agentes públicos, e; (d) de regime de transição.

Para a ANAMATRA essas exigências impõem indevidamente aos magistrados a atuação "sem provocação das partes e em substituição tanto ao Poder Executivo (Administração Pública) para atuar em nítido caráter consultivo, como ao Poder Legislativo (para legislar no caso concreto)", atribuições estranhas à função judicial. Por isso essas normas não poderiam "ser consideradas constitucionalmente válidas, diante dos princípios da inércia de jurisdição, do devido processo legal, da separação de poderes e da independência do Poder Judiciário".

---

[356] É o que Michele Taruffo (2012, p. 279), conforme doutrina citada na nota de rodapé nº 166, aponta ao constatar que na *common law* "é fácil identificar qual decisão de verdade 'faz precedente'", enquanto que na *civil law* a alusão à jurisprudência é normalmente acompanhada da referência a muitas decisões, às vezes até centenas. Isso acarreta um obstáculo de difícil superação: "estabelecer qual seja a decisão que verdadeiramente é relevante (se houver uma) ou então de decidir quantas decisões são necessárias para que se possa dizer que existe uma jurisprudência relativa a uma determinada interpretação de uma norma".

A demandante argumenta:

> [...] não é dado ao Poder Judiciário proferir decisão sem a devida provocação das partes, nem, por isso mesmo, exercer juízo de futurologia sobre as consequências das decisões, ou sobre as alternativas existentes, ou sobre os obstáculos e dificuldades para lhes dar cumprimento, ou, ainda, fixando eventual regime de transição para o cumprimento das mesmas, sem que as partes indiquem quais seriam essas consequências, obstáculos, dificuldades ou regime de transição possível.
>
> Da mesma forma, não é dado ao Poder Judiciário substituir-se à administração pública para o cumprimento da lei, por meio de ordem judicial. Afinal, as alternativas, os obstáculos, as dificuldades e o regime de transição, para o cumprimento de alguma decisão judicial é questão inerente à atividade da administração pública, como já seria diante do cumprimento da lei.
>
> E exigir-se do juiz a indicação desses elementos – as alternativas, os obstáculos, as dificuldades e o regime de transição, para o cumprimento de alguma decisão judicial – como condição de validade da fundamentação das decisões judiciais é uma exigência manifestamente desproporcional e desarrazoada porque exige um exercício de futurologia ou de conhecimento de fatos que o juiz não necessariamente está obrigado a ter conhecimento.
>
> Ademais, ao serem compelidos a tratar das consequências das decisões, ou sobre as alternativas existentes, ou sobre os obstáculos e dificuldades para lhes dar cumprimento, ou, ainda, sobre o eventual regime de transição para o cumprimento das mesmas, estarão os magistrados exercendo atividade estranha à atividade judicante, porque estarão dando consultoria às partes (jurisdicionados) ou até mesmo legislando no caso concreto.

A norma do art. 20 da LINDB, sustenta a Associação, contempla duas expressões que devem ser objeto de interpretação conforme o princípio constitucional do contraditório, a saber, "as consequências práticas" e "em face das possíveis alternativas", que devem se restringir àquelas "consequências apresentadas pelas partes". É o que, com fundamentos diversos (arts. 2º, 3º, §3º, 141, 190, 490 e 492 do CPC e o brocardo *Quod non est in actis non est in mundo*), foi sustentado no item 4.3.2. O argumento de violação do contraditório não convence porque pode ser observado com a mera aplicação do art. 10 do CPC, que veda a prolação de decisão com base em fundamento a respeito do qual não se tenha dado às partes oportunidade de se manifestar, ainda que se trate de matéria sobre a qual deva decidir de ofício.

O art. 21, parágrafo único, também exigiria interpretação conforme a Constituição, "porque a decisão judicial que versa sobre direito público, não pode, sob pena de invadir as competências dos demais Poderes e violar o princípio da Separação de Poderes, tratar das 'condições' para a regularização do vício eventualmente reconhecido pelo Poder Judiciário". De fato, atribuir ao juiz o poder de "indicar as condições" para a regularização em face da decretação da invalidação de ato, contrato, ajuste, processo ou norma administrativa não pode significar a faculdade de criação indiscriminada de norma jurídica diversa da instituída pelo Poder Legislativo. É possível compreender a expressão "indicar as condições" como: (i) quando for o caso, a concessão de prazo para a sanação do vício, nos termos dos requisitos e formalidades originalmente previstos para a prática do ato invalidado; (ii) frustrado o item "i", o arbitramento de indenização de perdas e danos.

O art. 22 é impugnado porque, ao determinar que o juiz, ao interpretar as normas de gestão pública, deverá considerar os obstáculos e dificuldades reais do gestor, assim como as exigências das políticas públicas a seu cargo, imporia, de acordo com a ANAMATRA, a realização de "juízo de futurologia, para saber das dificuldades do gestor, e uma futurologia casuística, a depender do gestor objeto da demanda", convertendo-o em espécie de "consultor", o que viola o princípio da separação de poderes. A questão aqui, conforme assinalado no item 4.4, é a possível negativa de efetividade às normas que disciplinam os deveres dos administradores e os direitos dos administradores, o que pode resultar em despropositada complacência com a perpetuação de um *status quo* inconstitucional, violador de direitos fundamentais. Como visto, o STF não admite que sob o escudo da reserva do possível, *salvo a ocorrência de justo motivo objetivamente aferível*, o Estado se exonere do cumprimento de suas obrigações constitucionais, sobretudo quando há risco de nulificação ou aniquilação de direitos fundamentais

Ainda argumenta a Associação que o art. 23 da LINDB não pode impor ao Estado-Juiz a criação de uma disciplina de "transição", pois tal equivale a legislar no caso concreto, o que infringe "o princípio da separação dos poderes, ao atribuir ao órgão judicante a função de atuar como legislador positivo". Como sustentado anteriormente no item 4.5, a expressão "transição" deve ser entendida como "modulação", interregno necessário para, diante do estabelecimento de nova interpretação ou orientação, a devida adaptação, de modo a prevenir surpresa e prejuízos.

CONCLUSÃO

Legítimo e digno de aplauso o esforço para racionalizar e robustecer a qualidade da atividade decisória do Poder Público, cujas deficiências, muito democraticamente, prejudica a todos, sem distinção. A densificação da segurança jurídica é, portanto, um anseio de toda a sociedade e por isso sua discussão deve ser a mais ampla e inclusiva possível. É do embate das múltiplas *expertises*, a partir da perspectiva dos diversos agentes interessados (*stakeholders*), que se atingirá uma visão mais abrangente das disfuncionalidades, o que propiciará, além da criação e do desenvolvimento dos instrumentos para corrigi-las, o incentivo à instauração de um ambiente mais engajado quanto ao respeito da estabilidade das relações jurídicas e da proteção da confiança.

Nada obstante, o protagonismo do consequencialismo como vetor de interpretação jurídica, ao generalizar a expectativa de atenuação das implicações imediatas previstas no ordenamento, pode se converter em causa de enfraquecimento da normatividade e mesmo de estímulo a comportamentos transgressores de normas e contratos.

Por sua vez, a substituição do empenho na observância das normas e dos contratos pelo foco no exame das consequências da sua possível violação, pode instaurar uma lógica perversa: a primazia do cálculo utilitário de vantagens. Noutras palavras, a norma ou o contrato somente serão observados se a transgressão não for mais benéfica. É a mitigação, talvez a derrocada da *pacta sunt servanda*. A cadeia de confiança, pressuposto da previsibilidade, é vulnerada.

Não se trata de alarmismo. No plano constitucional, como visto (item 4.5), o STF já consignou que a modulação dos efeitos das decisões deve ser adotada com bastante cautela, sob pena de estimular "a inaceitável figura da inconstitucionalidade útil", consistente na inserção no ordenamento jurídico de atos normativos sabidamente inconstitucionais, porém editados na expectativa de uma futura modulação.

O ponto crucial a ser considerado é que as melhores consequências imediatas, por vezes, são incompatíveis com as melhores consequências sistêmicas. O afastamento da norma no caso particular, norteado pela prevalência das consequências práticas, administrativas e jurídicas, pode gerar uma distorção: a pretensa justiça particular terá como custo a generalização da imprevisibilidade e da instabilidade das decisões. E o motivo é simples: somente após a ponderação do órgão decisor é que serão conhecidas as efetivas consequências, retirando-se dos destinatários das normas e dos contratantes a mensuração prévia dos efeitos da sua inobservância. Se é natural que o Judiciário incorpore e antecipe gradualmente as mudanças sociais, que somente posteriormente serão disciplinadas normativamente pelo Legislativo, com o reforço do viés consequencialista referida atividade é turbinada. Além de se exacerbar o protagonismo de uma das funções estatais, realçando uma atividade que não lhe é a primordial, desloca-se do parlamento, enfraquecendo-o, a função de incorporação de valores e normas ao ordenamento. Provoca-se desequilíbrio e fricção entre as funções estatais, cujas fronteiras de atuação tornam-se ainda mais incertas e conflituosas. Abrem-se as portas para um permanente estado de tensão institucional. O risco do consequencialismo, portanto, é a instauração do "estado de exceção hermenêutico", substituindo-se o primado do ato normativo legislado e do negócio jurídico pactuado pela generalização da ponderação das consequências do caso concreto, instituindo-se a ductibilidade *hardcore*. Aqui o consequencialismo mostra outra face preocupante, que é a facilidade com que foi instrumentalizado para justificar atos antidemocráticos em toda a América Latina, como a manipulação e a ruptura da ordem jurídica em nome da preservação de bens e valores supostamente ameaçados e que não poderiam ser defendidos pelas normas vigentes, legitimando assim a substituição do ideal do "governo das leis" pelo "governo dos intérpretes".

Convém esclarecer que não se refuta por completo o consequencialismo, que pode desempenhar importante função como *ferramenta auxiliar* na ampliação do horizonte dos efeitos futuros dos atos do Poder Público em geral e, portanto, fomentar o aprimoramento da atividade de planejamento e de tomada de decisão, mas desde que não se releguem as preocupações deontológicas, fundamentais para a superação do persistente quadro de assimetria civilizatória que caracteriza a sociedade brasileira. Isto é, o *"consequencialismo antecedente"* à formalização de ato, contrato, ajuste, processo ou norma administrativa tem largo espaço para aplicação; porém, o *"consequencialismo ulterior ou diferido"*, empregado na atividade de controle de execução ou de invalidação deve ser adotado com redobrada parcimônia.

Precisamente quanto ao Poder Judiciário, a análise consequencialista ganha especial relevo no exercício do poder normativo (art. 96, I, "a", da CF), na prolação de decisão com eficácia *erga omnes* e efeito vinculante (art. 102, §2º, da CF) e na edição de súmula vinculante (art. 103-A da CF), hipóteses nas quais há nítida aproximação com a atividade legislativa típica de produção de atos normativos primários, exigindo-se, por conseguinte, análise de impacto e acurado olhar prospectivo.

Não se pode olvidar, todavia, que os atos estatais, ao menos desde a instauração do Estado de Direito, simplesmente por se sujeitarem à proporcionalidade e à razoabilidade, não podem e jamais puderam ser inconsequentes, desmedidos ou arbitrários. A questão, repita-se, é o risco de criação de uma cultura de *justificação da quebra das normas*, de *leniência* e de *modulação*, com o enfraquecimento generalizado da cautela na produção de atos em geral e potencial proliferação de invalidades.

Voltando o foco para as inovações da LINDB aqui tratadas, chegamos ao seguinte diagnóstico:

(i) os dispositivos da Lei nº 13.655/2018, nos planos administrativo e de controle da União e da função judicial como um todo, em face das disposições da Lei nº 9.784/1999 e do CPC, não promovem efetivo incremento da segurança jurídica;

(ii) a grande e verdadeira contribuição da Lei nº 13.655/2018, em tese, recai nos âmbitos administrativo e de controle dos Municípios, Estados, Distrito Federal e suas respectivas autarquias, fundações, empresas públicas e sociedades e economia mista. No entanto, à luz da autonomia garantida aos entes políticos subnacionais (art. 18, *caput*, da CF), todos detentores de competência legislativa em matéria de Direito Administrativo, há séria dúvida a respeito da constitucionalidade dessas inovações, por restringirem a capacidade de autoadministração e o dever-poder de autotutela de tais entes, sem que exista previsão constitucional expressa que outorgue à União a competência para editar lei geral sobre Direito Público, salvo quanto a um tema específico: a edição das normas gerais de licitação e contratação, em todas as modalidades, para todas as administrações públicas (art. 22, XXVII, da CF);

(iii) embora tente restringir a tomada de decisão com base em valores jurídicos abstratos, o legislador paradoxalmente introduz no ordenamento jurídico novas normas polissêmicas, que ampliam as possibilidades combinatórias e aumentam a imprevisibilidade. De se cogitar aplicar a si mesmo, legislador, a regra de que "não se legislará com base em valores jurídicos abstratos sem que sejam consideradas as consequências práticas da lei";

(iv) das três vigas mestras do CPC, a Lei nº 13.655/2018 choca-se com duas delas: com o respeito pela autonomia da vontade e a autocontenção da atividade jurisdicional ao pretender atribuir superpoderes ao órgão julgador e permitir a busca por *possíveis alternativas* e exigir a indicação das consequências práticas, jurídicas e administrativas para além daquelas diretamente ligadas às causas de pedir e de resistir; e com a harmonização e integridade da jurisprudência e vinculação aos precedentes ao estimular o solipsismo;

(v) a terceira viga, a *racionalidade da atividade decisória* não é incrementada. As normas orientadoras da aplicação do ordenamento (art. 8º do CPC) conjugadas com os minuciosos critérios de fundamentação (art. 489 do CPC), à luz da vedação de prolação de decisão com base em fundamento a respeito do qual não se tenha dado às partes oportunidade de se manifestar (art. 10 do CPC), são adequadas e suficientes para obstar surpresas e garantir a racionalidade do procedimento decisório e sua fiscalização pelas partes e pela sociedade. Nesse particular, portanto, as inovações da LINDB são inócuas;

(vi) embora o objetivo da Lei nº 13.655/2018 seja racionalizar a atividade de controle, delimitando com clareza sua intensidade e profundidade, o resultado atingido é o oposto, uma vez que inevitavelmente quanto mais ponderação, mais poder terá o órgão de decisão, a quem competirá reconstruir o sentido da norma de acordo com múltiplas variáveis, muitas delas de difícil controle intersubjetivo, o que é próprio dessa técnica de decisão, caracterizado por não oferecer, em todo e qualquer caso, uma única resposta, mormente porque não há método objetivo para comparação das consequências heterogêneas;

(vii) o reforço, *por lei ordinária*, da consideração dos obstáculos e das dificuldades reais do gestor e das exigências das políticas públicas a seu cargo não tem o condão de tornar lícitas condutas omissivas que vulnerem direitos constitucionais fundamentais, e vai na contramão da jurisprudência do STF, que já acolheu a teoria do estado de coisas inconstitucional (ADPF nº 347 MC-DF), permitindo amplo controle de políticas públicas nos casos de (a) situação de violação generalizada de direitos fundamentais e de (b) inércia ou incapacidade reiterada e persistente das autoridades públicas em modificar a situação;

(viii) há uma sobreposição de normas que concorrem entre si, as quais, ao invés de conferir maior segurança, acabam por gerar dúvidas e incertezas. Antes mesmo da completa incorporação ao cotidiano das múltiplas normas pertinentes à fundamentação da decisão trazidas a lume pelo CPC, outras são criadas. A produção normativa parece ser guiada por um curioso pensamento mágico: as normas *da vez*, ao contrário de todas as outras, serão, sim, capazes de promover o estado de coisas que as anteriores não conseguiram;

(ix) em grande medida, todas essas questões são fruto do déficit de interdisciplinaridade do PLS nº 349/2015 e da ausência dos órgãos de controle e de representantes da função judicial, principais destinatários das suas normas, dos debates travados durante a sua tramitação no Congresso. Esse déficit explica muito dos pontos cegos da Lei nº 13.655/2018 e das suas deficiências textuais e sistêmicas.

Com relação à função judicial, é possível o aproveitamento das normas da Lei nº 13.655/2018, desde que observadas as seguintes diretrizes:

(i) as "consequências práticas, jurídicas e administrativas" a serem consideradas e indicadas pela decisão, bem como as "possíveis alternativas" à invalidação (arts. 20, *caput* e parágrafo único, e 21, *caput*) são apenas as informadas pelas partes e constantes dos autos (*Quod non est in actis non est in mundo*), sendo vedada a violação dos limites impostos pela incidência dos arts. 2º, 3º, §3º, 141, 190, 490 e 492 do CPC;

(ii) a expressão "condições para regularização" (art. 21, parágrafo único) não autoriza a atuação equivalente à do legislador positivo, recomendando-se autocontenção para a sanação do vício nos exatos termos da formalidade inobservada e (a) prioritariamente a concessão de prazo, adequado frente às singularidades do caso concreto, para que isso ocorra e (b) excepcionalmente, a conversão em perdas e danos;

(iii) a consideração dos obstáculos e dificuldades reais do gestor e das circunstâncias práticas que houverem imposto, limitado ou condicionado a sua ação (art. 22, *caput* e §1º), resguardada a ocorrência de justo e intransponível motivo objetivamente aferível, tem como limite inexpugnável o mínimo existencial e não legitima a tolerância com persistente omissão governamental na implementação de direitos fundamentais;

(iv) por "regra de transição" (art. 23) deve ser entendida a "modulação" dos efeitos, inclusive *pro futuro*, da nova interpretação ou orientação, de modo a permitir a devida adaptação ao novo regramento, prevenindo-se surpresa e prejuízos. Deve ser adotada com especial prudência, a fim de obstar efeitos sistêmicos nocivos que podem se propagar diante da generalização da perspectiva de que toda e qualquer irregularidade ou nulidade admitirão convalidação, o que contribui para criar um negligente e malicioso ambiente de produção viciada de normas, atos, contratos e ajustes.

REFERÊNCIAS

AARNIO, Aulis. La tesis de la única respuesta correcta y el principio regulativo del razonamiento jurídico. *Doxa*. Alicante, v. 8, p. 23-38, 1990.

AARNIO, Aulis. *Lo racional como razonable*. Un tratado sobre la justificación jurídica. Madrid: Centro de Estudios Constitucionales, 1991.

ABBOUD, Georges; LUNELLI, Guilherme. Ativismo judicial e instrumentalidade do processo: diálogos entre discricionariedade e democracia. *Revista de Processo*. São Paulo: Revista dos Tribunais, v. 242, ano 40, p. 19-45, abr. 2015.

AGUILÓ, Josep. Independencia e imparcialidad de los jueces y argumentación jurídica. *Isonomía*. Ciudad de México, n. 6, p. 71-79, abr. 1997.

ALESSI, Renato. *Instituciones de derecho administrativo*. t. I. Trad. Buenaventura Pellisé Prats. Barcelona: Bosch, 1970.

ALEXY, Robert. *Conceito e validade do direito*. Trad. Gercélia Batista de Oliveira Mendes. São Paulo: WMF Martins Fontes, 2009.

ALEXY, Robert. Derecho injusto, retroactividad y principio de legalidade penal. La doctrina del Tribunal Constitucional Federal alemán sobre los homicidios cometidos por los centinelas del Muro de Berlín. *Doxa*. Alicante, v. 23, p. 197-230, 2000.

ALEXY, Robert. *Teoria dos direitos fundamentais*. Trad. Virgílio Afonso da Silva. 2. ed. São Paulo: Malheiros, 2015.

ALMEIDA, Bruno Torrano de. Discricionariedade judicial e teoria do direito. *Revista CEJ*. Brasília, ano XVII, n. 60, p. 55-64, maio/ago. 2013.

ALMEIDA, Fernanda Dias Menezes de. *Competências na Constituição de 1988*. 2. ed. São Paulo: Atlas, 2010.

ALMEIDA, Fernando Dias Menezes. Comentário ao art. 24. *In*: CUNHA FILHO, Alexandre Jorge Carneiro da; ISSA, Rafael Hamze; SCHWIND, Rafael Wallbach (Coord.). *Lei de Introdução* **às** *Normas do Direito Brasileiro – Anotada*: Decreto-lei n. 4.657, de 4 de setembro de 1942. São Paulo: Quartier Latin, 2019, p. 265-271.

ALMEIDA, Fernando Dias Menezes. *Formação da teoria do direito administrativo no Brasil*, São Paulo: Quartier Latin, 2015.

ALVIM PINTO, Teresa Arruda. Existe a "discricionariedade" judicial? *Revista de Processo*. São Paulo: Revista dos Tribunais, ano 18, n. 70, p. 232/234, abr./jun. 1993.

AMAYA, Jorge Alejandro. Marbury vs. Madison. O de antiguas y modernas tensiones entre democracia y constitución. *Revista de Estudios Jurídicos*. Jaén, n. 10, p. 1-22, 2010.

ANDRADE, Fábio Martins de. *Comentários* à *Lei n. 13.655/2018*: proposta de sistematização e interpretação conforme. Rio de Janeiro: Lumen Juris, 2019.

ANDRADE, José Carlos Vieira de. *Lições de direito administrativo*. 5. ed. Coimbra: Imprensa da Universidade de Coimbra, 2017.

ARAGÃO, Alexandre Santos de. Artigo 21. *In*: PEREIRA, Flávio Henrique Unes (Coord.). *Segurança jurídica e qualidade das decisões públicas*: desafios de uma sociedade democrática. Brasília: Senado Federal, 2015, p. 20-22.

ARAGÃO, Alexandre Santos de. O princípio da eficiência. *Revista de Direito Administrativo – RDA*. Rio de Janeiro, n. 237, p. 1-6, jul./set. 2004.

ARAÚJO, Thiago Cardoso. *Análise Econômica do Direito no Brasil*: uma leitura à luz da Teoria dos Sistemas. Rio de Janeiro: Lumen Juris, 2016.

ARENHART, Sérgio Cruz. Reflexões sobre o princípio da demanda. *In*: FUX, Luiz; NERY JR., Nelson; ALVIM WAMBIER, Teresa Arruda (Coord.). *Processo e Constituição*. Estudos em homenagem ao Professor José Carlos Barbosa Moreira. São Paulo: Revista dos tribunais, 2006, p. 587-603.

ARISTÓTELES. *A Política*. Trad. Nestor Silveira Chaves. 2. ed. rev. Bauru: EDIPRO, 2009.

ARISTÓTELES. *Retórica*. Trad. Edson Bini. São Paulo: EDIPRO, 2011.

ATALIBA, Geraldo. Regime constitucional e leis nacionais e federais. *Revista de Direito Público*. São Paulo: Revista dos Tribunais, ano 13, n. 53-54, p. 58-76, jan./jun.1980.

ATIENZA, Manuel. *As razões do Direito*: teoria da argumentação jurídica. Trad. Maria Cristina Guimarães Cupertino. 2. ed. Rio de Janeiro: Forense, 2016.

ATIENZA, Manuel. Contribución para una teoria de la legislación. *Doxa*. Alicante, v. 6, p. 385-403, 1989.

ATIENZA, Manuel. Sobre lo razonable em el derecho. *Revista Española de Derecho Constitucional*. Madrid, ano 9, n. 27, p. 93-110, set./dez. 1989.

ATIENZA, Manuel. *Tras la justicia*: Uma introducción al Derecho y al razonamiento jurídico. Barcelona: Ariel, 2012.

ATIENZA, Manuel; MANERO, Juan Ruiz. *Las piezas del Derecho*. Teoría de los enunciados jurídicos. 4. ed. Barcelona: Ariel, 2016.

ATIENZA, Manuel; MANERO, Juan Ruiz. *Ilícitos atípicos*. 2. ed. Madri: Trotta, 2006.

ARRUDA CÂMARA, Jacintho. Art. 24 da LINDB. Irretroatividade de nova orientação geral para anular deliberações administrativas. *Rev. Direito Adm. – RDA*. Rio de Janeiro, Edição Especial: Direito Público na Lei de Introdução às Normas de Direito Brasileiro – LINDB (Lei n. 13.655/2018), p. 113-134, nov. 2018.

ÁVILA, Humberto. "Neoconstitucionalismo": entre a ciência do direito" e o "direito da ciência". *Revista Eletrônica de Direito do Estado (REDE)*. Salvador, Instituto Brasileiro de direito Público, n. 17, p. 1-19, jan/fev/mar 2009. Disponível em http://www.direitodoestado.com.br/codrevista.asp?cod=316. Acesso em: 21 nov. 2020.

ÁVILA, Humberto. *Teoria da segurança jurídica*. 3. ed. rev. atual. e ampl. São Paulo: Malheiros, 2014.

ÁVILA, Humberto. *Teoria dos princípios*. 16. ed. rev. e atual. São Paulo: Malheiros, 2015.

AVILÉS, Maria del Carmen Barranco. *Constitucionalismo y función judicial*. Lima: Grijley, 2011.

BACHOF, Otto; STOBER, Rolf; WOLFF, Hans. *Direito administrativo*. Trad. Antônio Francisco de Sousa. Lisboa: Fundação Calouste Gulbenkian, 2006.

BACHOF, Otto. *Jueces y Constitución*. Trad. Rodrigo Bercovitz Rodríguez-Cano. Madri: Civitas, 1985.

BANDEIRA DE MELLO, Celso Antônio. *Curso de Direito Administrativo*. 33. ed. rev. e atual. até a Emenda Constitucional 92, de 12.07.2016. São Paulo: Malheiros, 2016.

BANDEIRA DE MELLO, Celso Antônio. *Discricionariedade e controle jurisdicional*. 2. ed. São Paulo: Malheiros, 2012.

BANDEIRA DE MELLO, Celso Antônio. *Eficácia das normas constitucionais e direitos sociais*. São Paulo: Malheiros, 2015.

BANDEIRA DE MELLO, Celso Antônio. Mandado de segurança contra denegação ou concessão de liminar. *Revista de Direito Público*. São Paulo: Revista dos Tribunais, n. 92, ano 22, p. 55-61, out./dez. 1989.

BANDEIRA DE MELLO, Oswaldo Aranha. *Princípios gerais de Direito Administrativo*. 3. ed. São Paulo: Malheiros, 2007.

BARROSO, Luís Roberto. A constitucionalização do direito e suas repercussões no âmbito administrativo. *In*: ARAGÃO, Alexandre Santos de; MARQUES NETO, Floriano de Azevedo (Coord.). *Direito administrativo e seus novos paradigmas*. Belo Horizonte: Fórum, 2012, p. 31-63.

BARROSO, Luís Roberto. *A dignidade da pessoa humana no direito constitucional contemporâneo*. Belo Horizonte: Fórum, 2016.

BARROSO, Luís Roberto. *Curso de Direito Constitucional Contemporâneo*: os conceitos fundamentais e a construção do novo modelo. 2. ed. São Paulo: Saraiva, 2010.

BARROSO, Luís Roberto. *Interpretação e aplicação da Constituição*: fundamentos de uma dogmática constitucional transformadora. 7. ed. rev. São Paulo: Saraiva, 2009.

BATISTA JÚNIOR, Onofre Alves. *Princípio constitucional da eficiência administrativa*. 2. ed. rev. e atual. Belo Horizonte: Fórum, 2012.

BARBOSA MOREIRA, José Carlos. Efetividade do processo e técnica processual. *Revista de Processo*. São Paulo: Revista dos Tribunais, v. 77, ano 20, p. 168-176, jan./mar. 1995.

BARBOSA MOREIRA, José Carlos. Correlação entre o pedido e sentença. *Revista de Direito do Tribunal de Justiça do Estado do Rio de Janeiro*. Rio de Janeiro, n. 26, p. 52-59, jan./mar. 1996.

BARBOSA MOREIRA, José Carlos. *Temas de direito processual*. 2. série. São Paulo: Saraiva, 1980.

BEATTY, David M. *A essência do estado de direito*. Trad. Ana Aguiar Cotrim. São Paulo: Martins Fontes, 2014.

BEDAQUE, José Roberto Santos. Discricionariedade judicial. *Revista Forense*. Rio de Janeiro, ano 97, v. 354, p. 187-195, mar./abr. 2001.

BELTRÁN, Jordi Ferrer. Sobre la possibilidad del error judicial y los desacuerdos irrecusables em el Derecho. Once comentários a las tesis de José Juan Moreso. *In*: MORESO, José Juan; SANCHÍS, Luis Prieto; BELTRÁN, Jordi Ferrer. *Los desacuerdos em el derecho*. Madrid: Fundación Coloquio Jurídico Europeo, 2010.

BERCOVICI, Gilberto. "O direito constitucional passa, o direito administrativo permanece": a persistência da estrutura administrativa de 1967. *In*: TELES, Edson; SAFATLE, Vladimir (Org.). *O que resta da ditadura*: exceção brasileira. São Paulo: Boitempo, 2010, p. 77-90.

BERCOVICI, Gilberto. A Constituição brasileira de 1988, as "Constituições transformadoras" e o "novo constitucionalismo latino-americano". *In*: SANTOS, Gustavo Ferreira; STRECK, Lenio Luiz; ARAÚJO, Marcelo Labanca Corrêa de (Org.). *Direitos e democracia no novo constitucionalismo latino-americano*. Belo Horizonte. Arraes, 2016, p. 1-16.

BETTI, Emilio. *Interpretação da lei e dos atos jurídicos*. Trad. Karina Jannini. São Paulo: Martins Fontes, 2007.

BEVILÁQUA, Clóvis. *Código Civil dos Estados Unidos do Brasil*. v. I. 12. ed. atual. Rio de Janeiro: Livraria Francisco Alves, 1959.

BIM, Eduardo Fortunato. Divergências científicas e metodológicas no direito público e no ambiental. *Revista de Informação Legislativa*. Brasília, n. 49, p. 125-139, jan./mar. 2012.

BINENBOJM, Gustavo. A constitucionalização do direito administrativo no Brasil: um inventário de avanços e retrocessos. *Revista Eletrônica sobre a Reforma do Estado (RERE)*. Salvador, Instituto Brasileiro de direito Público, n. 13, p. 1-44, mar./abr./maio 2008. Disponível em http://www.direitodoestado.com.br/codrevista.asp?cod=262. Acesso em: 21 nov. 2020.

BINENBOJM, Gustavo. *Poder de polícia*. Ordenação. Regulação. Transformações político-jurídicas, econômicas e institucionais do direito administrativo ordenador. 2. ed. Belo Horizonte: Fórum: 2017.

BINENBOJM, Gustavo. *Uma teoria do Direito Administrativo*: direitos fundamentais, democracia e constitucionalização. 3. ed. Rio de Janeiro: Renovar, 2014.

BITTENCOURT, C. A. Lúcio. A interpretação como parte integrante do processo legislativo. *Revista Forense*. Rio de Janeiro, v. 94, p. 9-14, abr. 1943.

BOBBIO, Norberto. *O futuro da democracia*: uma defesa das regras do jogo. Trad. Marco Aurélio Nogueira. 13. ed. São Paulo: Paz e Terra, 2015.

BOBBIO, Norberto. *O positivismo jurídico*: lições de filosofia do Direito. Trad. Márcio Pugliesi, Edson Bini, Carlos E. Rodrigues. São Paulo: Ícone, 2006.

BOBBIO, Norberto. *Teoria do ordenamento jurídico*. Trad. Ari Marcelo Solon. 2. ed. São Paulo: Edipro, 2014.

BOBBIO, Norberto. *Teoria geral do direito*. Trad. Denise Agostinetti. 3. ed. São Paulo: Martins Fontes, 2010.

BRANDÃO, Cristina. Algumas considerações sobre a discricionariedade judicial. *Revista de Direito Constitucional e Internacional*. São Paulo: Revista dos Tribunais, ano 14, v. 56, p. 52-87, jul./set. 2006.

BRANDÃO, Rodrigo. *Supremacia judicial versus diálogos constitucionais. A quem cabe a última palavra sobre o sentido da Constituição?* Rio de Janeiro: Lumen Juris, 2018.

BRASIL. *Conselho Nacional de Justiça*. Cadastro Nacional de Condenações Cíveis por Ato de Improbidade Administrativa e Inelegibilidade. Disponível em: https://www.cnj.jus.br/improbidade_adm/consultar_requerido.php?validar=form. Acesso em: 21 nov. 2020.

BRASIL. *Portal da Transparência*. Sanções. Disponível em: http://www.portaltransparencia.gov.br/sancoes. Acesso em: 21 nov. 2020.

BRASIL. *Tribunal de Contas da União*. TC-012.028/2018-5: Parecer sobre o PL 7448/2017, em face do parecer-resposta dos autores do PL e de outros juristas. Disponível em: https://portal.tcu.gov.br/lumis/portal/file/fileDownload.jsp?fileId=8A81881F62B15E D20162F95CC94B5BA4&inline=1. Acesso em: 31 jan. 2020.

BRASIL. Tribunal de Contas do Estado de São Paulo. Relação de apenados. Disponível em: https://www.tce.sp.gov.br/pesquisa-na-relacao-de-apenados. Acesso em: 21 nov. 2020.

BRESSER-PEREIRA, Luiz Carlos. *Reforma do Estado para a cidadania*: a reforma gerencial brasileira na perspectiva internacional. 2. ed. São Paulo: Ed. 34, 2011.

BULYGIN, Eugenio. Los jueces ¿crean derecho? *Isonomía*. Ciudad de México, n. 18, abr. 2003, p. 7-25.

CÂMARA, Alexandre Freitas. Súmula da jurisprudência dominante, superação e modulação de efeitos no novo Código de Processo Civil. *Revista de Processo*. São Paulo: Revista dos Tribunais, v. 264, ano 42, p. 281-320, fev. 2017.

CAMPILONGO, Celso Fernandes. Governo representativo *versus* governo dos juízes: a autopoiese dos sistemas político e jurídico. *Revista de Direito Constitucional e Internacional*. São Paulo: Revista dos Tribunais, ano 8, v. 30, p. 120-126, jan./mar. 2000.

CANELA JUNIOR, Osvaldo. O orçamento e a "reserva do possível": dimensionamento no controle de políticas públicas. *In*: GRINOVER, Ada Pelegrini; WATANABE, Kazuo (Coord.). *O controle judicial de políticas públicas*. 2. ed. Rio de Janeiro: Forense, 2013, p. 225-236.

CANOTILHO, J. J. Gomes. *Direito Constitucional e teoria da Constituição*. 7. ed., Coimbra: Almedina, 2003.

CANOTILHO, J. J. Gomes. O direito constitucional passa; o direito administrativo passa também. *Boletim da Faculdade de Direito*. Stvdia Ivridica 61 Ad honorem – 1. Estudos em homenagem ao Prof. Doutor Rogério Soares. Coimbra: Coimbra, p. 705-722, 2001.

CAPELLA, Juan-Ramón. *Um fin del mundo*. Constitución y democracia em el cambio de época. Madrid: Trotta, 2019.

CAPPELLETTI, Mauro. *Juízes legisladores*. Trad. Carlos Alberto Alvaro de Oliveira. Porto Alegre: Sergio Antonio Fabris, 1993.

CARACIOLA, Andrea Boari. Congruência da tutela e interpretação lógico-sistemática do pedido. *In*: LUCON, Paulo Henrique dos Santos; APRIGLIANO, Ricardo de Carvalho; SILVA, João Paulo Hecker da; VASCONCELOS, Ronaldo; ORTHMANN, André. *Processo em Jornadas*. XI Jornadas brasileiras de direito processual. XXV Jornadas Ibero-americanas de direito processual. Salvador: JusPodivm, 2016, p. 49-60.

CARDOSO, André Guskow. O princípio da proporcionalidade e o dever instituído pelo art. 20, parágrafo **único,** da Lei de Introdução **às** Normas do Direito Brasileiro – LINDB. *In*: CUNHA FILHO, Alexandre Jorge Carneiro da; ISSA, Rafael Hamze; SCHWIND, Rafael Wallbach (Coord.). *Lei de Introdução* **às** *Normas do Direito Brasileiro – Anotada*: Decreto-lei n. 4.657, de 4 de setembro de 1942. São Paulo: Quartier Latin, 2019, p. 96-101.

CARDOZO, Benjamin N. *A natureza do processo judicial*: palestras proferidas na Universidade de Yale. Trad. Silvana Vieira. São Paulo: Martins Fontes, 2004.

CARRIÓ, Genaro R. *Notas sobre derecho y lenguage*. 2. ed. Buenos Aires: Abeledo-Perrot, 1979.

CARVALHO FILHO, José dos Santos. Paradigmas do Direito Administrativo Contemporâneo. *In*: PEREIRA JUNIOR, Jessé Torres; PEIXINHO, Manoel Messias; COSTA MOURA, Emerson Affonso da. *Mutações do direito administrativo*: estudos em homenagem ao Professor Diogo de Figueiredo Moreira Neto. Rio de Janeiro: Lumen Juris, 2018, p. 209-218.

CARVALHO, Gustavo Marinho de. *Precedentes Administrativos no Direito Brasileiro*. São Paulo: Contracorrente, 2015.

CASETA, Elio. *Manuale di diritto amministrativo*. 18. ed. Milão: Giuffré, 2016.

CASSESE, Sabino. *La democracia y sus limites*. 2. ed. Sevilla: Global Law Press, 2018.

CASSESE, Sabino. *Le basi del diritto amministrativo*. 5. ed. Milão: Garzanti, 1998.

CATALAN, Marcos Jorge. O princípio da congruência e o acesso à ordem jurídica justa: reflexões sobre o tema na legalidade constitucional. *Revista de Processo*. São Paulo: Revista dos Tribunais, ano 32, n. 147, p. 73-95, maio 2007.

CAVALCANTI, Themístocles Brandão. Do poder discricionário. *Revista de Direito Administrativo – RDA*. Rio de Janeiro, n. 101, p. 1-23, jul./set. 1970.

CHIOVENDA, Giuseppe. *Instituições de Direito Processual Civil*. A relação processual ordinária de cognição. As relações processuais. v. II. Trad. J. Guimarães Menegale. São Paulo: Edição Saraiva, 1965.

CINTRA, Antonio Carlos de Araújo; GRINOVER, Ada Pellegrini; DINAMARCO, Cândido Rangel. *Teoria geral do processo*. 31. ed., rev. e ampl. São Paulo: Malheiros, 2015.

CLÉRICO, Laura. *El examen de proporcionalidad en el derecho constitucional*. Buenos Aires: Universidade de Buenos Aires, 2009.

COLAÇO ANTUNES, Luís Filipe. *O direito administrativo sem Estado*. Crise ou fim de um paradigma? Coimbra: Coimbra, 2008.

COMANDUCCI, Paolo. Principios jurídicos e indeterminación del derecho. *Doxa*. Alicante, v. 21-II, p. 89-104, 1998.

CORREIA, José Manuel Sérvulo. Os grandes traços do direito administrativo no século XXI. *A&C – Revista de Direito Administrativo & Constitucional*. Belo Horizonte, ano 16, n. 63, p. 45-66, jan./mar. 2016.

COSTA NETO, José Wellington Bezerra da. *Protagonismo judicial*: novo ativismo e teoria geral da função jurisdicional. São Paulo: Leud, 2017.

CRAMER, Ronaldo. Conceitos jurídicos indeterminados e discricionariedade judicial no processo civil. *In*: MEDINA, José Miguel Garcia; CERQUEIRA, Luís Otávio Sequeira de; GOMES JÚNIOR, Luiz Manoel (Coord.). *Os poderes do juiz e o controle das decisões judiciais*. Estudos em homenagem à Professora Teresa Arruda Alvim Wambier. São Paulo: Revista dos Tribunais, 2008, p. 107-114.

CRETELLA JÚNIOR, José. *Comentários* à *Constituição Brasileira de 1988*. v. 3. Rio de Janeiro: Forense Universitária, 1991.

CUNHA, Bruno Santos. *Aplicabilidade da lei federal de processo administrativo*. São Paulo: Almedina, 2017.

D'ALBERTI, Marco. *Lezioni di diritto amministrativo*. 3. ed. Torino: G. Giappichelli, 2017.

DALLARI, Dalmo de Abreu. *O poder dos juízes*. 3. ed. São Paulo: Saraiva, 2007.

DANTAS, David Diniz. *Interpretação constitucional no pós-positivismo*: teoria e casos práticos. 2. ed. São Paulo: Madras, 2005.

DAROCA, Eva Desdentado. *Los problemas del control judicial de la discricionalidad técnica*. Un estudio crítico de la jurisprudencia. Madrid: Civitas, 1997.

DAVID, René. *Os grandes sistemas do Direito contemporâneo*. Trad. Hermínio A. Carvalho. 5ª ed., São Paulo: Martins Fontes, 2014.

DELPUPO, Poliana Moreira. A incompatibilidade da discricionariedade administrativa e judicial no Estado Constitucional e a supremacia dos direitos fundamentais. *Revista dos Tribunais*. São Paulo, ano 104, v. 953, p. 77-98, mar. 2015.

DI PIETRO, Maria Sylvia Zanella. O que sobrou da discricionariedade administrativa? Reflexões sobre o controle da Administração e a judicialização das políticas públicas. *In*: MARRARA, Thiago; GONZALES, Jorge Agudo (Coord.). *Controles da administração e judicialização de políticas públicas*. São Paulo: Almedina, 2016, p. 167-190.

DI PIETRO, Maria Sylvia Zanella. *Direito administrativo*. 20. ed. São Paulo: Atlas, 2007.

DI PIETRO, Maria Sylvia Zanella. *Discricionariedade administrativa na Constituição de 1988*. 3. ed. São Paulo: Atlas, 2012.

DI PIETRO, Maria Sylvia Zanella. *Do direito privado na Administração Pública*. São Paulo: Atlas, 1989.

DI PIETRO, Maria Sylvia Zanella. Limites ao Controle Externo da Administração Pública: Ainda é possível falar em discricionariedade administrativa? *In*: PEREIRA JUNIOR, Jessé Torres; PEIXINHO, Manoel Messias; COSTA MOURA, Emerson Affonso da. *Mutações do direito administrativo*: estudos em homenagem ao Professor Diogo de Figueiredo Moreira Neto. Rio de Janeiro: Lumen Juris, 2018, p. 231-245.

DÍAZ, Adrián Rentería. *Discrecionalidad judicial y responsabilidade*. 2. ed. Ciudad de México: Fontamara, 2017.

DIDIER JR., Fredie. *Curso de direito processual civil*. Teoria geral do processo e processo de conhecimento. v. 1. 10. ed. Salvador: JusPodivm, 2008.

DIMOULIS, Dimitri. *Positivismo jurídico*: introdução a uma teoria do direito e defesa do pragmatismo jurídico-político. São Paulo: Método, 2006.

DIMOULIS, Dimitri; LUNARDI, Soraya Gasparetto. O positivismo diante da principiologia. *In*: DIMOULIS, Dimitri; DUARTE, Écio Oto (Coord.). *Teoria do Direito neoconstitucional*: superação ou reconstrução do positivismo jurídico? São Paulo: Método, 2008, p. 179-197.

DINAMARCO, Cândido Rangel. *Instituições de direito processual civil*. v. I. 9. ed. rev. e atual. segundo o Novo Código de Processo Civil. São Paulo: Malheiros, 2017.

DINAMARCO, Cândido Rangel. *Instituições de direito processual civil*. v. III. 7. ed., rev. e atual. segundo o Novo Código de Processo Civil. São Paulo: Malheiros, 2017.

DINAMARCO, Cândido Rangel; LOPES, Bruno Vasconcelos Carrilho. *Teoria geral do novo processo civil*. São Paulo: Malheiros, 2016.

DINIZ, Maria Helena. *As lacunas no direito*. São Paulo: Revista dos Tribunais, 1981.

DINIZ, Maria Helena. *Lei de Introdução* às *Normas do Direito Brasileiro interpretada*. 18. ed. rev. e atual. São Paulo: Saraiva, 2013.

DÓRIA, Antônio Roberto Sampaio. *Princípios constitucionais tributários e a cláusula due process of law*. São Paulo: RT, 1964.

DUGUIT, León. *Las transformaciones del derecho público y privado*. Trad. Adolfo Posada y Ramón Jaén. Granada: Comares, 2007.

DWORKIN, Ronald. *A justiça de toga*. Trad. Jefferson Luiz Camargo. São Paulo: Martins Fontes, 2010.

DWORKIN, Ronald. *Levando os direitos a sério*. Trad. Nelson Boeira. São Paulo: Martins Fontes, 2002.

DWORKIN, Ronald. *O império do direito*. Trad. Jeferson Luiz Camargo. 3. ed. São Paulo: Martins Fontes, 2014.

DWORKIN, Ronald. *Uma questão de princípio*. Trad. Luís Carlos Borges. São Paulo: Martins Fontes, 2000.

EISENBERG, José; POGREBINSCHI, Thamy. Pragmatismo, Direito e Política. *Novos Estudos CEBRAP*. São Paulo, n. 62, p. 107-121, mar. 2002.

ENGISH, Karl. *Introdução ao pensamento jurídico*. Trad. J. Baptista Machado. 6. ed. Lisboa: Fundação Calouste Gulbenkian, 1983.

ENTERRÍA, Eduardo García de. *Democracia, jueces y control de la administracion*. 5. ed., Madri: Civitas, 2000.

ENTERRÍA, Eduardo García de. *La lengua de los derechos*. La formación del Derecho Público europeo tras la Revolución Francesa. 3. ed. Navarra: Civitas, 2009.

ENTERRÍA, Eduardo García de. *La lucha contra las inmunidades del poder en el derecho administrativo*. 3. ed. Pamplona: Civitas, 2016.

ENTERRÍA, Eduardo García de; FERNÁNDEZ, Tomás-Ramón. *Curso de Derecho Administrativo I*. 17. ed., Pamplona: Aranzadi, 2015.

FACCHINI NETO, Eugênio. Code civil francês: gênese e difusão de um modelo. *Revista de Informação Legislativa*, ano 50, n. 198, p. 59-88, abr./jun. 2013.

FAGUNDES, M. Seabra. *O controle dos atos administrativos pelo Poder Judiciário*. 7. ed. atualizada por Gustavo Binenbojm. Rio de Janeiro: Forense, 2005.

FALCÃO, Joaquim; SCHUARTZ, Luís Fernando; ARGUELHES, Diego Werneck. Jurisdição, incerteza e Estado de Direito. *Revista de Direito Administrativo – RDA*. Rio de Janeiro, n. 243, p. 79-112, 2006.

FARIA, Edimur Ferreira de. *Controle do mérito do ato administrativo pelo Judiciário*. 2. ed. Belo Horizonte: Fórum, 2011.

FERNÁNDEZ, Tomás R. *De la arbitrariedad de la administración*. 5. ed. Navarra: Civitas, 2008.

FERRAJOLI, Luigi. Constitucionalismo principialista e constitucionalismo garantista. *In*: FERRAJOLI, Luigi; STRECK, Lenio Luiz; TRINDADE, André Karam (Org.). *Garantismo, hermenêutica e (neo)constitucionalismo*: um debate com Luigi Ferrajoli. Porto Alegre: Livraria do Advogado, 2012, p. 13-56.

FERRAJOLI, Luigi. O constitucionalismo garantista e o estado de direito. *In*: FERRAJOLI, Luigi; STRECK, Lenio Luiz; TRINDADE, André Karam (Org.). *Garantismo, hermenêutica e (neo)constitucionalismo*: um debate com Luigi Ferrajoli. Porto Alegre: Livraria do Advogado, 2012, p. 231-254.

FERRAZ, Sérgio; DALLARI, Adilson Abreu. *Processo administrativo*. 3. ed. rev. e ampl. São Paulo: Malheiros, 2012.

FERRAZ JR., Tercio Sampaio. *Direito, retórica e comunicação*. Subsídios para uma pragmática do discurso jurídico. 3. ed. São Paulo: Atlas, 2015.

FERRAZ JR., Tercio Sampaio. *Estudos de filosofia do direito*: reflexões sobre o poder, a liberdade, a justiça e o direito. 3. ed. São Paulo: Atlas, 2009.

FERRAZ JR., Tercio Sampaio. *Introdução ao estudo do Direito*: decisão, técnica, dominação. 2. ed. São Paulo: Atlas, 1994.

FERREIRA FILHO, Manoel Gonçalves. *Estado de Direito e Constituição*. 4. ed. São Paulo: Saraiva, 2007.

FERREIRA FILHO, Manoel Gonçalves. O Estado federal brasileiro na Constituição de 1988. *Revista de Direito Administrativo – RDA*. Rio de Janeiro, n. 179/180, p. 1-10, jan./jun. 1990.

FIGUEIREDO, Lucia Valle. Competências administrativas dos Estados e Municípios. *GENESIS – Revista de Direito Administrativo Aplicado*. Curitiba, ano I, n. 3, p. 702-718, dez. 1994.

FLEINER, Fritz. *Instituciones de derecho administrativo*. Trad. Sabino A. Gendin. Barcelona: Labor, 1933.

FONTES, Paulo Gustavo Guedes. *Neoconstitucionalismo e verdade*: limites democráticos da jurisdição constitucional. Rio de Janeiro: Lumen Juris, 2018.

FORSTHOFF, Ernst. *Tratado de derecho administrativo*. Trad. Legaz Lacambra; Garrido Falla; Gomes de Ortega y Junge. Madri: Instituto de Estudios Políticos, 1958.

FRAGA, Gabino. *Derecho administrativo*. 7. ed. Cidade do México: Porrua, 1958.

FRANÇA, Phillip Gil. A efetividade da teoria dos fatos determinantes e o consequencialismo administrativo. *In*: PEREIRA, Flávio Henrique Unes; CAMMAROSANO, Márcio; SILVEIRA, Marilda de Paula; ZOCKUN, Maurício (Coord.). *O direito Administrativo na jurisprudência do STF e do STJ*: homenagem ao Professor Celso Antônio Bandeira de Mello. Belo Horizonte: Fórum, 2014, p. 459-465.

FREITAS, Juarez. A melhor interpretação constitucional "versus" a única resposta correta. *In*: SILVA, Virgílio Afonso da (Org.). *Interpretação Constitucional*. São Paulo: Malheiros, 2010, p. 317-356.

FREITAS, Juarez. *Direito fundamental à boa administração pública*. 3. ed. São Paulo: Malheiros, 2014.

FREITAS, Juarez. *O controle dos atos administrativos e os princípios fundamentais*. 5. ed. rev. e ampl. São Paulo: Malheiros, 2013.

FURTADO, Lucas Rocha. *Curso de Direito Administrativo*. 5. ed. Belo Horizonte: Fórum, 2016.

FUX, Luiz; BODART, Bruno. Notas sobre o princípio da motivação e a uniformização da jurisprudência no novo Código de Processo Civil à luz da análise econômica do Direito. *Revista de Processo*. São Paulo: Revista dos Tribunais, v. 269, ano 42, p. 421-432, jul. 2017.

GABARDO, Emerson. *Princípio constitucional da eficiência administrativa*. São Paulo: Dialética, 2002.

GALVÃO, Jorge Octávio Lavocat. *O neoconstitucionalismo e o fim do Estado de Direito*. São Paulo: Saraiva, 2014.

GÉNY, François. *Método de interpretación y fuente em derecho privado positivo*. 2. ed. Madrid: Reus, 1925.

GIANNINI, Massimo Severo. *Diritto amministrativo*. v. II. Milano: Giuffrè, 1970.

GIANNINI, Massimo Severo. *Premissas sociológicas e históricas del Derecho administrativo*. Trad. M. Baena del Alcázar e J. M. García Madaria. Madrid: Instituto Nacional de Administración Pública, 1980.

GILISSEN, John. *Introdução histórica ao Direito*. Trad. António Manuel Hespanha e Manuel Luís Macaísta Malheiros. 8. ed. Lisboa: Fundação Calouste Gulbenkian, 2016.

GIORGI, Raffaele de. Seminário Teoria da Decisão Judicial: 23, 24 e 25 de abril de 2014, Brasília. Conselho da Justiça Federal, Centro de Estudos Judiciários. Coord. científica Ricardo Villas Bôas Cueva. Brasília, *Série Cadernos do CEJ*. v. 30, p. 119-129, 2014.

GODOY, Arnaldo Sampaio de Moraes. O realismo jurídico em Oliver Wendell Holmes Jr. *Revista de informação legislativa*. Brasília, ano 43, n 171, p. 91-105, jul./set. 2006.

GÓES, Gisele Santos Fernandes. Existe discricionariedade judicial? Discricionariedade x termos jurídicos indeterminados e cláusulas gerais. *In*: MEDINA, José Miguel Garcia; CERQUEIRA, Luís Otávio Sequeira de; GOMES JÚNIOR, Luiz Manoel (Coord.). *Os poderes do juiz e o controle das decisões judiciais*. Estudos em homenagem à Professora Teresa Arruda Alvim Wambier. São Paulo: Revista dos Tribunais, 2008, p. 87-93.

GRAU, Eros Roberto. *O direito posto e o direito pressuposto*. 6. ed. São Paulo: Malheiros, 2005.

GRAU, Eros Roberto. *Por que tenho medo dos juízes* (a interpretação/aplicação do direito e os princípios). 6. ed. São Paulo: Malheiros, 2013.

GRINOVER, Ada Pelegrini. O controle jurisdicional de políticas públicas. *In*: GRINOVER, Ada Pelegrini; WATANABE, Kazuo (Coord.). *O controle judicial de políticas públicas*. 2. ed. Rio de Janeiro: Forense, 2013, p. 125-150.

GROTTI, Dinorá Adelaide Musetti. Conceitos jurídicos indeterminados e discricionariedade administrativa. *Cadernos de Direito Constitucional e Ciência Política*. São Paulo, ano 3, n. 12, p. 84-115, jul./set. 1995.

GROTTI, Dinorá Adelaide Musetti. Eficiência administrativa: alargamento da discricionariedade acompanhado do aperfeiçoamento dos instrumentos de controle e responsabilização dos agentes públicos – um paradigma possível? *Revista Brasileira de Estudos da Função Pública – RBEFP*. Belo Horizonte, ano 4, n. 10, p. 121-149, jan./abr. 2015.

GUASTINI, Riccardo. *Das fontes* às *normas*. Trad. Edson Bini. São Paulo: Quartier Latin, 2005.

GUASTINI, Riccardo. *Teoria e ideologia de la interpretación constitucional*. Trad. Miguel Carbonell e Pedro Salazar. 2. ed. Madrid: Trotta, 2010.

GUIMARÃES, Bernardo Strobel. A LINDB e os pressupostos de controle de uma Administração complexa. *In*: VALIATI, Thiago Priess; HUNGARO, Luis Alberto; CASTELLA, G. M. (Coord.). *A lei de introdução e o direito administrativo brasileiro*. Rio de Janeiro: Lumen Juris, 2019, p. 339-352.

HAMILTON, Alexander; JAY, John; MADISON, James. *O federalista*. Trad. Reggy Zacconi de Moraes. Rio de Janeiro: Nacional de Direito, 1959.

HART, H. L. *O conceito de direito*. Trad. Antônio de Oliveira Sette Camara. São Paulo: Martins Fontes, 2012.

HAURIOU, André. O poder discricionário e sua justificação. *Revista de Direito Administrativo – RDA*. Rio de Janeiro, n. 19, p. 27-32, jan./mar. 1950.

HAURIOU, Maurice. *Principios de derecho público y constitucional*. Trad. Carlos Ruiz de Castillo. 2. ed. Madri: Instituto Reus, 1927.

HECK, Philipp. *El problema de la creación del Derecho*. Trad. Manuel Entenza. Granada: Comares, 1999.

HESSE, Konrad. *A força normativa da constituição*. Trad. Gilmar Ferreira Mendes. Porto Alegre: Sergio Antônio Fabris, 1991.

HESSE, Konrad. *Elementos de Direito Constitucional da República Federal da Alemanha*. Trad. Luís Afonso Heck. Porto Alegre: Sergio Antonio Fabris, 1998.

HOLMES, Oliver Wendell. *La senda del Derecho*. Trad. José Ignacio Solar Cayón. Madrid: Marcial Pons, 2012.

HOLMES, Oliver Wendell. *O direito comum*. As origens do direito anglo-americano. Trad. J. L. Melo. Rio de Janeiro: O Cruzeiro, 1967.

HORTA, Raul Machado. Tendências atuais da federação brasileira. *Revista da Academia Brasileira de Letras Jurídicas*. Rio de Janeiro, v. 9, n. 9, p. 209-225, jan./jun. 1996.

KELSEN, Hans. *O problema da justiça*. Trad. João Baptista Machado. 5. ed. São Paulo: Martins Fontes, 2011.

KELSEN, Hans. *Teoria geral do Direito e do Estado*. Trad. Luís Carlos Borges. 5. ed., São Paulo: Martins Fontes, 1990.

KELSEN, Hans. *Teoria pura do direito*. Trad. João Baptista Machado. 8. ed. São Paulo: Martins Fontes, 2009.

JELLINEK, Georg. *Reforma y mutación de la Constitucion*. Trad. Christian Förster. Madrid: Centro de Estudios Políticos y Constitucionales, 2018.

JÈZE, Gaston. *Principios generales del derecho administrativo I*. Trad. Julio N. San Millán Almagro. Buenos Aires: Depalma, 1948.

JORDÃO, Eduardo. Art. 22 da LINDB. Acabou o romance: o reforço do pragmatismo no direito público brasileiro. *Rev. Direito Adm. – RDA*. Rio de Janeiro, Edição Especial: Direito Público na Lei de Introdução às Normas de Direito Brasileiro – LINDB (Lei n. 13.655/2018), p. 63-92, nov. 2018.

JORDÃO, Eduardo. *Controle judicial de uma administração pública complexa*. São Paulo: Malheiros: SBDP, 2016.

JUSTEN FILHO, Marçal. Art. 20 da LINDB. Dever de transparência, concretude e proporcionalidade nas decisões públicas. *Rev. Direito Adm. – RDA*. Rio de Janeiro, Edição Especial: Direito Público na Lei de Introdução às Normas de Direito Brasileiro – LINDB (Lei n. 13.655/2018), p. 13-41, nov. 2018.

JUSTEN FILHO, Marçal. Conceito de interesse público e a "personalização" do direito administrativo. *Revista Trimestral de Direito Público*. São Paulo, n. 26, p. 115-136, 1999.

JUSTEN FILHO, Marçal. *Curso de Direito Administrativo*. 9. ed. rev., atual e ampl. São Paulo: Revista dos Tribunais, 2013.

LARENZ, Karl. *Metodologia da ciência do direito*. Trad. José Lamego. 2. ed. Lisboa: Fundação Calouste Gulbenkian, 1989.

LEAL, Fernando. Inclinações pragmáticas no direito administrativo: nova agenda, novos problemas. O caso do PL 349/15. *In*: LEAL, Fernando; MENDONÇA, José Vicente Santos de (Org.). *Transformações do direito administrativo*: consequencialismo e estratégias regulatórias. Rio de Janeiro: Escola de Direito do Rio de Janeiro da Fundação Getúlio Vargas, 2016, p. 25-30.

LEAL, Fernando. Regulando a incerteza: a construção de modelos decisórios e os riscos do paradoxo da determinação. *In*: FORTES, Pedro; Ricardo, CAMPOS; Samuel, BARBOSA (Coord.). *Teorias contemporâneas do direito*. O Direito e as incertezas normativas. Curitiba: Juruá, 2016, p. 65-76.

LEAL, Mônica Clarissa Hennig; ALVES, Felipe Dalenogare. A (Im)Possibilidade do exercício da discricionariedade judicial e o controle jurisdicional de políticas públicas: um estudo a partir da perspectiva das teorias do direito de Hart e Dworkin em um contexto de judicialização e ativismo. *In*: VIEGAS, Carlos Athayde Valadares; RABELO, Cesar Leandro de Almeida; VIEGAS, Cláudia Mara de Almeida Rabelo; POLI, Leonardo Macedo; MOURA, Rafael Soares Duarte de (Coord.). *Ensaios críticos de direito público*. Belo Horizonte: Arraes, 2015.

LEITE, Matheus de Mendonça Gonçalves. A atitude científica e o modo de proceder científico na perspectiva do pragmatismo clássico e os reflexos na compreensão científica do direito. *Revista de Direito Privado*. São Paulo: Revista dos Tribunais, ano 15, v. 58, p. 27-71, abr./jun. 2014.

LIEBMAN, Enrico Tullio. A força criativa da jurisprudência e os limites impostos pelo texto da lei. *Revista de Processo*. São Paulo: Revista dos Tribunais, ano 11, n. 43, p. 57-60, jul./set. 1986.

LIEBMAN, Enrico Tullio. Do arbítrio à razão: reflexões sobre a motivação da sentença. *Revista de Processo*. São Paulo: Revista dos Tribunais, ano 8, n. 29, p. 79/80, jan./mar. 1983.

LIFANTE VIDAL, Isabel. Dos conceptos de discrecionalidad jurídica. *Doxa*. Alicante, v. 25, p. 413-438, 2002.

LIMA, Danilo Pereira. Discricionariedade judicial e resposta correta: a teoria da decisão em tempos de pós-positivismo. *Revista dos Tribunais*. São Paulo, ano 102, v. 938, p. 365-389, dez. 2013.

LOEWENSTEIN, Karl. *Teoría de la Constitución*. Trad. Alfredo Gallego Anabitarte. Barcelona: Ariel, 2018.

LOPES, João Batista. Reflexão sobre a pretendida discricionariedade judicial. *Revista de Processo*. São Paulo: Revista dos Tribunais, ano 42, v. 247, p. 79-97, dez. 2017.

LOPES, José Reinaldo de Lima. Em torno da "reserva do possível". *In*: SARLET, Ingo Wolfgang; TIMM, Luciano Benetti (Org.). *Direitos fundamentais*: orçamento e "reserva do possível". 2. ed. rev. e ampl. Porto Alegre: Livraria do Advogado, 2010, p. 155-173.

LOSANO, Mario G. *Os grandes sistemas jurídicos*. Trad. Marcela Varejão. São Paulo: Martins Fontes, 2007.

LUVIZOTTO, Juliana Cristina. O art. 30 da Lei de Introdução às Normas do Direito Brasileiro e a sua relação com os precedentes administrativos. 24. *In*: CUNHA FILHO, Alexandre Jorge Carneiro da; ISSA, Rafael Hamze; SCHWIND, Rafael Wallbach (Coord.). *Lei de Introdução às Normas do Direito Brasileiro – Anotada*: Decreto-lei n. 4.657, de 4 de setembro de 1942. São Paulo: Quartier Latin, 2019, p. 490-498.

MACEDO JUNIOR, Ronaldo Porto. Posner e a análise econômica do Direito: da rigidez neoclássica ao pragmatismo frouxo. *In*: LIMA, Maria Lúcia L. M. Pádua (Coord.). *Direito e Economia. 30 anos de Brasil*. t. 1. São Paulo: Saraiva, 2012, p. 261-282.

MACHADO, João Baptista. *Introdução ao Direito e ao discurso legitimador*. Coimbra: Almedina, 2017.

MAIOLINO, Eurico Zecchin. *Representação e responsabilidade política*: accountability na democracia. Belo Horizonte: Arraes, 2018.

MALBERG, Raymon Carré de. *La ley, expresión de la voluntad general*. Estudio sobre el concepto de la ley em la Constitución de 1985. Trad. Ignacio Massot Puey. Madrid: Marcial Pons, 2011.

MANCUSO, Rodolfo de Camargo. O direito à tutela jurisdicional: o novo enfoque do art. 5º, XXXV, da Constituição Federal. *In*: LEITE, George Salomão; STRECK, Lenio; NERY JR., Nelson (Coord.). *Crise dos Poderes da República*: Judiciário, Legislativo e Executivo. São Paulo: Revista dos Tribunais, 2017, p. 69-104.

MANCUSO, Rodolfo de Camargo. O direito brasileiro segue filiado (estritamente) à família civil law? *In*: *O Novo Código de Processo Civil*: questões controvertidas. São Paulo: Atlas, 2015, p. 387-420.

MARINONI, Luiz Guilherme. *Precedentes obrigatórios*. 2. ed. rev. e atual. São Paulo: Revista dos Tribunais, 2011.

MARQUES NETO, Floriano de Azevedo. Art. 23 da LINDB. O equilíbrio entre mudança e previsibilidade na hermenêutica jurídica. *Rev. Direito Adm. – RDA*. Rio de Janeiro, Edição Especial: Direito Público na Lei de Introdução às Normas de Direito Brasileiro – LINDB (Lei n. 13.655/2018), p. 93-112, nov. 2018.

MARQUES NETO, Floriano de Azevedo. Os grandes desafios do controle da Administração Pública. *In*: MODESTO, Paulo (Coord.). *Nova organização administrativa brasileira*. 2. ed., rev. e ampl. Belo Horizonte: Fórum, 2010, p. 199-238.

MARQUES NETO, Floriano Azevedo; FREITAS, Rafael Véras de. *Comentários à Lei n. 13.655/2018* (Lei da Segurança para a Inovação Pública). Belo Horizonte: Fórum, 2019.

MARRARA, Thiago. A boa-fé do administrado e do administrador como fator limitativo da discricionariedade administrativa. *In*: VALIM, Rafael; OLIVEIRA, José Roberto Pimenta; DAL POZZO, Augusto Neves (Coord.). *Tratado sobre o princípio da segurança jurídica no direito administrativo*. Belo Horizonte: Fórum, 2013, p. 429-457.

MARTIN-RETORTILLO Y BAQUER, Sebastián. *El reto de uma Administración racionalizada*. Madri: Civitas, 1983.

MARTIN-RETORTILLO Y BAQUER, Sebastián. *El derecho civil em la génesis del derecho administrativo y de sua instituciones*. Sevilla: Universidad de Sevilla, 2018.

MARTINS, Ives Gandra da Silva; MENDES, Gilmar Ferreira. *Controle concentrado de constitucionalidade*: comentários à lei n. 9.868, de 10-11-1999. São Paulo: Saraiva, 2001.

MARTINS, Ricardo Marcondes. Convalidação legislativa. *In*: VALIM, Rafael; OLIVEIRA, José Roberto Pimenta; DAL POZZO, Augusto Neves (Coord.). *Tratado sobre o princípio da segurança jurídica no direito administrativo*. Belo Horizonte: Fórum, 2013, p. 357-375.

MARTINS, Ricardo Marcondes. *Efeitos dos vícios do ato administrativo*. São Paulo: Malheiros, 2008.

MARTINS, Ricardo Marcondes. Teoria do ato administrativo à luz das alterações da LINDB. *In*: *A lei de introdução e o direito administrativo brasileiro*. VALIATI, Thiago Priess; HUNGARO, Luis Alberto; CASTELLA, G. M. (Coord.). Rio de Janeiro: Lumen Juris, 2019, p. 21-50.

MARTINS, Ricardo Marcondes. Teoria (neo)constitucional do ato administrativo. *In*: DI PIETRO, Maria Sylvia Zanella; MOTTA, Fabrício (Coord.). *O direito administrativo nos 30 anos da Constituição*. Belo Horizonte: Fórum, 2018, p. 147-168.

MATOS, Andityas Soares de Moura Costa. "Um governo revolucionário possui os poderes que quer possuir": a Teoria Pura do Direito enquanto teoria da violência diante da Assembleia Nacional Constituinte brasileira de 1933/34. *Revista da Faculdade de Direito da UFMG*. Belo Horizonte, n. 64, p. 49-75, jan./jun. 2014.

MAUS, Ingeborg. Judiciário como superego da sociedade. O papel da atividade jurisprudencial na "sociedade órfã". Trad. Martonio Lima e Paulo Albuquerque. *Novos Estudos CEBRAP*, n. 58, p. 183-202, nov. 2000.

MAYER, Otto. *Derecho administrativo alemán*. t. I. Trad. Horacio H. Heredia e Ernesto Krotoschin. Buenos Aires: Depalma, 1949.

MELO, Pedro José Costa. O Novo Código de Processo Civil e a modulação de efeitos de decisões sobre a inconstitucionalidade de normas: derrogação tácita do artigo 27 da Lei 9.868/1999?. *In*: DIDIER JR., Fredie. (Coord. geral). *Novo CPC doutrina selecionada*, v. 2: procedimento comum. 2. ed. rev. e atual. Salvador: Juspodivm, 2016, p. 1039-1064.

MENDES, Gilmar Ferreira. *Direitos fundamentais e controle de constitucionalidade*: estudos de direito constitucional (Série EDB). 4. ed. rev. e ampl. São Paulo: Saraiva, 2012.

MENDES, Gilmar Ferreira. *Jurisdição constitucional*: o controle abstrato de normas no Brasil e na Alemanha. 6. ed. São Paulo: Saraiva, 2014.

MENDONÇA, José Vicente Santos de. A verdadeira mudança de paradigmas do direito administrativo brasileiro: do estilo tradicional ao novo estilo. *Rev. Direito Adm. – RDA*. Rio de Janeiro, v. 265, p. 179-198, jan./abr. 2014.

MENDONÇA, José Vicente Santos de. Art. 21 da LINDB. Indicando consequências e regularizando atos e negócios. *Rev. Direito Adm. – RDA*. Rio de Janeiro, Edição Especial: Direito Público na Lei de Introdução às Normas de Direito Brasileiro – LINDB (Lei n. 13.655/2018), p. 43-61, nov. 2018.

MENDONÇA, José Vicente Santos de. *Direito constitucional econômico*: a intervenção do Estado na economia à luz da razão pública e do pragmatismo. 2. ed. Belo Horizonte: Fórum, 2018.

MENDONÇA, José Vicente Santos de. Dois futuros (e meio) para o Projeto de Lei de Carlos Ari. *In*: LEAL, Fernando; MENDONÇA, José Vicente Santos de (Org.). *Transformações do direito administrativo*: consequencialismo e estratégias regulatórias. Rio de Janeiro: Escola de Direito do Rio de Janeiro da Fundação Getúlio Vargas, 2016, p. 31-34.

MERKL, Adolf. *Teoría general del derecho administrativo*. Madri: Revista de Derecho Privado, 1935.

MIRANDA, Jorge. *Teoria do Estado e da Constituição*. 4. ed. Rio de Janeiro: Forense, 2015.

MIRANDA, Pontes de. *Comentários ao código de processo civil*. t. I (arts. 1º-79). 2. ed. Rio de Janeiro: Forense, 1958.

MIRANDA, Pontes de. *Comentários ao código de processo civil*. t. II (arts. 46-153). Rio de Janeiro: Forense, 1974.

MONTESQUIEU, Charles-Louis de Secondat. *Do espírito das leis*. Trad. Edson Bini. Bauru: EDIPRO, 2004.

MORAES, Alexandre de. *Constituição do Brasil interpretada e legislação constitucional*. 9. ed. atualizada até a EC nº 71/12. São Paulo: Atlas, 2013.

MORAES, Alexandre de. Princípio da eficiência e controle jurisdicional dos atos administrativos discricionários. *Revista de Direito Administrativo – RDA*. Rio de Janeiro, n. 243, p. 13-28, 2006.

MORAES, Germana de Oliveira. *Controle jurisdicional da administração pública*. 2. ed. São Paulo: Dialética, 2004.

MOREIRA, Egon Bockmann. Artigo 26. *In*: PEREIRA, Flávio Henrique Unes (Coord.). *Segurança jurídica e qualidade das decisões públicas*: desafios de uma sociedade democrática. Brasília: Senado Federal, 2015, p. 33-35.

MOREIRA, Egon Bockmann. *Processo administrativo*. Princípios constitucionais e a Lei 9.784/1999. 4. ed. atual., rev. e aumentada. São Paulo: Malheiros, 2010.

MOREIRA; Egon Bockmann; GOMES; Gabriel Jamur. A indispensável coisa julgada administrativa. *Revista de Direito Administrativo – RDA*. Rio de Janeiro, v. 277, n. 2, p. 239-277, maio/ago. 2018.

MOREIRA NETO, Diogo de Figueiredo. *Curso de Direito Administrativo*. 16. ed. rev. e atual. Rio de Janeiro: Forense, 2014.

MOREIRA NETO, Diogo de Figueiredo. *Legitimidade e discricionariedade*: novas reflexões sobre os limites e controle da discricionariedade. 2. ed. Rio de Janeiro: Forense, 1991.

MORESO, José Juan. Tomates, hongos y significado jurídico. *In*: MORESO, José Juan; SANCHÍS, Luis Prieto; BELTRÁN, Jordi Ferrer. *Los desacuerdos em el derecho*. Madrid: Fundación Coloquio Jurídico Europeo, 2010.

MORESO, José Juan. La doctrina Julia Roberts y los desacuerdos irrecusables. *In*: MORESO, José Juan; SANCHÍS, Luis Prieto; BELTRÁN, Jordi Ferrer. *Los desacuerdos em el derecho*. Madrid: Fundación Coloquio Jurídico Europeo, 2010.

MUÑOZ, Jaime Rodríguez-Arana. *Derecho administrativo español*. Cidade do México: Porrúa, 2005.

NERY JUNIOR, Nelson. *Princípios do processo na Constituição Federal*: processo civil, penal e administrativo. 10. ed. rev., ampl. e atual. com as novas súmulas do STF (simples e vinculantes) e com análise sobre a relativização da coisa julgada. São Paulo: Revista dos Tribunais, 2010.

NEVES, Marcelo. *A constitucionalização simbólica*. 3. ed. São Paulo: WMF Martins Fontes, 2011.

NEVES, Marcelo. Da incerteza do direito à incerteza da justiça. *In*: FORTES, Pedro; CAMPOS, Ricardo; BARBOSA, Samuel (Coord.). *Teoria contemporâneas do direito*: o direito e as incertezas normativas. Curitiba: Juruá, 2016, p. 43-63.

NEVES, Marcelo. *Entre Hidra e Hércules*: princípios e regras constitucionais como diferença paradoxal do sistema jurídico. 3. ed. São Paulo: WMF Martins Fontes, 2019.

NIETO, Alejandro. *Testimonios de um jurista (1930-2017)*. Sevilla: Global Law Press, 2017.

NOBRE JÚNIOR, Edilson Pereira. *As normas de Direito Público na Lei de Introdução ao Direito brasileiro*: paradigmas para interpretação e aplicação do Direito Administrativo. São Paulo: Contracorrente, 2019.

NOGUEIRA, Johnson Barbosa. A discricionariedade administrativa sob a perspectiva da Teoria Geral do Direito. *GENESIS – Revista de Direito Administrativo Aplicado*. Curitiba, ano I, n. 3, p. 734-752, dez. 1994.

NOHARA, Irene Patrícia. *Limites à razoabilidade nos atos administrativos*. São Paulo: Atlas, 2006.

NOHARA, Irene Patrícia. Motivação do ato administrativo na disciplina de direito público da LINDB. *In*: *A lei de introdução e o direito administrativo brasileiro*. VALIATI, Thiago Priess; HUNGARO, Luis Alberto; CASTELLA, G. M. (Coord.). Rio de Janeiro: Lumen Juris, 2019, p. 3-20.

NOHARA, Irene Patrícia. *Reforma administrativa e burocracia*: impacto da eficiência na configuração do direito administrativo brasileiro. São Paulo: Atlas, 2012.

NOHARA, Irene Patrícia; MARRARA, Thiago. *Processo administrativo*: *Lei 9.784/1999 comentada*. 2. ed. rev., atual. e ampl. São Paulo: Thomson Reuters Brasil, 2018.

NOVAIS, Jorge Reis. *Direitos sociais*: teoria jurídica dos direitos sociais enquanto direitos fundamentais. Coimbra: Coimbra, 2010.

OLIVEIRA, Fábio Corrêa Souza de; OLIVEIRA, Larissa Pinha de. Enquadramento da discricionariedade: um estudo em diálogo com Diogo de Figueiredo Moreira Neto. *In*: PEREIRA JUNIOR, Jessé Torres; PEIXINHO, Manoel Messias; COSTA MOURA, Emerson Affonso da. *Mutações do direito administrativo*: estudos em homenagem ao Professor Diogo de Figueiredo Moreira Neto. Rio de Janeiro: Lumen Juris, 2018, p. 119-131.

OLIVEIRA, José Roberto Pimenta. *Os princípios da razoabilidade e da proporcionalidade no Direito Administrativo brasileiro*. São Paulo: Malheiros, 2006.

OLIVEIRA, Odilon Cavallari de. Alterações à Lei de Introdução às Normas do Direito Brasileiro e Controle. *In* PINTO, **Élida** Graziane; SARLET, Ingo Wolfgang; PEREIRA JÚNIOR, Jessé Torres; OLIVEIRA, Odilon Cavallari de. *Política pública e controle*: um diálogo interdisciplinar em face da Lei n. 13.655/2018, que alterou a Lei de Introdução às Normas do Direito Brasileiro. Belo Horizonte: Fórum, 2018, p. 23-86.

OTERO, Paulo. *Legalidade e Administração Pública*. O sentido da vinculação administrativa à juridicidade. Coimbra: Almedina, 2003.

OTERO, Paulo. Para uma concepção personalista da administração pública e do Direito Administrativo. *Revista da ESMAPE*. Recife, v. 19, n. 40, p. 81-106, jul./dez. 2014.

PARGENDLER, Mariana; SALAMA, Bruno Meyerhof. Direito e consequência no Brasil: em busca de um discurso sobre o método. *Revista de Direito Administrativo – RDA*. Rio de Janeiro, v. 262, p. 95-144, jan./abr. 2013.

PEIXOTO, Ravi. A modulação de efeitos em favor dos entes públicos na superação de precedentes: uma análise da sua (im)possibilidade. *Revista de Processo*. São Paulo: Revista dos Tribunais, v. 246, ano 40, p. 381-399, ago. 2015.

PERELMAN, Chaïm. *Lógica jurídica*: nova retórica. Trad. Vergínia K. Pupi. 2. ed. São Paulo: Martins Fontes, 2004.

PEREZ, Marcos Augusto. Controle da discricionariedade administrativa. *In*: PEREZ, Marcos Augusto; SOUZA, Rodrigo Pagani (Coord.). *Controle da administração pública*. Belo Horizonte: Fórum, 2017, p. 65-82.

PEREZ, Marcos Augusto. *Testes de legalidade*: métodos para o amplo controle jurisdicional da discricionariedade administrativa. Belo Horizonte: Fórum, 2020.

PIÇARRA, Nuno. *A separação dos poderes como doutrina e princípio constitucional*. Um contributo para o estudo das suas origens e evolução. Coimbra: Coimbra, 1989.

PIRES, Manuel Luis Fonseca. Comentário ao art. 15 do CPC. *In*: SCAPINELLA BUENO, Cassio (Coord.). *Comentários ao código de processo civil*. v. 1 (arts. 1º a 317). São Paulo: Saraiva, 2017, p. 207-224.

PIRES, Manuel Luis Fonseca. *Controle judicial da discricionariedade administrativa*: dos conceitos jurídicos indeterminados às políticas públicas. 2. ed. Belo Horizonte: Fórum, 2013.

PORTUGAL, André; KLEIN, Érico. A anti-teoria consequencialista como fundamento da nova LINDB. *In*: *A lei de introdução e o direito administrativo brasileiro*. VALIATI, Thiago Priess; HUNGARO, Luis Alberto; CASTELLA, G. M. (Coord.). Rio de Janeiro: Lumen Juris, 2019, p. 409-432.

POSNER, Richard A. *A economia da Justiça*. Trad. Evandro Ferreira e Silva. São Paulo: WMF Martins Fontes, 2010.

POSNER, Richard A. *A problemática da teoria moral e jurídica*. Trad. Marcelo Brandão Cipolla. São Paulo: Martins Fontes, 2012.

POSNER, Richard A. *Fronteiras da teoria do direito*. Trad. Evandro Ferreira e Silva, Jefferson Luiz Camargo, Paulo Salles e Pedro Sette-Câmara. São Paulo: Martins Fontes, 2011.

POSNER, Richard A. *Para além do direito*. Trad. Evandro Ferreira e Silva. São Paulo: Martins Fontes, 2009.

PULIDO, Carlos Bernal. *El principio de proporcionalidade y los derechos fundamentales*. El principio de proporcionalidade como critério para determinar el contenido de los derechos fundamentales vinculante para el legislador. 3. ed. Madrid: Centro de Estudios Políticos y Constitucionales, 2007.

QUEIRÓ, Afonso Rodrigues. *O poder discricionário da Administração*. Coimbra: Coimbra, 1948.

RADBRUCH, Gustav. *Filosofia do Direito*. Trad. Marlene Holzhausen. 2. ed. São Paulo: Martins Fontes, 2010.

RAMOS, Elival da Silva. A valorização do processo administrativo. O poder regulamentar e a invalidação dos atos administrativos. *In*: SUNDFELD, Carlos Ari; MUÑÕZ, Guillermo Andrés (Coord.). *As leis de processo administrativo (Lei Federal 9.784/99 e Lei Paulista 10.177/98)*. São Paulo: Malheiros, 2006, p. 75-93.

RAMOS, Elival da Silva. *Ativismo judicial*: parâmetros dogmáticos. 2. ed., São Paulo: Saraiva, 2015.

REALE, Miguel. *Filosofia do Direito*. 20. ed. São Paulo: Saraiva, 2015.

REZENDE, Flávio da Cunha. O dilema do controle e a falha sequencial nas reformas gerenciais. *Revista do Serviço Público*. Brasília, ano 53, n. 3, p. 53-75, jul./set. 2002.

RIGAUX, François. *A lei dos juízes*. Trad. Edmir Missio. São Paulo: Martins Fontes, 2003.

RIVERO, Jean. *Direito administrativo*. Trad. Rogério Ehrhardt Soares. Coimbra: Almedina, 1981.

RIVERO, Jean. Los princípios generales del Derecho en el Derecho Administrativo francês contemporâneo. *Revista de Administración Pública*. Madrid, ano II, n. 6, p. 289-300, 1951.

ROCHA, Cármen Lúcia Antunes. O princípio da coisa julgada e o vício de inconstitucionalidade. *In*: ROCHA, Cármen Lúcia Antunes (Coord.). *Constituição e segurança jurídica*: direito adquirido, ato jurídico perfeito e coisa julgada. Estudos em homenagem a José Paulo Sepúlveda Pertence. 2. ed. rev. e ampl. Belo Horizonte: Fórum, 2009, p. 165-191.

ROCHA, Cármen Lúcia Antunes. Princípios constitucionais do processo administrativo no Direito brasileiro. *Revista de Direito Administrativo – RDA*. Rio de Janeiro, n. 209, p. 189-222, jul./set. 1997.

ROCHA, Silvio Luís Ferreira da. Ativismo judicial. *Revista Trimestral de Direito Público*. São Paulo: Malheiros, v. 58, p. 64-69, 2012.

ROCHA, Silvio Luís Ferreira da. *Manual de Direito Administrativo*. São Paulo: Malheiros, 2013.

ROCHA, Silvio Luís Ferreira da. Utilidade do conceito de sistema para o direito administrativo. *Interesse Público – IP*. Belo Horizonte, ano 17, n. 90, p. 63-68, mar./abr. 2015.

ROMANO, Santi. *O ordenamento jurídico*. Trad. Arno Dal Ri Júnior. Florianópolis: Fundação Boiteux, 2008.

ROSANVALLON, Pierre. *La legitimidade democrática*: imparcialidade, reflexividad, proximidad. Trad. Heber Cardoso. Buenos Aires: Manantial, 2009.

ROSS, Alf. *Direito e justiça*. Trad. Edson Bini. Bauru: Edipro, 2000.

ROUSSEAU, Jean-Jaques. *O contrato social*: princípios do direito político. Trad. Edson Bini. 2. ed. Bauru: EDIPRO, 2015.

RUIZ MANERO, Juan. *Jurisdiccion y normas*. Madrid: Centro de Estudios Constitucionales, 1990.

RUIZ MANERO, Juan; SCHMILL, Ulises. *El juez y las lagunas del derecho*. Ciudad de México: Instituto de Investigações Jurídicas, 2017.

RUIZ MIGUEL, Alfonso. Creación y aplicación em la decisión judicial. *Doxa*. Alicante, n. 1, p. 7-32, 1984.

RUIZ, Ramón Ruiz. *Discrecionalidad judicial, justicia constitucional y objeción contramayoritaria*. Navarra: Thomson Reuters, 2016.

SALAMA, Bruno Meyerhof. A história do declínio e queda do eficientismo na obra de Richard Posner. *In*: LIMA, Maria Lúcia L. M. Pádua (Coord.). *Direito e Economia*. 30 anos de Brasil. t. 1. São Paulo: Saraiva, 2012, p. 283-323.

SANCHÍS, Luis Prieto. Sobre la identificación del Derecho a través de la moral. *In*: MORESO, José Juan; SANCHÍS, Luis Prieto; BELTRÁN, Jordi Ferrer. *Los desacuerdos em el derecho*. Madrid: Fundación Coloquio Jurídico Europeo, 2010.

SANTIAGO, José Maria Rodriguez de. *La ponderacción de bienes e intereses en el derecho administrativo*. Madri: Marcial Pons, 2000.

SANTOS, Murillo Giordan. Coisa julgada administrativa e seu impacto no controle interno e externo da Administração Pública. *In*: MARRARA, Thiago; GONZALES, Jorge Agudo (Coord.). *Controles da administração e judicialização de políticas públicas*. São Paulo: Almedina, 2016, p. 147-166.

SARLET, Ingo Wolfgang. *A eficácia dos direitos fundamentais*. 12. ed. Porto Alegre: Livraria do Advogado, 2015.

SARMENTO, Daniel. Ubiquidade constitucional: os dois lados da moeda. *Revista de Direito do Estado – RDE*. Rio de Janeiro, ano 1, n. 2, p. 83-118, abr./jun. 2006.

SAVIGNY, Friedrich Carl von. *Metodologia jurídica*. Trad. Heloísa da Graça Buratti. São Paulo: Rideel, 2005.

SCAFF, Fernando Facury. Quem controla o controlador? Notas sobre alteração na LINDB. *Revista do Ministério Público de Contas do Estado do Paraná*. Curitiba, v. 9, ano 5, p. 12-29, nov.2018/maio2019.

SCAFF, Fernando Facury. Sentenças aditivas, direitos sociais e reserva do possível. *In*: SARLET, Ingo Wolfgang; TIMM, Luciano Benetti (Org.). *Direitos fundamentais*: orçamento e "reserva do possível". 2. ed. rev. e ampl. Porto Alegre: Livraria do Advogado, 2010, p. 133-153.

SCAPINELLA BUENO, Cassio. *Curso sistematizado de direito processual civil*. Teoria geral do direito processual civil. v. 1. 6. ed. rev., atual. e ampl. São Paulo: Saraiva, 2012.

SCAPINELLA BUENO, Cassio. *Curso sistematizado de direito processual civil*. Procedimento comum: ordinário e sumário. v. 2, t. I. 6. ed. rev. e atual. São Paulo: Saraiva, 2013.

SCHMIDT-ASSMANN, Eberhard. *La teoria general de derecho administrativo como sistema*: objeto y fundamentos de la construcción sistemática. Trad. Mariano Bacigalupo, José Maria Rodríguez de Santiago, Blanca Rodríguez Ruiz, Javier García Luengo, Germán Valencia Martín, Ricardo García Macho, Francisco Velasco y Alejandro Huergo. Madrid: Marcial Pons, 2003.

SCHUARTZ, Luis Fernando. Consequencialismo jurídico, racionalidade decisória e malandragem. *In*: MACEDO JUNIOR, Ronaldo Porto; BARBIERI, Catarina Helena Cortada (Org.). *Direito e interpretação*. Racionalidades e instituições. São Paulo: Saraiva, 2011, p. 383-418.

SEGURA ORTEGA, Manuel. *Sentido y límites de la discrecionalidad judicial*. Madrid: Universitária Ramón Areces, 2006.

SHAPIRO, Ian. *Os fundamentos morais da política*. Trad. Fernando Santos. São Paulo: Martins Fontes, 2006.

SICHES, Luis Recasens. *Introducción al estúdio del derecho*. 15. ed. México: Porrúa, 2006.

SILVA, Almiro do Couto e. Poder discricionário no direito administrativo brasileiro. *Revista de Direito Administrativo – RDA*. Rio de Janeiro, n. 179-180, p. 51-67, jan./jun. 1990.

SILVA, Almiro do Couto e. Princípios da legalidade da Administração Pública e da segurança jurídica no Estado de Direito contemporâneo. *Revista da Procuradoria Geral do Estado do Rio Grande do Sul. Cadernos de Direito Público Almiro do Couto e Silva*. Porto Alegre, v. 27, n. 57 Supl., p. 13-33, 2004.

SILVA, José Afonso da. *Aplicabilidade das normas constitucionais*. 8. ed. São Paulo: Malheiros, 2015.

SILVA, José Afonso da. *Curso de direito constitucional positivo*. 41. ed. rev. e atual. até a Emenda Constitucional nº 99, de 14.12.2017. São Paulo: Malheiros, 2018.

SILVA, Luís Virgílio Afonso da. *Direitos fundamentais*: conteúdo essencial, restrições e eficácia. 2. ed. São Paulo: Malheiros, 2014.

SILVA, Luís Virgílio Afonso da. O proporcional e o razoável. *Revista dos Tribunais*. São Paulo, v. 798, p. 23-50, abr. 2002.

SILVA, Ovídio Araújo Baptista da. *Curso de processo civil*: processo de conhecimento, v. 1. 5. ed. rev. e atual. São Paulo: Revista dos Tribunais, 2000.

SILVEIRA, André Bueno da. Doutrina Chevron no Brasil: uma alternativa à insegurança jurídica. *Revista de Direito Administrativo – RDA*. Rio de Janeiro, v. 276, p. 109-146, set./dez. 2017.

SOARES, Guido Fernando Silva. *Common law*: introdução ao direito dos EUA. São Paulo: Revista dos Tribunais, 1999.

SØRENSEN, Georg. *La transformación del estado*: más allá de mito del repliegue. Trad. Ramón Cotarelo.Valencia: Tirant lo Blanch, 2010.

SOUZA, Luiz Sergio Fernandes de. As recentes alterações da LINDB e suas implicações. *Revista jurídica ESMP-SP*. São Paulo, v. 14, p. 123-132, 2018.

SOUZA, Luiz Sergio Fernandes de. *O papel da ideologia no preenchimento das lacunas do direito*. São Paulo: Revista dos Tribunais, 1993.

SOUZA, Rodrigo Pagani de; ALENCAR, Letícia Lins de. O dever de contextualização na interpretação e aplicação do direito público. *In*: *A lei de introdução e o direito administrativo brasileiro*. VALIATI, Thiago Priess; HUNGARO, Luis Alberto; CASTELLA, G. M. (Coord.). Rio de Janeiro: Lumen Juris, 2019, p. 51-72.

SOUZA NETO, Cláudio Pereira de; SARMENTO, Daniel. *Direito Constitucional*: teoria, história e métodos de trabalho. 2. ed. Belo Horizonte: Fórum, 2017.

STOLZ, Sheila. Um modelo de positivismo jurídico: o pensamento de Herbert Hart. *Revista Direito GV*. São Paulo, v. 3, n. 1, p. 101-120, jan./jun. 2007.

STRECK, Lenio Luiz. A resposta hermenêutica à discricionariedade positivista em tempos de pós-positivismo. *In*: DIMOULIS, Dimitri; DUARTE, Écio Oto (Coord.). *Teoria do Direito neoconstitucional*: superação ou reconstrução do positivismo jurídico? São Paulo: Método, 2008, p. 285-315.

STRECK, Lenio Luiz. Hermenêutica e jurisdição constitucional: o problema da discricionariedade nas teses neoconstitucionalistas. *In*: MIRANDA, Jorge; MORAIS, José Luiz Bolzan de; RODRIGUES, Saulo Tarso; MARTÍN, Nuria Belloso (Coord.). *Hermenêutica, justiça constitucional e direitos fundamentais*. Curitiba: Juruá, 2016, p. 119-141.

STRUCHINER, Noel. Indeterminação e objetividade. Quando o direito diz o que não queremos ouvir. *In*: MACEDO JUNIOR, Ronaldo Porto; BARBIERI, Catarina Helena Cortada (Org.). *Direito e interpretação*. Racionalidades e instituições. São Paulo: Saraiva, 2011, p. 119-152.

SUNDFELD, Carlos Ari. Princípios desconcertantes do direito administrativo. *In*: DALLARI, Adilson Abreu; NASCIMENTO; Carlos Valder do; MARTINS, Ives Gandra da Silva. *Tratado de direito administrativo*. São Paulo: Saraiva, 2013, p. 276-297.

SUNDFELD, Carlos Ari; MARQUES NETO, Floriano de Azevedo. Uma nova lei para aumentar a qualidade jurídica das decisões públicas e de seu controle. *In*: SUNDFELD, Carlos Ari (Org.). *Contratações públicas e seu controle*. São Paulo: Malheiros, 2013, p. 277-285.

SUNDFELD, Carlos Ari; SALAMA, Bruno Meyerhof. Chegou a hora de mudar a velha lei de introdução. *In*: PEREIRA, Flávio Henrique Unes (Coord.). *Segurança jurídica e qualidade das decisões públicas*: desafios de uma sociedade democrática. Brasília: Senado Federal, 2015, p. 13-16.

SUNDFELD, Carlos Ari; VORONOFF, Alice. Art. 27 da LINDB. Quem paga pelos riscos dos processos. *Rev. Direito Adm.* – *RDA*. Rio de Janeiro, Edição Especial: Direito Público na Lei de Introdução às Normas de Direito Brasileiro – LINDB (Lei n. 13.655/2018), p. 171-201, nov. 2018.

SUPIOT, Alain. *Homo juridicus*: ensaio sobre a função antropológica do direito. Trad. Maria Ermantina de Almeida Prado Galvão. São Paulo: WMF Martins Fontes, 2007.

TAVARES, André Ramos. *Teoria da justiça constitucional*. São Paulo: Saraiva, 2005.

TARUFFO, Michele. *A motivação da sentença civil*. Trad. Daniel Mitidiero; Rafael Abreu; Vitor de Paula Ramos. São Paulo: Marcial Pons, 2015.

TARUFFO, Michele. Il controlo di razionalità dela decisione fra logica, retorica e dialettica. *Revista de Processo*. São Paulo: Revista dos Tribunais, ano 32, n. 143, p. 65-77, jan. 2007.

TARUFFO, Michele. Precedente e jurisprudência. Trad. Arruda Alvim; Teresa Arruda Alvim Wambier; André Luís Monteiro. *Revista Forense*. Rio de Janeiro, v. 415, ano 108, p. 277-290, jan./jun. 2012.

TERRA, Aline de Miranda Valverde; GUEDES, Gisela Sampaio da Cruz. Adimplemento substancial e tutela do interesse do credor: análise da decisão proferida no REsp 1.581.505. *Revista Brasileira de Direito Civil – RBDCivil*. Belo Horizonte, v. 11, p. 95-113, jan./mar. 2017.

THEODORO JÚNIOR, Humberto. *Curso de Direito Processual Civil*. Teoria Geral do Direito processual civil e processo de conhecimento. v. I. 42. ed. Rio de Janeiro: Forense, 2005.

THEODORO JÚNIOR, Humberto. Processo Civil – Objeto do processo – Pedido e sua interpretação – Adstrição do juiz ao pedido no julgamento – Interpretação da sentença – Coisa julgada e seus limites. *Revista dialética de direito processual (RDDP)*. São Paulo, n. 62, p. 115-134, maio 2008.

TOCQUEVILLE, Alexis de. *O antigo regime e a revolução*. Trad. Rosemary Costhek Abílio. 2. ed. São Paulo: WMF Martins Fontes, 2016.

TORRES, Heleno Taveira. *Direito constitucional tributário e segurança jurídica*: metódica da segurança jurídica do sistema constitucional tributário. 2. ed. rev., atual. e ampl. São Paulo: Revista dos Tribunais, 2012.

TORRES, Ricardo Lobo. O consequencialismo e a modulação dos efeitos das decisões do Supremo Tribunal Federal. *In*: COSTA, Alcides Jorge; SCHOUERI, Luís Eduardo; BONILHA, Paulo Celso Bergstrom; ZILVETI, Fernando Aurelio (Coord.). *Revista Direito Tributário Atual*. São Paulo: Dialética, v. 24, 2010, p. 439-463.

TORRES, Ricardo Lobo. O mínimo existencial, os direitos sociais e os desafios da natureza orçamentária. *In*: SARLET, Ingo Wolfgang; TIMM, Luciano Benetti (Org.). *Direitos fundamentais*: orçamento e "reserva do possível". 2. ed. rev. e ampl. Porto Alegre: Livraria do Advogado, 2010, p. 63-78.

TREVES, Renato. *Introduzione alla sociologia del diritto*. Torino: Giulio Einaudi, 1977.

TRINDADE, André Karam. Garantismo *versus* neoconstitucionalismo: os desafios do protagonismo judicial em *terrae brasilis*. *In*: FERRAJOLI, Luigi; STRECK, Lenio Luiz; TRINDADE, André Karam (Org.). *Garantismo, hermenêutica e (neo)constitucionalismo*: um debate com Luigi Ferrajoli. Porto Alegre: Livraria do Advogado, 2012, p. 95-131.

TROPER, Michel. Jefferson y la interpretacion de la declaracion de los derechos del hombre de 1789. *Derechos y Liberdades*. Madrid, v. 8, p. 541-566, jan./jun. 2000.

TUCCI, José Rogério Cruz e. *Precedente judicial como fonte do direito*. São Paulo: Revista dos Tribunais, 2004.

VALIM, Rafael. O princípio da segurança jurídica no Direito Administrativo. *In*: VALIM, Rafael; OLIVEIRA, José Roberto Pimenta; DAL POZZO, Augusto Neves (Coord.). *Tratado sobre o princípio da segurança jurídica no direito administrativo*. Belo Horizonte: Fórum, 2013, p. 65-94.

VELLOSO, Carlos Mário. Estado federal e estados federados na Constituição brasileira de 1988: do equilíbrio federativo. *Revista de Direito Administrativo – RDA*. Rio de Janeiro, n. 187, p. 1-36, jan./mar. 1992.

VIEIRA, Oscar Vilhena. Discricionariedade e interpretação constitucional. *In*: COLTRO, Antônio Carlos Mathias (Coord.). *Constituição Federal de 1988*. Dez anos (1988-1998). São Paulo: Juarez de Oliveira, 1999, p. 415-432.

WACHELESKI, Marcelo Paulo. Processo administrativo e a Lei de Introdução às normas do Direito Brasileiro. *In*: *A lei de introdução e o direito administrativo brasileiro*. VALIATI, Thiago Priess; HUNGARO, Luis Alberto; CASTELLA, G. M. (Coord.). Rio de Janeiro: Lumen Juris, 2019, p. 171-189.

WANG, Daniel Wei Liang. Escassez de recursos, custos dos direitos e reserva do possível na jurisprudência do STF. *In*: SARLET, Ingo Wolfgang; TIMM, Luciano Benetti (Org.). *Direitos fundamentais*: orçamento e "reserva do possível". 2. ed. rev. e ampl. Porto Alegre: Livraria do Advogado, 2010, p. 349-371.

WATANABE, Kazuo. Controle jurisdicional das políticas públicas – "Mínimo Existencial" e demais Direiros Fundamentais imediatamente judicializáveis. *In*: GRINOVER, Ada Pelegrini; WATANABE, Kazuo (Coord.). *O controle judicial de políticas públicas*. 2. ed. Rio de Janeiro: Forense, 2013, p. 213-224.

WEIL, Prosper. *O direito administrativo*. Trad. Maria da Gloria Ferreira Pinto. Coimbra: Almedina, 1977.

WOLFF, Hans J; BACHOF, Otto; STOBER, Rolf. *Direito administrativo*. v. 1. Trad. Antonio F. de Sousa. Lisboa: Fundação Calouste Gulbenkian, 2006.

WRÓBLEWSKI, Jerzy. *Sentido y hecho em el derecho*. Ciudad de México: Fontamara, 2008.

ZAGREBELSKY, Gustavo. *El derecho dúctil*: ley, derechos, justicia. Trad. Marina Gascón. Madri: Trotta, 2016.

ZANCANER, Weida. *Da convalidação e da invalidação dos atos administrativos*. 2. ed. São Paulo: Malheiros, 1996.

ZANOBINI, Guido. *Curso de derecho administrativo*. Parte geral. Trad. Francisco Humberto Picone. Buenos Aires: Arayú, 1954.

ZITELMANN, Ernest. Las lacunas del derecho. *In*: SAVIGNY, Friedrich Carl von; KIRCHMANN, Julius von; ZITELMANN, Ernest; KANTOROWICZ, Ernest. *La ciência del derecho*. Buenos Aires: Losada, 1949, p. 287-322.

Esta obra foi composta em fonte Palatino Linotype, corpo 10
e impressa em papel Offset 75g (miolo) e Supremo 250g (capa)
pela Gráfica Formato.